W0306339

# Les réseaux 10e édition pour LES NULS

# Les réseaux 10e édition pour LES NULS

**Doug Lowe**

FIRST
Interactive

**Les réseaux 10e édition Pour les Nuls**

Titre de l'édition originale : *Networking For Dummies 10th Edition*
Pour les Nuls est une marque déposée de Wiley Publishing, Inc
For Dummies est une marque déposée de Wiley Publishing, Inc

Collection dirigée par Jean-Pierre Cano
Traduction : Jean-Louis Gréco
Maquette et illustration : MADmac

**Tous droits réservés.** Toute reproduction, même partielle, du contenu, de la couverture ou des icônes, par quelque procédé que ce soit (électronique, photocopie, bande magnétique ou autre) est interdite sans autorisation par écrit de Wiley Publishing, Inc.

Edition française publiée en accord avec Wiley Publishing, Inc.
© 2013 par Éditions First-Gründ
Éditions First-Gründ
60 rue Mazarine
75006 Paris
Tél. : 01 45 49 60 00
Fax : 01 45 49 60 01
e-mail : firstinfo@efirst.com
ISBN : 978-2-7540-5238-2
Dépôt légal : 2e trimestre 2013
Imprimé en France par Hérissey à Évreux (Eure) - N° 120645

**Limites de responsabilité et de garantie.** L'auteur et l'éditeur de cet ouvrage ont consacré tous leurs efforts à préparer ce livre. Wiley Publishing et l'auteur déclinent toute responsabilité concernant la fiabilité ou l'exhaustivité du contenu de cet ouvrage. Ils n'assument pas de responsabilités pour ses qualités d'adaptation à quelque objectif que ce soit, et ne pourront être en aucun cas tenus responsables pour quelque perte, profit ou autre dommage commercial que ce soit, notamment mais pas exclusivement particulier, accessoire, conséquent, ou autres.

**Marques déposées.** Toutes les informations connues ont été communiquées sur les marques déposées pour les produits, services et sociétés mentionnés dans cet ouvrage. Wiley Publishing, Inc. et les Éditions First-Gründ déclinent toute responsabilité quant à l'exhaustivité et à l'interprétation des informations. Tous les autres noms de marque et de produits utilisés dans cet ouvrage sont des marques déposées ou des appellations commerciales de leur propriétaire respectif.

# Sommaire

# Introduction

Bienvenue dans la dixième édition des *Réseaux pour les Nuls*, livre spécialement écrit à l'intention des personnes qui partagent la certitude qu'elles devraient mettre en réseau leurs ordinateurs mais qui ne savent absolument pas par où commencer.

Copiez-vous souvent une feuille de calcul sur un CD pour partager vos données avec votre collègue du bureau voisin ? Êtes-vous frustré parce que vous ne pouvez pas vous servir de la superbe imprimante laser connectée à l'ordinateur du comptable ? Faites-vous la queue pour utiliser l'ordinateur qui contient la base de données des clients ? Vous avez besoin d'un réseau !

Ou peut-être avez-vous déjà un réseau qui est aussi un problème : on vous a promis que le réseau vous rendrait la vie plus facile mais il a, en fait, bouleversé votre vie informatique. À peine aviez-vous enfin compris à quoi servait votre ordinateur que quelqu'un a fait irruption dans votre bureau, a branché un câble et vous a lancé un « Bonne chance avec le réseau ! » qui vous a donné envie d'hurler.

Dans un cas comme dans l'autre, vous avez trouvé le livre adéquat. L'aide que vous cherchez est ici même.

Ce livre traite des réseaux avec un langage simple et souvent irrévérencieux ; pas besoin d'avoir fait des études poussées pour le comprendre. Il bouscule un peu les sacro-saintes traditions en introduisant un peu d'humour dans un sujet plutôt austère. L'objectif est de ramener sur terre l'orgueilleux vocabulaire réseau, là où vous pourrez le toucher, le manipuler et enfin déclarer : « Qu'y a-t-il de compliqué là-dedans ? Puisque je peux le faire ! »

## À propos de ce livre

Ce livre n'est pas du genre à être lu du début à la fin comme s'il s'agissait d'un roman. Si je vous vois le lire à la plage, je risque de vous jeter du sable à la figure. En effet, ce livre est plutôt une référence, le genre que vous attrapez, feuilletez rapidement et commencez à lire. Chaque chapitre traite d'un aspect différent du réseau, comme l'impression sur le réseau, la connexion des câbles du réseau ou la configuration de la sécurité de sorte que les « méchants » ne puissent pas pénétrer par effraction. Reportez-vous simplement au chapitre qui vous intéresse et lisez-le.

Chaque chapitre est divisé en plusieurs sections dont les sujets sont en relation avec le thème du chapitre. Par exemple, le chapitre qui traite de la connexion de câbles réseau contient des titres de section comme :

- Qu'est-ce qu'Ethernet ?
- Tout sur les câbles.
- Blindé ou non ?
- Prises murales et panneaux de raccordement.
- Concentrateurs et commutateurs.

Vous n'avez rien à mémoriser de ce livre. Vous le prenez juste quand vous avez besoin d'un renseignement. Vous voulez savoir ce qu'est le 100BaseT ? Ouvrez le livre. Vous voulez savoir comment créer de bons mots de passe ? Ouvrez le livre. Sinon, laissez-le de côté et continuez à vivre normalement.

# Comment utiliser ce livre ?

Ce livre s'utilise comme une référence. Commencez par le sujet sur lequel vous recherchez des explications. Reportez-vous à la table des matières ou à l'index pour vous y retrouver. La table des matières est suffisamment détaillée pour que vous puissiez localiser la plupart des sujets qui vous intéressent. Si elle ne vous donne pas entière satisfaction, référez-vous à l'index, qui est encore plus précis.

Après avoir localisé votre sujet dans la table des matières ou dans l'index, rendez-vous aux pages concernées.

Bien entendu, ce livre regorge d'informations et je vous invite donc à aller directement vers le sujet qui vous préoccupe. Si vous voulez avoir une vue générale de la sécurité, lisez tout le chapitre qui traite de la sécurité. Si vous voulez simplement savoir comment générer un mot de passe correct, ne lisez que la section qui traite des mots de passe. Il me semble que vous avez compris.

Si vous devez entrer quelque chose sur votre ordinateur, vous verrez le texte à saisir apparaître ainsi : **Tapez ceci**. Dans cet exemple, vous devez donc taper **Tapez ceci**, puis appuyer sur Entrée. Une explication suit généralement, au cas où vous seriez en train de vous gratter la tête en vous demandant de quoi il retourne.

De plus, dès que je décris une information ou un message affiché à l'écran, je le présente ainsi :

```
Un message de votre ami le réseau
```

Ce livre vous renvoie rarement vers d'autres sources d'information ; presque tout ce que vous devez savoir sur les réseaux y figure. Toutefois, si vous avez besoin de plus d'informations, reportez-vous à d'autres ouvrages *Pour les Nuls*. Au cas où vous auriez une question sur les réseaux qui n'est pas traitée dans ce livre, je vous conseille *Networking All-in-One Desk Reference For Dummies*, 5th Edition (Wiley), un ouvrage de référence plus complet qui étudie des systèmes d'exploitation réseau et des protocoles TCP/IP spécifiques. Vous trouverez aussi d'autres livres de la collection *Pour les Nuls* consacrés aux différents systèmes d'exploitation et programmes d'application qui existent à ce jour.

## Ce que vous n'avez pas besoin de lire

Une bonne partie de ce livre peut ne pas être lue. J'ai soigneusement placé les digressions techniques dans des encarts clairement mis en évidence afin que vous puissiez les éviter. Ne les lisez pas, à moins que vous ayez besoin d'explications techniques et vouliez en savoir plus sur ce qui se passe en coulisse. Ne vous inquiétez pas, je ne serai pas du tout vexé si vous n'en lisez pas un mot.

## Hypothèses vous concernant

Je vais émettre deux hypothèses vous concernant : vous travaillez avec un PC et vous disposez d'un réseau ou vous pensez en installer un. J'espère que vous connaissez quelqu'un plus à l'aise que vous en informatique (avec qui vous êtes en de bons termes). Mon objectif est de vous détacher de cette personne (du point de vue informatique, bien sûr). Mais ne jetez pas encore son numéro de téléphone !

Ce livre peut-il intéresser un utilisateur Macintosh ? Absolument ! Bien que l'essentiel de ce livre soit consacré à vous expliquer comment connecter des ordinateurs sous Windows pour former un réseau, vous y trouverez aussi des informations sur la mise en réseau d'ordinateurs Macintosh.

Windows 8 ? Pas de souci ! Cet ouvrage regorge d'informations sur la mise en réseau avec le système d'exploitation dernier né de Microsoft.

# L'organisation de ce livre

Vous trouverez des chapitres regroupés en sept parties. Chaque chapitre est divisé en sections qui traitent de divers aspects du sujet du chapitre. Les chapitres sont ordonnés logiquement. Vous pouvez donc les lire dans l'ordre (si vous voulez lire tout le livre). Cependant, le livre est suffisamment modulaire pour que vous puissiez commencer votre lecture à n'importe quelle page.

Voici un aperçu de ce que vous trouverez dans chaque partie :

## Première partie : Tous en réseau !

Les chapitres de cette partie proposent aux débutants une introduction au réseau. C'est par là que vous devez commencer si vous n'y connaissez rien. C'est aussi un bon point de départ si vous utilisez déjà un réseau mais ne voyez pas l'utilité « d'optimiser les performances d'un réseau » et voulez simplement savoir ce qu'est un réseau et comment en tirer le meilleur parti.

Atout majeur de cette partie : elle traite de l'utilisation d'un réseau sans entrer dans les détails techniques tels que son installation ou l'administration d'un serveur. En d'autres termes, elle s'adresse à des utilisateurs non avertis qui doivent apprendre à se débrouiller avec un réseau.

## Deuxième partie : Construire son propre réseau

Oh, oh ! Le patron vous a lancé un ultimatum : faites en sorte que le réseau fonctionne vendredi ou faites vos valises ! Les chapitres de cette partie traitent de tout ce qu'il vous faut savoir pour créer un réseau, depuis le choix d'un système d'exploitation jusqu'à l'installation des câbles.

## Troisième partie : Jouer dans la cour des grands

Maintenant que le réseau est mis en place, il faut le relier au monde extérieur. Les chapitres de cette partie vous permettront de connecter sans risque votre réseau à Internet, d'installer un serveur de messagerie, de gérer les appareils mobiles et d'accéder au réseau depuis votre domicile ou en déplacement.

## Quatrième partie : Le Cloud Computing et ses giga-octets

Les chapitres de cette partie présentent les techniques permettant d'étendre votre réseau sur Internet en faisant appel au Cloud Computing. Ils vous permettront d'intégrer dans votre réseau les nouvelles générations d'appareils mobiles tels que les smartphones et les tablettes, et de prolonger votre réseau jusqu'à votre ordinateur résidentiel.

## Cinquième partie : Administrer et protéger le réseau

J'espère que vous n'êtes pas chargé de gérer le réseau mais si tel est le cas, les chapitres de cette partie vont vous être utiles. Vous y trouverez tout ce qu'il faut savoir sur les sauvegardes, la sécurité, les performances, le dépoussiérage, le balayage et ce que les administrateurs réseau doivent connaître.

Cette partie est consacrée à la sécurité réseau : sauvegarde des données, protection du réseau contre les personnes mal intentionnées susceptibles de l'attaquer et prévention contre des menaces telles que les virus et les spywares.

## Sixième partie : Au-delà des réseaux

Les trois chapitres de cette partie se rapportent à des technologies supplémentaires que vous devez connaître pour construire et gérer un réseau de manière efficace. Vous verrez tout d'abord comment utiliser la virtualisation dans votre réseau pour réaliser des économies qui vous permettront d'acheter moins de serveurs. Ensuite, vous verrez que les réseaux ne sont pas spécifiques à Windows ; les deux alternatives les plus connues sont Linux et Macintosh.

## Septième partie : Les dix commandements

Ce ne serait pas un bouquin *Pour les Nuls* sans une liste de précieux conseils : les dix commandements du réseau, les dix choses à conserver dans son placard, les dix plus grosses erreurs réseau et davantage encore !

# Les icônes utilisées dans ce livre

Ces petites icônes ne sont pas placées dans la marge pour faire joli. Elles ont une fonction pratique :

Attention ! Il est maintenant question de technique. À ne lire que si vous avez votre capuchon protecteur.

Aux États-Unis, les fondus d'informatique sont appelés *geeks* ou *nerds* (s'ils sont vraiment fondus). Un *geek/nerd* se sert toujours d'un stylo qu'il accroche à sa poche de chemise grâce au capuchon. Ce capuchon est tout un symbole.

Faites attention à cette icône ; elle vous indique qu'une astuce est à portée de main, peut-être un raccourci ou une commande peu employée mais très utile.

Vous ai-je déjà parlé des cours de mémorisation que j'ai suivis ?

Levez les mains du clavier ! Cette icône vous signale quelque chose qui peut vous éviter un désastre.

# À présent, par où commencer ?

Vous avez déjà commencé. Maintenant, vous êtes paré pour traverser la jungle des réseaux. Consultez la table des matières et décidez du sujet par lequel vous voulez débuter. Soyez courageux ! Audacieux ! Téméraire ! Et, par-dessus tout, amusez-vous bien !

# Première partie

# Tous en réseau !

« Regarde, ça doit être un de ces PC assemblés par des détenus.
Il y avait une lime cachée dans le tapis de souris. »

## Dans cette partie :

- Apprendre ce qu›est un réseau et ce que l'on peut faire avec.
- Comparer les ordinateurs serveurs et les ordinateurs clients.
- Accéder aux ressources réseau telles que le stockage partagé et les imprimantes en réseau.
- Utiliser Microsoft Office et d'autres logiciels en réseau.

# Chapitre 1

# Toute la vérité sur les réseaux

***Dans ce chapitre :***

- Qu'est-ce qu'un réseau ?
- Pourquoi s'encombrer avec un réseau ?
- Différence entre serveurs et clients.
- Serveurs et clients.
- Serveurs dédiés et pairs.
- Qu'est-ce qui fait marcher un réseau ?
- Ce n'est plus un ordinateur personnel !
- Devenir administrateur réseau.
- Qu'auraient-ils donc que vous n'auriez pas ?

Les réseaux informatiques jouent les mauvais rôles dans la plupart des films où ils apparaissent. Dans la série des *Terminator*, un réseau informatique du futur, nommé Skynet, prend le contrôle de la planète, construit des robots terminator effrayants et les envoie dans le passé pour assassiner toute personne ayant la malchance de porter le nom de Sarah Connor. Dans *Matrix*, un réseau très puissant transforme des êtres humains en esclaves en les enfermant dans une simulation du monde réel. Et dans *War Games*, l'un des premiers films de Matthew Broderick, un adolescent, génie de l'informatique, manque de déclencher la Troisième Guerre mondiale en piratant un jeu (la « guerre thermonucléaire totale ») après s'être connecté au réseau du ministère américain de la Défense.

Ne craignez rien ! Ces méchants réseaux n'existent que dans l'imagination des auteurs de science-fiction. Dans la réalité, les réseaux sont bien plus posés. Ils ne pensent pas par eux-mêmes, ils ne peuvent pas mal tourner sans votre consentement et ils ne vous feront aucun mal, même si vous vous appelez Sarah Connor.

Maintenant que vous avez surmonté votre peur des réseaux, vous êtes armé pour attaquer ce chapitre. Il s'agit d'une introduction aux réseaux informatiques, parfois superficielle, mais qui aborde sous un angle nouveau les concepts vous permettant de vous servir d'un ordinateur connecté à un réseau. Ce chapitre n'entre pas trop dans les détails ; ces derniers (ennuyeux, il est vrai) figurent plus loin.

# Qu'est-ce qu'un réseau ?

Un *réseau* n'est rien de plus que deux ordinateurs (ou plus) reliés par un câble (ou dans certains cas par ondes radio) afin de pouvoir échanger des informations.

Bien entendu, il existe d'autres moyens d'échanger de l'information entre des ordinateurs sans avoir recours à des réseaux. La plupart d'entre nous a déjà utilisé ce que les mordus d'informatique appellent le *réseau itinérant* : c'est-à-dire lorsque vous copiez un fichier sur un CD, un DVD ou une clé USB pour transférer des données sur un autre ordinateur. Le terme *réseau itinérant* est un magnifique trait d'humour caractéristique des mordus d'informatique.

Le principal problème du réseau itinérant est sa lenteur, sans compter qu'il use la moquette ! Un jour, un fondu d'informatique radin découvrit qu'il était moins coûteux de relier les ordinateurs entre eux par des câbles que de remplacer la moquette tous les six mois. C'est ainsi que le concept moderne de réseau informatique est né.

Pour créer un réseau, vous devez relier tous les ordinateurs de votre bureau avec des câbles et utiliser une *carte réseau* (une carte dotée d'un circuit électronique à intégrer dans votre ordinateur et qui dispose d'une prise spéciale à l'arrière de l'ordinateur). Ensuite, vous configurez votre système d'exploitation pour que le réseau fonctionne. Et voilà, vous disposez d'un réseau opérationnel.

Si vous ne voulez pas vous encombrer de câbles, vous pouvez opter pour un *réseau sans fil*. Chaque ordinateur est doté d'un adaptateur spécial équipé d'antennes en forme d'oreilles de lapin. Les ordinateurs peuvent ainsi communiquer entre eux sans l'aide de câbles.

La Figure 1.1 représente un réseau type composé de quatre ordinateurs. Vous pouvez voir que les quatre ordinateurs sont connectés via un câble à un appareil central nommé *switch* ou *commutateur*. Vous pouvez aussi remarquer que l'ordinateur de Lucien est connecté à une superbe imprimante laser. Grâce au réseau, Julie, Gilbert et Jean-Jacques peuvent utiliser cette imprimante laser. Notez que Jean-Jacques a collé le chewing-gum qu'il mâchait hier à l'arrière de son ordinateur. Bien qu'elle ne soit pas recommandée, la présence d'un chewing-gum ne devrait pas affecter le bon fonctionnement du réseau.

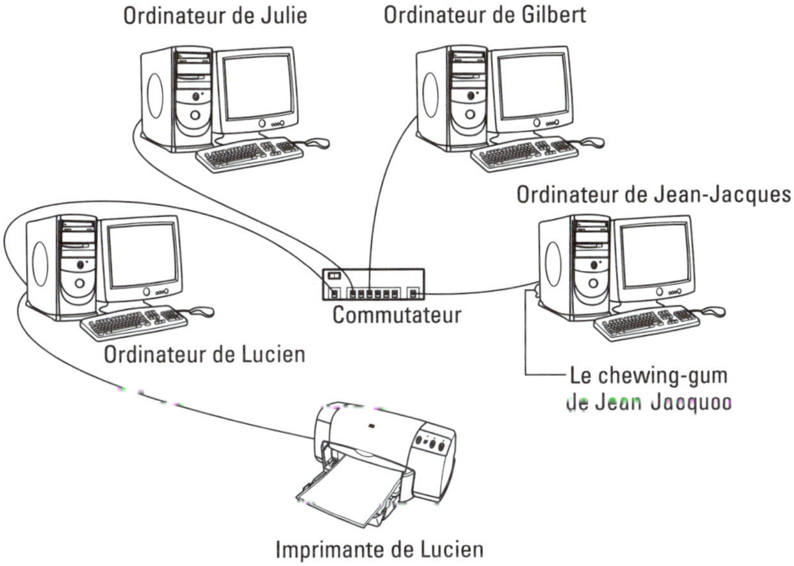


**Figure 1.1** : Exemple de réseau type.

L'univers des réseaux informatiques requiert un vocabulaire étrange. Vous n'avez, fort heureusement, pas à connaître tous les termes obscurs. En voici quelques-uns :

- **LAN** : Les réseaux sont souvent appelés LAN. LAN est un acronyme qui signifie *Local Area Network* (réseau local). C'est le premier *STL*, ou *Sigle de Trois Lettres* – différent d'un ATL (abréviation de trois lettres ; l'acronyme étant un sigle qui se prononce comme un mot) –, que vous rencontrerez dans ce livre. Vous n'avez pas besoin de vous en souvenir, pas plus que des nombreux STL qui vont suivre. En fait, le seul sigle de trois lettres dont vous devez vous souvenir est STL.
- **Sur le réseau** : Chaque ordinateur connecté au réseau est dit *sur le réseau*. Le terme technique (que vous pouvez oublier) désignant un ordinateur sur un réseau est *nœud*.
- **En ligne** : Quand un ordinateur est allumé et peut accéder au réseau, l'ordinateur est dit *en ligne*. Quand un ordinateur ne peut pas accéder au réseau, il est *hors ligne*. Un ordinateur peut être hors ligne pour plusieurs raisons : il est éteint, un utilisateur l'a déconnecté du réseau, il est cassé, le câble qui le relie au réseau est débranché ou le morceau de chewing-gum est coincé dans le disque dur.

- **Mettre en route** : Quand un ordinateur est allumé et fonctionne correctement, il est dit *en route*. Allumer un ordinateur se dit le *mettre en route*.
- **Internet** : Ne confondez pas les réseaux locaux avec *Internet*. Internet est un énorme regroupement de réseaux informatiques répartis sur toute la planète. Mettre en réseau les ordinateurs de votre domicile ou du bureau afin de pouvoir partager de l'information et connecter votre ordinateur au réseau mondial Internet sont deux tâches bien distinctes mais liées.

# Pourquoi s'encombrer avec un réseau ?

Franchement, les réseaux informatiques sont assez pénibles à mettre en place. Alors, pourquoi le faire ? Parce que les avantages que procure un réseau annulent largement la peine que représente son installation.

Nul besoin de faire une thèse sur les réseaux pour comprendre leurs avantages. En fait, vous le savez depuis la maternelle : les réseaux sont synonymes de partage. Pour être plus précis, les réseaux permettent de partager trois éléments : les fichiers, les ressources et les programmes.

## Partage de fichiers

Les réseaux vous permettent de partager de l'information avec d'autres ordinateurs connectés au réseau. Vous pouvez partager les fichiers de plusieurs manières, en fonction de la configuration de votre réseau. Le moyen le plus direct consiste à envoyer un fichier en pièce jointe à un courrier électronique, depuis votre ordinateur sur l'ordinateur de votre ami. Ce dernier peut aussi accéder à votre ordinateur par le réseau et récupérer le fichier sur votre disque dur. Vous avez également la possibilité de copier le fichier sur le disque dur d'un autre ordinateur puis d'indiquer son emplacement à votre ami pour qu'il puisse le récupérer plus tard. D'une manière ou d'une autre, les données circulent jusqu'à l'ordinateur de votre ami via le câble réseau et non pas via un CD, un DVD ou une clé USB comme dans le réseau itinérant.

## Partage de ressources

Vous pouvez configurer certaines ressources informatiques comme un lecteur ou une imprimante pour que tous les ordinateurs du réseau puissent y accéder. Par exemple, l'imprimante laser reliée à l'ordinateur de Lucien dans la Figure 1.1 est une ressource partagée, ce qui signifie que n'importe qui sur le réseau peut s'en servir. Sans le réseau, Julie, Gilbert et Jean-Jacques devraient acheter leur propre imprimante laser.

Les lecteurs peuvent aussi être des ressources partagées. En fait, vous devez configurer un lecteur en tant que ressource partagée pour pouvoir partager des fichiers avec les autres utilisateurs. Supposez que Gilbert veuille partager un fichier avec Jean-Jacques et qu'un lecteur partagé ait été installé sur l'ordinateur de Julie. Gilbert n'a qu'à copier le fichier sur le lecteur partagé de l'ordinateur de Julie puis indiquer à Jean-Jacques où il l'a stocké. Alors, quand Jean-Jacques sera disponible, il pourra copier le fichier depuis l'ordinateur de Julie vers le sien (à moins bien sûr que le fouineur de service ne l'ait supprimé).

Vous pouvez aussi partager d'autres ressources, par exemple une connexion Internet. En fait, le partage d'une connexion Internet est l'une des principales motivations pour la mise en place d'un réseau.

## Partage de programmes

Au lieu de conserver des copies distinctes de programmes sur chaque ordinateur, il est parfois conseillé de stocker le logiciel sur un ordinateur partagé auquel chacun peut accéder. Par exemple, dans le cas de dix utilisateurs qui choisissent tous le même programme, vous pouvez soit acheter et installer dix exemplaires du programme (un par utilisateur), soit acheter une licence pour dix utilisateurs et installer le logiciel une seule fois, sur le disque partagé. Chacun des dix utilisateurs peut alors accéder au programme depuis le disque dur partagé.

Cependant, dans la plupart des cas, il est très lent de faire fonctionner un logiciel sur le réseau. Une solution plus communément adoptée pour partager des programmes via un réseau consiste à copier le logiciel sur un disque partagé puis à l'installer sur le disque local de chaque utilisateur. Par exemple, Microsoft Office vous permet d'opter pour cette solution si vous achetez une licence Microsoft pour chacun des ordinateurs sur lesquels vous installez Office.

L'installation d'Office depuis un disque partagé présente un avantage évident : vous n'êtes pas obligé de balader les CD d'installation sur chaque poste. De plus, l'administrateur système peut personnaliser l'installation réseau, de sorte que le logiciel s'installe de la même manière sur tous les ordinateurs. Notez toutefois que cette solution est surtout intéressante pour les grands réseaux. Si le vôtre compte moins de dix ordinateurs, il vaut mieux installer Office sur chaque machine à partir des CD d'installation.

Rappelez-vous qu'il est illégal d'acheter un exemplaire d'un programme pour un seul utilisateur si c'est pour le stocker sur un lecteur partagé afin que tous les utilisateurs du réseau puissent y accéder. Si cinq personnes veulent utiliser un logiciel, vous devez acheter soit cinq exemplaires du programme, soit une licence réseau qui autorise cinq utilisateurs (ou plus).

Cela dit, beaucoup de fabricants vendent leurs logiciels avec une *licence multiutilisateur*. Dans ce cas, vous pouvez installer le logiciel sur autant de postes que vous voulez mais son utilisation simultanée est limitée à un certain nombre de personnes. Généralement, un logiciel à licence spéciale, exécuté sur l'un des serveurs du réseau, surveille le nombre de personnes qui utilisent le logiciel en même temps. Ce type de licence est couramment utilisé pour des logiciels spécialisés (et chers) tels que des programmes de comptabilité ou d'infographie.

Autre avantage du réseau : il permet aux utilisateurs de communiquer entre eux, surtout par l'intermédiaire de messageries électroniques ou de services de messagerie instantanée. Cependant, le réseau offre également d'autres moyens de communication : il peut vous servir à organiser des réunions en ligne. Les utilisateurs disposant de caméras vidéo sur leur ordinateur (*Webcams*) peuvent participer à des visioconférences. Vous pouvez même jouer à la « dame de pique » via le réseau, pendant votre pause déjeuner, bien évidemment.

## Serveurs et clients

L'ordinateur du réseau qui possède les disques, l'imprimante et les autres ressources partagées avec les autres ordinateurs du réseau est un *serveur*. Ce terme sera souvent utilisé, vous devez vous en souvenir. Écrivez-le au dos de votre main gauche.

Tout ordinateur qui n'est pas un serveur est un *client*. Vous aurez aussi à vous souvenir de ce terme. Écrivez-le sur le dos de votre main droite.

Il n'y a que deux types d'ordinateurs sur un réseau : des serveurs et des clients. Regardez votre main gauche puis votre main droite ; ne vous lavez pas les mains tant que vous n'avez pas mémorisé ces termes.

La distinction entre un client et un serveur sur un réseau serait quelque chose d'amusant à étudier en sociologie. C'est le type de différence qui existe entre ceux qui ont des biens et ceux qui n'en ont pas.

- Les ordinateurs les plus puissants et les plus coûteux dans un réseau sont généralement les serveurs. C'est logique car chaque utilisateur du réseau a recours à leurs ressources.

- Les ordinateurs les moins chers et les moins puissants sont les clients. Ce sont les ordinateurs utilisés pour le travail quotidien. Les clients n'ayant pas à partager de ressources, ils n'ont pas besoin d'être très performants.

- La plupart des réseaux comportent plus de clients que de serveurs. Par exemple, un réseau de dix clients comptera probablement un seul serveur.

- Sur de nombreux réseaux, il existe une véritable ségrégation entre les serveurs et les clients. Autrement dit, un ordinateur est un serveur ou un client mais pas les deux à la fois. Un serveur ne peut pas devenir client et un client ne peut pas devenir serveur.

- D'autres réseaux, généralement de plus petites tailles, sont plus progressistes. Ils autorisent n'importe quel ordinateur du réseau à devenir serveur et à être simultanément serveur et client.

## Serveurs dédiés et pairs

Dans certains réseaux, un ordinateur serveur est un ordinateur serveur et rien d'autre. Il est affecté à la seule tâche de partager des ressources, comme des disques et des imprimantes, afin qu'elles soient accessibles aux clients du réseau. Un tel serveur est nommé *serveur dédié* car il ne peut effectuer d'autres tâches que celles liées au réseau.

L'approche moderne des réseaux autorise chaque ordinateur d'un réseau à fonctionner à la fois comme client et comme serveur. Ainsi, n'importe quel ordinateur peut partager son imprimante ou ses disques avec les autres ordinateurs du réseau. Et tandis qu'un ordinateur se comporte en serveur, vous pouvez continuer à l'utiliser pour faire du traitement de texte. Ce type de réseau est nommé *réseau pair-à-pair* (*peer-to-peer* en anglais) car tous les ordinateurs sont des pairs, c'est-à-dire qu'ils sont égaux.

Voici quelques réflexions sur les différences entre les réseaux à serveurs dédiés et les réseaux pair-à-pair. Pensez-y demain matin, pendant que vous promènerez votre chien :

- Les fonctionnalités de réseau pair-à-pair sont intégrées à Windows. Si votre ordinateur fonctionne sous Windows, vous n'aurez donc pas à acheter d'autres logiciels pour transformer cet ordinateur en serveur. Vous devrez tout simplement activer les fonctionnalités serveur de Windows.

- Les fonctionnalités serveur des versions grand public de Windows (comme Windows XP, Vista ou Windows 7) ne sont pas très efficaces car ces versions n'ont pas été conçues pour être des serveurs de réseau.

N'OUBLIEZ PAS!

Si vous projetez de transformer un ordinateur en serveur permanent, vous devez avoir recours à un système d'exploitation spécial à la place de Windows. Un système d'exploitation réseau, aussi nommé *NOS*

Système d'exploitat° réseau NOS → Windows serveur..

(*Network Operating System*), est spécialement conçu pour gérer efficacement les fonctions liées au réseau.

- Les systèmes d'exploitation réseau les plus employés sont les versions serveur de Windows.
- À l'heure où j'écris ce chapitre, la dernière version serveur de Windows est *Windows Server 2012*. Toutefois, de nombreuses entreprises utilisent encore la version précédente (Windows Server 2008) et certaines ne parviennent pas à se défaire de leur prédécesseur, Windows 2003 Server.
- Il existe d'autres systèmes d'exploitation réseau tels que *Linux* qui est gratuit et *Apple*.

✓ De nombreux réseaux sont à la fois des réseaux pair-à-pair *et* des réseaux à serveurs dédiés. Ces réseaux disposent :

- d'au moins un ordinateur *serveur* qui utilise un NOS tel que Windows Server 2008.
- d'ordinateurs *clients* qui utilisent les fonctionnalités serveur de Windows pour partager des ressources avec le réseau.

TRUC

✓ Vos serveurs doivent non seulement être dédiés mais aussi sincères.

## Qu'est-ce qui fait marcher un réseau ?

Pour vous servir d'un réseau, vous n'avez pas vraiment besoin de savoir comment il fonctionne. Cependant, vous pourriez vous sentir mieux si vous réalisiez qu'il ne fonctionne pas par magie. Un réseau peut sembler magique mais il ne l'est pas. Voici la liste des différents éléments qui composent un réseau :

✓ **Carte réseau.** Elle se trouve dans un ordinateur connecté au réseau ; c'est une carte électronique qui porte le nom de *carte réseau* mais elle est aussi appelée *NIC* (pour *Network Interface Card*). Bien que la carte réseau soit en général intégrée à la carte mère de votre ordinateur, sur les ordinateurs récents, vous avez la possibilité d'utiliser une interface réseau externe reliée à l'ordinateur par le port USB de ce dernier.

✓ **Câble réseau.** Le câble réseau relie les ordinateurs. Il se branche dans le port de la carte réseau, à l'arrière de la tour de votre ordinateur.

La plupart des réseaux utilisent un type de câble qui ressemble à un câble de réseau téléphonique. Mais les apparences sont trompeuses.

Le câble pour le téléphone est de moins bonne qualité et ne fonctionnera pas avec un réseau informatique. Sur ce dernier, chaque paire de fils du câble doit être inversée d'une certaine manière. C'est pourquoi ce type de câble est aussi appelé *câble à paires torsadées*. Les fils des câbles téléphoniques standards ne sont pas inversés.

Rendez-vous au Chapitre 6 pour tout savoir sur les câbles réseau.

Vous pouvez vous passer de câbles en installant un réseau sans fil. Les réseaux sans fil sont détaillés au Chapitre 9.

- **Commutateur réseau.** Si votre réseau utilise un câble à paires torsadées, il aura probablement aussi besoin d'un *commutateur* (également appelé *switch*). Le commutateur est une petite boîte avec plein de connecteurs. Chaque ordinateur du réseau est connecté au commutateur par un câble. Le commutateur connecte ainsi tous les ordinateurs entre eux.

  Au début des réseaux à paires torsadées, on utilisait des dispositifs appelés *concentrateurs* (*hubs*), dont les performances ont été largement dépassées par les commutateurs. Les concentrateurs ont cessé d'être utilisés après l'an 2000 !

  Dans les réseaux constitués de quelques ordinateurs, le commutateur réseau est souvent combiné avec un autre périphérique réseau appelé *routeur*. Un routeur est utilisé pour relier deux réseaux ; en règle générale, un routeur est utilisé pour connecter votre réseau à Internet. En combinant un routeur et un commutateur dans un seul boîtier, vous pouvez facilement connecter plusieurs ordinateurs entre eux et à Internet.

- **Logiciel réseau.** Bien entendu, il faut installer plusieurs logiciels pour faire fonctionner un réseau. Pour un réseau pair-à-pair tournant sous Windows, vous devrez passer par le Panneau de configuration. Des systèmes d'exploitation réseau, tels que Windows Server 2012, requièrent une longue configuration avant de pouvoir fonctionner convenablement.

# Ce n'est plus un ordinateur personnel !

S'il y a bien une chose dont je voudrais que vous vous souveniez avant tout, c'est qu'une fois que vous avez connecté votre ordinateur personnel (PC) au réseau, ce n'est plus un ordinateur personnel. Vous faites maintenant partie d'un réseau d'ordinateurs et, d'une certaine manière, vous avez dépouillé votre PC de l'attrait qui l'a rendu si populaire : l'indépendance.

J'ai commencé à faire de l'informatique à l'époque où les ordinateurs mainframes étaient ce qu'il y avait de mieux. Les *ordinateurs mainframes* étaient des machines énormes et complexes qui remplissaient des pièces entières et nécessitaient un système de climatisation très important. Mon premier ordinateur était un Hex Core Model 2000 de chez Binford à refroidissement liquide. Si, si, je vous assure ! Je n'invente pas cette histoire d'eau froide. Il fallait souvent avoir recours à un plombier pour installer un ordinateur mainframe. En fait, les plus gros d'entre eux étaient refroidis par de l'azote liquide. En revanche, j'ai inventé ce que j'ai dit à propos du Binford 2000.

Il fallait des équipes de programmeurs et d'opérateurs rien que pour veiller au bon fonctionnement des ordinateurs mainframes. Ils devaient être gérés avec soin. Toute une bureaucratie s'est bâtie autour de la gestion des mainframes.

Les ordinateurs mainframes dominaient le monde du travail. Les ordinateurs personnels ont tout changé. Ils ont déplacé la puissance informatique de la pièce où s'entassaient les gros ordinateurs vers le bureau d'un utilisateur, où elle est restée. Les PC ont coupé le lien avec le contrôle centralisé qu'exerçait l'ordinateur mainframe. Un utilisateur de PC peut regarder son ordinateur et se dire : « C'est le mien… rien que le mien ! » Les mainframes existent toujours mais ils ne sont plus autant utilisés qu'auparavant.

Les réseaux ont à leur tour tout bouleversé. D'une certaine manière, c'est un retour en arrière, vers la pensée mainframe. Il est vrai que le réseau n'est pas hébergé au sous-sol et qu'il n'y a pas besoin d'un plombier pour l'installer. Mais votre PC ne vous appartient plus totalement. Vous faites partie d'un réseau et, tout comme un mainframe, un réseau doit être géré avec soin.

Voici comment un réseau vous vole votre indépendance :

- **Vous ne pouvez pas supprimer des fichiers aveuglément sur le réseau.** Ils pourraient ne pas vous appartenir.

- **Avec le réseau, la sécurité est toujours un souci.** Par exemple, avant de vous permettre d'accéder aux fichiers du réseau, le serveur doit pouvoir vous identifier. Pour cela, vous devez saisir votre nom d'utilisateur et votre mot de passe. Le but est d'éviter qu'un gamin de quinze ans ne pénètre par effraction sur le réseau de votre entreprise via sa connexion Internet et dérobe tous les jeux installés sur votre ordinateur.

- **Il faut parfois attendre pour accéder aux ressources partagées.** Que Gilbert ait envoyé quelque document à l'imprimante de Lucien ne signifie pas que le document va être imprimé immédiatement. Jean-Jacques peut avoir commandé auparavant une impression qui va durer deux heures. Gilbert devra attendre.

- **Il faut parfois attendre pour accéder à des documents.** Lorsque vous tentez d'accéder à un document Excel stocké sur le réseau, il se peut que vous découvriez qu'il est déjà ouvert par Julie et qu'il vous faut attendre qu'elle ait terminé.
- **L'espace de stockage n'est pas illimité.** Si vous copiez un fichier de base de données de 10 Go sur le disque du serveur, des collaborateurs mécontents risquent de vous appeler pour se plaindre parce qu'il ne leur reste plus assez d'espace disque sur le serveur pour sauvegarder leurs fichiers importants.
- **Vos fichiers peuvent être infectés par un virus transmis par un autre utilisateur du réseau.** Puis, à votre tour, vous pouvez infecter accidentellement d'autres utilisateurs.
- **La sauvegarde de fichiers sensibles sur le serveur doit être une décision mûrement réfléchie.** Si vous sauvegardez sur le disque dur du serveur une note dans laquelle vous exprimez toute la haine que vous ressentez pour votre patron, sachez que ce dernier pourrait facilement la trouver et donc la lire.
- **Le serveur doit être allumé et opérationnel en permanence.** Si l'ordinateur de Lucien est un serveur, Lucien ne peut pas éteindre son ordinateur quand il quitte le bureau. S'il le fait, vous ne pouvez pas accéder aux fichiers stockés sur son ordinateur.
- **Si votre ordinateur est un serveur, vous ne pouvez pas l'éteindre sans prévenir.** Quelqu'un d'autre pourrait être en train d'accéder à un fichier sur votre disque dur ou d'imprimer un document avec votre imprimante.

# Devenir administrateur réseau

Vous n'êtes pas à l'abri de tout un tas de problèmes, même avec un réseau simple ; il est donc important de nommer un *administrateur réseau* qui sera chargé de veiller à ce que le réseau ne « tombe » pas ou ne devienne incontrôlable.

L'administrateur réseau n'a pas besoin d'être un génie de la technique. En fait, quelques-uns des meilleurs administrateurs réseau se révèlent être dénués de toutes connaissances techniques. Ce qui est important, c'est que l'administrateur soit bien organisé. Son travail est de s'assurer qu'il reste plein d'espace libre sur le serveur de fichiers, que ce dernier soit sauvegardé régulièrement, que les nouveaux employés puissent accéder au réseau, etc.

Il incombe aussi à l'administrateur réseau de résoudre les problèmes de base que les utilisateurs ne peuvent pas traiter par eux-mêmes et de savoir quand il convient d'appeler un expert si quelque chose de grave survient. C'est un métier difficile mais quelqu'un doit le faire. Voici quelques conseils :

- La cinquième partie de ce livre est entièrement consacrée au malheureux administrateur réseau. Si vous êtes concerné, lisez les chapitres de cette partie. Si vous êtes assez chanceux pour que la tâche soit affectée à quelqu'un d'autre, fêtez cela en lui offrant un exemplaire de ce livre.
- Dans les petites structures, il arrive souvent que l'administrateur réseau soit choisi à la courte paille. La personne qui tire la paille la plus courte perd et devient l'administrateur réseau.
- Bien entendu, l'administrateur réseau ne peut pas être totalement *incompétent* techniquement parlant. J'ai un peu exagéré pour vous faire sentir combien les capacités organisationnelles sont plus importantes que les capacités techniques. L'administrateur doit être en mesure d'effectuer divers travaux de maintenance du réseau. Dans la pratique, il faut un minimum de savoir-faire technique mais l'essentiel tient aux capacités d'organisation.

# Qu'auraient-ils donc que vous n'auriez pas ?

Au vu de tout ce qu'il faut prendre en compte, vous devez vous demander si vous êtes assez futé pour manipuler votre ordinateur après l'avoir connecté au réseau. Bien sûr que vous l'êtes ! Si vous êtes assez rusé pour acheter ce livre parce que vous savez que vous avez besoin d'un réseau, vous avez tout ce qu'il vous faut pour utiliser le réseau après l'avoir mis en place. Vous pourrez aussi l'installer et le gérer vous-même. Ce n'est pas de la recherche fondamentale.

Je connais certaines personnes qui se servent de réseaux à longueur de journée. Elles n'ont rien d'exceptionnel mais elles possèdent quelque chose que vous n'avez pas : un *certificat*. Donc, en vertu des pouvoirs qui me sont conférés par la Société des diminués de l'informatique, je vous remets le certificat de la Figure 1.2, vous confirmant que vous avez accédé au titre convoité de Nullité Réseau Certifiée ou NRC. Dans certains cercles, ce titre est bien plus prestigieux que l'indigeste badge CNE qu'arborent les véritables experts en réseau.

Félicitations et partez l'esprit tranquille !

**Figure 1.2 :** Certificat officiel NRC.

# Chapitre 2

# La vie sur le réseau

***Dans ce chapitre :***

- Différence entre les ressources locales et les ressources réseau.
- Qu'est-ce qu'un nom ?
- Se connecter au réseau.
- Les dossiers partagés.
- Quatre bonnes utilisations d'un dossier partagé.
- Explorer le réseau.
- Mapper des lecteurs réseau.
- L'imprimante réseau.
- Se déconnecter du réseau.

Une fois que votre PC aura été connecté au réseau, il ne sera plus une île séparée du reste du monde par quelque fanatique isolationniste brandissant un drapeau « Ne me marchez pas dessus ». La connexion au réseau change votre PC pour toujours. Votre ordinateur fait maintenant partie d'un « système », connecté aux « autres ordinateurs » sur le « réseau ». Vous devez alors vous préoccuper des détails ennuyeux de la vie en réseau comme avoir recours à des ressources locales ou partagées, vous connecter et accéder à des disques réseau, utiliser des imprimantes en réseau, vous déconnecter et qui sait quoi encore.

Quel ennui !

Ce chapitre veut vous montrer en quoi consiste la vie en réseau. Malheureusement, il devient parfois technique, si bien que vous risquez d'avoir besoin de votre capuchon de stylo.

## Différence entre les ressources locales et les ressources réseau

Au cas où vous ne l'auriez pas compris dans le Chapitre 1, l'une des différences fondamentales entre un ordinateur isolé et un ordinateur en réseau est la distinction entre les ressources locales et les ressources réseau. Les *ressources locales* sont des choses telles que les disques, les imprimantes et les lecteurs de CD-ROM ou DVD qui sont connectés directement à votre ordinateur. Que vous soyez connecté ou non au réseau, vous pouvez toujours vous servir des ressources locales. Les *ressources réseau* sont les disques, les imprimantes et les lecteurs de CD-ROM qui sont connectés aux ordinateurs serveurs du réseau. Vous ne pouvez travailler avec les ressources réseau qu'une fois votre ordinateur connecté au réseau.

Toute l'astuce pour utiliser un ordinateur en réseau consiste à distinguer les ressources *locales* (qui vous appartiennent) des ressources *réseau* (qui appartiennent au réseau). Dans la plupart des réseaux, votre lecteur C est un disque local, comme votre dossier Mes documents. Si une imprimante se trouve à côté de votre PC, c'est probablement une imprimante locale. Vous pouvez faire tout ce que vous voulez avec ces ressources sans affecter le réseau ou les autres utilisateurs du réseau (du moment que ces ressources locales ne sont pas partagées sur le réseau).

- Vous ne pouvez pas dire d'une ressource qu'elle est locale ou réseau au premier coup d'œil. L'imprimante qui se trouve à côté de votre ordinateur est probablement votre imprimante locale mais, encore une fois, il peut s'agir d'une imprimante réseau. La même chose pour les lecteurs : le disque dur qui se trouve dans votre PC est probablement le vôtre mais il peut aussi être un disque réseau, employé par d'autres utilisateurs du réseau.

- Puisque les serveurs de réseau dédiés contiennent des ressources, vous pouvez dire qu'ils sont non seulement dédiés mais également un lieu de ressource.

## Qu'est-ce qu'un nom ?

À peu près tout ce qui se trouve sur un réseau informatique porte un nom : les ordinateurs portent un nom, les utilisateurs portent un nom, les imprimantes et les disques partagés sur le réseau portent un nom et le réseau lui-même porte un nom. Il n'est pas essentiel de connaître chacun des noms utilisés sur le réseau mais il est important d'en connaître certains.

Voici quelques détails concernant les noms réseau :

- **Toute personne qui peut se servir du réseau dispose d'un *identifiant utilisateur* (*ID utilisateur*, pour abréger).** Vous devez connaître votre ID utilisateur afin de vous connecter au réseau. Vous devez aussi connaître les ID de vos copains, tout particulièrement si vous voulez leur chiper des fichiers ou leur envoyer des vacheries.

  Nous reviendrons sur les ID utilisateur et la connexion dans la section suivante, intitulée « Se connecter au réseau ».

- **Il est tentant de laisser les utilisateurs du réseau se servir de leur nom comme ID utilisateur mais ce n'est pas une bonne idée.** Vous irez droit dans le mur, même dans une petite structure : souvenez-vous de cette Mrs. McCave qui eut vingt-trois enfants et les prénomma tous Dave.

  Je suggère que vous adoptiez une méthode rigoureuse pour créer les ID utilisateur. Par exemple, vous pourriez choisir votre prénom et les deux premières lettres de votre nom de famille. L'ID de Gilbert serait alors *gilbertcl* et celui de Jean-Jacques *jeanjacquescl*. Vous pourriez aussi prendre la première lettre de votre prénom suivie de votre nom en entier. L'utilisateur Gilbert sera alors identifié par *gcleaver* et Jean-Jacques deviendra *jjcleaver* (notez que la casse importe peu dans la plupart des réseaux ; par conséquent, *jjcleaver* est identique à *JJcleaver*).

  **Chaque ordinateur sur le réseau doit disposer d'un nom unique de machine.**

  Vous n'avez pas à connaître le nom de tous les ordinateurs du réseau mais il peut être nécessaire de connaître le nom de votre ordinateur ainsi que les noms des ordinateurs serveurs auxquels vous devez accéder.

  Le nom d'un ordinateur est souvent identique à l'ID de la personne qui utilise cet ordinateur. Cette pratique n'est pas recommandée car, dans beaucoup d'entreprises, les personnes vont et viennent plus rapidement que les ordinateurs. Le nom reflète parfois une localisation géographique telle que *bureau-12* ou *arrière-boutique*. Les ordinateurs serveurs portent des noms qui correspondent au groupe d'utilisateurs se servant le plus souvent du serveur comme *serveur-dao* ou *serveur-dev*.

  Ici encore, certains fondus d'informatique se plaisent à se distinguer en utilisant des noms bizarroïdes tels que *BL3K5-87a*. Vous pourriez aussi préférer des noms tirés de la science-fiction. *HAL*, *Colossus*, *M5* et *Data* viennent à l'esprit. Les noms mignons comme *Herbie* ne sont pas autorisés. Cependant, *Tigrou* et *Winnie* sont parfaitement acceptables, même recommandés ; les tigres aiment les réseaux…

La technique la plus sensée consiste à attribuer des noms contenant des chiffres tels que *ordinateur001* ou *ordinateur002*.

- **Les ressources réseau telles que les disques et les imprimantes portent aussi un nom.** Par exemple, un serveur réseau peut disposer de deux imprimantes, nommées *laser* et *jetdencre* (pour indiquer le type d'imprimante) et de deux disques, nommés *donnees-comptables* et *donnees-ventes*.

- **Les serveurs réseau disposent d'un ID utilisateur réservé à l'administrateur.**

  Si vous vous connectez avec l'ID de l'administrateur, vous pourrez faire tout ce que vous voulez : ajouter de nouveaux utilisateurs, définir de nouvelles ressources réseau, changer le mot de passe de Gilbert, bref : tout. L'ID de l'administrateur réseau est parfois très subtil, du genre *administrateur*.

- **Le réseau lui-même a un nom.**

  L'univers Windows comprend deux types de réseaux de base :

  - Les *réseaux de domaines* sont la norme pour les grands environnements d'entreprise qui ont les serveurs consacrés et le personnel informatique pour les maintenir.

  - Les *réseaux de groupes de travail* sont plus communs dans la sphère privée ou les petits bureaux qui ne possèdent pas de serveurs dédiés ou d'administrateurs.

- Un réseau de domaine est représenté par un *nom de domaine* tandis qu'un réseau de groupe de travail est identifié par un *nom de groupe de travail*. Indépendamment du type de réseau que vous employez, vous devez connaître ce nom pour accéder au réseau.

# Se connecter au réseau

Pour utiliser des ressources réseau, vous devez connecter votre ordinateur au réseau et passer par un processus confidentiel nommé *identification*. Le but de l'identification est de faire savoir au réseau qui vous êtes, de sorte qu'il décide si vous êtes un gentil ou un méchant.

S'identifier, c'est un peu comme encaisser un chèque. Le processus requiert deux types d'identification :

- **Votre *ID utilisateur*** : le nom sous lequel le réseau vous connaît. Votre ID utilisateur est généralement une variante de votre vrai nom, comme jjacques pour Jean-Jacques. Toute personne qui se sert du réseau doit disposer d'un ID utilisateur.

- **Votre *mot de passe*** : un mot secret que seuls vous et le réseau connaissez. Si vous tapez le bon mot de passe, le réseau croit que vous êtes qui vous dites être.

N'OUBLIEZ PAS !

Chaque utilisateur a un mot de passe spécifique et ce mot de passe doit rester confidentiel.

Dans les premiers temps de l'informatique en réseau, vous deviez taper une commande d'identification à une invite MS-DOS puis saisir votre ID utilisateur et votre mot de passe. À l'heure de Windows, vous vous connectez au réseau via une boîte de dialogue spécialisée qui apparaît lorsque vous démarrez votre ordinateur. La Figure 2.1 représente la version Windows 8 de cette boîte de dialogue.

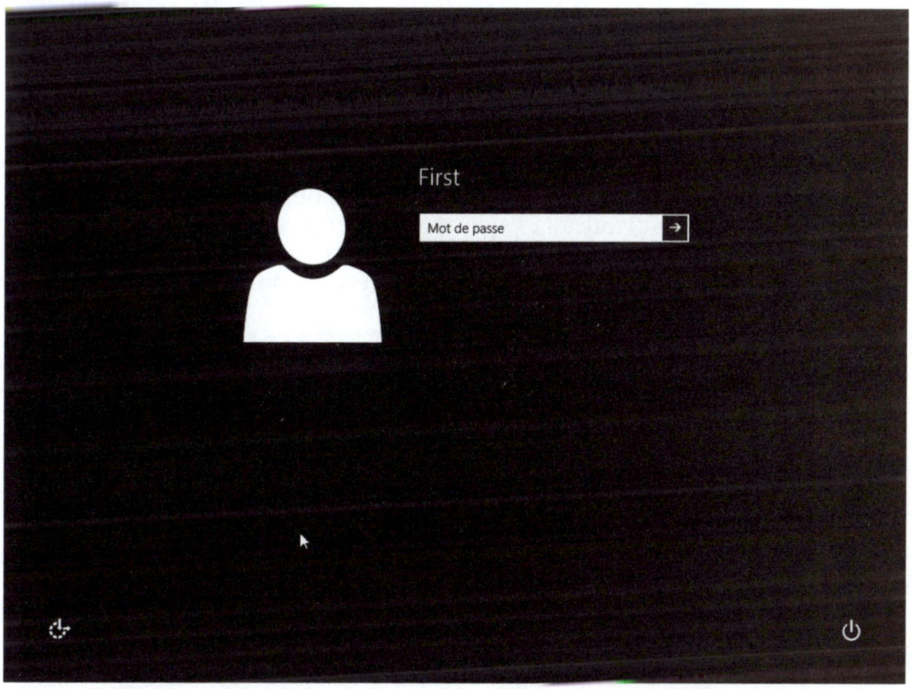


**Figure 2.1** : Vous devez saisir votre ID et votre mot de passe pour accéder au réseau.

Voici quelques remarques à méditer :

- Les termes *nom d'utilisateur* et *nom de login* sont parfois employés à la place d'ID utilisateur. Ils signifient la même chose.
- Tant que nous parlons de mots qui signifient la même chose, sachez que *se connecter* et *se logger*, c'est pareil.
- En matière de réseau, vous et votre ordinateur êtes deux entités distinctes. Votre ID utilisateur se réfère à vous et non à votre ordinateur. C'est pourquoi vous avez un ID utilisateur tandis que votre ordinateur a un nom d'ordinateur. Vous pouvez vous connecter au réseau au moyen de votre ID utilisateur depuis n'importe lequel des ordinateurs connectés au réseau. De même, les autres utilisateurs peuvent se connecter au réseau depuis votre ordinateur avec leur propre ID.

  Quand les autres se connectent à votre ordinateur à l'aide de leur propre ID, ils ne peuvent pas accéder à vos fichiers réseau si ces derniers sont protégés par un mot de passe. Cependant, ils *ont la possibilité* d'accéder aux fichiers locaux que vous n'avez pas protégés. Faites donc attention à bien choisir les personnes que vous autorisez à utiliser votre ordinateur.
- Si vous vous connectez à un réseau avec nom de domaine, la boîte de dialogue de connexion de Windows XP comprend un champ dans lequel vous devez entrer ce nom de domaine. Avec un peu de chance, il contiendra la valeur par défaut appropriée et vous pourrez ignorer ce champ sans aucun danger. Si ce n'est pas le cas, votre administrateur réseau se fera une joie de vous indiquer comment entrer cette information.
- Windows 7 et Windows 8 ne proposent pas de champ dans lequel vous pouvez spécifier le nom de domaine. Au lieu de cela, vous devez indiquer le nom de domaine, suivi de votre ID, en les séparant par une barre oblique inverse. Par exemple :

  ```
  persepolis\jjacques
  ```

  Ici, le nom de domaine est *persepolis* et le nom d'utilisateur est *jjacques*.

  Notez que Windows 7 et Windows 8 retiennent les noms de domaine et d'utilisateur saisis lors de la précédente connexion. Il ne vous reste alors qu'à taper votre mot de passe. Pour vous connecter à un autre domaine ou comme autre utilisateur, cliquez sur Changer d'utilisateur. Cliquez ensuite sur l'icône Autre utilisateur et entrez un autre nom de domaine et d'utilisateur ainsi que le mot de passe approprié.
- Sur les anciens systèmes Windows XP, la boîte de dialogue de connexion possède un champ dans lequel vous pouvez spécifier le nom du domaine auquel vous souhaitez vous connecter.

- Votre ordinateur peut avoir été configuré pour vous connecter automatiquement dès que vous le mettez sous tension. Dans ce cas, vous n'avez pas à saisir votre ID utilisateur et votre mot de passe. Cette configuration rend la connexion plus conviviale mais elle en retire toute la saveur. Sans oublier que c'est carrément stressant si vous êtes un tant soit peu inquiet à l'idée que des méchants puissent accéder à vos fichiers personnels.
- Conservez votre mot de passe toute votre existence. Je vous dirais bien le mien mais je serais obligé de vous faire disparaître !

# Les dossiers partagés

Avant l'ère des réseaux (Av. Rx), votre ordinateur ne disposait probablement que d'un disque nommé C. Peut-être deux, C et D, le second pouvant être un autre disque ou un lecteur de CD-ROM ou de DVD-ROM. Quoi qu'il en soit, ces disques sont physiquement présents dans votre PC. Ce sont des *disques locaux*.

Maintenant que vous êtes sur un réseau, vous aurez probablement accès à des disques qui ne sont pas sur votre PC mais qui se trouvent plutôt dans d'autres ordinateurs connectés au réseau. Ces disques réseau peuvent se situer sur un ordinateur serveur dédié ou, dans le cas d'un réseau pair-à-pair, sur un autre ordinateur client.

Vous pouvez, dans certains cas, accéder à l'intégralité d'un disque réseau via le réseau. Mais, dans la plupart des cas, vous ne pouvez accéder qu'à certains dossiers (*répertoires* dans le jargon MS-DOS) de ces disques réseau. D'une manière ou d'une autre, les disques ou les dossiers partagés sont désignés dans la terminologie Windows par *dossiers partagés*. Un dossier partagé est généralement appelé *disque réseau* parce qu'il est possible d'accéder au dossier partagé comme si c'était un disque séparé, avec sa propre lettre d'identification.

Il est possible de limiter l'utilisation des dossiers partagés. Par exemple, vous pouvez avoir un accès total à certains dossiers partagés, si bien que vous pouvez copier les fichiers qu'ils contiennent, les supprimer, créer ou déplacer des fichiers, etc. Dans les autres dossiers partagés, votre accès peut être limité de diverses manières. Par exemple, vous pouvez copier des fichiers depuis et vers un dossier partagé mais n'avez pas l'autorisation de supprimer, de modifier des fichiers ou de créer de nouveaux dossiers. Un mot de passe peut aussi être exigé pour vous autoriser à accéder à un dossier protégé. L'espace disque utilisable pour un dossier partagé peut également être limité. Pour plus d'informations sur les restrictions relatives au partage de fichiers, reportez-vous au Chapitre 12.

Gardez à l'esprit qu'en plus de pouvoir accéder aux dossiers partagés qui résident sur d'autres ordinateurs, vous pouvez aussi désigner votre ordinateur comme serveur afin de permettre aux utilisateurs du réseau d'accéder aux fichiers que vous partagez. Pour savoir comment partager des dossiers sur votre ordinateur avec les autres utilisateurs du réseau, reportez-vous au Chapitre 3.

## Quatre bonnes utilisations d'un dossier partagé

Une fois que vous savez quels dossiers partagés sont à votre disposition sur le réseau, il faut réfléchir à ce que vous pouvez en faire ! Cette section décrit quatre bonnes raisons d'utiliser un dossier partagé.

### Stocker des fichiers dont tout le monde a besoin

Un dossier partagé en réseau est un bon endroit pour entreposer des fichiers auxquels plusieurs utilisateurs doivent avoir accès. Sans réseau, vous devez stocker une copie des fichiers sur chaque ordinateur et veiller à ce que les copies soient correctement synchronisées. Vous pouvez aussi les transférer sur un support amovible, clé ou disque USB, CD-ROM ou DVD-ROM et les faire passer d'un utilisateur à l'autre ou encore conserver les fichiers sur un ordinateur et inviter les utilisateurs à venir les consulter sur place !

En réseau, il suffit de placer les fichiers dans un dossier partagé pour que toute personne autorisée puisse y accéder.

### Stocker ses propres fichiers

Vous pouvez également considérer un dossier partagé comme une extension de votre disque dur local. Par exemple, si vous avez téléchargé sur Internet tant d'images, de musiques et de films qu'il n'y a plus d'espace disponible sur votre disque dur et si le serveur réseau possède des milliards et des milliards de gigaoctets d'espace libre, n'hésitez pas, déplacez vos données sur le disque réseau !

Voici quelques directives pour stocker dans de bonnes conditions des fichiers sur des disques réseau :

- **Une zone réseau peut être configurée pour un usage privé pour vos données personnelles de sorte qu'aucun autre utilisateur ne puisse y accéder.** De cette façon, vous n'aurez pas à craindre un collègue fouineur susceptible de venir fourrer son nez dans vos dossiers confidentiels.
- **N'abusez pas du stockage sur les disques réseau.** Il est probable que d'autres utilisateurs commencent à saturer leur disque dur local et qu'ils seraient heureux de pouvoir bénéficier comme vous d'espace sur les disques réseau.
- **Avant de stocker des fichiers personnels sur un disque réseau, assurez-vous que vous en avez la permission.**
- **Sur les réseaux de domaine, la lettre H est généralement affectée aux dossiers personnels des utilisateurs (H pour *home*).** Ce *dossier home* est spécifique à chaque utilisateur ; vous pouvez le considérer comme la version réseau du dossier *Mes Documents* de votre disque local. Si un dossier home est à votre disposition sur le réseau, utilisez-le pour tous les fichiers importants plutôt que le dossier local Mes Documents. En effet, les zones réseau des utilisateurs (dossiers home) sont, en général, incluses dans les procédures de sauvegarde quotidiennes du réseau. En revanche, les données des dossiers locaux Mes Documents *ne sont pas* prises en compte dans les sauvegardes.

## Partager des informations avec d'autres utilisateurs

« Hé, Lucien, peux-tu me donner les statistiques sur les équipes de rugby de la Coupe du monde ? »

« Bien sûr, Gilbert ! » Mais comment faire ? Si le fichier se trouve sur le disque local de Lucien, comment celui-ci peut-il en donner une copie à Gilbert ? Lucien peut le faire en copiant le fichier sur un disque réseau. Ensuite, Gilbert n'aura plus qu'à le recopier sur son disque dur.

Voici quelques directives à garder à l'esprit lorsque vous utilisez un disque réseau pour échanger des fichiers avec d'autres utilisateurs :

- **N'oubliez pas de supprimer les fichiers que vous avez stockés dans le dossier réseau après qu'ils aient** été récupérés. Sinon, ce dernier risque de se remplir rapidement de fichiers inutiles.
- **Créez sur le disque réseau un dossier destiné spécifiquement au partage de fichiers entre plusieurs utilisateurs.** Nommez-le PARTAGE ou choisissez un nom qui décrit clairement sa fonction.

Dans la plupart des cas, il est plus facile d'envoyer des dossiers avec la messagerie plutôt qu'en faisant appel à un dossier réseau. Pour ce faire, il suffit d'envoyer un message au destinataire et d'insérer le fichier à partager ; vous n'avez pas alors à vous inquiéter de l'endroit où déposer le fichier sur le serveur ni à savoir qui le supprimera ensuite.

## Sauvegarder le disque dur local

Si la taille du serveur de fichiers est suffisamment importante, vous pouvez sauvegarder, dans un dossier partagé, les données sensibles de votre disque dur local. Il suffit de copier les fichiers à sauvegarder dans un dossier partagé.

Évidemment, si vous recopiez la *totalité* de votre disque local (et si vos collègues ont les mêmes habitudes), vous risquez rapidement de saturer les disques réseau. Contactez l'administrateur réseau avant de vous lancer dans une telle opération ; il se peut que celui-ci ait déjà installé un disque réseau destiné spécialement aux copies de sauvegarde. Si vous êtes chanceux, votre administrateur aura peut-être même mis à votre disposition un programme de sauvegarde automatique pour vos données importantes, de sorte que vous n'ayez plus rien à faire !

J'espère que votre administrateur réseau a également l'habitude de sauvegarder les disques réseau sur bande (consultez le Chapitre 22 pour plus de détails). De cette façon, si quelque chose arrive au serveur réseau, les données pourront être récupérées à partir des bandes de sauvegarde.

# Explorer le réseau

Windows vous permet d'accéder à des ressources réseau, telles que les dossiers partagés, en parcourant le réseau. Sous Windows XP, il suffit de cliquer sur l'icône Favoris réseau qui se trouve sur votre Bureau. Sous Windows 7 et Windows 8, sélectionnez Réseau dans le menu Démarrer. La Figure 2.2 représente la version Windows 8 de l'explorateur de réseau.

Le réseau illustré par la Figure 2.2 compte seize ordinateurs ; il suffit de double-cliquer sur l'une des icônes pour découvrir une liste des ressources partagées, disponibles sur l'ordinateur. Par exemple, la Figure 2.3 montre la liste des ressources partagées.

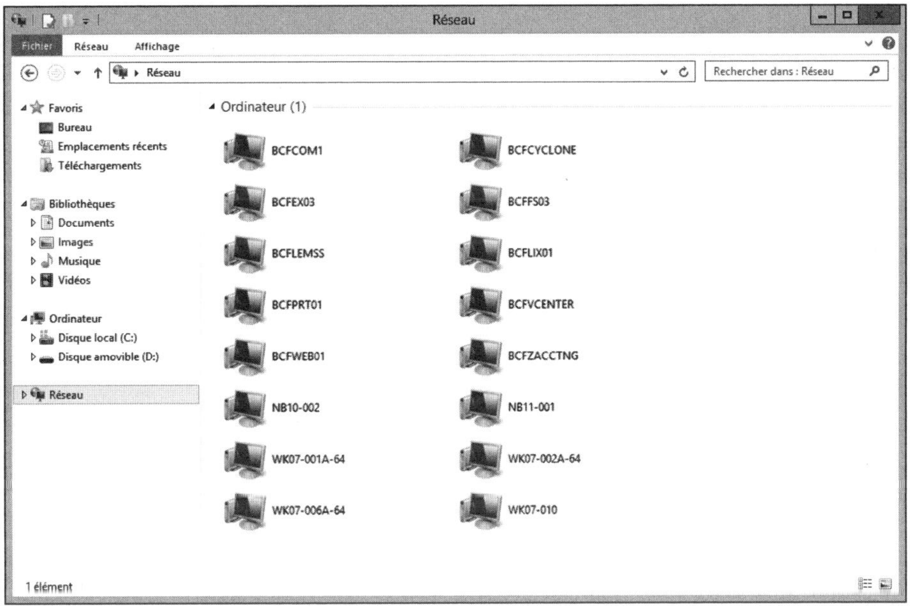


**Figure 2.2 :** Observation du réseau sous Windows 8.

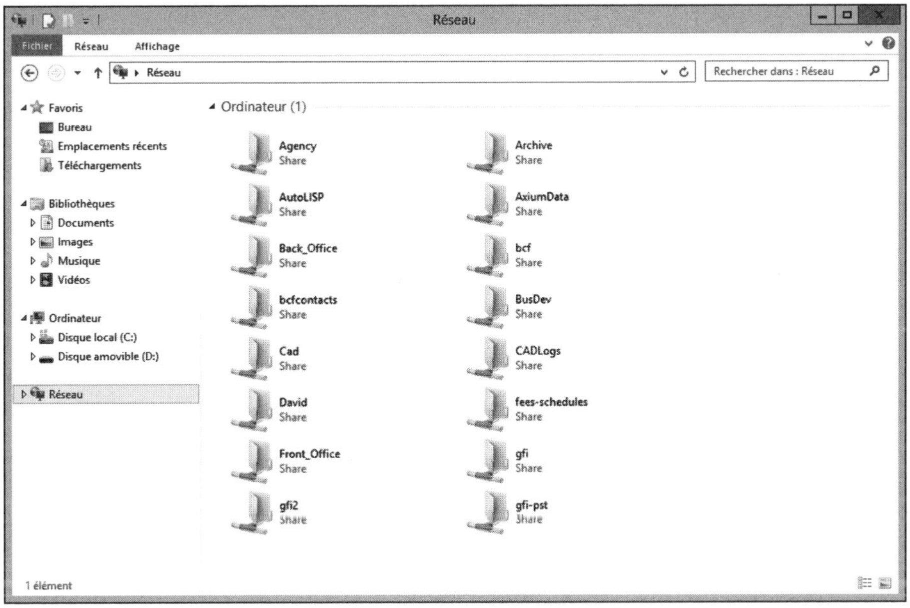


**Figure 2.3 :** Ressources disponibles sur un ordinateur serveur.

Vous pouvez également explorer le réseau à partir de n'importe quelle application Windows. Par exemple, vous travaillez avec Microsoft Word 2010 et voulez ouvrir un fichier stocké dans un dossier partagé de votre réseau. Pour ce faire, utilisez la commande Ouvrir pour accéder à la boîte de dialogue du même nom. Sélectionnez Réseau dans la liste qui apparaît dans la partie gauche de la boîte de dialogue et parcourez le réseau pour accéder au fichier recherché (voir la Figure 2.4).

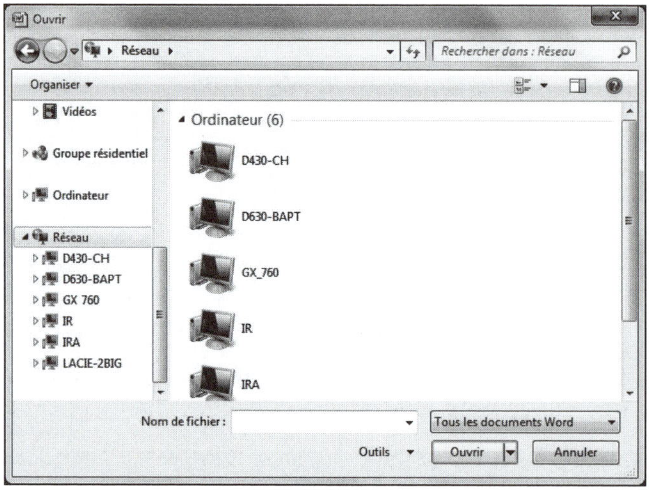


**Figure 2.4 :** Exploration du réseau à partir d'Office 2010.

# Mapper des lecteurs réseau

Si vous devez accéder très fréquemment à un dossier partagé, il pourrait être utile de recourir à une petite astuce nommée *mappage* pour accéder au dossier partagé plus rapidement. Le mappage consiste à attribuer une lettre de lecteur au dossier partagé. Vous pouvez alors employer cette lettre pour pénétrer dans le dossier partagé, comme s'il s'agissait d'un lecteur local. De cette manière, vous pouvez accéder au dossier partagé depuis n'importe quel programme Windows, sans avoir à naviguer dans le réseau.

Par exemple, vous pouvez mapper le dossier partagé nommé Fichiers sur le serveur SERVEUR-2BIG avec le lecteur K de votre ordinateur. Ainsi, pour accéder aux fichiers stockés dans le dossier partagé Fichiers, vous consultez simplement le lecteur K.

Procédez comme suit pour mapper un dossier partagé à une lettre de lecteur sous Windows 8 ou Windows 7 :

1. **Sélectionnez Démarrer/Ordinateur.**

La fenêtre Ordinateur s'ouvre.

2. **Cliquez sur Connecter un lecteur réseau dans la barre d'outils.**

   La boîte de dialogue Connecter un lecteur réseau s'ouvre, comme le montre la Figure 2.5.

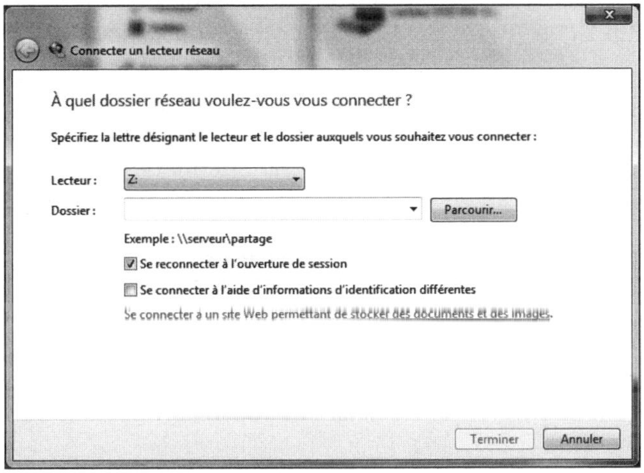


**Figure 2.5 :** Boîte de dialogue Connecter un lecteur réseau.

3. **Si vous le souhaitez, vous pouvez modifiez la lettre du lecteur dans la liste déroulante Lecteur.**

   Vous n'aurez certainement pas à modifier la lettre de lecteur proposée par Windows (Z dans la Figure 2.5). Toutefois, si vous êtes exigeant, vous pouvez choisir une autre lettre disponible dans la liste déroulante Lecteur.

4. **Cliquez sur le bouton Parcourir.**

   Une boîte de dialogue similaire à celle de la Figure 2.6 apparaît.

5. **Utilisez la boîte de dialogue Rechercher un dossier pour rechercher et sélectionner le dossier partagé que vous voulez utiliser.**

   Vous pouvez parcourir tous les dossiers partagés de tous les ordinateurs du réseau.

**Figure 2.6 :** Recherche du dossier à mapper.

6. **Cliquez sur OK.**

   La boîte de dialogue Rechercher un dossier se ferme et vous rebasculez dans la boîte de dialogue Connecter un lecteur réseau.

7. **Si vous voulez que ce lecteur réseau soit automatiquement mappé dès que vous vous connectez au réseau, cochez la case Se reconnecter à l'ouverture de session.**

   Si vous ne cochez pas la case Se reconnecter à l'ouverture de session, la lettre de lecteur est uniquement disponible jusqu'à ce que vous quittiez Windows ou que vous vous déconnectiez du réseau. Si vous cochez cette option, le lecteur réseau est automatiquement mappé à chaque fois que vous vous connectez au réseau.

   Assurez-vous que l'option Se reconnecter à l'ouverture de session est bien cochée, si vous avez souvent recours au lecteur réseau.

8. **Cliquez sur Terminer.**

   Vous rebasculez dans la fenêtre Ordinateur, illustrée par la Figure 2.7, dans laquelle apparaît désormais le lecteur réseau que vous venez de mapper.

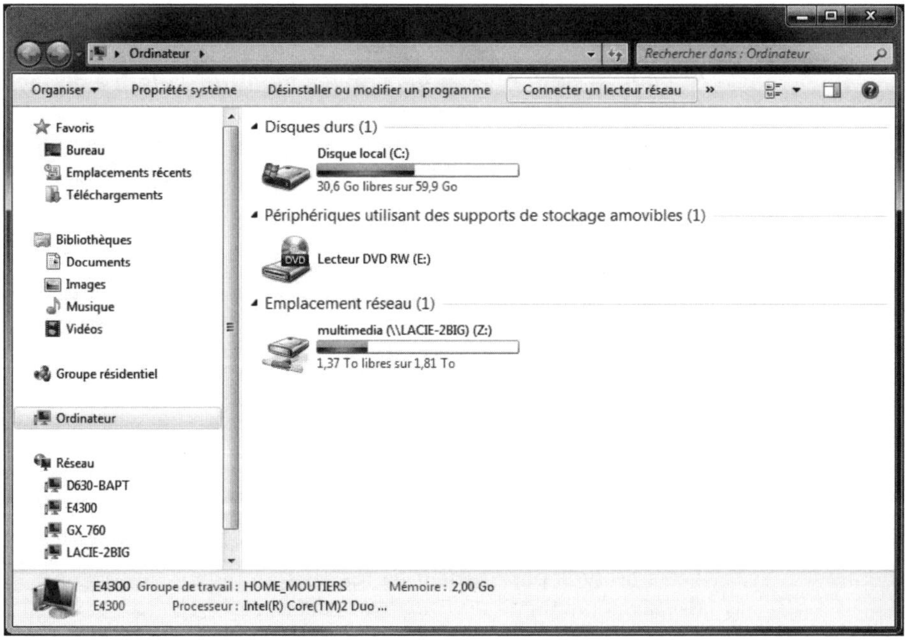


**Figure 2.7 :** Le lecteur réseau mappé figure dans la fenêtre Ordinateur.

Votre administrateur réseau a peut-être déjà configuré votre ordinateur avec un ou plusieurs lecteurs réseau mappés. Si tel est le cas, demandez-lui de vous indiquer quels sont les lecteurs qui ont été mappés. Autre alternative : ouvrez simplement la fenêtre Ordinateur (Poste de travail sous Windows XP) pour y jeter un œil.

Voici quelques astuces supplémentaires :

- **Si vous utilisez Windows XP, la démarche pour mapper un disque réseau est analogue à celle de Windows 7.** Cliquez sur l'icône Poste de travail et choisissez Outils/Connecter un lecteur réseau, puis suivez la procédure à partir de l'étape 3.
- **Associer une lettre de lecteur à un dossier partagé correspond à *associer un lecteur* ou *mapper un lecteur.*** On dit que « le lecteur H est mappé à un disque réseau ».
- **Les lettres de lecteur réseau n'ont pas besoin d'être attribuées de la même manière sur tous les ordinateurs du réseau.** Par exemple, un lecteur réseau auquel est assignée la lettre H sur votre ordinateur peut se voir attribuer la lettre Q sur un autre ordinateur. Dans ce cas, le lecteur H et le lecteur Q de l'autre ordinateur sont un seul et même lecteur. Cela peut prêter à confusion. Si votre réseau est organisé de cette manière, mettez du poivre dans le café de l'administrateur.
- **L'accès à un dossier partagé est beaucoup plus rapide par le lecteur mappé que par les Favoris réseau.** Cela est dû au fait que, lorsque vous ouvrez les Favoris réseau, Windows doit parcourir l'intégralité du réseau pour identifier tous les ordinateurs reliés au réseau, opération que Windows n'a pas à effectuer pour accéder à un lecteur mappé.
- **Si vous activez l'option Se reconnecter à l'ouverture de session, vous recevez un message d'avertissement si le lecteur n'est pas disponible au moment de la connexion.** La plupart du temps, cela signifie que le serveur n'est pas allumé. Quelquefois c'est aussi dû à une rupture de la connexion réseau. Pour de plus amples informations sur les solutions aux problèmes réseau de ce genre, reportez-vous au Chapitre 19.

# L'imprimante réseau

Travailler avec une imprimante en réseau, c'est comme travailler avec un disque réseau. Vous pouvez imprimer sur une imprimante réseau à partir de n'importe quelle application Windows en choisissant une imprimante réseau disponible. Dans Office X2003 et 2010, la commande est localisée dans le menu Fichier ; dans Office 2007, il suffit de cliquer sur le bouton Office.

Rappelez-vous cependant qu'imprimer sur une imprimante réseau et imprimer sur une imprimante locale sont deux choses différentes. Avec une imprimante locale, vous êtes le seul à pouvoir l'utiliser alors que vous partagez l'imprimante réseau avec les autres utilisateurs. Cela complique les choses de plusieurs manières :

- **Si plusieurs utilisateurs impriment sur l'imprimante réseau en même temps, le serveur doit bien distinguer les différents travaux d'impression.** S'il ne le faisait pas, il en résulterait un véritable cafouillis, votre rapport de 268 pages serait mélangé avec les fiches de salaire. Heureusement, le serveur fait attention que cela ne se produise pas et ce grâce à une fonctionnalité amusante nommée *spooling*.
- **L'impression en réseau fonctionne sur le principe du premier arrivé, premier servi (à moins que vous ne connaissiez les astuces présentées dans le Chapitre 3).** Invariablement, quand je me rends dans une grande surface, la personne qui se trouve devant moi à la caisse a choisi un produit qui n'a pas de code-barres et je reste là à attendre des heures que quelqu'un aille vérifier le prix. L'impression en réseau peut ressembler à cela. Si quelqu'un envoie un travail d'impression de deux heures à l'imprimante avant que vous puissiez transmettre une note d'une demi-page, vous devrez attendre.
- **Vous pouvez avoir accès à l'imprimante locale ainsi qu'à plusieurs imprimantes réseau.** Avant que vous ne soyez forcé d'utiliser un réseau, votre ordinateur disposait probablement d'une imprimante à laquelle il était connecté. Vous pouvez vous servir de votre imprimante jet d'encre bon marché (heu ! je voulais dire… locale) pour imprimer quelques documents et utiliser l'imprimante laser réseau pour des travaux plus importants. Pour cela, vous devez trouver dans vos applications le moyen de basculer d'une imprimante vers une autre.

## Ajouter une imprimante réseau

Avant de pouvoir imprimer sur une imprimante réseau, vous devez configurer votre ordinateur pour accéder à l'imprimante réseau que vous avez choisie. Dans le menu Démarrer, sélectionnez le Panneau de configuration et double-cliquez sur l'icône Imprimantes. Si votre ordinateur est déjà configuré pour fonctionner avec une imprimante réseau, une icône représentant cette imprimante apparaît dans le dossier Imprimantes. Vous pouvez distinguer une imprimante réseau d'une imprimante locale par la forme de son icône ; les imprimantes réseau ont un tuyau attaché à leur base.

Si aucune imprimante réseau n'est configurée sur votre ordinateur, vous pouvez en ajouter une avec l'Assistant Ajout d'imprimante :

1. **Accédez au Panneau de configuration.**

- *Sous Windows 7 ou toute autre version antérieure*, choisissez Démarrer et sélectionnez le Panneau de configuration.
- *Sous Windows 8*, pressez la touche Windows, entrez Panneau, puis cliquez Panneau de configuration.

2. **Cliquez Périphériques et Imprimantes.**
3. **Cliquez sur le bouton Ajouter une imprimante dans la barre d'outils.**

L'Assistant Ajout d'imprimante s'ouvre, comme le montre la Figure 2.8.

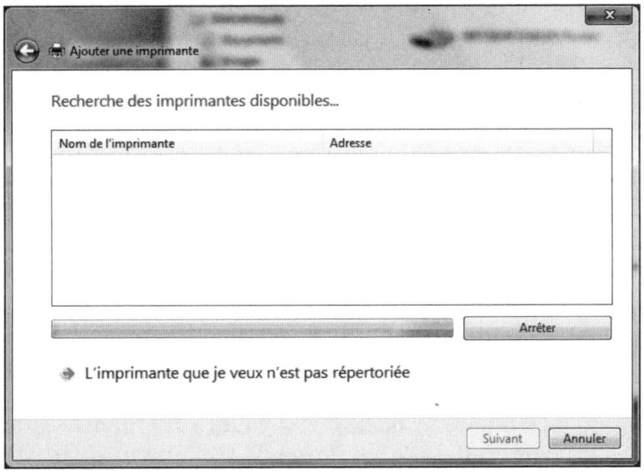


**Figure 2.8 :** Fenêtre de l'Assistant Ajout d'imprimante.

4. **Sélectionnez l'imprimante de votre choix.**

Si vous ne parvenez pas à localiser l'imprimante, demandez à l'administrateur quel est le *chemin UNC* (*Universal Naming Convention*, convention de nom universelle qui l'identifie sur le réseau ou son adresse IP). Cliquez ensuite sur L'imprimante que je veux n'est pas répertoriée puis entrez le chemin UNC ou l'adresse IP quand vous y êtes invité.

5. **Cliquez sur Suivant pour ajouter l'imprimante.**

L'assistant copie les pilotes d'impression de l'imprimante réseau sur votre ordinateur. Il se peut que l'assistant vous demande de confirmer ce choix. Dans ce cas, cliquez sur Installer le pilote.

L'Assistant Ajout d'imprimante affiche le nom de l'imprimante et demande si l'imprimante en cours d'installation doit devenir l'imprimante par défaut.

6. **Définissez l'imprimante comme votre imprimante par défaut, si vous le souhaitez.**
7. **Cliquez sur Suivant pour continuer.**

   Une dernière boîte de dialogue s'affiche.
8. **Cliquez sur Terminer.**

   Vous avez terminé !

Nombre d'imprimantes réseau, principalement les plus récentes, sont connectées directement au réseau via une carte Ethernet intégrée. La configuration de ces imprimantes peut s'avérer délicate. Vous devrez peut-être demander de l'aide à votre administrateur réseau. Certaines imprimantes directement connectées au réseau disposent de leur propre adresse Internet, par exemple *Imprimante.FamilleBrecat.com*. Dans ce cas, vous pouvez paramétrer l'imprimante en allant sur sa page Web à l'aide de votre navigateur. Pour installer l'imprimante, il suffit de cliquer sur un lien.

## Imprimer sur une imprimante réseau

Une fois l'imprimante réseau installée sous Windows, rien de plus facile que d'imprimer. Vous pouvez imprimer sur l'imprimante réseau depuis n'importe quel programme Windows grâce à la commande Imprimer qui ouvre la boîte de dialogue Imprimer. Par exemple, la Figure 2.9 montre la boîte de dialogue Imprimer de WordPad, le programme de traitement de texte fourni avec Windows. Les imprimantes disponibles figurent dans la partie supérieure de la boîte de dialogue. Sélectionnez l'imprimante réseau dans cette liste et cliquez sur OK pour imprimer votre document. C'est tout ce qu'il y a à faire !

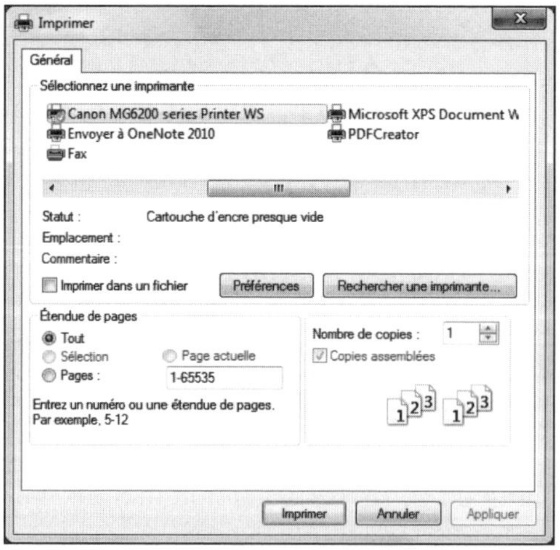


**Figure 2.9 :** Boîte de dialogue Imprimer type.

## Gérer la file d'attente

En général, une fois le travail d'impression envoyé à l'imprimante réseau, vous n'avez plus à vous en soucier. Vous vous rendez simplement à l'endroit où se trouve l'imprimante et voilà, votre document imprimé vous attend.

C'est ce qui se passe dans un monde idéal. Dans le monde réel où nous vivons vous et moi, toutes sortes de choses peuvent arriver à votre travail d'impression entre l'instant où vous l'avez envoyé à l'imprimante réseau et l'instant où celle-ci commence effectivement l'impression :

- Vous découvrez que quelqu'un a envoyé avant vous un rapport de 50 trillions de pages dont l'impression ne sera achevée que lorsque la dette nationale aura été remboursée.
- Le prix des vis platinées a augmenté de deux Euros, rendant obsolètes les recommandations que vous formulez dans votre rapport.
- Votre chef vous appelle et vous dit que son beau-frère va assister à la réunion et que vous seriez bien aimable d'imprimer une version supplémentaire de la proposition à son intention. Une photocopie ne saurait convenir ; des originaux, s'il vous plaît !
- Vous avez décidé d'aller manger et vous ne voulez pas que votre document soit imprimé avant que vous soyez de retour.

Heureusement, vous n'avez pas perdu tout contrôle sur votre travail d'impression. Vous pouvez facilement changer l'état des travaux d'impression que vous avez envoyés à l'imprimante. En effet, il vous est possible de modifier l'ordre dans lequel les travaux sont imprimés, de suspendre un travail de sorte qu'il ne soit pas imprimé tant que vous ne l'avez pas demandé ou carrément de le supprimer.

Nul doute que vous êtes assez doué pour apprendre à vos travaux à faire d'autres choses, comme se serrer les mains, se retourner et faire le mort. Mais les astuces de base (suspendre, annuler et changer l'ordre des impressions) suffiront pour débuter.

Pour gérer la file d'attente, ouvrez le Panneau de configuration (Démarrer/ Panneau de configuration) puis cliquez sur Imprimantes. Double-cliquez ensuite sur l'icône de l'imprimante que vous voulez gérer. Une fenêtre s'ouvre, semblable à celle représentée dans la Figure 2.10. Un seul document est en attente.

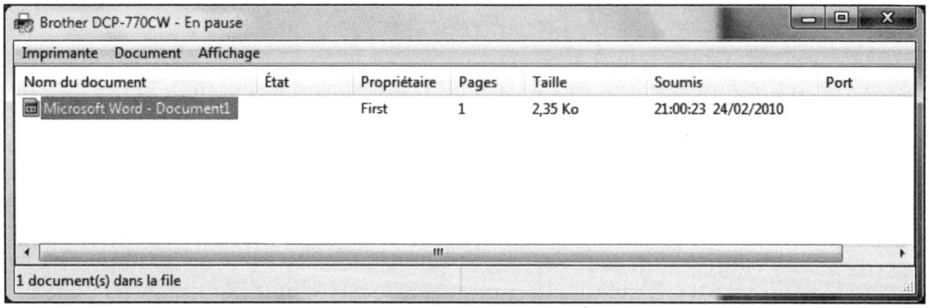


**Figure 2.10 :** Gestion de la file d'attente des impressions.

Voici quelques astuces pour gérer les travaux d'impression qui figurent dans la file d'attente ou dans l'imprimante elle-même :

- **Pour suspendre temporairement un travail**, sélectionnez-le et utilisez la commande Document/Suspendre l'impression. Cette commande relance aussi l'impression.
- **Pour supprimer un travail d'impression**, sélectionnez-le et exécutez la commande Document/Annuler l'impression.
- **Pour arrêter l'imprimante**, exécutez Imprimante/Suspendre l'impression. Utilisez cette même commande pour la relancer.
- **Pour supprimer tous les travaux**, cliquez sur la commande Imprimante/Purger les documents d'impression.
- **Pour placer un travail en tête de la file d'attente**, glissez-le en haut de la liste.

Toutes ces astuces ne s'appliquent évidemment qu'à vos travaux d'impression. Vous ne pouvez heureusement pas supprimer ceux d'autrui.

Ce qu'il y a de bien dans la gestion de l'impression sous Windows, c'est qu'elle vous décharge de tous les détails inhérents aux différents systèmes d'exploitation réseau. Que vous imprimiez sur une imprimante NetWare, sur une imprimante sous Windows 2003 ou sur une imprimante partagée sous Windows, la fenêtre d'impression gère les travaux de la même manière.

# Se déconnecter du réseau

Vous devriez vous déconnecter quand vous avez fini d'utiliser le réseau. Se déconnecter d'un réseau rend les disques et les imprimantes réseau indisponibles. Votre ordinateur est toujours physiquement connecté au réseau (à moins que vous n'ayez coupé le câble réseau avec des cisailles ; mauvaise idée, ne le faites pas !) mais vous ne pouvez plus accéder au réseau et à toutes ses ressources.

Voici quelques conseils à garder à l'esprit lorsque vous vous déconnectez :

- Après avoir éteint votre ordinateur, vous êtes automatiquement déconnecté du réseau. Lorsque vous démarrez votre ordinateur, vous devez vous reconnecter.

  C'est une bonne idée que de se déconnecter du réseau si vous comptez ne pas avoir besoin de votre ordinateur pendant un certain temps. Tant que votre ordinateur est connecté, n'importe qui peut s'en servir pour accéder au réseau. Alors, dans le cas où des utilisateurs non autorisés se serviraient de votre ID utilisateur, vous seriez responsable des éventuels dégâts.

- Sous Windows, cliquez sur le bouton Démarrer et sélectionnez l'option Fermer la session pour vous déconnecter. Cette action vous déconnecte du réseau sans redémarrer Windows.

  - *Sous Windows XP*, vous accédez directement à cette commande à partir du menu Démarrer.
  - *Sous Windows Vista ou Windows 7*, cliquez sur Démarrer puis sur la flèche qui apparaît à côté du petit cadenas.
  - *Sous Windows 8, activez les touches Ctrl + Alt + Suppr et choisissez Se déconnecter.*

## Chapitre 3

# Utiliser pleinement le réseau

***Dans ce chapitre :***

- Partager des ressources.
- Partager un dossier.
- Utiliser des dossiers publics sous Windows Vista, Windows 7 ou Windows 8.
- Partager une imprimante.
- Utiliser Microsoft Office sur un réseau.
- Travailler avec des fichiers hors connexion.

Le Chapitre 2 pose les bases de l'utilisation d'un réseau : connexion au réseau, accès aux données stockées dans des dossiers partagés, impression et déconnexion. Dans ce chapitre, je vous invite à aller au-delà de ces bases. Vous allez découvrir comment transformer votre ordinateur en serveur pour partager vos propres fichiers et imprimantes, comment utiliser l'une des applications informatiques les plus populaires, la messagerie, et comment travailler avec Office en réseau.

## Partager des ressources

Comme vous le savez probablement déjà, il existe deux types d'ordinateurs sur un réseau : les ordinateurs clients et les ordinateurs serveurs. Dans le système économique du réseau, les *ordinateurs clients* sont les consommateurs, ceux qui utilisent les ressources du réseau telles que les imprimantes et les disques partagés. Les *serveurs* sont les fournisseurs, ceux qui mettent à disposition leurs propres imprimantes et leurs propres disques sur le réseau de sorte que les ordinateurs clients puissent y accéder.

Ce chapitre montre comment vous pouvez transformer votre ordinateur client Windows en un ordinateur serveur pour que les autres ordinateurs du réseau se servent de votre imprimante et de tous les dossiers que vous déciderez de partager. De cette manière, votre ordinateur fonctionne à la fois comme un client et comme un serveur :

- C'est un ordinateur **client** lorsque vous envoyez un document à une imprimante réseau ou quand vous accédez à un fichier stocké sur le disque d'un autre serveur.
- C'est un ordinateur **serveur** quand quelqu'un d'autre envoie un travail d'impression à votre imprimante ou accède à un fichier stocké sur le disque de votre ordinateur.

## Activer le partage de fichiers et d'imprimantes (Windows XP)

Avant que vous ne partagiez vos fichiers et votre imprimante avec les autres utilisateurs du réseau, vous devez activer une fonctionnalité Windows nommée *Partage de fichiers et d'imprimantes*. Si cette fonctionnalité n'est pas activée, votre ordinateur peut se comporter en client mais pas en serveur. Cette section montre comment mettre en œuvre ces fonctionnalités avec Windows XP. Pour Windows Vista, consultez la section suivante, « Activer le partage de fichiers et d'imprimantes (Windows Vista) ».

Avec un peu de chance, le partage des fichiers et des imprimantes est déjà activé sur votre ordinateur. Pour le savoir, double-cliquez sur Poste de travail sur le Bureau, sélectionnez l'icône de votre lecteur C et cliquez sur le menu Fichier. Si ce dernier comporte une commande de partage, le partage des fichiers et des imprimantes est activé et vous pouvez sauter le reste de cette section. Si vous ne trouvez pas de commande de partage dans le menu Fichier, vous devrez installer le partage des fichiers et des imprimantes avant de pouvoir partager un fichier ou une imprimante avec les utilisateurs du réseau.

Pour activer le partage de fichiers et d'imprimantes sous Windows XP, procédez de la manière suivante :

1. **Dans le menu Démarrer, sélectionnez Paramètres puis Panneau de configuration.**

   Le Panneau de configuration s'ouvre.

2. **Double-cliquez sur l'icône Connexions réseau.**

   La boîte de dialogue Connexions réseau s'ouvre.

3. **Effectuez un clic droit sur Connexion au réseau local et cliquez sur Propriétés.**

   La boîte de dialogue Propriétés de Connexion au réseau local s'affiche, comme le montre la Figure 3.1.

4. **Cochez la case Partage de fichiers et d'imprimantes pour les réseaux Microsoft.**

5. **Cliquez sur OK.**

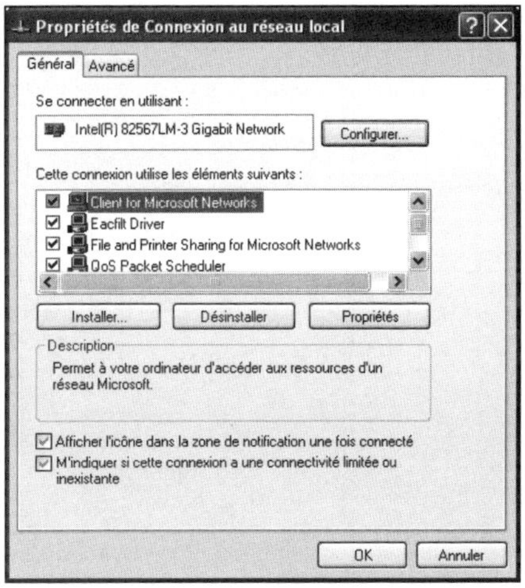


**Figure 3.1 :** Boîte de dialogue Propriétés de Connexion au réseau local.

ATTENTION !

Lorsque vous êtes dans la boîte de dialogue Connexions réseau, ne vous amusez pas à changer les autres paramètres du réseau. Vous pouvez modifier les options de partage de fichiers et d'imprimantes en toute sécurité mais, de grâce, ne touchez pas aux autres options.

## Activer le partage de fichiers et d'imprimantes (Windows Vista)

Pour activer le partage de fichiers et d'imprimantes sous Windows Vista, procédez de la manière suivante :

1. **Cliquez sur Démarrer/Réseau.**

   La fenêtre Réseau s'ouvre.

2. **Cliquez sur le bouton Centre Réseau et partage dans la barre d'outils.**

   La boîte de dialogue Centre Réseau et partage apparaît, comme le montre la Figure 3.2.

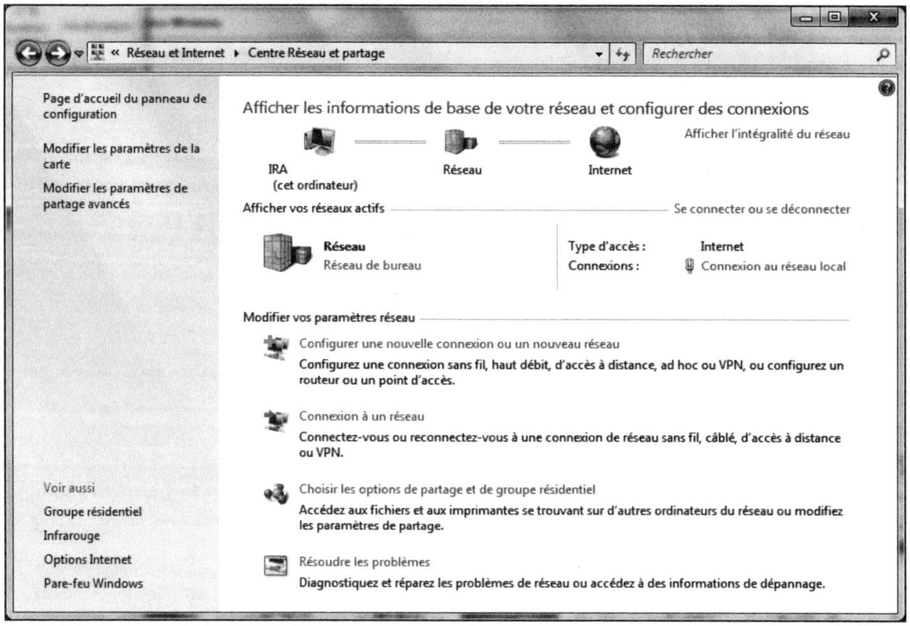


**Figure 3.2 :** Boîte de dialogue Centre Réseau et partage.

3. **Sélectionnez l'option Partage de fichiers.**

   Cette étape affiche les commandes qui vous permettent d'activer le partage de fichiers, comme le montre la Figure 3.3.

4. **Sélectionnez Activer le partage de fichiers et cliquez sur Appliquer.**

   Le partage de fichiers est activé.

5. **Sélectionnez l'option Partage d'imprimante.**

   Cette étape affiche les commandes qui vous permettent d'activer le partage d'imprimante.

6. **Sélectionnez Activer le partage d'imprimante et cliquez sur Appliquer.**

   Le partage d'imprimante est activé.

7. **Fermez le Centre Réseau et partage.**

   Vous pouvez maintenant partager vos fichiers et imprimantes.

**Figure 3.3 :** Le sous-menu Partage et découverte.

# Activer le partage de fichiers et d'imprimantes (Windows 7 et Windows 8))

Suivez ces étapes pour activer le partage de fichiers et d'imprimantes sous Windows 7 et 8 :

1. **Cliquez sur le bouton Démarrer, tapez** Panneau de Configuration **et appuyez sur Entrée.**

   Cette étape ouvre la fenêtre Panneau de Configuration.

2. **Double-cliquez sur Réseau et Internet puis sur Centre réseau ; cliquez ensuite Modifier les paramètres de partage avancés, dans le volet de gauche.**

   Cette étape ouvre la fenêtre Paramètres de partage avancés.

   - *Sous Windows 7* : deux types de réseaux sont proposés, Résidentiel ou Professionnel et Public.

   - *Sous Windows 8* : le réseau Résidentiel ou Professionnel est appelé Privé.

- *Pour un ordinateur connecté à un domaine* : un troisième réseau appelé Domaine et proposé.

3. **Cliquez sur la flèche en regard du réseau pour lequel vous voulez activer le partage de fichiers et d'imprimantes.**

   - *Pour un ordinateur résidentiel* : cliquez sur la flèche qui pointe vers le bas, correspondant à Résidentiel ou professionnel.

   - *Pour un ordinateur connecté à un réseau de domaine* : cliquez sur la flèche en regard de Domaine.

   La Figure 3.4 représente les paramètres d'un réseau Résidentiel ou professionnel.

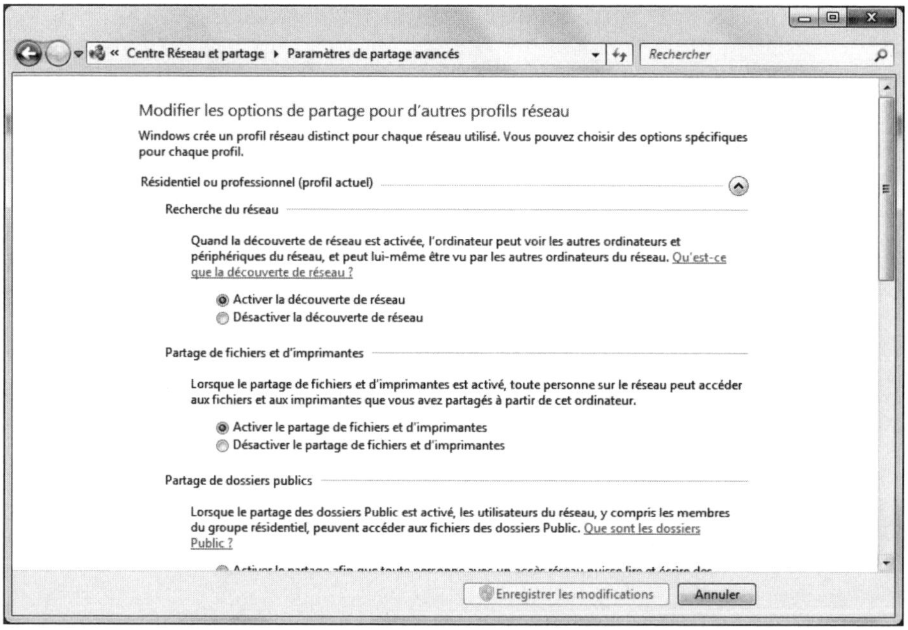


**Figure 3.4 :** Activation du partage de fichiers et d'imprimantes sous Windows 8.

N'activez *pas* le partage de fichiers ou d'imprimantes pour le réseau Public.

4. **Activez l'option Activer le partage de fichiers et d'imprimantes.**

5. **Cliquez sur Enregistrer les modifications.**

   Cette action enregistre vos modifications et ferme la fenêtre Paramètres de partage avancés.

# Partager un dossier

Pour permettre aux autres utilisateurs du réseau d'accéder aux fichiers stockés sur votre disque dur, vous devez partager le disque entier ou désigner un dossier du disque comme dossier *partagé*. Si vous partagez un disque entier, les autres utilisateurs du réseau pourront accéder à tous les fichiers et répertoires de ce disque. Si vous partagez un dossier, les utilisateurs du réseau ne pourront accéder qu'aux fichiers figurant dans le dossier que vous partagez (si le dossier que vous partagez contient d'autres dossiers, les utilisateurs du réseau pourront aussi accéder aux fichiers que contiennent ces dossiers).

Je vous recommande de ne pas partager votre disque tout entier, à moins que vous ne vouliez permettre à *n'importe qui sur le réseau* de farfouiller dans vos fichiers. Vous devriez plutôt vous contenter de partager un ou des dossiers qui contiennent les documents spécifiques que vous voulez mettre à disposition des autres utilisateurs du réseau. Par exemple, si vous stockez vos documents Word dans le dossier Mes documents, vous pouvez partager ce dossier de sorte que les autres utilisateurs du réseau puissent accéder à vos documents Word.

## Partager un dossier sous Windows XP

Pour partager un dossier sur un ordinateur équipé de Windows XP, procédez comme suit :

1. **Double-cliquez sur l'icône Poste de travail de votre Bureau.**

   La fenêtre Poste de travail s'affiche à l'écran.

2. **Sélectionnez le dossier que vous souhaitez partager.**

   Cliquez sur l'icône du disque qui contient le dossier que vous souhaitez partager puis localisez et sélectionnez le dossier concerné.

3. **Faites un clic droit sur le dossier et sélectionnez Partage et sécurité.**

   La boîte de dialogue Propriétés du dossier que vous voulez partager s'affiche. Notez que les options de partage sont grisées.

4. **Cochez l'option Partager ce dossier sur le réseau.**

   Les autres options ne sont plus grisées, comme le montre la Figure 3.5.

   Si vous le souhaitez, vous pouvez sauter les étapes 2 à 4. Il vous suffit d'effectuer un clic droit sur le dossier que vous voulez partager puis de sélectionner Partage et sécurité dans le menu contextuel.

5. **Modifiez le nom de partage si vous n'aimez pas celui que Windows propose.**

   Le *nom de partage* est le nom sous lequel les autres utilisateurs du réseau voient le dossier partagé. Vous pouvez utiliser n'importe quel nom, du moment qu'il compte moins de douze caractères. Les majuscules et les minuscules sont considérées de la même manière : « Mes documents » est identique à « MES DOCUMENTS ».

   TRUC

   Windows propose un nom de partage basé sur le nom courant du dossier. Si le nom du dossier compte douze caractères (ou moins), le nom proposé est identique au nom du dossier. Si le nom du dossier dépasse douze caractères, Windows génère une version abrégée. Par exemple, « Fichiers Multimédia » devient « FICHIERS MUL ».

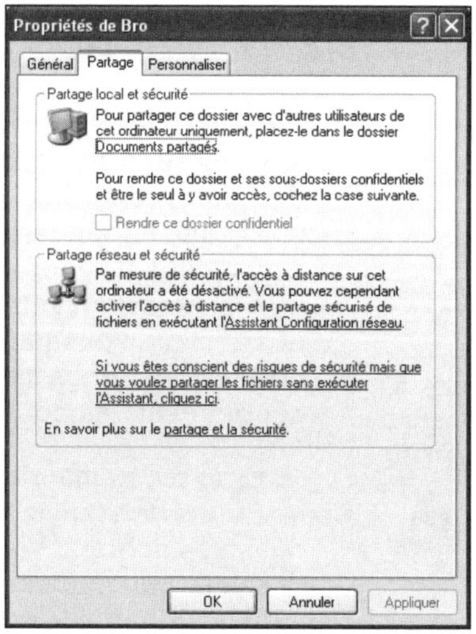


**Figure 3.5 :** Les options de partage ne sont plus grisées quand vous sélectionnez Partager ce dossier sur le réseau.

   Si le nom que Windows a choisi n'a pas de sens ou semble bizarre, modifiez-le. Par exemple, je choisirais probablement « MULTIMEDIA » au lieu de « FICHIERS MUL ».

6. **Pour permettre aux autres utilisateurs du réseau de modifier les fichiers de ce dossier, cochez la case Autoriser les utilisateurs réseau à modifier mes fichiers.**

   Si vous n'activez pas cette option, les autres utilisateurs pourront ouvrir vos fichiers mais seront dans l'impossibilité d'enregistrer leurs modifications.

7. **Cliquez sur OK.**

   La boîte de dialogue Propriétés disparaît et une main est ajoutée à l'icône du dossier pour montrer qu'il est dorénavant partagé.

Si vous changez d'avis et décidez de ne plus partager le dossier, double-cliquez sur Poste de travail, sélectionnez le dossier ou le lecteur que vous ne voulez plus partager et exécutez Fichier/Partage et sécurité pour afficher la boîte de dialogue Propriétés. Décochez alors l'option Partager ce dossier sur le réseau puis cliquez sur OK.

## Partager un dossier sous Windows Vista, Windows 7 ou Windows 8

Pour partager un dossier sur un ordinateur équipé de Windows Vista, Windows 7 ou Windows 8, procédez comme suit :

1. **Ouvrez l'explorateur de fichiers.**
   - *Windows Vista ou Windows 7* : exécutez Démarrer/ Ordinateur.
   - *Windows 8* : Accédez au bureau puis ouvrez l'Explorateur de fichiers en sélectionnant son icône dans la barre des tâches.
2. **Repérez le dossier que vous souhaitez partager.**
3. **Effectuez un clic droit sur le dossier à partager et cliquez sur Propriétés.**

   La boîte de dialogue Propriétés s'ouvre.
4. **Cliquez sur l'onglet Partage puis sur le bouton Partager.**

   La boîte de dialogue Partage de fichiers s'affiche, comme le montre la Figure 3.6.

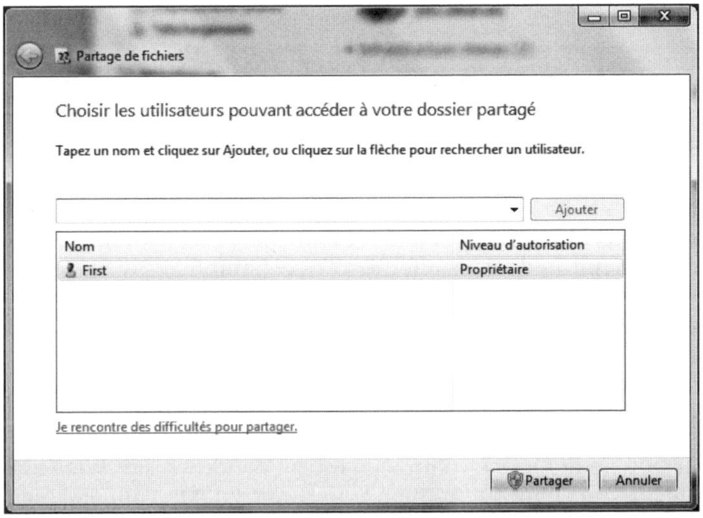


**Figure 3.6 :** Boîte de dialogue Partage de fichiers (Windows 7 et Windows 8).

5. **Cliquez sur la flèche de la liste déroulante, sélectionnez Tout le monde et cliquez sur Ajouter.**

Cette action indique que n'importe qui sur votre réseau peut accéder au dossier partagé.

Si vous préférez, vous pouvez limiter l'accès à certains utilisateurs. Pour ce faire, sélectionnez chaque personne à qui vous accordez l'accès et cliquez sur Ajouter.

6. **Sélectionnez ensuite le niveau d'accès que vous affectez à chaque utilisateur.**

   Utilisez la liste déroulante de la colonne Niveau d'autorisation pour choisir l'un de ces trois niveaux d'accès :

   - **Lecteur** : un lecteur peut ouvrir des fichiers ouverts mais ne peut pas modifier ou créer de nouveaux fichiers ou dossiers.
   - **Collaborateur** : un collaborateur peut ajouter des fichiers au dossier partagé et seulement modifier ou supprimer ses propres fichiers.
   - **Copropriétaire** : un copropriétaire a l'accès total au dossier partagé. Il peut créer, modifier ou supprimer n'importe quel fichier du dossier.

7. **Cliquez sur Partager.**

   La boîte de dialogue qui s'affiche confirme que le dossier a été partagé.

## Utiliser des dossiers publics sous Windows Vista, Windows 7 ou Windows 8

Windows Vista, Windows 7 et Windows 8 introduisent une nouvelle méthode de partage des fichiers sur le réseau : le dossier Public. Le *dossier Public* est simplement un dossier affecté à l'accès public. Les fichiers et sous-dossiers de ce dossier Public peuvent être consultés par d'autres utilisateurs du réseau et par n'importe quel utilisateur qui ouvre une session sur votre ordinateur.

Avant de pouvoir utiliser le dossier Public, vous devez l'activer. Sous Windows 7 et Windows 8, respectez les étapes de la section « Activer le partage de fichiers et d'imprimantes (Windows 7 et Windows 8) » mais sélectionnez l'option Activer le partage dans la zone Partage de dossiers publics. Pour Windows Vista, référez-vous à la section « Activer le partage de fichiers et d'imprimantes (Windows Vista) » mais sélectionnez l'option Partage de dossiers publics au lieu des options Partage de fichiers et Partage d'imprimantes.

Après avoir activé le partage du dossier Public, vous pouvez accéder à ce dossier sur votre ordinateur. Pour ce faire sous Windows 7, exécutez la commande Démarrer/Ordinateur puis cliquez sur le dossier Public dans la partie gauche de la fenêtre. Pour ouvrir un dossier Public sous Windows 7, cliquez sur Démarrer/Ordinateur puis sur Bibliothèques dans le volet de gauche. Vous avez alors accès aux dossiers Documents, Musique, Images ou Vidéos. Sous Windows 8, Accédez au bureau, ouvrez l'Explorateur de fichiers en sélectionnant son icône dans la barre des tâches, cliquez sur l'icône Bibliothèque dans le volet de gauche, puis sur Documents, Images, Musique et Vidéos.

La Figure 3.7 vous propose un exemple de dossier Public sous Windows 8.

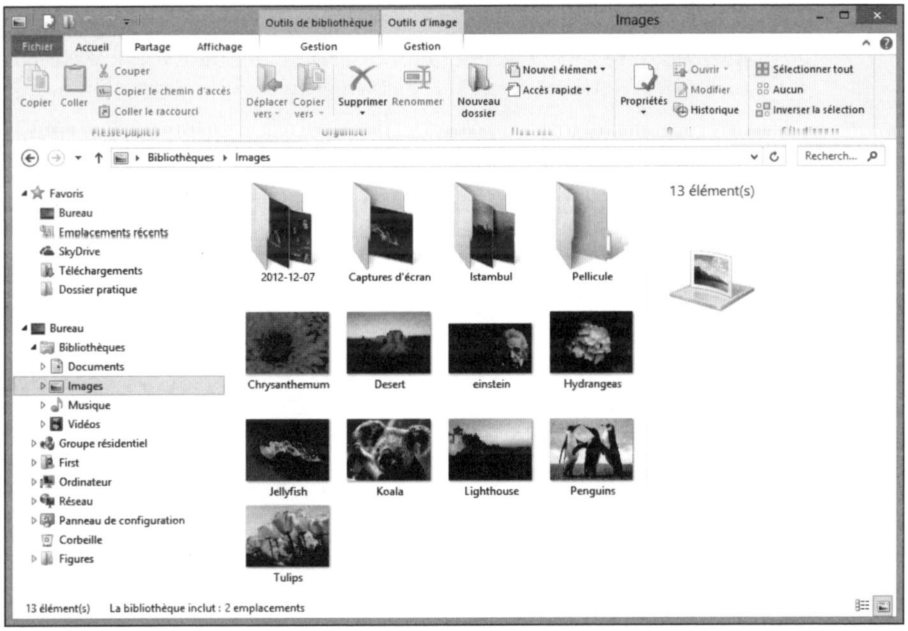


**Figure 3.7 :** Exemple de dossier Public sous Windows 8.

Comme vous pouvez le voir, le dossier Public comporte plusieurs sous-dossiers prédéfinis, destinés à partager des documents, des images, de la musique, des fichiers téléchargés et des vidéos. Vous pouvez les utiliser ou bien créer vos propres sous-dossiers pour organiser au mieux vos données dans votre dossier Public.

TRUC

Pour accéder au dossier Public d'un autre ordinateur, utilisez les techniques décrites dans le Chapitre 2 pour parcourir le dossier Public ou le mapper au lecteur réseau.

# Partager une imprimante

Partager une imprimante est bien plus traumatisant que de partager un disque. Quand vous partagez un disque, les autres utilisateurs du réseau accèdent à vos fichiers de temps en temps. Quand ils le font, vous entendez le clic-clic du disque pendant quelques instants et votre ordinateur peut se figer une demi-seconde. Les interruptions causées par les autres utilisateurs sont parfois perceptibles mais jamais gênantes.

Quand vous partagez une imprimante, votre collègue de l'étage du dessous peut commander l'impression d'un rapport de 140 pages à l'instant même où vous voulez imprimer cette note d'une page que votre patron veut voir sur son bureau dans deux minutes. L'imprimante peut se retrouver à court de papier ou, pire, être victime d'un bourrage pendant l'impression du travail de quelqu'un d'autre et vous serez chargé de régler ce problème.

Aussi importunes que ces interruptions puissent être, il est parfois très judicieux de partager une imprimante. Si vous disposez de la seule imprimante décente de votre bureau ou groupe de travail, tout le monde va vous ennuyer pour pouvoir l'utiliser. Vous feriez mieux de partager cette imprimante sur le réseau, de sorte que personne ne fasse plus la queue pour imprimer à partir de votre ordinateur.

## Partager une imprimante sous Windows XP

Pour partager une imprimante sous Windows XP, procédez comme suit :

1. **Dans le menu Démarrer, sélectionnez Paramètres et cliquez sur Imprimantes et télécopieurs.**

   La boîte de dialogue Imprimantes et télécopieurs s'ouvre, comme le montre la Figure 3.8. Dans cet exemple, la boîte de dialogue affiche six imprimantes.

2. **Sélectionnez l'imprimante que vous souhaitez partager.**

   Cliquez sur l'icône de l'imprimante pour la sélectionner.

3. **Exécutez la commande Fichier/Partager.**

   Vous avez raison, ça n'a pas de sens. Vous partagez une imprimante et non un fichier, mais la commande Partager se trouve dans le menu Fichier. Allez savoir pourquoi…

   La boîte de dialogue Propriétés s'affiche quand vous exécutez la commande Fichier/Partager.

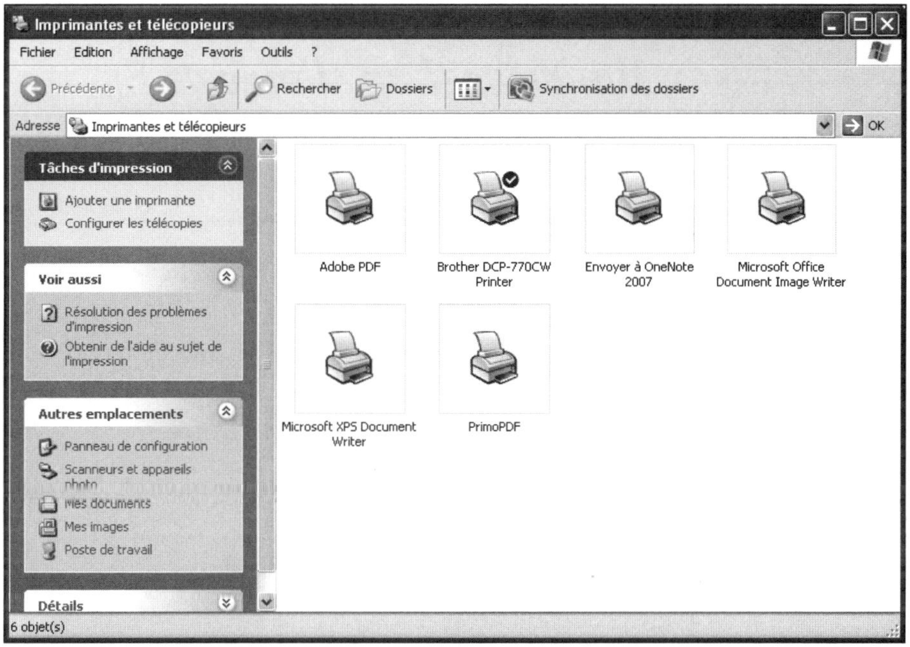


**Figure 3.8 :** Boîte de dialogue Imprimantes et télécopieurs.

4. **Cochez l'option Partager cette imprimante.**

5. **Changez le Nom de partage si vous n'aimez pas celui que propose Windows.**

   Les autres ordinateurs ont recours au Nom de partage pour identifier l'imprimante partagée, aussi convient-il de choisir un nom qui ait un sens.

6. **Cliquez sur OK.**

   Vous retournez dans la boîte de dialogue Imprimantes et télécopieurs. Une main est ajoutée à l'icône de votre imprimante pour montrer que l'imprimante est dorénavant partagée.

Pour désactiver le partage de votre imprimante sur le réseau afin que les autres utilisateurs du réseau n'aient plus la possibilité d'y accéder, reprenez la procédure précédente jusqu'à l'étape 3 pour afficher la boîte de dialogue Propriétés de l'imprimante. Cochez l'option Ne pas partager cette imprimante puis cliquez sur OK. La main disparaît de l'icône de l'imprimante, ce qui indique que l'imprimante n'est plus partagée.

## Partager une imprimante sous Windows Vista, Windows 7 ou Windows 8

Pour partager une imprimante sous Windows Vista, Windows 7 ou Windows 8, exécutez ces étapes :

1. **Accédez au Panneau de configuration.**

   - *Sous Windows 7 ou toute autre version antérieure*, choisissez Démarrer et sélectionnez le Panneau de configuration.

   - *Sous Windows 8*, pressez la touche Windows, entrez Panneau, puis cliquez Panneau de configuration.

2. **Cliquez Périphériques et imprimantes.**

3. **Faites un clic droit sur l'imprimante à partager et choisissez Propriétés dans le menu contextuel.**

   La boîte de dialogue Propriétés de apparaît.

4. **Cliquez l'onglet Partage.**

   Dans l'onglet Partage, représenté dans la Figure 3.9, les options de partage d'imprimante sont grisées.

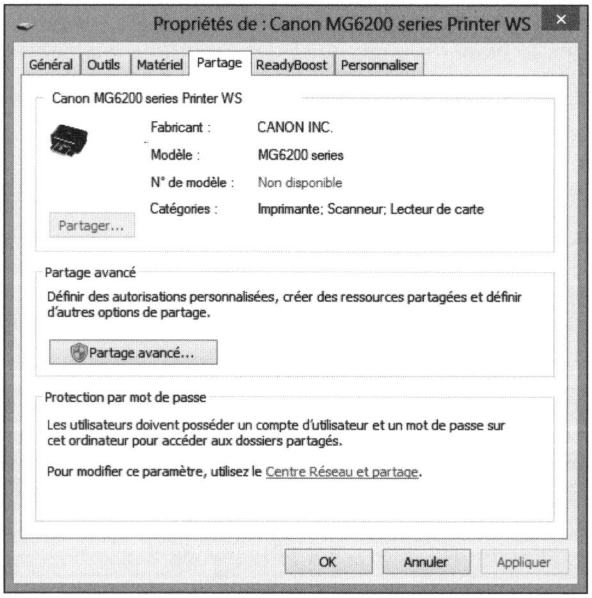


**Figure 3.9 :** Partage d'une imprimante sous Windows 8.

5. **Sélectionnez l'option Partager cette imprimante.**

6. **Modifiez le nom du partage si celui proposé par Windows ne vous convient pas.**

   Puisque d'autres ordinateurs utiliseront ce nom de partage pour identifier l'imprimante, faites en sorte qu'il soit suffisamment descriptif.

7. **Cliquez sur OK.**

   Vous rebasculez dans la fenêtre Imprimantes. L'icône de l'imprimante a été modifiée pour indiquer qu'elle est à présent partagée.

Pour désactiver le partage de votre imprimante, suivez les étapes 1 à 6 et décochez la case Partager cette imprimante avant de cliquer sur OK.

# Utiliser Microsoft Office sur un réseau

Microsoft Office est de loin la plus populaire des suites d'applications utilisées sur les ordinateurs personnels et elle comprend les programmes les plus employés dans un bureau : un programme de traitement de texte (Word), un tableur (Excel), un programme de présentation (PowerPoint) et un excellent programme de messagerie électronique (Outlook). En fonction de la version d'Office achetée, vous aurez aussi droit à un programme de base de données (Access), à un outil de création de formulaires dynamiques (InfoPath), à un programme de développement de sites Internet (FrontPage) et à un programme de PAO (Publisher).

Cette section présente les fonctionnalités réseau de Microsoft Office 2010, une des dernières versions d'Office. Quelques-unes de ces fonctionnalités s'appliquent aussi aux versions antérieures d'Office.

TRUC

Pour vous servir au mieux d'Office sur un réseau, je vous conseille d'acheter le Kit de ressources de Microsoft Office. Ce kit (aussi appelé *ORK – Office Resource Kit*) contient des informations relatives à l'installation et à l'utilisation d'Office en réseau et il est livré avec un CD comprenant de précieux outils. Si vous ne voulez pas acheter ORK, vous pouvez l'utiliser en ligne et télécharger les outils ORK sur le site TechNet de Microsoft (`technet.microsoft.com`).

## Installer Office sur un réseau (quelques options)

Avant d'installer Microsoft Office sur un réseau, vous devez prendre quelques décisions élémentaires. En particulier, voici quelques approches possibles quant à l'installation de Microsoft Office sur les ordinateurs clients du réseau :

- Vous pouvez tout bonnement ignorer le fait que vous disposez d'un réseau et acheter un exemplaire d'Office pour chacun des ordinateurs du réseau. Ensuite, vous pouvez installer Office sur chaque poste à partir du CD. Cette solution est envisageable si :
  - le réseau est de petite taille.
  - chaque ordinateur est doté d'un disque dur de taille suffisante pour héberger Office.
  - chaque ordinateur est équipé d'un lecteur de CD-ROM.
- Pour un réseau de plus grande envergure, vous pourrez utiliser le programme d'installation d'Office en mode Installation d'administration. Il permet de créer un type d'installation spéciale sur le disque d'un serveur de réseau à partir duquel vous pourrez installer Office sur les ordinateurs du réseau. L'installation d'administration permet de contrôler les fonctionnalités personnalisées sélectionnées pour chacun des ordinateurs du réseau et réduire ainsi les interactions requises lors de l'installation d'Office sur chaque machine.

  TRUC

  Si vous optez pour le mode Installation d'administration, vous pouvez vous servir de l'Assistant d'installation réseau livré avec le Kit de ressources d'Office. Cet assistant permet de personnaliser les paramètres d'installation d'Office sur les ordinateurs clients. Par exemple, vous pouvez choisir les composants d'Office à installer, donner des réponses par défaut aux questions oui/non que le programme d'installation pose à l'utilisateur et limiter les interactions entre l'utilisateur et le programme d'installation.

ATTENTION !

Quelle que soit la solution retenue pour votre réseau, vous devrez acheter soit un exemplaire d'Office, soit une licence pour l'installer sur chacun des ordinateurs. Il est illégal d'acheter un seul exemplaire d'Office et de l'installer sur plusieurs ordinateurs.

## Accéder aux fichiers réseau

Ouvrir un fichier stocké sur un disque réseau est presque aussi simple que d'ouvrir un fichier sur un disque local. Tous les programmes Office utilisent la commande Fichier/Ouvrir pour afficher la boîte de dialogue Ouvrir. La Figure 3.10 montre celle d'Excel (la boîte de dialogue est à peu près identique dans tous les autres programmes d'Office).

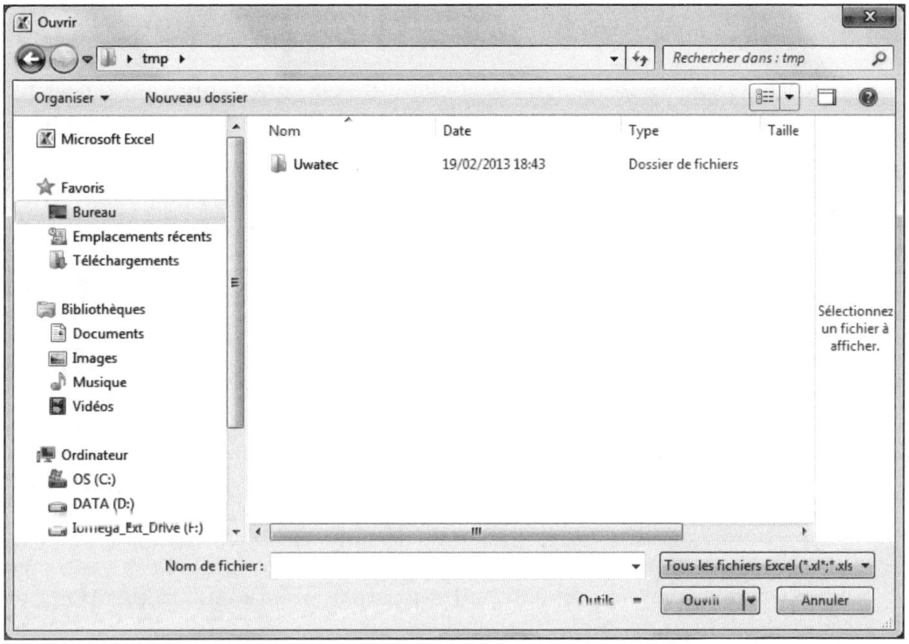


**Figure 3.10 :** Boîte de dialogue Ouvrir d'Excel 2010.

Pour accéder à un fichier stocké sur un volume réseau mappé à une lettre de lecteur, il suffit de choisir le lecteur réseau dans la liste déroulante en haut de la boîte de dialogue. Si le volume réseau n'a pas été mappé à un lecteur, cliquez sur Favoris réseau, dans l'angle inférieur gauche de la boîte de dialogue Ouvrir, sélectionnez Réseau et parcourez le réseau à la recherche du fichier que vous voulez ouvrir.

Vous pouvez mapper un lecteur réseau directement depuis la boîte de dialogue Ouvrir. Pour ce faire, il suffit de localiser le dossier à mapper, d'effectuer un clic droit et de sélectionner la commande Connecter un lecteur réseau.

TRUC

Si vous tentez d'ouvrir un fichier déjà ouvert par un autre utilisateur du réseau, Office vous signale que le fichier est utilisé et vous propose de l'ouvrir en lecture seule. Vous pouvez lire et imprimer un fichier ouvert en lecture seule mais Office ne vous autorise pas à modifier cette version du fichier. Pour enregistrer vos modifications dans un nouveau fichier, vous devrez utiliser la commande Enregistrer sous.

## Utiliser des modèles de document en réseau

Un *modèle* est un type particulier de document qui contient des informations de mise en forme, du texte standard et d'autres paramètres personnalisés que vous pouvez employer comme base d'un nouveau document.

Trois programmes Office (Word, Excel et PowerPoint) vous permettent de spécifier un modèle dès que vous créez un nouveau document. En utilisant la commande Fichier/Nouveau dans Excel, Word ou PowerPoint pour créer un nouveau document, vous voyez apparaître une boîte de dialogue qui permet de choisir un modèle pour ce nouveau document.

Office est livré avec un ensemble de modèles pour les types de documents les plus courants. Ces modèles sont regroupés dans les divers onglets qui apparaissent dans la boîte de dialogue Nouveau.

En plus des modèles livrés avec Office, vous pouvez créer vos propres modèles Word, Excel et PowerPoint. C'est notamment très utile pour homogénéiser l'apparence des documents créés par les utilisateurs de votre réseau. Par exemple, vous pouvez créer un modèle Lettre qui contient le papier à en-tête de votre entreprise ou un modèle Proposition qui affiche le logo de la société.

Office vous permet de stocker les modèles à deux endroits qui dépendent de ce que vous voulez en faire :

- **Dans le dossier Modèles utilisateur, généralement situé sur le disque local de l'utilisateur.** Si quelqu'un a besoin d'un modèle particulier, c'est là qu'il ira le chercher.
- **Dans le dossier Modèles groupe de travail, figurant normalement sur un disque réseau partagé.** Cela vous autorise donc à stocker sur un serveur des modèles que vous voulez mettre à disposition de tous les utilisateurs du réseau, tout en permettant à chaque utilisateur de créer ses propres modèles, inaccessibles aux autres.

Lorsque vous vous servez à la fois du dossier Modèles utilisateur et du dossier Modèles groupe de travail, Office mélange les modèles des deux dossiers et les affiche par ordre alphabétique dans la boîte de dialogue Nouveau. Par exemple, supposons que le dossier Modèles utilisateur contienne des modèles nommés Document vierge et Page Web et que le dossier Modèles groupe de travail comprenne un modèle nommé Lettre société. Alors, les trois modèles apparaîtront dans la boîte de dialogue Nouveau, dans l'ordre suivant : Document vierge, Lettre société et Page Web.

Pour définir l'emplacement des dossiers Modèles utilisateur et Modèles groupe de travail dans Microsoft Word, exécutez les étapes suivantes :

1. **Cliquez sur le menu Fichier puis sur Options.**

   La boîte de dialogue Options Word apparaît.

2. **Ouvrez Options avancées.**

   Vous accédez aux options avancées.

3. **Descendez jusqu'à la section Général et cliquez sur le bouton Emplacement des fichiers.**

   La boîte de dialogue Dossiers par défaut s'affiche, comme le montre la Figure 3.11.

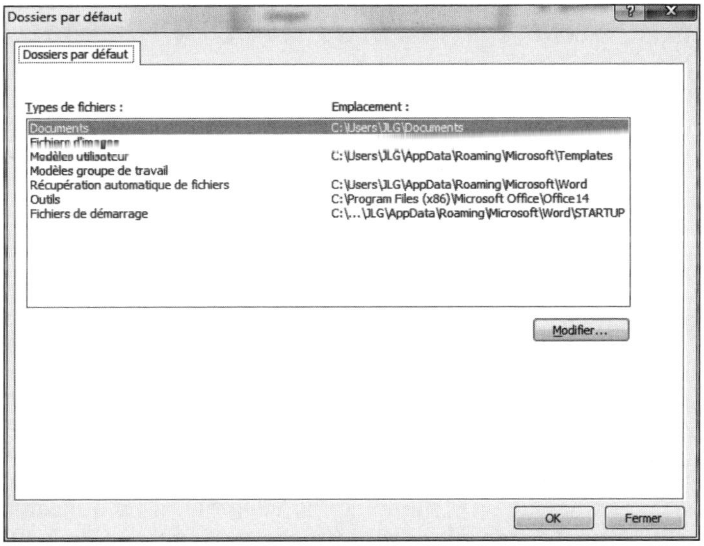


**Figure 3.11** : Définition de l'emplacement des fichiers dans Word 2010.

4. **Double-cliquez sur Modèles groupe de travail.**

   Cette étape ouvre la boîte de dialogue Changer de dossier.

5. **Spécifiez l'emplacement des fichiers modèles puis cliquez sur OK.**

   Vous revenez à la boîte de dialogue Dossiers par défaut.

6. **Cliquez sur OK pour fermer la boîte de dialogue.**

   Vous rebasculez dans la boîte de dialogue Options Word.

7. **Cliquez encore une fois sur OK.**

   La boîte de dialogue Options Word se ferme.

Bien que les paramètres des Modèles utilisateur et Modèles groupe de travail concernent Word, Excel et PowerPoint, vous ne pouvez les modifier que dans Word. Les boîtes de dialogue Options d'Excel et de PowerPoint ne proposent pas ces options.

Lorsque vous installez Office, les modèles standards, fournis avec Office, sont copiés dans un dossier, sur le disque local de l'ordinateur, et l'option Modèles utilisateur concerne ce dossier. L'option Modèles groupe de travail reste vide. Vous pouvez partager le dossier Modèles groupe de travail en cliquant sur Modèles groupe de travail puis sur Modifier et en spécifiant le dossier réseau partagé qui contient vos modèles de document.

## Travailler en réseau avec une base de données Access

Si vous voulez partager une base de données Access entre plusieurs utilisateurs du réseau, vous devez être au courant de certaines choses. Voici les plus importantes :

- Quand vous partagez une base de données, plusieurs utilisateurs peuvent vouloir modifier un enregistrement en même temps. Cette situation peut engendrer des problèmes si deux utilisateurs tentent de mettre à jour l'enregistrement. Pour gérer cela, Access verrouille l'enregistrement si bien que seul un utilisateur peut y accéder à un instant T. Access emploie une des trois méthodes suivantes pour verrouiller des enregistrements :

  - **Enr modifié** qui verrouille l'enregistrement dès qu'un utilisateur commence à le modifier. Par exemple, si un utilisateur récupère un enregistrement via un formulaire qui permet de le mettre à jour, Access verrouille l'enregistrement pendant l'édition, si bien que les autres utilisateurs ne peuvent pas modifier l'enregistrement tant que le premier utilisateur n'a pas terminé.

  - **Aucun** qui ne signifie pas réellement que l'enregistrement n'est pas verrouillé. En fait, Aucun signifie que l'enregistrement n'est pas verrouillé tant qu'un utilisateur ne modifie pas le contenu de la base de données. Cette méthode peut induire en erreur les autres utilisateurs car elle permet à un utilisateur d'écraser les modifications apportées par un autre utilisateur.

  - **Général** qui verrouille une table entière dès qu'un utilisateur modifie un enregistrement de cette table.

- Access vous permet de partager une table de sorte que les formulaires, les requêtes et les états soient stockés sur le disque dur de chaque utilisateur mais que les données elles-mêmes demeurent sur le disque réseau. Cette fonctionnalité peut rendre l'accès à une base de données plus rapide sur le réseau mais elle est un peu plus complexe à mettre en œuvre. Pour partager une base de données, exécutez la commande Outils de base de données/Base de données Access/Fractionner la base de données.

- Access dispose de fonctionnalités de sécurité intégrées à utiliser si vous partagez une base de données d'un ordinateur client Windows. Si vous la stockez sur un serveur de domaine, vous pouvez vous servir des fonctionnalités de sécurité du serveur pour protéger la base de données.
- Access rafraîchit automatiquement les formulaires et les feuilles de données toutes les soixante secondes. De cette manière, si un utilisateur ouvre le formulaire ou la feuille de données et qu'un autre utilisateur modifie les données quelques secondes plus tard, le premier voit les modifications dans la minute qui suit. Si vous trouvez que soixante secondes est un délai trop long (ou trop court), vous pouvez changer la vitesse de rafraîchissement grâce à la commande Avancé de la boîte de dialogue Options d'Access.

# Travailler avec des fichiers hors connexion

Les ordinateurs de bureau sont par nature privés de pieds. Par conséquent, ils sont en permanence connectés à leurs réseaux. Les ordinateurs portables, quant à eux, peuvent se promener d'un endroit à l'autre sans obligation de connexion à un réseau. Si vous avez un réseau sur votre lieu de travail, vous vous y connectez lorsque vous êtes au travail. Mais quand vous vous trouvez à votre domicile avec votre portable, par exemple pour le week-end, vous n'êtes plus connecté à votre réseau.

Naturellement, votre patron préfère que vous passiez vos week-ends à travailler et que vous puissiez accéder de chez vous à vos fichiers réseau sans être connecté au réseau ! C'est là que le mécanisme des fichiers hors connexion entre en jeu. Il vous permet d'accéder à vos fichiers réseau même si vous êtes déconnecté du réseau.

Tout cela ressemble à de la magie mais il n'en est rien. En fait, comment cela se passerait-il si ce mécanisme n'existait pas ? Il faudrait copier les fichiers sur le disque dur de votre portable à partir du réseau, les modifier en local de retour à votre domicile puis les recopier sur le réseau une fois de retour sur votre lieu de travail.

C'est exactement de cette manière que fonctionne le dispositif de fichiers hors connexion sauf que Windows s'occupe de tout sans aucune intervention de l'utilisateur. Bien que vous soyez déconnecté du réseau, Windows vous donne l'impression d'être réellement sur le réseau. Par exemple, si vous mappez un lecteur réseau (le lecteur M, par exemple) et si vous le rendez disponible hors connexion, vous pouvez encore y accéder lorsque la connexion réseau est coupée. En fait, Windows détecte la déconnexion du réseau et réoriente l'accès au lecteur M vers sa copie sur le disque dur local.

Les complications surgissent lorsque des fichiers hors connexion ont été modifiés par plusieurs utilisateurs. Windows tente bien de remédier à ce désordre mais il lui est quasiment impossible d'y parvenir. La solution consiste à n'utiliser le dispositif de fichiers hors connexion qu'avec des ressources réseau qui sont susceptibles de ne pas être modifiées simultanément par plusieurs utilisateurs. En d'autres termes, rendre votre disque personnel disponible hors connexion ne pose aucun problème quand vous êtes la seule personne à y avoir accès. En revanche, je ne vous conseille pas de le faire pour des ressources partagées à moins qu'il s'agisse de ressources en lecture seule qui ne contiennent pas de fichiers susceptibles d'être modifiés.

Les fichiers hors connexion sont configurés de la manière suivante, en fonction du système d'exploitation :

- **Sous Windows Vista, Windows 7 ou Windows 8**, ouvrez la fenêtre Ordinateur, effectuez un clic droit sur le lecteur réseau auquel vous souhaitez accéder hors connexion et choisissez Toujours disponible hors connexion.
- **Sous Windows XP**, ouvrez le Poste de travail, effectuez un clic droit sur le lecteur réseau auquel vous souhaitez accéder hors connexion et sélectionnez Rendre disponible hors connexion.

Si vous ne voulez pas rendre disponible l'intégralité du lecteur, vous pouvez désigner différents dossiers en utilisant la même technique : effectuez un clic droit sur le dossier souhaité puis sélectionnez Toujours disponible hors connexion (ou Rendre disponible hors connexion sous Windows XP).

Lorsque vous rendez un lecteur ou un dossier disponible hors connexion, Windows copie tous les fichiers du lecteur ou du dossier sur le disque local. La durée de ce processus dépend de la taille du lecteur ou du dossier.

Une fois qu'un lecteur a été rendu disponible hors connexion, Windows s'occupe de tout : chaque fois que vous vous connectez ou déconnectez du réseau, Windows synchronise les fichiers hors connexion. Pour ce faire, il compare le couple date et heure de chaque fichier sur le serveur et sur la zone locale et conserve la version la plus récente.

Voici quelques autres remarques au sujet des fichiers hors connexion :

- Vous pouvez forcer la synchronisation des fichiers hors connexion. Effectuez un clic droit sur le lecteur ou le dossier et exécutez la commande Synchronisation.
- Assurez-vous que les fichiers du dossier que vous êtes en train de rendre disponible hors connexion sont bien fermés. Si un fichier est ouvert, vous allez recevoir un message d'erreur. Vous devrez alors fermer le fichier ouvert avant de pouvoir rendre le dossier disponible hors connexion.
- La boîte de dialogue Propriétés des lecteurs réseau mappés comporte un onglet Fichiers hors connexion, comme le montre la Figure 3.12.

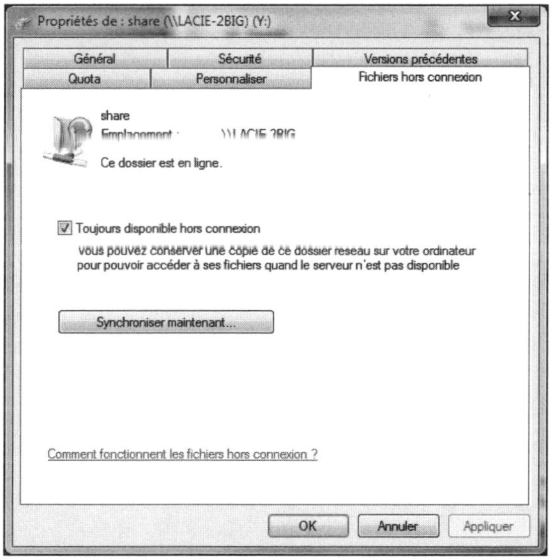


**Figure 3.12 :** Propriétés de l'onglet Fichiers hors connexion.

# Deuxième partie

# Construire son propre réseau

## Dans cette partie :

- Concevoir un réseau.
- Comprendre et mettre en œuvre TCP/IP.
- Travailler avec des câbles, des adaptateurs réseau, des commutateurs et d'autres constituants importants du réseau.
- Configurer des ordinateurs Windows et les mettre en réseau
- Se connecter à Internet.
- Accéder à des périphériques sans fils sur le réseau.

# Chapitre 4

# Concevoir son réseau

***Dans ce chapitre :***

- Concevoir un réseau.
- Être rationnel.
- Faire l'inventaire.
- Serveur dédié ou serveur non-dédié, telle est la question ?
- Choisir un système d'exploitation serveur.
- Planifier l'infrastructure.
- Dessiner les plans.
- Quelques exemples de plans.

Bien, vous êtes convaincu que vous devez mettre vos ordinateurs en réseau. Et maintenant ? Allez-vous faire un saut à la boutique d'informatique en allant au travail, installer le réseau avant le café du matin et vous attendre à ce qu'il soit opérationnel vers midi ?

Je ne pense pas !

Mettre en réseau vos ordinateurs n'est pas une tâche comme les autres : il faut un peu de méthode. Ce chapitre vous aide à réfléchir sur votre réseau avant que vous ne commenciez à dépenser de l'argent. Il vous explique comment produire une spécification qui sera tout aussi valable que celle qu'un consultant réseau vous aurait facturée plusieurs milliers d'euros. Vous voyez ; ce livre vous fait déjà économiser de l'argent !

# Concevoir un réseau

Avant de commencer ce projet de réseau, qu'il s'agisse d'une nouvelle installation ou d'une mise à niveau d'un réseau existant, commencez par établir un plan détaillé. Si vous prenez des décisions techniques trop rapidement, avant d'étudier toutes les conséquences qui risquent d'affecter le projet, vous le regretterez ! Vous découvrirez trop tard qu'une application majeure ne tourne pas en réseau ou bien que ses performances en réseau sont extrêmement dégradées ou encore que les éléments clés du réseau ne fonctionnent pas ensemble.

Voici quelques règles générales à garder à l'esprit pour vous aider à concevoir votre réseau :

- **Ne bâclez pas la phase de conception.** Les erreurs les plus coûteuses sont celles que vous faites avant d'installer le réseau. Accordez-vous le temps de la réflexion et imaginez plusieurs solutions.
- **Mettez par écrit la spécification de votre réseau.** Elle n'a pas besoin de faire 500 pages. Si vous voulez qu'elle ait l'air professionnel, reliez-la avec une spirale de 2 cm de diamètre. La spirale sera bien assez grosse pour contenir la totalité de votre spécification.
- **Avant d'acheter quoi que ce soit, demandez conseil.** Demandez, de préférence à quelqu'un qui connaît mieux l'informatique que vous, de lire votre spécification.
- **Actualisez la spécification.** Si un ordinateur vient s'ajouter au réseau, revoyez sa conception, dépoussiérez-la et procédez à la mise à jour.

TRUC

Le schéma d'un réseau n'est pas gravé dans le marbre. Si quelque chose ne fonctionne pas comme prévu, vous pourrez toujours le corriger en fonction des circonstances.

# Être rationnel

Lorsque vous préparez une mise en réseau, vous devez avant tout vous demander à quelles fins vous en avez besoin. Voici quelques-unes des raisons (toutes bonnes) qui justifient la création d'un réseau :

- Mes collègues et moi échangeons quotidiennement des données enregistrées sur des clés USB. Un réseau nous éviterait de les utiliser.
- Je n'ai pas l'intention d'acheter une imprimante laser à chacun alors que, la plupart du temps, la seule que nous ayons est sous-utilisée. Une mise en réseau permettra de la mettre à disposition de tout le monde.

- Je veux fournir un accès Internet à tous mes ordinateurs. C'est l'unique raison d'être de beaucoup de réseaux, notamment les plus petits.
- Les affaires vont si bien qu'une seule personne n'arrive plus à suivre les commandes. Avec un réseau, chacun entrera les commandes lui-même et je ne serai plus obligé de payer quelqu'un pour faire ce travail.
- Mon beau-frère vient de créer un réseau dans son bureau et je ne veux pas passer pour un ringard.
- Je possède déjà un réseau, mais il est tellement vieux que je ne me souviens plus quand il a été installé. Un nouveau réseau permettra d'accélérer l'accès aux fichiers partagés, d'assurer une meilleure sécurité et de pouvoir le gérer plus facilement.

Vérifiez bien que vous avez identifié les motifs qui vous poussent à envisager l'installation d'un réseau et écrivez-les noir sur blanc. Ne vous souciez pas d'obtenir le prix Goncourt pour votre prose. Inscrivez simplement ce que vous attendez de votre réseau.

Si vous rédigez une proposition de 500 pages, vous devriez placer les raisons pour lesquelles un réseau est nécessaire dans la section « Justification ».

TRUC

Tandis que vous identifiez les raisons susceptibles de vous pousser à installer un réseau, vous pouvez très bien en arriver à la conclusion que vous n'avez pas besoin de réseau. Rien de grave ! Vous pouvez toujours employer le carnet à spirales pour votre collection de timbres.

## Faire l'inventaire

L'une des phases les plus délicates de la spécification d'un réseau est de trouver le moyen de faire fonctionner ensemble les ordinateurs dont vous disposez déjà. Autrement dit, comment aller de A à Z ? Avant de parvenir à Z, vous devez savoir ce que vous possédez en A. En d'autres termes, vous devez faire un inventaire détaillé de votre matériel informatique.

### Ce que vous devez savoir

Vous devez disposer des informations suivantes sur chacun de vos ordinateurs :

- **Le type de processeur et, si possible, sa fréquence d'horloge.** L'idéal serait que tous vos ordinateurs soient au moins équipés de processeurs Intel Core i7 équipés de six cœurs et cadencés à 3 ou 4 GHz. Mais, dans la plupart des cas, vous trouverez un mélange d'ordinateurs : des neufs, des vieux, des prêtés. Vous pourriez même trouver quelques reliques appartenant à l'ère du pré-Pentium.

Vous ne pouvez généralement pas deviner le type du processeur d'un ordinateur en observant la tour. Cependant, la plupart des ordinateurs affichent le type du processeur quand vous les allumez ou les redémarrez. Si cette information apparaît trop brièvement à l'écran pour que vous puissiez la lire, appuyez sur la touche Arrêt défil afin de suspendre l'affichage. Lorsque vous avez fini de lire l'information, appuyez de nouveau sur la touche Arrêt défil pour que votre ordinateur continue son initialisation.

- **La capacité du disque dur et la configuration de ses partitions.** Sur un ordinateur fonctionnant sous Windows, vous pouvez obtenir la taille du disque dur en ouvrant la fenêtre Ordinateur, en effectuant un clic droit sur l'icône d'un lecteur et en exécutant la commande Propriétés du menu contextuel. La Figure 4.1 représente la boîte de dialogue Propriétés d'un disque de 59,9 Go disposant de 32,2 Go d'espace libre.

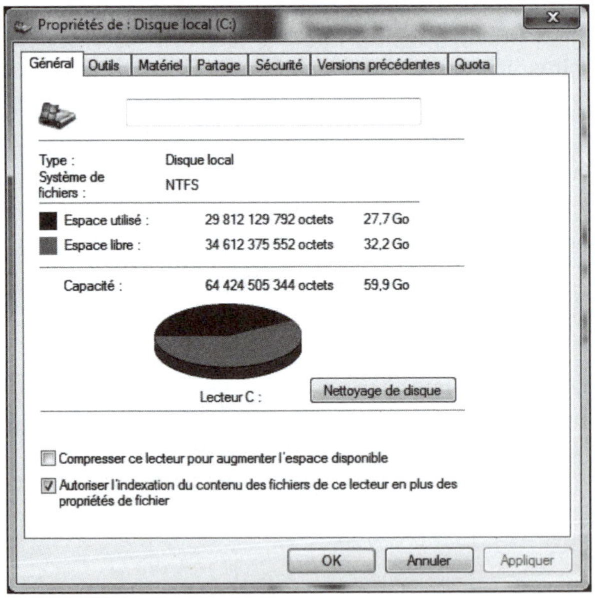


**Figure 4.1 :** La boîte de dialogue Propriétés d'un disque indique sa capacité totale et la quantité d'espace disponible.

Si votre ordinateur dispose de plusieurs disques durs, Windows affiche une icône pour chacun d'eux ou pour les partitions dans la fenêtre Ordinateur. Prenez note de la capacité totale et de l'espace disponible sur chaque disque dur. Une *partition* est une partie du disque dur considérée comme un lecteur à part. Nous n'y reviendrons plus.

- **La quantité de mémoire.** Sous Windows, vous pouvez obtenir cette information facilement : effectuez un clic droit sur Ordinateur et exécutez la commande Propriétés. La quantité de mémoire dont dispose votre ordinateur est affichée dans la boîte de dialogue qui apparaît. Par exemple, la Figure 4.2 présente la boîte de dialogue Système d'un ordinateur sous Windows 8 avec 2 Go de RAM.

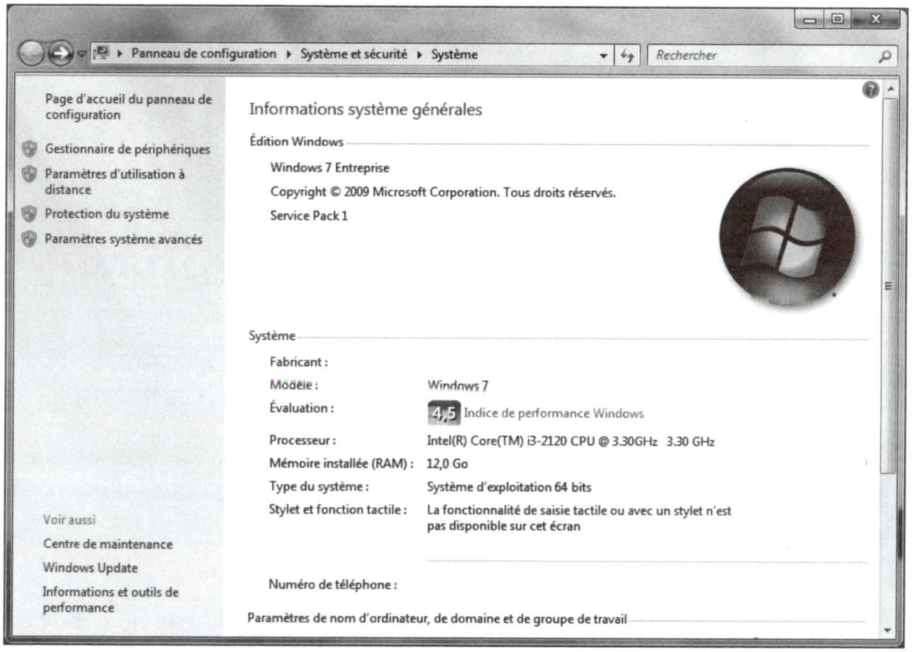


**Figure 4.2 :** Fenêtre Système d'un ordinateur avec 12 Go de RAM.

- **La version du système d'exploitation.** Elle figure dans la boîte de dialogue Système. En guise d'exemple, la Figure 4.2 représente la fenêtre Système d'un ordinateur équipé de Windows 7 Entreprise ; il est important que tous les ordinateurs du réseau disposent de la dernière mise à jour du service pack.

- **Le type de carte réseau installée.** Pour trouver le modèle exact, ouvrez le menu Démarrer, effectuez un clic droit sur Ordinateur, sélectionnez Propriétés puis Gestionnaire de périphériques. La boîte de dialogue Gestionnaire de périphériques s'ouvre et affiche le nom de la carte réseau de l'ordinateur. La Figure 4.3 montre les caractéristiques d'une carte réseau Intel® 82579LM.

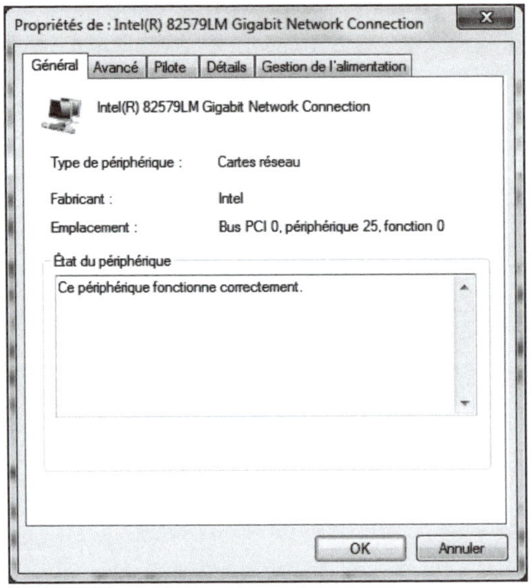


**Figure 4.3 :** Les caractéristiques d'une carte réseau Intel® 82579LM.

Le Gestionnaire de périphériques est aussi commode pour découvrir les autres périphériques installés dans l'ordinateur ou pour vérifier quels pilotes sont utilisés par tel ou tel matériel.

- **Les protocoles réseau utilisés.**
  - *Windows Vista* : exécutez Démarrer/Panneau de configuration/Réseau et partage/Gérer les connexions réseau puis faites un clic droit sur la commande Connexion au réseau local et choisissez Propriétés.
  - *Windows 7 ou Windows 8* : exécutez Démarrer/Panneau de configuration/Centre Réseau et partage/Modifier les paramètres de la carte, puis faites un clic droit sur Connexion au réseau local et choisissez Propriétés. La boîte de dialogue de la Figure 4.4 apparaît
- **Le type d'imprimante connectée à l'ordinateur, s'il y en a une.** Généralement, il suffit de jeter un œil à l'imprimante. Vous pouvez également obtenir cette information dans la fenêtre Imprimantes.
- **Les autres périphériques connectés à l'ordinateur.** Un lecteur de DVD ou de Blu-ray ? Un scanner ? Un disque externe ou un lecteur de bandes ? Un caméscope ? Un androïde ? Un bain à remous ?
- **Les pilotes et les disques d'installation sont-ils disponibles ?** J'espère que vous savez où sont rangés les DVD ou CD nécessaires pour faire fonctionner des périphériques comme la carte réseau, les imprimantes, les scanners, etc. Dans le cas contraire, vous devriez les trouver sur Internet.

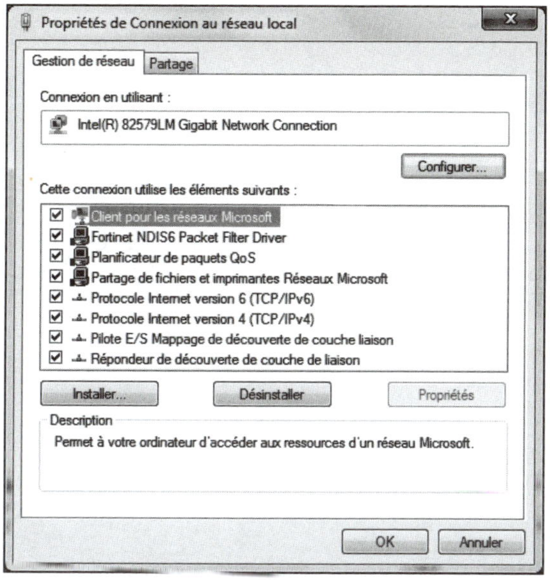


**Figure 4.4 :** La boîte de dialogue Propriétés de Connexion au réseau local.

- **Les logiciels installés sur l'ordinateur.** Microsoft Office ? AutoCAD ? Paint Shop Pro ? Dressez-en la liste complète, sans oublier les numéros de version.

- **Est-ce que l'ordinateur a des possibilités de connexion sans fil ?** La quasi-totalité des ordinateurs portables ont cette fonction. La plupart des ordinateurs de bureau ne la possèdent pas, mais vous pouvez, si vous le souhaitez, ajouter une clé USB WiFi si vous voulez que votre réseau soit entièrement sans fil.

## Les programmes qui rassemblent les informations

C'est un long travail que de rassembler des informations sur vos ordinateurs quand ils sont nombreux. Heureusement, il existe plusieurs logiciels qui ont la faculté de rassembler automatiquement les informations à votre place. Ces programmes inspectent l'ordinateur sous tous les angles, déterminant le type et la fréquence du processeur, la quantité de RAM et la capacité des disques. Ils affichent ensuite ces informations à l'écran et vous permettent de les sauvegarder dans un fichier ou de les imprimer.

Windows est livré avec un programme de ce type nommé Informations système Microsoft. Ce programme rassemble et affiche des informations sur votre ordinateur. Pour le lancer, sélectionnez Démarrer/Tous les programmes/Accessoires/Outils système/Informations système.

Quand vous exécutez Informations système Microsoft, vous voyez apparaître une fenêtre Informations système, comme le montre la Figure 4.5. Elle n'affiche initialement que des informations élémentaires sur votre ordinateur telles que la version de Windows que vous utilisez, le type de processeur, la quantité de mémoire et la quantité d'espace libre sur chacun des disques de l'ordinateur. Pour obtenir des informations plus détaillées, cliquez sur Ressources matérielles, Composants ou Environnement logiciel sur le côté gauche de la fenêtre.

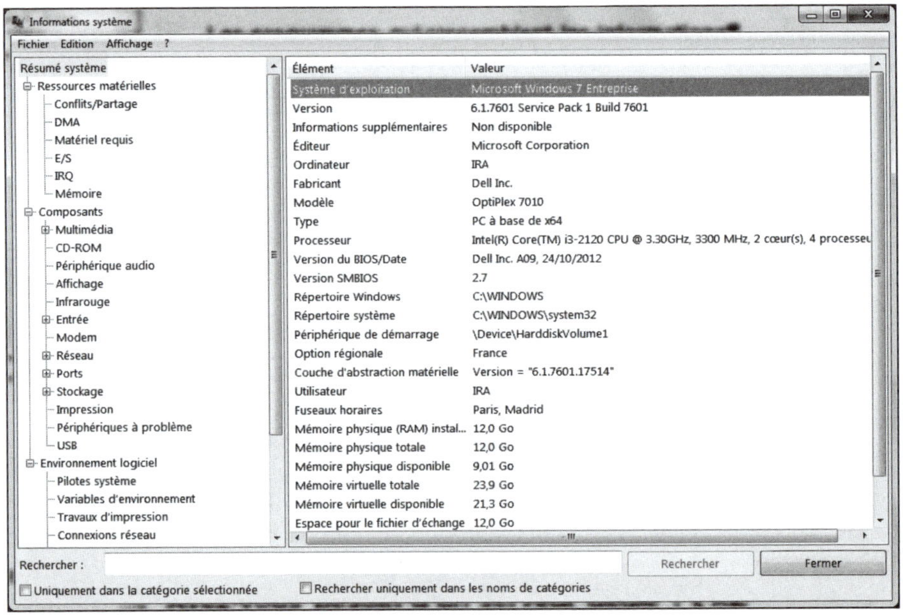


**Figure 4.5 :** Affichage des informations système.

# Serveur dédié ou serveur non-dédié, telle est la question ?

Une des questions les plus fondamentales que vous devez vous poser est : « Le réseau aura-t-il un ou plusieurs serveurs dédiés, s'appuiera-t-il sur un réseau pair-à-pair, le serveur sera-t-il dédié ? » Si votre réseau ne sert qu'à partager une imprimante et à échanger un fichier de temps en temps, vous n'avez peut-être pas besoin d'un serveur dédié. Un simple réseau pair-à-pair reliant vos ordinateurs fera l'affaire. Cependant, disposer d'un serveur dédié est un avantage indéniable, à part peut-être pour les tout petits réseaux.

Voici quelques points à considérer :

- **Utiliser un serveur dédié permet de rendre le réseau plus rapide, le travail plus facile et le système plus fiable.** Imaginez ce qui se passe quand l'utilisateur d'un ordinateur serveur, doublé du rôle de station de travail, décide d'éteindre son ordinateur, sans réaliser que quelqu'un est en train d'accéder à des fichiers sur ses disques.

- **Vous ne devez pas obligatoirement utiliser votre ordinateur le plus puissant et le plus rapide comme serveur.** J'ai vu des réseaux où l'ordinateur le plus lent tenait le rôle de serveur. C'est particulièrement vrai quand le serveur est principalement utilisé pour partager une imprimante. Par conséquent, si vous devez acheter un ordinateur pour votre réseau, pensez à transformer en serveur une de vos anciennes machines et placez votre nouvel ordinateur en tant que client.

Partant du principe que votre réseau nécessitera un ou plusieurs serveurs dédiés, vous devrez déterminer le type de serveur(s) que vous devrez installer. Dans certains cas, un seul serveur pourra tenir un ou plusieurs de ces rôles. Chaque fois que c'est possible, il est recommandé de limiter chaque ordinateur serveur à une seule fonction de serveur.

## Serveurs de fichiers

Les *serveurs de fichiers* fournissent un espace de stockage centralisé, commodément partagé par tous les ordinateurs du réseau. Leur tâche essentielle est le stockage des fichiers et des programmes. Par exemple, tous les membres d'un petit groupe de travail utiliseront l'espace de stockage du serveur de fichiers pour y placer leurs documents Microsoft Office.

Les serveurs de fichiers doivent s'assurer que deux utilisateurs n'essaient pas de mettre à jour le même fichier en même temps. Pour ce faire, les serveurs de fichiers *verrouillent* le fichier qui vient d'être ouvert et ne permettent qu'au premier utilisateur qui l'a ouvert de le modifier. Pendant ce laps de temps, toute autre personne qui y accède ne peut que le faire en mode lecture seule. Pour des documents (par exemple, traitement de texte ou fichiers tableur), le fichier entier est verrouillé. Pour des bases de données, le verrouillage peut être appliqué seulement à l'enregistrement en cours de modification.

## Serveurs d'impression

Le partage d'imprimantes est l'une des principales raisons d'être des petits réseaux. Bien que cela ne soit pas une obligation, vous pouvez faire d'un ordinateur un *serveur d'impression* qui aura pour seule tâche de collecter les données transmises par les ordinateurs clients et les imprimer dans un ordre préétabli.

- Un seul ordinateur peut à la fois faire office de serveur de fichiers et de serveur d'impression mais les performances seront meilleures si un ordinateur est réservé à chacune de ces tâches.
- Étant donné que l'on trouve des imprimantes à moins de 60 Euros, il peut être tentant d'en installer une directement sur chaque ordinateur. Mais la qualité ne sera pas au rendez-vous ! Plutôt que d'acheter plusieurs imprimantes bas de gamme, il est préférable d'investir dans une bonne imprimante laser et de la partager.

## Serveurs Web

Un *serveur Web* est un ordinateur équipé de logiciels lui permettant d'héberger un site Web. Les plus connus sont IIS (*Internet Information Services*), de Microsoft et Apache, un programme serveur Web open source géré par Apache Software Foundation.

## Serveurs de messagerie

Un *serveur de messagerie* prend en charge la messagerie du réseau. Il est équipé de logiciels spécialisés comme Microsoft Exchange Server. Il doit être compatible avec le logiciel de messagerie. C'est le cas d'Exchange Server, conçu pour fonctionner avec Outlook, la messagerie client fournie avec Office.

La plupart des serveurs de messagerie font vraiment beaucoup plus que simplement envoyer et recevoir du courrier électronique. Par exemple, voici quelques-unes des fonctionnalités que Microsoft Exchange Server offre au-delà de simples courriers électroniques :

- Des fonctions qui simplifient la gestion de projets collaboratifs.
- Des conférences audio et vidéo.
- Des services de messagerie instantanée.
- Des formulaires personnalisés destinés à des applications telles que des demandes de congés ou des bons de commande.

### Serveurs de bases de données

Un *serveur de bases de données* est un ordinateur équipé d'un système de gestion de bases de données comme Microsoft SQL Server 2012. Les serveurs de base de données sont généralement utilisés conjointement avec des applications d'entreprise (systèmes comptable, marketing, etc.).

## Choisir un système d'exploitation serveur

Après avoir déterminé la nécessité, pour le réseau, de recourir à un ou plusieurs serveurs dédiés, il vous faudra maintenant définir le type de système d'exploitation que ces serveurs utiliseront. Il est préférable que ce soit le même pour tous, si vous tenez à éviter les conflits qui peuvent surgir entre différents systèmes d'exploitation.

Bien que vous puissiez choisir l'un ou l'autre des nombreux systèmes d'exploitation, d'un point de vue pratique, vous vous en tiendrez à ceux-ci :

- Windows Server 2012 ou 2008.
- Linux ou une autre version d'UNIX.

Pour plus d'informations, reportez-vous au Chapitre 10.

## Planifier l'infrastructure

Il vous faudra aussi planifier en détail la manière dont les ordinateurs seront reliés entre eux. Cela consiste notamment à déterminer la topologie de réseau à adopter, les types de câbles à utiliser, comment ils seront routés et aussi les besoins matériels (commutateurs, routeurs…).

Bien que vous ayez le choix entre plusieurs options de câblage, vous choisirez sans doute le câble Cat5 (catégorie 5) ou mieux UTP, pour la liaison de la plupart des ordinateurs au réseau – voire de tous. Outre ces décisions élémentaires, vous devrez en prendre beaucoup d'autres :

- Où placerez-vous les commutateurs : sur le bureau entre les ordinateurs ou dans une armoire de câblage centrale ?
- Combien d'ordinateurs clients relierez-vous à chaque commutateur et de combien de commutateurs aurez-vous besoin ?
- Si vous avez besoin de plusieurs commutateurs, par quel type de câble les relierez-vous ?

Reportez-vous au Chapitre 6 pour en savoir plus sur les câbles de mise en réseau.

Si vous installez un nouveau câble de réseau dans un local, ne lésinez pas sur la qualité. Le coût du câble lui-même ne représente qu'une petite partie de tout le travail qu'exige son installation. En optant maintenant pour un câble de bonne qualité, vous n'aurez pas à le remplacer dans quelques années, lorsque le réseau devra être rénové.

## Dessiner les plans

Tracer le schéma du réseau est très utile. Il peut s'agir d'un plan de l'étage indiquant l'emplacement de chaque élément du réseau. Ce schéma est parfois appelé *plan physique* mais si vous le préférez, cela peut aussi être un *plan logique*, plus abstrait, qui ressemblerait à un tableau de Picasso, sans les couleurs. Actualisez-le dès que la configuration du réseau change. Précisez la nature des changements (date, raison de la modification...).

Un petit réseau peut être schématisé sur un feuillet de bloc-notes mais si le réseau est plus vaste, un logiciel de tracé de diagrammes vous aidera. L'un des meilleurs est Microsoft Visio, illustré par la Figure 4.6.

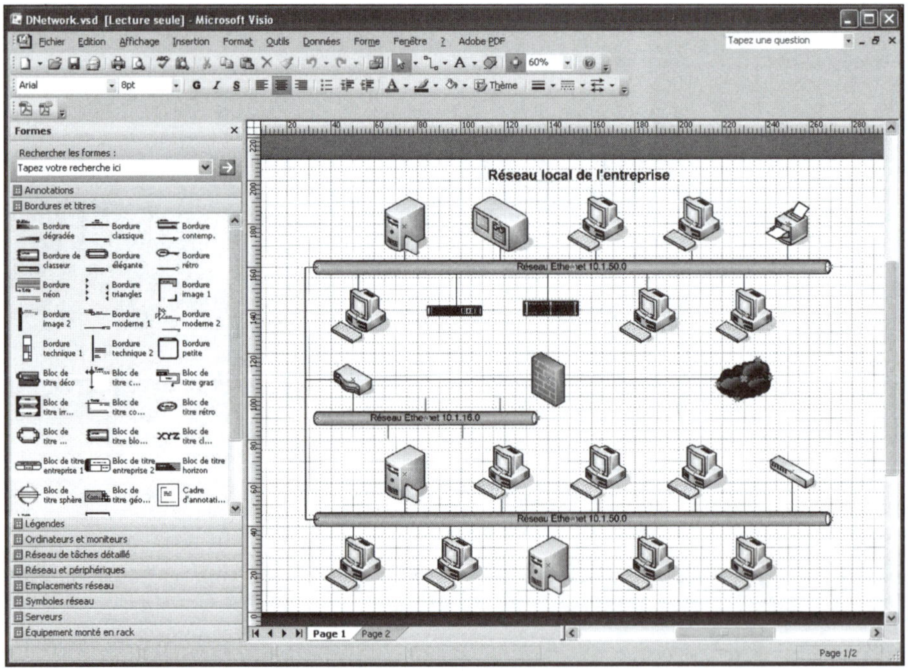


**Figure 4.6 :** Utilisation de Visio pour créer un diagramme réseau.

Voici quelques-uns des avantages de ce logiciel :

- Les formes automatiques et les connecteurs qui les relient peuvent être déplacés sans que les connexions soient rompues.
- Les gabarits contiennent des douzaines de formes pour représenter les composants d'un réseau : pas seulement des serveurs et des clients mais aussi des routeurs, des concentrateurs, des commutateurs, bref tout ce dont vous avez besoin. Si vous avez des exigences particulières, il est même possible d'acheter des jeux de gabarits pour des équipements particuliers comme les routeurs Cisco ou des ordinateurs mainframes IBM.
- La possibilité d'ajouter des informations (numéro de série, emplacement physique…) à chaque ordinateur ou périphérique du diagramme. Vous pouvez aussi imprimer un inventaire qui regroupe toutes les informations de chaque élément du diagramme.
- La création de vastes schémas s'étendant sur plusieurs pages.

# Quelques exemples de plans

Dans la suite de ce chapitre, vous trouverez quelques exemples de plans de réseaux réels. Ils illustrent plusieurs des notions abordées jusqu'à présent. Les situations sont réelles mais les noms ont été changés afin de ne pas compromettre des innocents.

## Créer un petit réseau : California Sport Surface

California Sport Surface (CSS) est une petite société spécialisée dans la réalisation d'installations sportives en extérieur comme des cours de tennis, des stades de football et des pistes de course. L'équipe administrative de CSS ne compte que quatre personnes. La société possède trois ordinateurs :

- Un nouvel ordinateur de bureau Dell équipé de Windows 8 Edition Familiale Premium. Il est utilisé par le président (Mark) et le vice-président (Julie) qui s'en servent pour préparer des devis, créer des brochures de publicité, gérer la correspondance et d'autres tâches. L'ordinateur est équipé d'un port réseau Ethernet 10/100/1000 Mbps.
- Un ordinateur Dell plus ancien qui tourne sous Windows XP Edition Familiale, utilisé par le comptable (Erin). Il se sert du logiciel de comptabilité QuickBooks. Cet ordinateur possède aussi un port réseau intégré mais il s'agit d'un port 10/100 qui ne prend pas en charge le gigabit.

- Un ordinateur portable sous Windows 7 Edition Intégrale, utilisé par le technicien (Daniel) qui l'emporte souvent pour travailler sur les chantiers. Cet ordinateur est équipé d'un port Ethernet 10/100/1000 Mbps.

La société ne possède qu'une seule imprimante à jet d'encre, peu onéreuse, reliée à l'ordinateur d'Erin. Les ordinateurs ne sont pas en réseau. C'est pourquoi, dès que Mark, Julie ou Daniel veulent imprimer un document, ils copient le fichier sur une clé USB qu'ils remettent à Erin. L'ordinateur que se partagent Mark et Julie est connecté à Internet par une connexion DSL.

La société désire mettre ces trois ordinateurs en réseau pour :

- Partager l'imprimante afin de ne plus avoir à utiliser de clés USB pour transférer les documents.
- Partager l'accès à Internet afin que chacun puisse accéder au Web à partir de n'importe quel ordinateur.
- Permettre l'intégration d'un autre ordinateur de bureau que la société envisage d'acquérir d'ici à six mois mais aussi d'un autre ordinateur portable (si les affaires vont bien, CSS compte embaucher un autre technicien).
- Le réseau doit être intuitif et ne pas exiger trop de maintenance.

Les besoins de mise en réseau de CSS peuvent être satisfaits par un réseau pair-à-pair simple, semblable à celui représenté par la Figure 4.7.

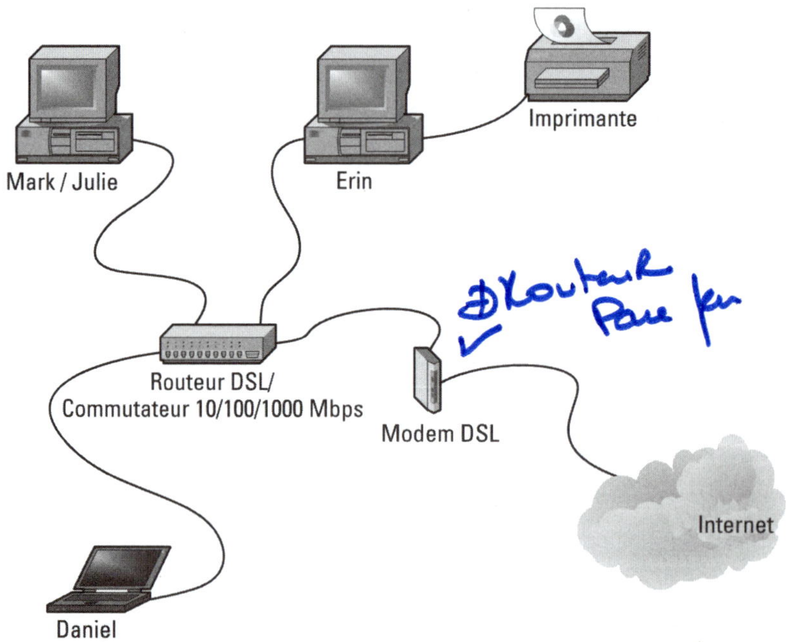


**Figure 4.7 :** Réseau pair-à-pair de California Sport Surface.

Ce réseau requiert les éléments suivants :

- Une carte réseau gigabit pour l'ordinateur sous Windows XP, le seul ordinateur qui ne prend pas en charge le gigabit. Une meilleure solution serait de remplacer cet ordinateur par une machine plus récente qui tourne sous Windows 8 et qui possède un port Ethernet intégré.
- Un ensemble routeur DSL et commutateur à quatre ports 10/100/1000 Mbps. La société devra peut-être étendre les capacités de ce périphérique lorsqu'elle utilisera un ordinateur portable supplémentaire, mais, le moment venu, il sera possible d'ajouter un autre commutateur à 4 ou 8 ports.
- Il faudra activer la fonction de pare-feu du routeur DSL afin de protéger le réseau des pirates qui écument Internet.
- Le partage de fichiers et d'imprimante sera activé sur l'ordinateur d'Erin.

## Connecter deux réseaux : Creative Course Development

Creative Course Development (CCD) est un petit éditeur d'ouvrages éducatifs situé en Californie. Il est spécialisé dans les ouvrages de mathématiques et de sciences pour les classes primaires et secondaires. La production est variée : livres scolaires, livres de jeux et logiciels sur CD-ROM.

CCD loue deux immeubles de bureau contigus, séparés par une petite cour. L'équipe rédactionnelle, composée d'une douzaine d'auteurs et d'éducateurs, travaille dans l'immeuble A. Les équipes des ventes, du marketing et de l'administration, soit six personnes, se trouvent dans l'immeuble B.

L'équipe de développement de produits et de marketing possède une douzaine d'ordinateurs relativement récents, qui tournent sous Windows 7 Professionnel, et un serveur sous Windows 2003 Server. Toutes ces machines sont reliées par du réseau UTP basé sur un commutateur à 24 ports 100 Mbps. L'accès Internet est fourni par une ligne T1 fractionnelle reliée à un petit routeur Cisco.

L'équipe administrative dispose d'ordinateurs disparates, certains sous Windows 8, d'autres sous Windows 7. Un petit serveur sous Windows 2008 Server répond à leurs besoins. Les ordinateurs les plus anciens sont équipés de cartes réseau 10/100BaseT, les plus récents de cartes 1000 Mbps. Tous ces ordinateurs sont reliés à un concentrateur Ethernet 10/100 Mbps assez ancien, à 12 ports. L'accès Internet est assuré par une connexion DSL.

Les deux groupes sont satisfaits de leurs ordinateurs et de leur réseau. Le problème est que les réseaux ne peuvent pas communiquer. Par exemple, l'équipe du marketing de l'immeuble A travaille sur les rapports imprimés fournis par l'équipe des ventes de l'immeuble B, d'où des allers et venues fréquents entre les deux bâtiments lorsqu'il faut suivre une affaire de près.

Bien qu'il existe plusieurs solutions à ce problème, la plus simple consiste à relier les réseaux par un pont à l'aide d'une paire de commutateurs sans fil. À cette fin, CCD achètera deux points d'accès sans fil. L'un sera branché au commutateur de l'immeuble A, l'autre au commutateur situé dans l'immeuble B. Ces points d'accès configurés, les deux réseaux n'en formeront plus qu'un seul. La Figure 4.8 propose un schéma logique du réseau final.

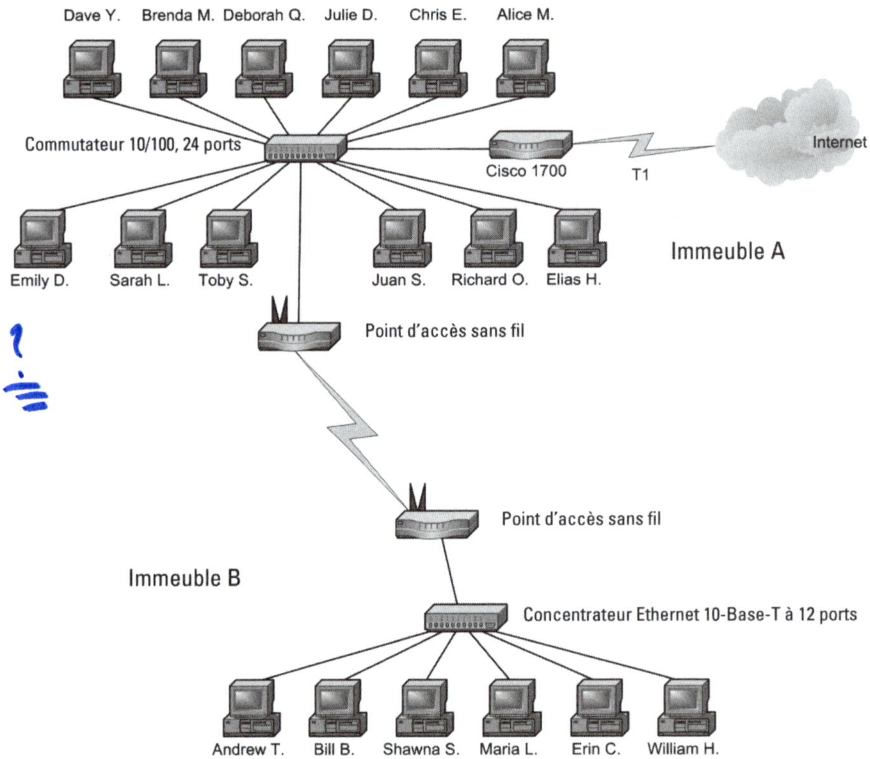


**Figure 4.8 :** Solution de réseau sans fil pour Creative Course Development.

Bien que la solution sans fil semble simple, quelques complications sont à redouter, notamment :

- Si l'environnement est défavorable, les points d'accès sans fil peuvent avoir du mal à établir la connexion entre les immeubles. Il faudra peut-être placer les appareils sur le toit. Dans ce cas, CCD devra débourser un peu plus pour protéger le matériel des intempéries.

- Comme le point d'accès sans fil de l'immeuble A sera connecté à un commutateur au lieu d'un concentrateur, le commutateur isolera quelque peu les deux réseaux. Mais les performances du réseau final ne devraient pas être affectées.
- Avant que les réseaux soient connectés, chacun possédait son propre serveur DHCP qui assignait les adresses IP aux utilisateurs. Malheureusement, chacun de ces serveurs DHCP a la même adresse IP locale (192.168.0.1). Lors de la fusion des réseaux, un de ces serveurs DHCP devra être désactivé.
- De plus, les deux réseaux ont chacun leur propre connexion Internet. Les deux réseaux étant pontés, la société CCD peut à présent se passer de la connexion DSL. Dans les deux immeubles, les utilisateurs peuvent accéder à Internet via la connexion T1 partagée.
- L'administrateur du réseau devra également déterminer comment gérer les services du réseau. Précédemment, chaque réseau possédait son propre domaine. Après le pontage, la société CCD peut opter pour le maintien de la séparation des domaines ou leur fusion en un seul (cette solution exigeant beaucoup de travail, elle optera probablement pour le maintien de la séparation).

## Augmenter les performances du réseau : DCH Compta

DCH Compta est un cabinet d'experts-comptables qui est passé en quelques années de quinze à trente-cinq employés, travaillant tous dans un même immeuble. Voici un bref descriptif de leur réseau :

- Il est constitué de trente-cinq ordinateurs clients et de trois serveurs sous Windows 2008 Server.
- Des trente-cinq ordinateurs clients, 11 tournent sous Windows Vista Professionnel, les 24 autres étant sous Windows 7 ou Windows 8.
- Les ordinateurs clients les plus anciens sont équipés de cartes Ethernet 10/100 Mbps, les autres possèdent des cartes 10/100/1000 Mbps.
- Les serveurs sont équipés de cartes 10/100 Mbps.
- Tous les bureaux de l'immeuble sont reliés à une armoire de câblage par du câble torsadé de catégorie 5. À cet endroit, se trouve un rack comportant deux commutateurs 10/100 Mbps à 24 ports.
- L'accès Internet est fourni par une connexion T1 et un routeur Cisco 1700.

Ces derniers temps, les performances du réseau étaient nettement insuffisantes, notamment au niveau de l'accès Internet et des transferts de gros fichiers entre les ordinateurs clients et les serveurs. Les utilisateurs avaient commencé à se plaindre des lenteurs du système.

Les commutateurs 100 Mbps sont trop anciens pour supporter le réseau. Tout le trafic du réseau transite par eux et le débit est limité à 100 Mbps. De ce fait, les nouveaux ordinateurs équipés de ports réseau gigabit sont connectés au réseau à 100 Mbps et non à 1000 Mbps.

Les performances de ce réseau peuvent être considérablement améliorées en deux étapes :

1. **Améliorer l'infrastructure réseau.**

   Remplacer les vieux commutateurs par trois commutateurs 24 ports 10/100 Mbps et gigabits.

2. **Remplacer les vieux serveurs par des serveurs plus rapides tournant sous Windows Server 2012.**

   Le réseau est restructuré, comme le montre la Figure 4.9.

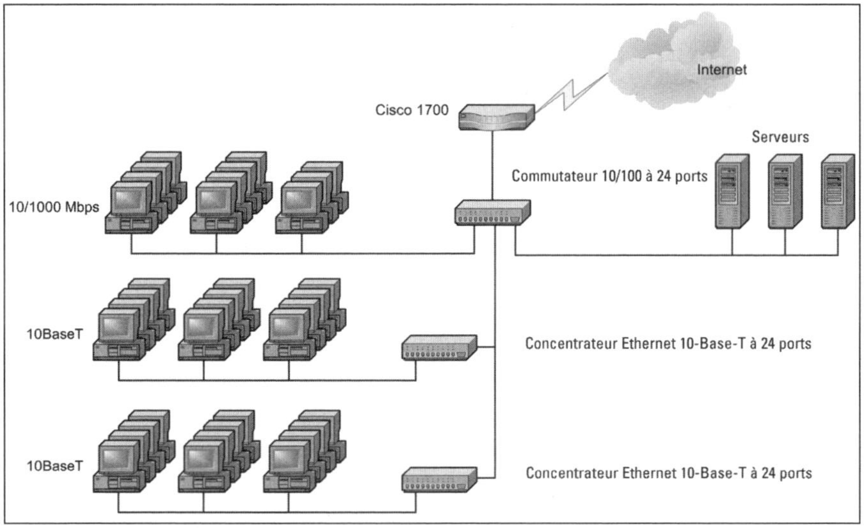


**Figure 4.9 :** Nouveau réseau de la société DCH Compta.

Les ordinateurs au gigabits sont connectés au commutateur au gigabit ; les ordinateurs à 10/100 Mbps sont connectés aux commutateurs 10/100 Mbps.

## Chapitre 5

# Protocole TCP/IP

***Dans ce chapitre :***

- Système binaire.
- Se familiariser avec les adresses IP.
- Classes d'adresses IP.
- Découpage en sous-réseaux.
- Comprendre la traduction des adresses de réseau.
- Configurer le réseau pour le service DHCP.
- Gérer un serveur DHCP sous Windows Server 2012.
- Utiliser le service DNS.
- Travailler avec un serveur DNS sous Windows.
- Configurer un client DNS sous Windows

L'adressage IP est l'un des éléments fondamentaux du protocole TCP/IP. Chaque équipement, sur un réseau TCP/IP, doit avoir sa propre adresse IP. Dans ce chapitre, vous apprendrez de quoi il s'agit.

Ce chapitre est de loin le plus technique de ce livre. Nous étudierons le système binaire, nous détaillerons la structure des adresses IP et nous découvrirons le fonctionnement des sous-réseaux. Il n'est pas nécessaire d'avoir compris toutes les subtilités de l'adressage IP pour configurer un réseau TCP/IP simple. Mais si vous avez bien assimilé ce chapitre, la notion de protocole TCP/IP sera plus claire. Ceci dit, au travail !

# Système binaire

Pour bien comprendre le principe de l'adressage IP, vous devez comprendre ce qu'est le système de numération binaire car il est le fondement de toute adresse IP. Si vous savez déjà de quoi il s'agit, vous pouvez sauter cette section et passer à la section « Adresses IP », plus loin dans ce chapitre. Je ne veux pas vous ennuyer avec ces notions vraiment élémentaires.

## Compter avec des 1

Dans le système *binaire*, seuls deux chiffres sont utilisés : 0 et 1. Dans le système décimal, celui qui nous est familier, nous utilisons dix chiffres, de 0 à 9. Dans un nombre décimal ordinaire comme 3 482, le chiffre le plus à droite représente les unités, le chiffre situé juste à sa gauche les dizaines puis arrivent les centaines, les milliers et ainsi de suite. Ces chiffres sont tous des puissances de 10 : d'abord $10^0$ (soit 1), puis $10^1$ (10), puis $10^2$ (100), puis $10^3$ (1 000) et ainsi de suite.

En numération binaire, seuls deux chiffres sont utilisés au lieu de dix. C'est pourquoi un nombre binaire se présente d'une manière un peu particulière, comme 110011, 101111 ou 1000001.

La position d'un chiffre binaire (en informatique, il est appelé *bit*, contraction de l'anglais *binary digit*, chiffre binaire) représente une puissance de 2, d'où la progression 1, 2, 4, 8, 16, 32, etc. Pour représenter une valeur décimale sous une forme binaire, il faut multiplier chaque bit par sa puissance de 2 correspondante puis additionner tous ces résultats. Par exemple, la valeur décimale du nombre binaire 10101 est obtenue ainsi :

$$
\begin{array}{rl}
 & 1 \times 2^0 = 1 \times 1 = 1 \\
+ & 0 \times 2^1 = 0 \times 2 = 0 \\
+ & 1 \times 2^2 = 1 \times 4 = 4 \\
+ & 0 \times 2^3 = 0 \times 8 = 0 \\
+ & 1 \times 2^4 = 1 \times 16 = \underline{16} \\
 & 21
\end{array}
$$

Fort heureusement, la conversion entre des nombres décimaux et binaires est un art dans lequel les ordinateurs excellent. En réalité, vous n'aurez jamais à faire vous-même ce genre de gymnastique intellectuelle. Comprendre le système binaire ne consiste pas à lire un nombre comme 1110110110110 et s'écrier instantanément : « 7606 en décimal ! » Mais si vous savez le faire, Barbara Walters se ferait sans doute une joie de vous interviewer et on tournerait même un film sur vous avec Dustin Hoffman et une vieille Buick.

En fait, il s'agit surtout pour vous d'acquérir des notions de base sur la manière dont les ordinateurs stockent les informations et, ce qui est plus important encore, de comprendre le principe du système hexadécimal, que nous aborderons dans la prochaine section.

Voici quelques caractéristiques intéressantes du système binaire, ainsi que ses similitudes et ses différences avec le système décimal :

- Le nombre de bits alloué à un nombre binaire détermine la grandeur de ce nombre. Si vous lui allouez 8 bits, la valeur la plus élevée qu'il peut représenter est 11111111, soit 255 en décimal.

  Pour vous rendre compte rapidement du nombre de valeurs que peut représenter un nombre binaire d'une longueur donnée, utilisez le nombre de bits comme exposant de deux. Par exemple, un nombre de 8 bits contient $2^8$ valeurs. Comme $2^8$ est égal à 256, un nombre à 8 bits peut représenter 256 valeurs, de 0 à 255.

- C'est à cause de ces notions de puissance de 2 que la manière d'évaluer une taille de fichier ou la capacité d'un disque dur est un peu spéciale. En numération décimale, le kilo représente 1000. Mais en informatique (c'est-à-dire en numération binaire), le kilo représente 1024, c'est-à-dire $2^{10}$. Par conséquent, un mégaoctet ne représente pas un million d'octets mais 1 048 576, c'est-à-dire $2^{20}$.

## Un peu de logique

L'un des grands avantages du système binaire est qu'il se prête particulièrement bien à des opérations spéciales appelées *opérations logiques*. Il existe quatre opérations logiques de base, auxquelles s'ajoutent d'autres opérations qui découlent des quatre opérations de base. Trois opérations logiques, `ET`, `OU` et `XOR` (appelé `OU exclusif`), servent à comparer deux nombres binaires (bits). La quatrième, `NON`, n'agit que sur un seul bit.

Voici une brève description des opérations logiques de base :

- **ET.** Une opération logique `ET` compare deux valeurs binaires. Si les deux sont 1, le résultat est 1. Si l'une des valeurs ou les deux sont 0, le résultat est 0.

- **OU.** Une opération logique `OU` compare deux valeurs binaires. Si au moins une des valeurs est 1, le résultat est 1. Si les deux valeurs sont 0, le résultat est zéro.

- **XOR.** Une opération logique `OU exclusif` compare deux valeurs binaires. Si exactement l'une d'entre elles est 1, le résultat est 1. Si les deux valeurs sont 0 ou si les deux sont 1, le résultat est 0.

- **NON.** Une opération logique NON ne compare pas deux valeurs mais change celle d'un chiffre binaire. Si la valeur d'origine est 1, NON renvoie 0. Si la valeur d'origine est 0, NON renvoie 1.

TRUC

Les opérations logiques sont appliquées à des nombres binaires de plus d'un chiffre en appliquant l'opération à chacun de ses bits. La technique la plus simple est la suivante :

1. **Superposez les deux nombres.**
2. **Écrivez le résultat des opérations logiques sous chacun des nombres binaires.**

L'exemple ci-dessous montre le calcul de l'opération logique 10010100 ET 11011101 :

```
   10010100
ET 11011101
   10010100
```

Comme vous le constatez, le résultat est 10010100.

# Se familiariser avec les adresses IP

Une *adresse IP* est un ensemble de chiffres qui identifie chaque hôte d'un réseau IP (*Internet Protocol*) d'une manière unique. Comme les adresses IP opèrent au niveau de la couche réseau de la pile du protocole TCP/IP, elles sont indépendantes des adresses MAC de la couche de liaison de données qui se trouve dessous (comme les adresses MAC Ethernet).

Une adresse IP est un nombre binaire de 32 bits. Cela signifie qu'il est possible de définir plus de quatre milliards d'adresses d'hôtes différentes sur Internet. Vous pourriez penser que c'est plus qu'il n'en faut mais le protocole TCP/IP impose certaines restrictions à l'allocation des adresses, qui limitent considérablement le nombre d'adresses IP utilisables. Aujourd'hui, environ la moitié de toutes les adresses IP disponibles a été attribuée. Toutefois, de nouvelles techniques ont réussi à contourner le problème. Un nouveau standard d'adresses IP codées sur 128 bits, appelé *IPv6*, est sur le point d'être adopté.

## Réseaux et hôtes

La principale fonction de l'IP, dont les initiales signifient « protocole Internet », est de permettre l'établissement des communications entre des réseaux. C'est pourquoi une adresse IP est composée de deux parties :

- **L'identifiant de réseau (ou ID de réseau ou adresse du réseau)** spécifie le réseau sur lequel un ordinateur hôte peut être trouvé.
- **L'identifiant d'hôte (ou ID d'hôte ou adresse de l'hôte)** spécifie un périphérique présent sur le réseau selon son identifiant de réseau.

La complexité d'une adresse IP provient surtout du fait qu'il est difficile de déterminer, parmi ses 32 bits, ceux qui appartiennent à l'ID de réseau et ceux qui appartiennent à l'ID d'hôte. Un nouveau système, appelé *adresses IP sans classe*, est en train de supplanter le système à classes d'adresses. Nous reviendrons sur ces deux notions plus tard dans ce chapitre.

## Décimales pointées

Une adresse IP est usuellement représentée sous une forme appelée *notation décimale pointée*. Grâce à cette notation, chaque groupe de huit bits, appelé *octet*, est représenté par son équivalent décimal. Prenons par exemple cette adresse IP :

```
11000000101010001000100000011100
```

L'équivalent en notation décimale pointée est :

```
192.168.136.28
```

Dans ce nombre, 192 représente les huit premiers bits (`11000000`), 168 le deuxième ensemble de huit bits (`10101000`), 136 le troisième ensemble de huit bits (`10001000`) et 28 le dernier ensemble de huit bits (`00011100`). Ce format est celui dans lequel les adresses IP sont généralement représentées.

# Classes d'adresses IP

Lorsque les concepteurs du protocole IP ont développé le système de représentation de l'adressage IP, ils auraient pu affecter un nombre de bits arbitraire à un ID de réseau. Les bits restants auraient été affectés à l'ID d'hôte. Supposons par exemple que les concepteurs aient décidé que la moitié de l'adresse (16 bits) devait être utilisée pour le réseau et l'autre moitié (16 bits) pour l'ID d'hôte. Il en aurait résulté qu'Internet n'aurait pu comporter que 65 536 réseaux, chaque réseau ayant 65 536 hôtes.

Au commencement d'Internet (à la fin des années 1960), ces valeurs auraient semblé plusieurs fois supérieures aux besoins présents et à venir. Les concepteurs du protocole IP ont réalisé, dès le début, que peu de réseaux comporteraient des dizaines de milliers d'hôtes. Supposons qu'un réseau de mille ordinateurs se connecte à Internet et qu'il reçoive l'un de ces ID de réseau. Comme ce réseau n'utiliserait qu'un millier des 65 536 adresses d'hôtes, les 64 536 autres, non utilisées, seraient gaspillées.

C'est pour résoudre ce problème que la notion de *classe d'adresse* fut introduite. Le protocole IP définit cinq classes d'adresses : A, B, C, D et E. Pour les trois premières, de A à C, la taille des parties d'adresse réservées aux ID réseau et hôte est différente. La classe D est un type d'adresse spécial appelé *multidestinataire*. La classe E est une classe d'adresse expérimentale qui n'est pas utilisée.

Les quatre premiers bits d'une adresse IP sont utilisés pour déterminer la classe à laquelle appartient une adresse :

- Si le premier bit est à 0, l'adresse est de classe A.
- Si le premier bit est à 1 et le deuxième à 0, l'adresse est de classe B.
- Si les deux premiers bits sont à 1 et le troisième à 0, l'adresse est de classe C.
- Si les trois premiers bits sont à 1 et le quatrième à 0, l'adresse est de classe D.
- Si les quatre premiers bits sont à 1, l'adresse est de classe E.

Les classes D et E étant réservées à des usages particuliers, le reste de la discussion sera exclusivement consacré aux adresses de classes A, B et C. Le Tableau 5.1 récapitule les caractéristiques de chacune d'elles.

**Tableau 5.1 :** Classes d'adresses IP.

| *Classe* | *Plage d'adresses* | *Bits de début* | *Longueur de l'ID réseau* | *Nombre de réseaux* | *Nombre d'hôtes* |
|---|---|---|---|---|---|
| A | 1 à 126.x.y.z | 0 | 8 | 126 | 16777214 |
| B | 128 à 191.x.y.z | 10 | 16 | 16384 | 65534 |
| C | 192 à 223.x.y.z | 110 | 24 | 2097152 | 254 |

# Adresses de classe A

Les adresses de classe A sont conçues pour des réseaux de très grande taille. Dans cette classe, le premier octet de l'adresse est l'identifiant de réseau, les trois autres octets sont ceux de l'identifiant d'hôte. Du fait que huit bits seulement sont alloués à l'ID de réseau et que le premier de ces bits indique que l'adresse est de classe A, seuls 126 réseaux de classe A peuvent exister sur la totalité d'Internet. En revanche, chaque réseau de classe A peut recevoir plus de 16 millions d'hôtes.

Seules 40 adresses de classe A sont actuellement attribuées à des entreprises ou à des organisations. Les autres sont soit réservées à l'usage de l'IANA (*Internet Assigned Numbers Authority*), soit affectées à des organisations qui gèrent les assignations d'adresses IP pour des régions géographiques comme l'Europe, l'Asie et l'Amérique latine.

Le Tableau 5.2 recense quelques sociétés possédant des adresses de classe A. Certaines sont très connues, d'autres moins. Si le sujet vous intéresse, vous trouverez toutes les assignations d'adresses sur le site `www.iana.org/assignments/ipv4-address-space`.

**Tableau 5.2 :** Quelques réseaux de classe A.

| Réseau | Description | Réseau | Description |
|---|---|---|---|
| 3 | General Electric Company | 20 | Computer Sciences Corporation |
| 6 | Army Information Systems Center | 22,26, | |
| 29, 30 | Defense Information Systems Agency | | |
| 9 | IBM | 34 | Halliburton Company |
| 11 | DoD Intel Information Systems | 38 | Performance Systems International |
| 12 | AT&T Bell Laboratories | 40 | Eli Lilly and Company |
| 13 | Xerox Corporation | 43 | Administered by APNIC |
| 15 | Hewlett-Packard Company | 45 | Interop Show Network |
| 16 | Digital Equipment Corporation | 47 | Bell-Northern Research |
| 17 | Apple Computer, Inc. | 48 | Prudential Securities Inc. |
| 18 | MIT | 54 | Merck and Co., Inc. |
| 19 | Ford Motor Company | 56 | U.S. Postal Service |

## Adresses de classe B

Dans une adresse de classe B, les deux premiers octets de l'adresse IP sont utilisés comme identifiant de réseau, les deux autres comme identifiant d'hôte. Par conséquent, les adresses de classe B se rapprochent de la représentation consistant à scinder l'adresse en deux, une moitié étant utilisée pour l'ID de réseau, l'autre pour l'ID d'hôte. La représentation n'est toutefois pas complète car les deux premiers bits du premier octet doivent être à

1 et 0 pour indiquer que l'adresse est de classe B. De ce fait, 16 384 réseaux de classe B peuvent exister. Toutes les adresses de classe B se trouvent dans la plage de 128.x.y.z à 191.x.y.z. Une adresse de classe B peut recevoir jusqu'à 65 000 hôtes.

Le problème avec les réseaux de classe B est qu'en dépit de leur taille inférieure à celle de ceux de classe A, ils allouent de trop nombreux ID d'hôtes. Très peu de réseaux en comportent des dizaines de milliers. C'est pourquoi une assignation sans discernement d'adresses de classe B peut entraîner un gaspillage d'adresses d'hôtes par les organisations qui ne les utilisent pas.

## Adresses de classe C

Dans une adresse de classe C, les trois premiers octets sont utilisés pour l'identifiant de réseau et le quatrième pour l'identifiant d'hôte. Ce dernier n'ayant que huit bits, chaque réseau de classe C ne peut recevoir que 254 hôtes. Toutefois, grâce à l'ID de réseau de 24 bits, les adresses de classe C autorisent jusqu'à 2 millions de réseaux.

### Où en est l'IPv6 ?

La plus grande partie d'Internet est actuellement basée sur la version 4 d'Internet Protocol, appelée IPv4. Elle a rendu de bons et loyaux services pendant plus de vingt ans mais l'expansion du « réseau des réseaux » a démontré les limites d'un adressage sur 32 bits. Ce chapitre est consacré aux évolutions de l'IPv4 pour utiliser au mieux cet adressage mais il est certain qu'à relativement brève échéance l'espace d'adressage de l'IPv4 sera saturé. D'ici là, Internet devra migrer vers la prochaine version d'Internet Protocol : IPv6.

IPv6 est aussi appelé *IP next generation* (IP de prochaine génération) ou *IPng*, en hommage à *Star Trek : The Next Generation.*

IPv6 offre bien des avantages par rapport à IPv4, le plus important étant un adressage Internet sur 128 bits au lieu de 32. Le nombre d'adresses autorisées est si élevé que même les « mille milliards de tonnerres de Brest » du Capitaine Haddock seraient loin du compte. Je vous livre ce nombre rien que pour mettre vos neurones à l'épreuve :

340282366920938463463374607431768211456

Ce nombre défie l'entendement. Si l'IANA s'était mis en devoir d'attribuer des adresses IPv6 dès la création de l'univers, au moment du big bang (qui aurait eu lieu il y a quinze milliards d'années) et ce à raison de mille adresses par seconde, moins de 1% des adresses disponibles serait alloué aujourd'hui.

La transition de l'IPv4 vers l'IPv6 n'est pas très rapide. Pendant quelques années encore, l'IPv4 continuera de régir Internet.

Le problème des réseaux de classe C est leur petite taille. Bien que peu d'organisations aient besoin des dizaines de milliers d'adresses hôtes que fournit une adresse de classe C, beaucoup d'organisations en requièrent quelques centaines. Ce vaste écart entre les réseaux de classe B et de classe C a entraîné le développement de *sous-réseaux*, sujet abordé dans la prochaine section.

# Découpage en sous-réseaux

Le découpage en sous-réseaux ou *sous-réseautage* est une technique qui permet à l'administrateur réseau d'utiliser plus efficacement les 32 bits d'une adresse Internet afin de créer des réseaux capables de s'affranchir des limites imposées par les adresses IP de classes A, B et C. Il est ainsi possible de créer des réseaux dont le nombre d'hôtes est mieux adapté aux besoins.

Le découpage en sous-réseaux procure plus de souplesse dans la définition de la partie de l'adresse IP qui représente l'identifiant de réseau et de celle qui représente l'identifiant d'hôte. Les classes d'adresses IP standard ne proposent que trois tailles : 8 bits pour la classe A, 16 bits pour la classe B et 24 bits pour la classe C. Le découpage en sous-réseaux permet de sélectionner arbitrairement le nombre de bits utilisables par l'ID de réseau.

Deux raisons militent en faveur du découpage en sous-réseaux. La première est l'allocation plus efficace de l'espace d'adressage IP. Si Internet était limité aux adresses des classes A, B et C, chaque réseau se verrait attribuer 254, 65 000 ou 16 millions d'adresses IP pour ses équipements hôtes. Bien que les réseaux à plus de 254 périphériques soient nombreux, ceux à 65 000 périphériques le sont beaucoup moins, sans parler des réseaux qui en comptent 16 millions. Malheureusement, tout réseau qui franchirait (de si peu soit-il) la barre des 254 périphériques devrait recevoir une allocation de classe B, ce qui entraînerait un gaspillage de dizaines de milliers d'adresses IP.

La seconde raison qui justifie le découpage en sous-réseaux est que, même si une organisation possède des milliers de périphériques de réseau, les faire fonctionner avec un même ID de réseau ralentirait terriblement le fonctionnement du réseau. Le protocole TCP/IP impose que tous les ordinateurs ayant un même identifiant de réseau soient présents sur le même réseau physique. Le réseau physique comprend un seul *domaine de diffusion,* ce qui signifie qu'une seule installation doit véhiculer tout le trafic du réseau. Pour améliorer les performances, les réseaux sont généralement divisés en domaines de diffusion bien plus petits que l'espace d'adressage d'une classe C.

## Sous-réseaux

Un *sous-réseau* est un réseau qui fait partie d'un autre réseau (de classe A, B ou C). Les sous-réseaux sont créés en utilisant un ou plusieurs bits d'un hôte de classe A, B ou C pour étendre l'identifiant de réseau. Par conséquent, plutôt que d'avoir un identifiant de réseau standard de 8, 16 ou 24 bits, un sous-réseau peut avoir un identifiant de n'importe quelle longueur.

La Figure 5.1 montre un exemple de réseau avant et après le découpage en sous-réseaux. Dans le réseau découpé, le réseau a reçu l'adresse de classe B `144.28.0.0`. Tous les périphériques de ce réseau doivent partager le même domaine de diffusion.

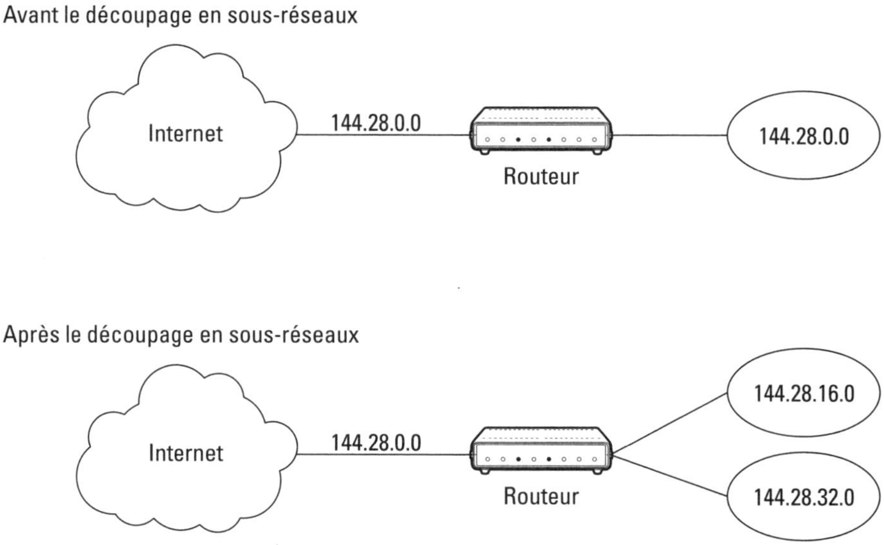


**Figure 5.1 :** Présentation d'un réseau avant et après son découpage en sous-réseaux.

Dans le second réseau, les quatre premiers bits de l'identifiant d'hôte sont utilisés pour diviser le réseau en deux petits réseaux, identifiés comme sous-réseaux 16 et 32. Dans le monde extérieur, c'est-à-dire de l'autre côté du routeur, ces deux réseaux apparaissent comme un seul réseau identifié par l'adresse IP `144.28.0.0`. Par exemple, pour le monde extérieur, le périphérique à l'adresse `144.28.16.22` appartient au réseau `144.28.0.0`. Par conséquent, un paquet envoyé à ce périphérique sera délivré au routeur avec l'adresse `144.28.0.0`. Le routeur considère ensuite la partie sous-réseau de l'identifiant d'hôte pour décider d'acheminer le paquet vers le sous-réseau 16 ou vers le sous-réseau 32.

# Masques de sous-réseau

Pour qu'un sous-réseau fonctionne, le routeur doit savoir quelle partie de l'identifiant d'hôte il doit utiliser pour l'identifiant de réseau du sous-réseau. Ce petit tour de passe-passe est accompli par un autre nombre de 32 bits appelé *masque de sous-réseau*. Ces bits d'adresse IP qui représentent l'ID de réseau sont représentés par un 1 dans le masque et ceux qui représentent l'ID d'hôte par un 0. Il en résulte qu'un masque de sous-réseau est toujours formé d'une chaîne de 1 à gauche, suivie d'une chaîne de zéros.

Par exemple, le masque de sous-réseau, dans lequel l'ID de réseau est constitué des 16 bits de l'ID de réseau, auxquels s'ajoute un ID de sous-réseau supplémentaire de 4 bits, se présenterait ainsi :

```
11111111 11111111 11110000 00000000
```

En d'autres termes, les 20 premiers bits sont des 1 et les 12 bits restants des 0. Par conséquent, la longueur de l'ID de réseau complet est de 20 bits, la longueur de la véritable partie de l'ID de l'hôte de l'adresse de sous-réseautage étant de 12 bits.

Pour déterminer l'identifiant de réseau d'une adresse IP, le routeur doit connaître à la fois l'adresse IP et le masque de sous-réseau. Il effectue ensuite, sur l'adresse IP, une opération au niveau des bits appelée *ET logique*, destinée à extraire l'identifiant de réseau. À cette fin, chaque bit de l'adresse IP est comparé au bit correspondant du masque de sous-réseau. Si les deux sont à 1, le bit de l'ID de réseau sera mis à 1. Si les deux bits sont à 0, le résultat est mis à 0.

Voici, par exemple, comment l'adresse de réseau est extraite d'une adresse IP à l'aide du masque de sous-réseau de 20 bits de l'exemple précédent :

```
                           144   .    28   .    16   .    17
           Adresse IP : 10010000 00011100 00100000 00001001
Masque de sous-réseau : 11111111 11111111 11110000 00000000
___________________________________________________________
Identifiant de réseau : 10010000 00011100 00100000 00000000
                           144   .    28   .    16   .    0
```

Résultat : l'ID de réseau de ce sous-réseau est `144.28.16.0`.

Le masque de sous-réseau lui-même est généralement représenté en notation décimale pointée. Il en résulte que le masque de sous-réseau de 20 bits de l'exemple précédent sera représenté sous la forme `255.255.240.0` :

```
Masque de sous-réseau : 11111111 11111111 11110000 00000000
                          255   .   255   .   240   .   0
```

TRUC

Ne confondez pas un masque de sous-réseau avec une adresse IP. Un masque de sous-réseau ne représente aucun périphérique ou réseau sur Internet. C'est juste une manière d'indiquer quelle partie de l'adresse IP doit être utilisée pour déterminer l'identifiant de réseau. Il est facile de repérer à coup sûr un masque de sous-réseau car le premier octet est toujours à 255. Or, 255 n'est pas un premier octet valide pour une classe d'adresse IP.

## Limites des sous-réseaux

Vous devez connaître les quelques restrictions que subissent les masques de sous-réseaux, notamment :

- Le nombre minimum de bits d'un identifiant de sous-réseau est 8. Par conséquent, le premier octet d'un masque de sous-réseau est toujours 255.
- Le nombre maximum de bits d'un identifiant de sous-réseau est 30. Vous devez réserver au moins deux bits de la partie de l'identifiant d'hôte, dans l'adresse, afin d'autoriser au moins deux hôtes. Si vous utilisiez tous les 32 bits pour l'ID de réseau, il n'en resterait aucun pour l'ID d'hôte. Il va de soi que cela ne fonctionnerait pas. Ne laisser qu'un seul bit pour l'ID d'hôte ne fonctionnerait pas non plus. En effet, un ID d'hôte, composé uniquement de 1, est réservé pour l'adresse de diffusion, tandis que s'il ne comporte que des 0, il se réfère au réseau lui-même. C'est pourquoi, si vous utilisiez 31 bits pour l'ID de réseau en n'en laissant qu'un seul pour l'ID d'hôte, l'ID d'hôte 1 serait attribué à l'adresse de diffusion tandis que l'ID d'hôte 0 serait le réseau lui-même, ne laissant plus de place pour de véritables hôtes. Voilà pourquoi la taille maximale de l'ID de réseau est limitée à 30 bits.
- Puisqu'un ID de réseau est toujours composé d'une succession de bits mis à 1, neuf valeurs seulement sont possibles pour chacun des octets d'un masque de sous-réseau, en comptant le 0. Ces valeurs sont représentées dans le Tableau 5.3.

**Tableau 5.3 :** Les neuf valeurs des octets de sous-réseau.

| *Octet binaire* | *Décimal* | *Octet binaire* | *Décimal* |
|---|---|---|---|
| 00000000 | 0 | 11111000 | 248 |
| 10000000 | 128 | 11111100 | 252 |
| 11000000 | 192 | 11111110 | 254 |
| 11100000 | 224 | 11111111 | 255 |
| 11110000 | 240 | | |

## Adresses privées et adresses publiques

Tout hôte directement connecté à Internet doit avoir une adresse IP globalement unique. Tous les hôtes ne sont cependant pas directement connectés à Internet. Certains sont cachés derrière un pare-feu, ainsi leur connexion à Internet est indirecte.

Plusieurs blocs d'adresses IP sont mis de côté à cette fin. Ils sont destinés à être utilisés sur des réseaux privés qui ne sont pas connectés à Internet ou sur des réseaux cachés derrière un pare-feu. Il existe trois plages de telles adresses, récapitulées dans le Tableau 5.4. Dès que vous créez un réseau TCP/IP privé, vous devriez utiliser une adresse de l'une de ces plages.

**Tableau 5.4 :** Espaces d'adressage privé.

| CIDR | Masque de sous-réseau | Plage d'adressage |
|---|---|---|
| 10.0.0.0/8 | 255.0.0.0 | 10.0.0.1 à 10.255.255.254 |
| 172.16.0.0/12 | 255.255.240.0 | 172.16.1.1 à 172.31.255.254 |
| 192.168.0.0/16 | 255.255.0.0 | 192.168.0.1 à 192.168.255.254 |

# Comprendre la traduction des adresses de réseau

De nombreux pare-feu font appel à une technique appelée *NAT* (*Network Address Translation*, traduction d'adresse réseau) pour cacher la véritable adresse IP d'un hôte au monde extérieur. Dans ce cas de figure, le périphérique NAT doit utiliser une adresse IP globalement unique qui représente l'hôte sur Internet mais, derrière le pare-feu, l'hôte peut utiliser n'importe quelle adresse IP. Lorsqu'un paquet franchit le pare-feu, le périphérique NAT traduit l'adresse IP privée en adresse IP publique et inversement.

L'un des avantages du NAT est qu'il réduit la fréquence à laquelle l'espace d'adressage IP est assigné car un périphérique NAT ne peut utiliser qu'une seule adresse IP publique pour plus d'un hôte. Pour cela, il garde une trace des paquets sortants afin de pouvoir faire correspondre les paquets entrants avec l'hôte approprié. Pour comprendre comment tout cela fonctionne, examinons les étapes suivantes :

1. Un hôte dont d'adresse privée est `192.168.1.100` envoie une requête vers `216.239.57.99`, qui est l'adresse de `www.google.com`. Le périphérique NAT convertit l'adresse IP source du paquet en `208.23.110.22`,

qui est l'adresse du pare-feu. De cette manière, Google renverra sa réponse au routeur pare-feu. Le NAT enregistre que `192.168.1.100` a envoyé une requête à `216.239.57.99`.

2. À présent, un autre hôte à l'adresse `192.168.1.107` envoie une requête à `207.46.134.190` qui est l'adresse de `www.microsoft.com`. Le périphérique convertit l'adresse IP source de la requête en `208.23.110.22` afin que Microsoft puisse répondre au routeur pare-feu. Le NAT enregistre que `192.168.1.107` a envoyé une requête à `207.46.134.190`.

3. Quelques secondes plus tard, le pare-feu reçoit une réponse de `216.239.57.99`. Dans cette réponse, l'adresse du destinataire est `208.23.110.22`, l'adresse du pare-feu. Pour déterminer à qui il doit acheminer la réponse, le pare-feu vérifie ses enregistrements afin de savoir qui attend une réponse de `216.239.57.99`. Il découvre que c'est `192.168.1.100`. Par conséquent, il remplace l'adresse de destination par `192.168.1.100` et transmet le paquet.

À vrai dire, le processus est un peu plus compliqué que cela car il est fort probable que plusieurs utilisateurs attendent chacun une réponse de la même adresse IP publique. Dans ce cas, le périphérique NAT a recours à d'autres techniques pour déterminer vers quel utilisateur un paquet entrant doit être acheminé.

# Configurer le réseau pour le service DHCP

Sur un réseau TCP/IP, chaque hôte doit avoir une adresse IP unique et être correctement configuré afin qu'il la connaisse. Lorsqu'un nouvel hôte se connecte, il doit recevoir une adresse IP correcte (c'est-à-dire qui n'a pas encore été attribuée), comprise dans la plage d'adresses du sous-réseau. Bien qu'il soit possible d'affecter manuellement des adresses IP à chacun des ordinateurs du réseau, cette tâche devient rapidement ingérable dès que le réseau compte un nombre important de machines.

C'est là qu'intervient le service *DHCP* (Dynamic Host Configuration Protocol, protocole de configuration dynamique de l'hôte). Il configure automatiquement l'adresse IP de chaque hôte d'un réseau, garantissant ainsi que son adresse est valide et unique. Le service DHCP parvient même à configurer les adresses selon que des hôtes se connectent ou se déconnectent. Comme vous l'imaginez, le DHCP peut faire gagner à l'administrateur de précieuses heures de travail de configuration.

Dans cette section, vous apprendrez les tenants et les aboutissants du DHCP : de quoi il s'agit, comment il fonctionne et comment le configurer.

# Comprendre le DHCP

Le service DHCP permet à chacun des ordinateurs d'un réseau TCP/IP d'obtenir d'un serveur ses données de configuration (notamment son adresse IP). Le serveur DHCP conserve une trace des adresses IP déjà attribuées, de sorte que si un ordinateur en demande une, le serveur puisse lui affecter une adresse IP libre.

L'alternative au DHCP consiste à attribuer à chaque ordinateur du réseau une *adresse IP statique* :

- Les adresses IP statiques sont parfaites pour les réseaux ne comportant qu'un très petit nombre d'ordinateurs.

  Dès que ce nombre augmente, cette solution n'est plus du tout adaptée. Si un administrateur pas très bien réveillé attribue la même adresse IP à deux ordinateurs, vous devrez contrôler manuellement l'adresse IP de chaque machine pour découvrir le conflit. C'est pourquoi le service DHCP est incontournable, sauf pour les très petits réseaux.

Bien que la tâche principale du DHCP consiste à attribuer des adresses IP, le service DHCP peut fournir plus d'informations à ses clients que cette adresse. Ces informations complémentaires sont appelées *options DHCP*. En voici quelques-unes :

- L'adresse du routeur, appelée aussi adresse de la passerelle par défaut.
- La durée avant expiration de l'information par défaut.
- Le nom du domaine.
- L'adresse du serveur DNS.
- L'adresse du serveur WINS.

# Serveurs DHCP

Un serveur DHCP peut être un ordinateur serveur situé sur le réseau TCP/IP. Fort heureusement, tous les systèmes d'exploitation des serveurs modernes sont équipés de fonctionnalités de serveur DHCP. Pour configurer le service DHCP sur un serveur de réseau, il suffit d'activer sa fonction DHCP et de configurer ses paramètres. Dans l'une des prochaines sections intitulée « Gérer un serveur DHCP sous Windows Server 2012 », je vous montre comment configurer un serveur DHCP sous Windows Server 2012.

Il n'est pas nécessaire qu'un serveur hébergeant le service DHCP soit uniquement dédié à cette tâche, à moins que le réseau ne soit très étendu. Dans la plupart des cas, un serveur de fichiers peut aussi faire office de serveur

DHCP. C'est notamment vrai lorsque les adresses IP sont fournies pour un bail à long terme (la notion de *bail* sera développée dans la section « Quelle durée de bail ? », plus loin dans ce chapitre).

Beaucoup de routeurs multifonctions sont équipés de serveurs DHCP intégrés. C'est pourquoi, si vous ne désirez pas surcharger l'un de vos serveurs de réseau en lui confiant les fonctions DHCP, vous activerez le serveur intégré au routeur. L'avantage de cette solution est qu'il est rarement nécessaire d'éteindre le routeur. En revanche, il vous arrivera parfois de devoir redémarrer un serveur de fichiers pour des raisons de maintenance, pour appliquer une mise à jour ou le dépanner.

TRUC

La plupart des réseaux exigent seulement un serveur DHCP. La mise en œuvre de deux serveurs ou plus sur le même réseau exige que vous coordonniez soigneusement la plage d'adresses IP affectée à chacun des serveurs. Si vous installez accidentellement deux serveurs DHCP avec la même étendue, vous risquez d'attribuer aux machines qui se connectent des adresses en double. Pour éviter ce problème, installez un seul serveur DHCP, à moins que votre réseau soit si grand qu'un seul serveur ne puisse suffire.

## Comprendre les étendues

Une étendue est une plage d'adresses IP pour laquelle le serveur DHCP a été configuré et qu'il peut attribuer. Dans le cas le plus élémentaire, où un seul serveur DHCP supervise la configuration IP de la totalité d'un sous-réseau, l'étendue correspond au sous-réseau. Mais si deux serveurs DHCP ont été configurés pour un sous-réseau, vous pouvez configurer chacun d'eux avec une étendue qui n'alloue qu'une partie de la plage complète des adresses IP du sous-réseau. De plus, un seul serveur DHCP peut servir plus d'une étendue.

Vous devez paramétrer l'étendue avant d'activer le serveur DHCP. Au cours de ce paramétrage, vous pouvez définir les propriétés suivantes :

- Un **nom d'étendue** qui facilite son identification et indique sa fonction.
- La **description de l'étendue** qui permet de détailler sa fonction.
- L'**adresse IP de début** de l'étendue.
- L'**adresse IP de fin** de l'étendue.
- Un **masque de sous-réseau** pour l'étendue. Il peut être spécifié en notation décimale pointée ou en notation CIDR.
- **Une ou plusieurs plages d'adresses exclues.** Ces adresses seront toujours affectées à un périphérique hôte particulier (pour plus de détails, reportez-vous à la prochaine section « Sentiment d'exclusion ? »).

- **Une ou plusieurs adresses réservées.** Ce sont des adresses qui seront toujours affectées à des périphériques hôtes particuliers (pour en savoir plus, reportez-vous à la section « Réservations recommandées », plus loin dans ce chapitre).
- La **durée du bail** qui indique la durée pendant laquelle l'hôte est autorisé à utiliser l'adresse IP. Le client tentera de renouveler le bail lorsque la moitié de sa durée sera écoulée. Par exemple, si vous définissez un bail de huit jours, le client tentera de le renouveler au bout de quatre jours. Cela laisse à l'hôte beaucoup de temps pour renouveler le bail avant que l'adresse soit réaffectée à un autre hôte.
- L'**adresse du routeur** pour le sous-réseau. Cette valeur est appelée *adresse de la passerelle par défaut.*
- Le **nom de domaine et l'adresse IP** des serveurs DNS du réseau et des serveurs WINS.

## Sentiment d'exclusion ?

Nous nous sommes tous sentis exclus à un moment de notre existence (avec une femme et trois filles, j'en sais quelque chose...). Mais c'est parfois une bonne chose. Dans le cas des étendues DHCP, les exclusions peuvent vous aider à prévenir des conflits d'adresses IP et vous permettre de répartir la charge de travail DHCP d'un seul sous-réseau entre plusieurs serveurs DHCP.

Une *exclusion* est une plage d'adresses qui n'est pas comprise dans l'étendue mais qui se trouve néanmoins entre son adresse de début et celle de fin. Une plage d'exclusion est comme une enclave dans l'étendue : toutes les adresses qui s'y trouvent ne seront pas attribuées.

Voici quelques raisons justifiant l'exclusion d'adresses IP de l'étendue :

- **L'adresse IP de l'ordinateur qui régit le service DHCP doit généralement être statique.** Par conséquent, l'adresse du serveur DHCP doit toujours être listée comme une exclusion.
- **Des adresses IP ont peut-être été affectées à d'autres serveurs.** Dans ce cas, chaque adresse IP de serveur doit être listée comme une exclusion.

  TRUC : Les réservations sont cependant une meilleure solution à ce problème, comme nous le verrons dans la prochaine section.

## Réservations recommandées

Dans certains cas, vous voudrez affecter une adresse IP spécifique à un hôte donné. Une option consiste à configurer l'hôte avec une adresse IP statique afin qu'il n'utilise pas le service DHCP pour obtenir la configuration IP. Elle présente toutefois deux inconvénients majeurs :

- **La configuration TCP/IP ne se contente pas de fournir l'adresse IP.** Si vous utilisez une configuration statique, vous devez spécifier manuellement le masque de sous-réseau, l'adresse de la passerelle par défaut, l'adresse du serveur DNS et d'autres informations requises par l'hôte. Si une information change, vous devrez non seulement la modifier au niveau du serveur DHCP mais aussi au niveau de chaque hôte dont la configuration est statique.
- **Vous devez garder en tête d'exclure l'adresse IP statique de l'étendue du serveur DHCP.** Dans le cas contraire, le serveur DHCP ne saurait pas que cette adresse est statique et pourrait l'affecter à un autre hôte, d'où un épineux problème : deux hôtes sur le réseau dont l'adresse est identique.

Un meilleur moyen d'affecter une adresse IP fixe à un hôte consiste à créer une *réservation* DHCP : dès qu'un hôte particulier demande une adresse IP au serveur DHCP, ce dernier lui fournit l'adresse spécifiée dans la réservation. L'hôte ne recevra pas l'adresse IP avant de l'avoir demandée au serveur DHCP mais quand il le fera, il recevra toujours la même adresse.

Pour créer une réservation, vous associez l'adresse IP à affecter à l'hôte à l'adresse MAC de l'hôte. Vous devez obtenir l'adresse MAC de la part de l'hôte avant de créer la réservation.

- Pour ce faire, exécutez la commande `ipconfig /all` à partir de l'invite.
- Si cette action échoue parce que le protocole TCP/IP n'a pas encore été configuré sur l'ordinateur, vous trouverez l'adresse MAC dans les informations du système.

  Exécutez Démarrer/Tous les programmes/Accessoires/Outils système/Informations système.

Si vous installez plus d'un serveur DHCP, vérifiez que chaque serveur possède les mêmes réservations. Si vous oubliez de répéter une réservation sur un des serveurs, celui-ci risque de l'attribuer à une machine qui se connectera.

## Quelle durée de bail ?

L'une des décisions les plus importantes que vous aurez à prendre, quand vous configurerez un serveur DHCP, est la durée que vous accorderez au bail. La valeur par défaut est de huit jours, ce qui est généralement approprié. Mais, dans certains cas, vous opterez pour une durée plus longue ou plus courte.

- Plus le réseau est stable, plus le bail peut être long. Si de nouveaux ordinateurs ne sont ajoutés au réseau que de temps en temps (parfois pour en remplacer d'autres), la durée du bail peut excéder huit jours en toute sécurité.
- Plus le réseau est instable, plus le bail doit être court. Imaginez par exemple un réseau sans fil dans une bibliothèque universitaire fréquentée par des étudiants qui apportent leurs ordinateurs portables pour ne travailler que quelques heures. Pour un réseau de ce genre, un bail d'une heure est approprié.

Ne configurez jamais une durée de bail illimitée. Bien que des administrateurs estiment que cette option réduit la charge de travail sur un serveur DHCP stable, aucun réseau n'est stable en permanence. Chaque fois que vous rencontrez un serveur DHCP configuré avec des baux infinis, recherchez les baux actifs : vous trouverez assurément des adresses IP attribuées à des ordinateurs qui n'existent plus.

# Gérer un serveur DHCP sous Windows Server 2012

Les étapes à suivre pour configurer et gérer un serveur DHCP dépendent du système d'exploitation réseau ou du routeur utilisé. Les procédures qui suivent montrent comment travailler avec un serveur DHCP sous Windows Server 2012. Les procédures sont similaires pour les autres systèmes d'exploitation.

Si vous n'avez pas encore installé le serveur DHCP sur votre serveur, démarrez l'application Gestionnaire de serveur (sélectionnez Démarrer/Outils d'administration/Gestionnaire de serveur), cliquez sur Ajouter des rôles, sélectionnez Serveur DHCP dans la liste des rôles puis cliquez sur Suivant jusqu'à la page Ajouter ou modifier les étendues DHCP. Cliquez sur Ajouter afin de créer la première étendue du serveur DHCP. Pour ce faire, entrez le nom et la description de l'étendue ainsi que les informations d'adresse IP de base de l'étendue, dans la boîte de dialogue Ajouter une étendue, illustrée par la Figure 5.2.

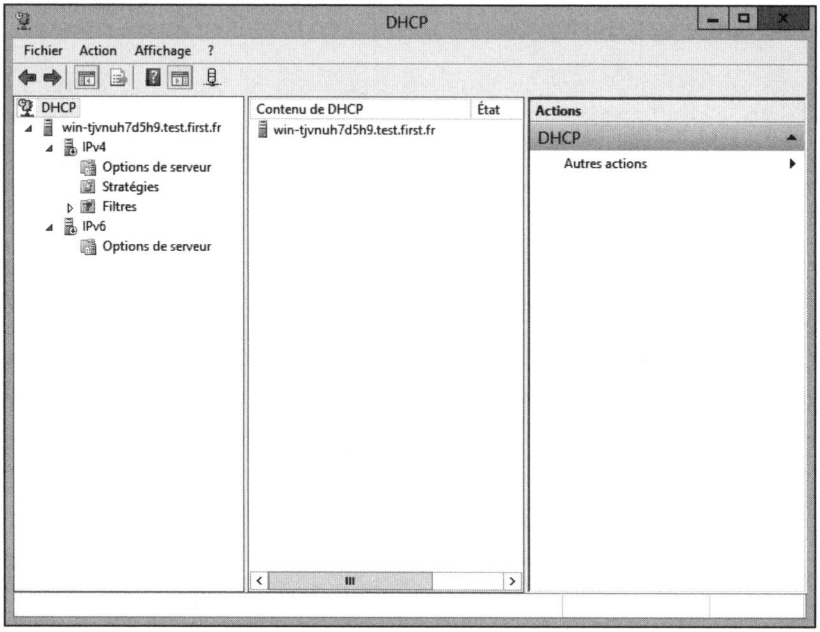


**Figure 5.2 :** Spécification de la plage d'adresses de l'étendue et du masque de sous-réseau.

Après avoir entré les adresses de début et de fin de la plage ainsi que le masque de sous-réseau, cliquez sur Suivant. L'assistant demande aussi les adresses à exclure de l'étendue, la durée du bail (6 jours, par défaut), l'adresse IP de votre routeur de passerelle, le nom de domaine du réseau et les adresses IP des serveurs DNS qui seront utilisés par les ordinateurs clients. Les tâches de l'assistant terminées, le serveur DHCP est correctement configuré. Il ne démarrera toutefois pas avant que vous l'ayez autorisé, comme je l'explique dans la prochaine section.

Pour afficher la console de gestion DHCP, exécutez Démarrer/Outils d'administration/DHCP ou cliquez sur Serveur DHCP dans le Gestionnaire de serveur. Dans les deux cas, la console de gestion DHCP représentée dans la Figure 5.3 apparaît.

La console de gestion DHCP octroie un contrôle complet sur la configuration et le fonctionnement du serveur DHCP. Voici quelques actions possibles grâce à la console DHCP :

- **Autoriser le serveur DHCP, soit lui permettre d'attribuer des adresses IP aux ordinateurs clients.** Pour autoriser un serveur, sélectionnez-le et choisissez Action/Gérer les serveurs autorisés/Autoriser.

- **Ajouter une nouvelle étendue.** Pour ce faire, effectuez un clic droit sur un serveur dans l'arborescence et, dans le menu contextuel, cliquez sur Nouvelle étendue. Cette action démarre l'Assistant Nouvelle étendue qui vous permettra de créer l'étendue.
- **Activer ou désactiver une étendue.** Effectuez un clic droit sur l'étendue concernée dans l'arborescence et exécutez la commande Activer ou Désactiver.
- **Modifier les paramètres d'étendue.** Effectuez un clic droit sur une étendue et sélectionnez Propriétés. La boîte de dialogue Propriétés d'Étendue qui apparaît permet de modifier les adresses de début et de fin de l'étendue, le masque de sous-réseau et la configuration DSN.
- **Modifier les exclusions d'étendue.** Cliquez sur Pool d'adresses, sous l'étendue présentée dans l'arborescence. Ainsi chaque plage d'adresses de l'étendue est affichée. Vous pouvez ajouter ou supprimer une plage. Pour ce faire, effectuez un clic droit sur la plage et exécutez la commande Supprimer. Vous pouvez aussi ajouter une plage d'exclusion : effectuez un clic droit sur Pool d'adresses dans l'arborescence et cliquez sur Nouvelle plage d'exclusion, dans le menu contextuel.
- **Voir ou modifier des réservations.** Cliquez sur Réservations, dans l'arborescence.
- **Voir la liste des adresses actuellement attribuées.** Cliquez sur Baux d'adresses, dans l'arborescence.

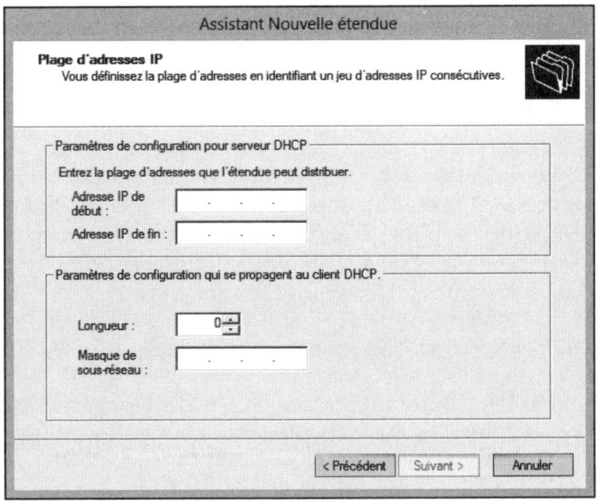


**Figure 5.3 :** Console de gestion DHCP.

## Configurer un client DHCP sous Windows

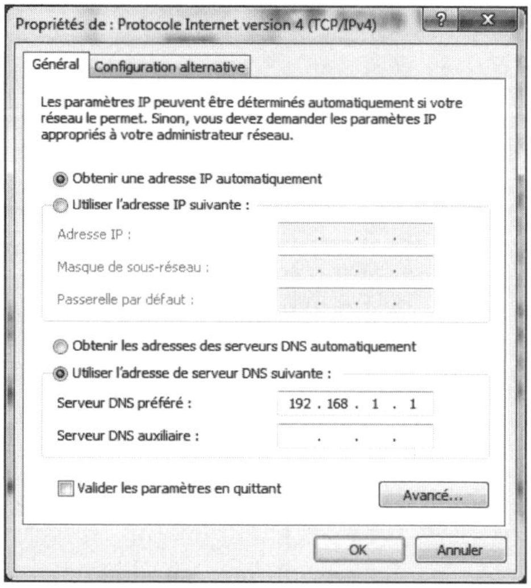


**Figure 5.4 :** Configuration d'un client Windows pour utiliser le service DHCP.

Configurer un client Windows pour le service DHCP est facile. En effet, il est automatiquement inclus lorsque vous installez le protocole TCP/IP. Il ne vous reste donc plus qu'à configurer TCP/IP pour qu'il utilise le service DHCP. Pour ce faire, ouvrez la boîte de dialogue Propriétés du réseau en sélectionnant Centre Réseau et partage ou Connexions réseau dans le Panneau de configuration, en fonction de la version de Windows installée sur le client. Sélectionnez ensuite le protocole TCP/IP et cliquez sur le bouton Propriétés. La boîte de dialogue Propriétés de Protocole Internet (TCP/IP) s'ouvre, comme le montre la Figure 5.4. Pour configurer l'ordinateur de manière à ce qu'il utilise le service DHCP, activez les options Obtenir une adresse IP automatiquement et Obtenir les adresses des serveurs DNS automatiquement. Il ne vous reste plus qu'à cliquer sur OK et le tour est joué !

# Utiliser le service DNS

Le service *DNS* (*Domain Name System*, système de noms de domaines) est un service TCP/IP permettant d'établir une correspondance entre une adresse IP et un nom de domaine et, plus généralement, de trouver une information à partir d'un nom de domaine. Sans DNS, vous achèteriez des livres sur `87.238.83.167` plutôt que sur `www.amazon.fr`, vous vendriez vos meubles d'occasion sur `66.135.200.28` plutôt que sur `www.ebay.fr` et vous lanceriez des recherches sur `209.85.229.103` plutôt que sur `www.google.com`.

La compréhension du fonctionnement du service DNS ainsi que sa mise en œuvre sont indispensables à la mise en place et à la gestion d'un réseau TCP/IP. La suite de ce chapitre présente les bases du DNS, son fonctionnement et la technique pour installer un serveur DNS.

## Domaines et noms de domaines

Pour qu'un nom DNS unique corresponde à un seul ordinateur hôte sur Internet, le service DNS emploie une technique testée et fiable : diviser pour régner. Le service DNS utilise un système de nommage structuré semblable à la structure hiérarchique des dossiers sur un ordinateur Windows. À la place des dossiers, le service DNS organise les noms en *domaines*. Chaque domaine inclut tous les noms qui dépendent directement de lui dans la structure hiérarchique.

La Figure 5.5 illustre une petite partie de la structure arborescente du DNS. Au sommet de l'arbre, se trouve le *domaine racine* (*root*), c'est le point de départ de tous les domaines. Directement en dessous, on trouve quatre domaines : `edu`, `com`, `org` et `gov`.

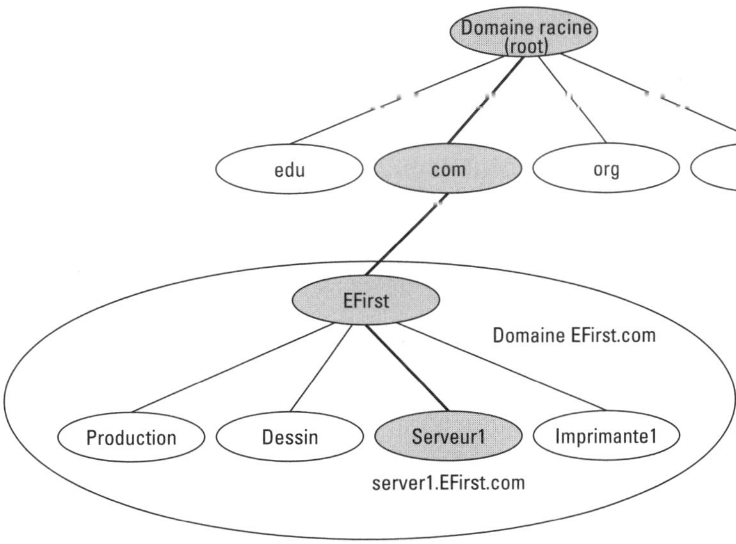


**Figure 5.5 :** Noms DNS.

En réalité, il existe beaucoup plus de domaines sous la racine d'Internet. Il doit y en avoir actuellement plus de 87 millions.

Sous le domaine `com` de la Figure 5.5, vous pouvez voir le domaine nommé `EFirst`, celui de l'éditeur des *Nuls*. Pour identifier ce domaine, vous devez le combiner avec le nom de son domaine parent (dans ce cas-ci, `com`) pour créer le nom de domaine complet : `EFirst.com`. Les composants du nom de domaine sont séparés par des points. Ainsi, lorsque vous lisez ce nom de domaine, vous prononcez « efirst point com ».

Sous le nœud `EFirst` se trouvent quatre nœuds de serveur : `production`, `dessin`, `serveur1` et `imprimante1`. Ces nœuds correspondent à trois ordinateurs et à une imprimante. Vous pouvez combiner le nom d'hôte avec le nom de domaine pour obtenir le nom DNS complet pour chacun des serveurs. Par exemple, `serveur1.EFirst.com` ou bien `imprimante1.EFirst.com`.

Voici des informations supplémentaires relatives aux noms DNS :

- Les noms DNS ne font pas de distinction entre les majuscules et les minuscules. Par conséquent, `EFirst`, `eFirst`, `eFIRST` et `efirst` sont traités de la même manière. Lorsque vous utilisez un nom de domaine, vous pouvez le mettre en majuscules pour faciliter sa lecture mais le service DNS ne fera pas la distinction.

- Le nom de chaque nœud de DNS peut compter jusqu'à 63 caractères (sans compter le point) et peut inclure des lettres, des chiffres et des traits d'union. Les caractères spéciaux sont interdits.

- Un *sous-domaine* est un domaine qui se trouve sous un domaine existant. Par exemple, le domaine `com` est un sous-domaine du domaine *racine* ; de même, `EFirst` est un sous-domaine du domaine `com`.

  TRUC

  Le service DNS est un système de nommage hiérarchique semblable au système de nommage employé par Windows pour les dossiers et sous-dossiers. Cependant, une différence cruciale existe entre le service DNS et la convention de nommage de Windows. Quand vous construisez un nom DNS complet, vous commencez à partir du bas de la structure arborescente et vous remontez jusqu'à la racine. Ainsi, `production` est l'élément le plus bas dans le nom `production.EFirst.com`. En revanche, sous Windows, la méthode de nommage est inverse : le nom commence à la racine et se déplace vers le bas : dans le chemin d'accès `\Windows\System32\dns`, `dns` est le nœud le plus bas.

- La profondeur de la structure arborescente du DNS peut aller jusqu'à 127 niveaux. Cependant, dans la pratique, elle est relativement limitée. La plupart des noms DNS n'ont que trois niveaux (sans compter la racine) et rarement plus de quatre ou cinq.

- Bien que l'arbre du DNS soit peu profond, il est très large. En d'autres termes, chacun des domaines de haut niveau a un nombre important de domaines de niveau immédiatement inférieur. Par exemple, le domaine `com` recouvre actuellement plus de deux millions de sous-domaines.

## Noms de domaines complets

Si un nom de domaine se termine par un point, celui-ci représente le domaine racine et le nom de domaine est dit *absolu* ou *Fully Qualified Domain Name (FQDN)*. Un nom de domaine absolu est un nom de domaine non ambigu parce qu'il identifie les références du sous-domaine à partir de la racine. En revanche, si un nom de domaine ne se termine pas par un point, celui-ci peut être affecté à un autre domaine parent. Il s'agit alors d'un *nom relatif.*

Ce concept est semblable aux concepts de chemin relatif et de chemin absolu sous Windows. Si un chemin d'accès commence par une barre oblique inverse, par exemple `\Windows\System32\dns`, il s'agit d'un *chemin absolu.* Si le chemin d'accès ne commence pas par une barre oblique inverse, par exemple `System32\dns`, il s'agit d'un chemin relatif à partir du répertoire en cours. Si le répertoire courant est `\Windows`, `\Windows\System32\dns` et `System32\dns` renvoient au même emplacement.

Dans de nombreux cas, les noms de domaines absolus et relatifs sont interchangeables parce que le logiciel qui les interprète considère qu'ils sont des sous-domaines directs du domaine racine. C'est pourquoi, par exemple, vous pouvez saisir dans votre navigateur `www.wiley.com` (sans point final) plutôt que `www.wiley.com.` pour accéder à la page d'accueil de l'éditeur Wiley. Certaines applications, telles que les serveurs DNS, peuvent associer des noms de domaines autres que la racine à des noms relatifs.

# Travailler avec un serveur DNS sous Windows

L'installation et la gestion d'un serveur DNS dépendent du système d'exploitation du serveur. Cette section décrit l'installation et l'utilisation d'un serveur DNS sous Windows 2008. La mise en œuvre sous Linux ou un environnement Unix avec BIND est semblable mais sans l'aide d'une interface graphique utilisateur.

Pour installer le serveur DNS sur un serveur Windows 2008, exécutez la commande Démarrer/Outils d'administration/Gestionnaire de serveur. Cliquez sur Ajouter des rôles, sélectionnez Serveur DNS dans la liste des rôles puis cliquez sur Suivant pour installer le serveur DNS.

Une fois que le serveur DNS a été installé, vous pouvez l'administrer via la console de gestion DNS. Elle vous permet d'exécuter des tâches administratives communes comme ajouter des zones supplémentaires, modifier la configuration de zones ou ajouter des enregistrements A ou MX à une zone existante. La console d'administration du DNS masque les détails de commandes souvent rébarbatives et vous permet de travailler avec une interface graphique utilisateur conviviale.

Pour ajouter un nouvel hôte à une zone, effectuez un clic droit sur la zone, dans la console d'administration du DNS et cliquez sur la commande Nouvel hôte. Cette action ouvre la boîte de dialogue Nouvel hôte, illustrée par la Figure 5.6.

Dans la boîte de dialogue, spécifiez les informations suivantes :

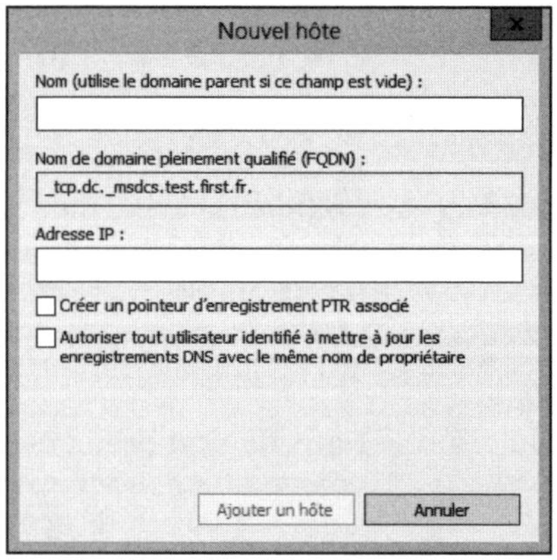


**Figure 5.6 :** Boîte de dialogue Nouvel hôte.

- **Nom** : Le nom d'hôte pour la nouvelle machine.
- **Adresse IP** : L'adresse IP de l'hôte.
- **Créer un pointeur d'enregistrement PTR associé** : Crée automatiquement un pointeur associé à l'enregistrement dans le fichier de consultation inversé. Cochez cette option si vous voulez permettre des recherches inversées pour le serveur.
- **Autoriser tout utilisateur identifié à mettre** à jour **les enregistrements DNS avec le même nom de propriétaire** : Cette option autorise la mise à jour par d'autres utilisateurs ; en général, elle n'est pas cochée.
- **Temps de vie** : La valeur de temps de vie (*Time to live*, TTL) pour cet enregistrement.

Vous pouvez ajouter d'autres enregistrements tels que MX ou CNAME de la même manière.

# Configurer un client DNS sous Windows

Les ordinateurs clients n'ont pas besoin d'une configuration très élaborée pour fonctionner correctement avec le service DNS. Le client doit avoir l'adresse d'au moins un serveur DNS. Celle-ci est généralement fournie par le serveur DHCP en même temps que son adresse.

Pour qu'un ordinateur client obtienne l'adresse du serveur DNS à partir du service DHCP, ouvrez la boîte de dialogue Propriétés du réseau en sélectionnant Centre Réseau et partage ou Connexions réseau dans le Panneau de configuration, selon la version de Windows installée sur le client. Sélectionnez le protocole TCP/IP puis cliquez sur le bouton Propriétés. S'ouvre alors la boîte de dialogue Propriétés de Protocole TCP/IP, précédemment illustrée par la Figure 5.4. Pour configurer l'ordinateur de sorte à ce qu'il utilise le service DNS, activez les options Obtenir une adresse IP automatiquement et Obtenir les adresses des serveurs DNS automatiquement. Il ne vous reste qu'à cliquer sur OK. C'est terminé !

# Chapitre 6

# S'empêtrer dans la toile : câbles, cartes et autres matériels bizarres

***Dans ce chapitre :***

- Qu'est-ce qu'Ethernet ?.
- Tout sur les câbles.
- Installer un câble à paires torsadées.
- Commutateurs.
- Routeurs.

Les câbles sont la plomberie de votre réseau. Leur utilisation ressemble beaucoup à celle des tuyaux d'un système d'arrosage : vous devez avoir le bon type de tuyaux (câbles), les bonnes valves et les bons répartiteurs (commutateurs et répéteurs) ainsi que les bonnes têtes d'arrosage (cartes réseau).

NOTE TECHNIQUE

Les câbles réseau ont un avantage par rapport aux tuyaux d'un système d'arrosage : vous n'êtes pas mouillé s'ils fuient.

Ce chapitre vous en apprendra probablement plus que vous n'aurez jamais besoin d'en savoir sur les câbles réseau. Je vais vous présenter *Ethernet*, la technologie la plus répandue en matière de câble pour petits réseaux. Vous verrez ensuite comment vous servir des câbles servant à monter un réseau Ethernet. Vous découvrirez aussi comment choisir les bonnes cartes réseau qui vous permettent de connecter les câbles à vos ordinateurs.

# Qu'est-ce qu'Ethernet ?

Ethernet est une technologie normalisée permettant de connecter des ordinateurs pour former un réseau.

## Encadré inutile sur les topologies de réseaux

Un livre sur les réseaux ne serait pas complet s'il ne comprenait pas la sacro-sainte présentation des différentes *topologies de réseaux*. La première de ces topologies est le *bus*, dans lequel les nœuds du réseau (les ordinateurs) sont liés les uns aux autres en ligne, comme ceci :

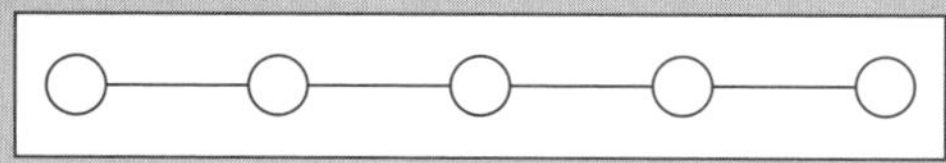

Le *bus* est la plus simple des topologies mais il a ses inconvénients. Si le câble se rompt, le réseau est coupé.

Le deuxième type de topologie est appelé *anneau* :

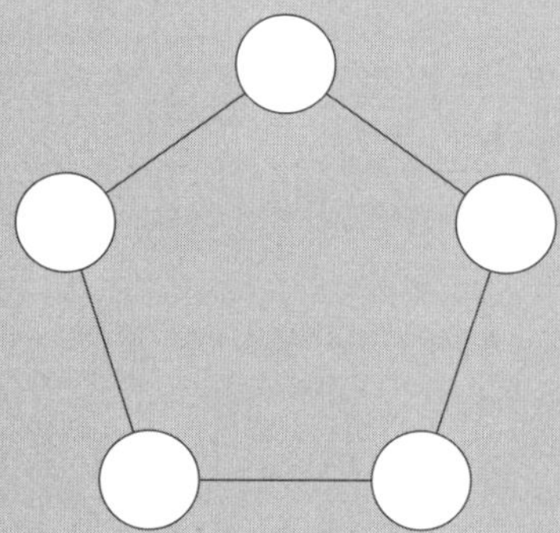

Un *anneau* ressemble beaucoup à un bus sans fin : le dernier nœud de la ligne est relié au premier nœud, formant ainsi une boucle infinie.

Le troisième type de topologie est l'*étoile* :

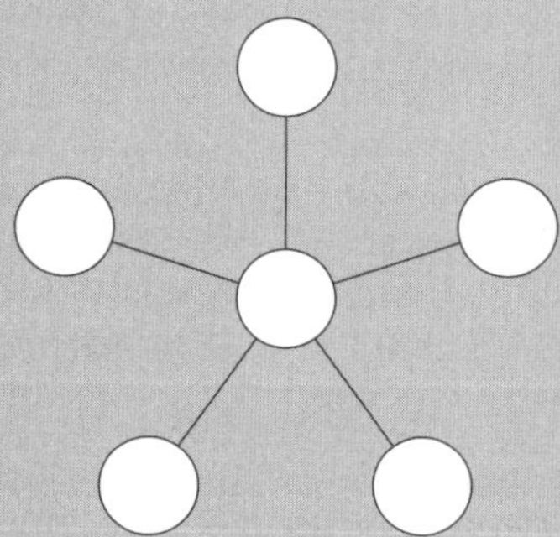

Dans un réseau *en étoile*, tous les nœuds sont connectés à un commutateur central. En réalité, chaque nœud dispose d'une connexion indépendante au réseau, donc lorsqu'un câble est rompu, cela n'affecte pas les autres.

Les réseaux Ethernet reprennent la topologie du bus. Cependant, quelques astuces de câblage permettent, lorsque l'on utilise du câble à paires torsadées, de donner au réseau Ethernet l'aspect d'une étoile.

Vous pouvez vous représenter Ethernet comme une espèce de manuel de construction pour réseaux : il spécifie le type de câbles à utiliser, la manière de les connecter entre eux, leur longueur, la façon dont les ordinateurs se transmettent des données via les câbles et j'en passe...

Voici quelques informations intéressantes au sujet des normes Ethernet :

- Ethernet est un ensemble de normes concernant l'infrastructure de base d'un réseau. Tous les systèmes d'exploitation réseau dont je parle dans ce livre (toutes les versions de Windows, NetWare, Linux et OS X de Macintosh) peuvent fonctionner sur un réseau Ethernet. Si vous bâtissez un réseau sur une base Ethernet solide, vous pourrez changer de système d'exploitation par la suite.

- Les spécialistes réseau se réfèrent souvent à Ethernet en parlant de 802.3 (prononcé *huit cent deux point trois*) qui correspond à la désignation officielle de l'IEEE (prononcé *itroizeu*). Ces spécialistes sont un groupe d'ingénieurs qui portent des nœuds-papillons et n'ont rien de mieux à faire que de parler d'inductance toute la journée. Ce n'est pas plus mal car s'ils n'étaient pas là, vous ne pourriez pas mélanger des composants Ethernet fabriqués par des sociétés différentes.

- Le débit de l'Ethernet standard est de 10 millions de bits par seconde ou 10 Mbps. Puisque 8 bits forment un octet, ce débit correspond à peu près à 1,2 million d'octets par seconde. En pratique, Ethernet ne peut véhiculer les données aussi rapidement car celles-ci doivent être transmises par *paquets* de 1 500 octets maximum. Un fichier de 150 Ko doit donc être découpé en cent paquets.

  NOTE TECHNIQUE

  Ce débit n'a rien à voir avec la vitesse à laquelle le signal électrique se propage dans le câble. Les signaux électriques circulent à 70 % de la vitesse de la lumière, ce que le capitaine Picard appellerait : « Facteur warp point sept zéro. En avant. »

- La nouvelle version d'Ethernet, nommée *Fast Ethernet* ou *Ethernet 100 Mbps*, déplace les données dix fois plus vite que l'Ethernet classique. Dans la mesure où Fast Ethernet déplace les données à un débit de 100 Mbps et utilise du câble à paires torsadées, il est aussi appelé *100BaseT* (et parfois *100BaseTX*).

- Il existe également une version d'Ethernet encore plus rapide, *Gigabit Ethernet*. Le Gigabit Ethernet est la version la plus utilisée pour les nouveaux réseaux même si beaucoup de réseaux existants fonctionnent encore en 100 Mbps.

- La plupart des composants réseau commercialisés aujourd'hui supportent les trois débits, 10 Mbps, 100 Mbps et 1000 Mbps. On les appelle souvent *composants 10/100/1000 Mbps*.

# Tout sur les câbles

Bien que vous puissiez recourir aux technologies sans fil pour créer des réseaux sans tirer des câbles, la plupart des installateurs de réseaux préfèrent relier les ordinateurs physiquement par des câbles. Au fil des années, de nombreux types de câbles ont été utilisés pour les réseaux Ethernet. Aujourd'hui, presque tous les réseaux sont créés avec des *câbles à paires torsadées*. Dans ce type de câble, les deux brins sont enroulés l'un autour de l'autre afin de réduire les interférences électriques (comme il faut au moins un doctorat en physique pour comprendre comment des câbles torsadés réduisent les interférences, je ne m'attarde pas sur cette notion).

Vous trouverez aussi d'autres types de câbles sur les réseaux. Par exemple, sur les plus anciens, vous rencontrerez deux types de câbles *coaxiaux* (du *coax*, comme on dit dans les milieux branchés). Le premier, qui ressemble à du câble d'antenne de télévision, est appelé « câble RG-58 ». Le second type de câble est un épais câble jaune qui n'était utilisé que pour Ethernet. Vous trouverez aussi des câbles en fibre optique qui relient à grande vitesse des sites très éloignés ou, dans les grands immeubles de bureaux, des gros câbles à multiples paires torsadées. Pour la plupart des réseaux, ce sont cependant des câbles à simple paire torsadée qui sont communément utilisés.

Le câble à paires torsadées est parfois appelé *UTP* (*Unshielded Twisted-Pair*, câble à paires torsadées non blindé). La Figure 6.1 montre un connecteur de câble à paires torsadées.

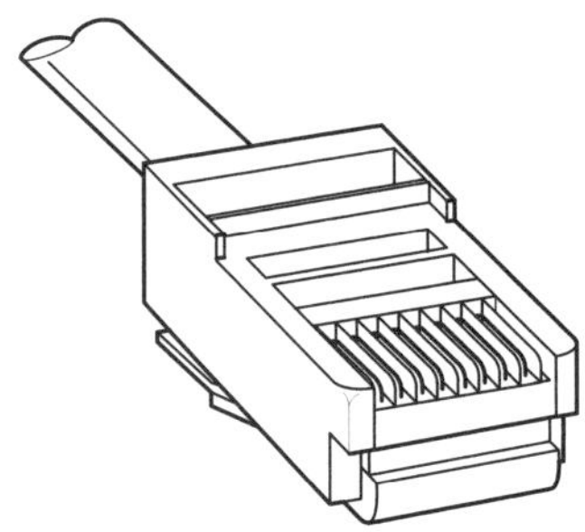

**Figure 6.1 :** Connecteur de câble à paires torsadées.

Lorsque vous utilisez du câble UTP pour créer un réseau Ethernet, vous connectez les ordinateurs en étoile, comme le montre la Figure 6.2. Au centre se trouve le *concentrateur* ou le *commutateur*. Selon leur modèle, les concentrateurs et commutateurs Ethernet permettent de connecter de quatre à quarante-huit (ou plus) ordinateurs au moyen de câbles à paires torsadées.

TRUC

L'avantage de la répartition en étoile réside dans le fait que si un câble pose problème, seul l'ordinateur relié par ce câble est affecté. Le reste du réseau continue de fonctionner normalement.

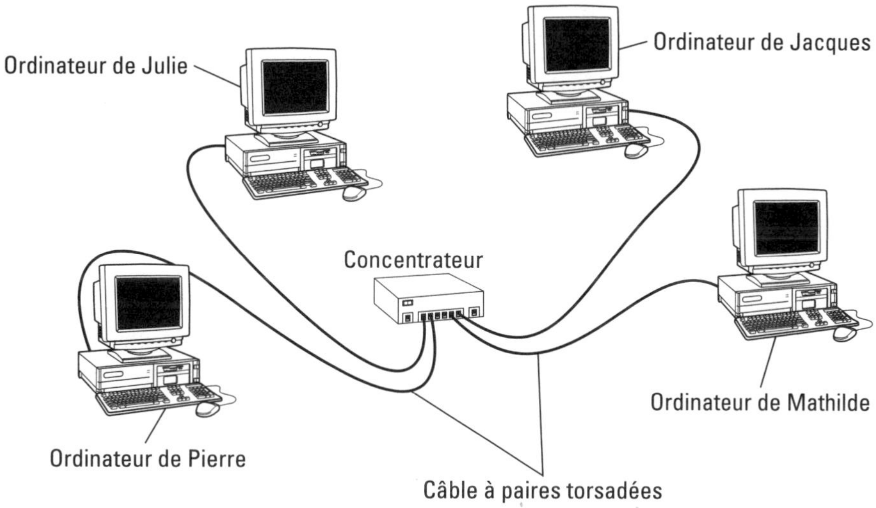


**Figure 6.2 :** Exemple de réseau avec des câbles à paires torsadées.

# Différentes catégories de câbles

Les câbles à paires torsadées sont proposés en différentes qualités ou *catégories*. Ces catégories sont spécifiées par le standard ANSI/EIA 568 (ANSI sont les initiales d'*American National Standards Institute*, EIA celles d'*Electronic Industries Alliance*). Ces standards indiquent le débit (ou *bande passante*) de ces câbles. Le Tableau 6.1 liste les différentes catégories de câbles à paires torsadées.

Bien que les câbles de catégorie supérieure soient plus chers, le véritable coût d'installation d'un réseau Ethernet est le travail fourni pour passer les câbles à travers les murs. Je vous conseille de ne jamais utiliser de câbles de catégorie inférieure à 5. Si possible, investissez même dans des câbles de catégorie 6 pour permettre les prochaines mises à jour de votre réseau.

TRUC

Pour avoir l'air cool, dites « cat 6 » plutôt que « catégorie 6 ».

**Tableau 6.1 :** Catégories de câbles à paires torsadées.

| *Catégorie* | *Débit maximal* | *Utilisation* |
|---|---|---|
| 1 | 1 Mbps | Voix uniquement |
| 2 | 4 Mbps | Token Ring 4 Mbps |
| 3 | 16 Mbps | Ethernet 10BaseT |

| Catégorie | Débit maximal | Utilisation |
|---|---|---|
| 4 | 20 Mbps | Token Ring 16 Mbps |
| 5 | 100 Mbps (2 paires) | Ethernet 100BaseT |
| | 1 000 Mbps (4 paires) | 1000BaseTX |
| 5e | 1 000 Mbps (2 paires) | 1000BaseT |
| 6 | 1 000 Mbps (2 paires) | 1000BaseT et applications à plus gros débits |
| 6a | 10 000 Mbps (2 paires) | Le futur standard destiné à l'Ethernet 10 Gbps |

## Combien de paires ?

La plupart des câbles à paires torsadées ont quatre paires de fils, soit huit en tout. L'Ethernet standard n'utilise en réalité que deux de ces paires. Les deux autres sont inutilisées. Vous pourriez par conséquent être tenté d'acheter du câble à deux paires de fils mais ce serait une mauvaise idée. En effet, si un câble présente un problème, il est parfois possible de le résoudre en passant de la paire défectueuse à une paire inutilisée. Si votre câble est à deux fils, vous ne bénéficierez pas de cette option.

ATTENTION !

Vous pourriez aussi être tenté d'utiliser les fils inutiles à d'autres fins, comme le *transport de la voix* ou *de données*. Dans ce cas, le bruit électromagnétique produit par les signaux vocaux risquerait d'interférer avec les signaux du réseau.

## Blindé ou non ?

Le câble UTP (*Unshielded Twisted-Pair*, câble à paires torsadées non blindé) a été conçu pour un usage bureautique dans un environnement normal. Quand vous tirez ce type de câble dans un local, vous devez veiller à ne pas le faire passer trop près des éclairages fluorescents, des climatiseurs ou des moteurs électriques (porte automatique, moteur d'ascenseur…). Le câble UTP est le type de câble le moins cher.

Dans des environnements riches en interférences électromagnétiques (une usine, par exemple), vous opterez pour du câble STP (*Shielded Twisted-Pair*, câble à paires torsadées blindé). Comme il est trois fois plus cher qu'un câble UTP, vous ne l'utiliserez que si c'est nécessaire. En l'installant judicieusement, le câble STP protège même contre de fortes interférences.

La plupart des câbles STP sont protégés par une feuille d'aluminium. Mais si l'environnement est vraiment défavorable, un blindage à base de fils de cuivre tressés assurera une protection encore plus efficace.

## Quand utiliser du câble plenum ?

La gaine externe des câbles à paires torsadées est fabriquée en deux matériaux : PVC et plenum.

- **Le câble en PVC** est le plus courant et le moins onéreux.
- **Le câble plenum** est un câble spécial ignifugé, conçu pour être installé dans le plenum d'un immeuble (voir description ci-dessous). Le câble plenum est doublé d'un revêtement en Téflon qui non seulement résiste à la chaleur mais dégage peu de fumées toxiques lors de sa combustion. Le câble plenum est malheureusement deux fois plus cher que du câble ordinaire en PVC.

Les normes de sécurité des immeubles de bureau exigent souvent que du *câble plenum* soit utilisé si les câbles du réseau sont installés dans le *plenum* (espace qui fait partie du système d'aération d'un immeuble, généralement situé au-dessus d'un faux plafond ou sous un plancher surélevé).

Notez que la zone au-dessus du plafond suspendu *n'est pas un plenum*, si les canalisations d'aller et de retour de l'air conditionné ou du système de chauffage sont dans des conduits. Du câble plenum n'est indispensable que si la climatisation ou le système de chauffage ne sont pas dans des conduits. Dans le doute, il est préférable qu'un spécialiste examine votre installation avant de tirer les câbles.

## Monobrin ou multibrin ?

Les brins de cuivre qui forment le câble existent en deux variétés : à un seul brin ou à brins multiples. Dans un réseau, vous aurez les deux.

- Dans un **câble multibrin**, chaque conducteur est constitué d'un faisceau de fils minces torsadés. Le câble multibrin est plus souple que le câble monobrin et a moins tendance à se rompre. Il est toutefois plus onéreux et ne transmet pas bien les signaux à longue distance. Le câble multibrin est surtout utilisé pour les raccordements (du panneau de raccordement aux concentrateurs et aux commutateurs, par exemple)

  Les câbles d'alimentation de votre unité centrale et de l'écran sont aussi multibrins.

- Dans un **câble monobrin**, chaque conducteur est un épais brin métallique. Ce type de câble est meilleur marché que le câble multibrin et il transporte le signal sur une plus grande distance mais il n'est pas très souple. Tordu trop souvent, il se rompt. Ce genre de câble est utilisé pour les câblages permanents, dans les murs et les plafonds d'un immeuble.

## Conseils d'installation

Le plus dur, lors de l'installation des câbles, est la tâche très physique qui consiste à les tirer à travers les murs, les plafonds et le long du plancher. Ce travail est suffisamment délicat pour que je vous déconseille de le faire vous-même, hormis dans de petits locaux. S'il faut desservir plusieurs bureaux ou s'il faut percer des passages de câbles, faites appel à un professionnel.

Voici quelques recommandations à garder à l'esprit si vous décidez d'installer les câbles vous-même :

- Le câble à paires torsadées peut être acheté en longueur définie (5, 15 ou 25 mètres…). Mais vous pouvez en commander de n'importe quelle dimension. Le sertissage des connecteurs aux extrémités d'un câble acheté en vrac n'est pas très difficile.

  Je ne conseille l'achat de câbles prêts à l'emploi que pour de petits réseaux ou s'il n'est pas nécessaire de traverser des cloisons ou des plafonds.

- Prévoyez toujours un peu plus de câble qu'il n'en faut, notamment s'il doit traverser une cloison. S'il traverse un faux plafond, laissez quelques mètres de rab ; vous aurez ainsi plein de câble en réserve si, par la suite, vous devez effectuer des réparations.

- Quand vous tirez les câbles, évitez les sources d'interférences électromagnétiques comme les éclairages fluorescents, les gros moteurs électriques, les machines émettant des rayonnements, etc.

  ATTENTION !

  Les éclairages fluorescents sont les sources d'interférences les plus communes. Faites passer les câbles à au moins un mètre de distance.

- La longueur maximale de câble entre le commutateur et l'ordinateur est de 100 mètres.

- Si le câble doit franchir un lieu très passant, couvrez-le afin que personne ne se prenne les pieds dedans. Vous trouverez des passages de câbles à poser au sol dans les magasins de bricolage.

- Quand vous tirez des câbles à travers des cloisons, étiquetez-les à chaque extrémité. Les magasins d'électricité vendent des étiquettes prédécoupées. C'est beaucoup plus professionnel que de coller un morceau de chatterton vaguement griffonné au marqueur.

  Bien sûr, vous pouvez aussi écrire directement sur le câble avec un feutre indélébile.

  Si vous installez des câbles dans une construction nouvelle, étiquetez chaque extrémité du câble au moins trois fois et laissez environ 30 centimètres entre les étiquettes. Les artisans risquent de laisser du plâtre ou de la peinture sur les câbles, ce qui rendra les étiquettes illisibles.

- Si plusieurs câbles passent par un même endroit, liez-les avec des liens en plastique (en vente dans les magasins d'électricité). Évitez autant que possible d'utiliser du ruban adhésif ; il ne dure en effet pas très longtemps et laisse des traces de colle. Des années plus tard, ce n'est pas très ragoûtant.

  Pour tirer du câble à travers un faux plafond insonorisant, prenez des liens en plastique, des crochets ou des colliers afin de fixer le câble directement sur le plafond ou sur l'armature métallique sur laquelle reposent les panneaux du plafond. Le câble ne doit pas simplement reposer sur les panneaux.

## Réunir les outils nécessaires

Bien entendu, un bon ouvrier doit avoir de bons outils :

- Démarrez par la boîte à outils informatique que vous pouvez acheter pour environ 10 Euros dans n'importe quelle boutique d'informatique ou de fournitures de bureau. Ces kits comprennent des tournevis et des clés pour ouvrir vos ordinateurs et y insérer des cartes.

  La boîte à outils informatique contient probablement tout ce dont vous avez besoin si :

  • tous vos ordinateurs sont dans la même pièce.

  • vous comptez faire courir le câble sur le sol.

  • vous utilisez des câbles déjà assemblés.

  Si vous n'avez pas de boîte à outils informatique, assurez-vous que vous avez des tournevis plats et cruciformes de diverses tailles.

- Au cas où vous utilisez du câble nu sur lequel vous envisagez de fixer vos propres connecteurs, vous devez avoir les outils suivants, en plus de ceux figurant dans la boîte à outils informatique :
  - **Des pinces coupantes.** Une grosse pour le câble coaxial, une plus petite pour le câble à paires torsadées. Des tenailles en titane pour le câble jaune.
  - **Une pince à sertir adaptée au type de câble.** Vous avez besoin d'une pince à sertir pour attacher les connecteurs à vos câbles. N'utilisez pas un modèle bas de gamme à 25 Euros. Un modèle digne de ce nom vous coûtera plus de 100 Euros mais à l'usage il vous évitera bien des problèmes.
  - **Une pince à dénuder.** Vous n'en aurez besoin que si la pince à sertir ne fait pas fonction de pince à dénuder.
- Si vous projetez de faire courir le câble à travers les murs, vous aurez aussi besoin des outils suivants :
  - **Un marteau.**
  - **Une scie à guichet.** Utile si vous envisagez de percer des trous dans les murs pour tirer votre câble.
  - **Une lampe de poche.**
  - **Une échelle.**
  - **Quelqu'un pour tenir l'échelle.**
  - **Un *guide*, probablement.** C'est un morceau de métal rigide enroulé sur lui-même. Pour l'utiliser, vous l'insérez dans une ouverture d'un côté du mur et vous le poussez vers la sortie, où quelqu'un se tient prêt à le saisir quand il sort. Votre collègue attache le câble au guide et crie quelque chose comme « C'est parti ! » ou « Go ! ». Vous tirez alors sur le guide et le câble vient avec (vous pouvez trouver ce type de matériel dans le rayon électricité des bonnes quincailleries).

ATTENTION !

Si vous envisagez de faire courir le câble à travers un sol en béton, vous devrez louer un marteau-piqueur et un compresseur ainsi que les services de quelqu'un qui brandira un drapeau jaune pendant que vous travaillerez.

## Brocher un câble à paires torsadées

Dans un câble à paires torsadées, chaque paire de câble est de l'une de ces couleurs : orange, vert, bleu ou marron. Les deux brins qui forment une paire sont complémentaires : l'un est blanc avec une bande colorée, l'autre coloré avec une bande blanche. Par exemple, la paire orange est constituée d'un brin orange avec une bande blanche (appelé *brin orange*) et d'un brin blanc avec une bande orange (appelé *brin blanc/orange*). De même, la paire bleue est faite d'un brin bleu avec une bande blanche (le *brin bleu*) et d'un brin blanc avec une bande bleue (le *brin blanc/bleu*).

Lorsque vous reliez un câble à paires torsadées à un connecteur modulaire ou à une prise, il est crucial que les bons brins soient connectés aux bonnes broches. C'est moins évident qu'il n'y paraît car, pour le câblage, vous pouvez adopter n'importe lequel des différents standards. Histoire de compliquer les choses, vous avez le choix entre deux standards très répandus : l'un est le standard EIA/TIA 568A, l'autre le standard EIA/TIA 568B, aussi appelé AT&T 258A. Le Tableau 6.2 montre chacun de ces câblages.

Qu'importe le standard de câblage que vous adoptez, choisissez-en un et tenez-vous-y. Car si vous utilisez un standard à une extrémité du câble et un autre standard à l'autre bout, le câble ne servira à rien.

**Tableau 6.2 :** Brochage d'un câble à paires torsadées.

| *Numéro* | *Fonction* | *EIA/TIA 568A* | *EIA/TIA 568B AT&T 258A* |
|---|---|---|---|
| Broche 1 | Émetteur + | Brin blanc/vert | Blanc/orange |
| Broche 2 | Émetteur - | Brin vert | Orange |
| Broche 3 | Réception + | Brin blanc/orange | Blanc/vert |
| Broche 4 | Inutilisée | Brin bleu | Bleu |
| Broche 5 | Inutilisée | Brin blanc/bleu | Blanc/bleu |
| Broche 6 | Réception - | Brin orange | Vert |
| Broche 7 | Inutilisée | Brin blanc/marron | Blanc/marron |
| Broche 8 | Inutilisée | Brin marron | Marron |

Les câbles 10BaseT et 100BaseT n'utilisent en réalité que deux des quatre paires, connectées aux broches 1, 2, 3 et 6. Une paire sert à l'émission des données, l'autre à la réception. La seule différence entre les deux standards de câblage réside dans le choix de la paire pour l'émission et de la paire pour la réception. Dans le standard EIA/TIA 568A, la paire verte sert à l'émission tandis que la paire orange sert à la réception. Dans les standards EIA/TIA 568B et AT&T 258A, la paire orange sert à l'émission et la paire verte à la réception.

Si vous le désirez, vous pouvez vous contenter de ne câbler que les broches 1, 2, 3 et 6. Je vous recommande toutefois d'utiliser toutes les broches, en vous basant sur le Tableau 6.2.

## Fixer les connecteurs RJ-45

Les connecteurs RJ-45 d'un câble à paires torsadées ne sont pas difficiles à fixer à condition de posséder la pince à sertir adéquate. La seule précaution importante est de s'assurer que chaque brin sera fixé à la bonne broche puis de serrer la pince suffisamment fort pour assurer une bonne connexion.

Voici comment procéder pour fixer un connecteur RJ-45 :

1. **Coupez le câble à la longueur désirée.**

   Veillez à ce que la coupe soit parfaitement droite et non en diagonale.

2. **Insérez le câble dans la partie de la pince qui sert à dénuder le fil, en calant l'extrémité contre le butoir.**

   Serrez la pince et retirez le câble, toujours bien droit. Cela retire la longueur correcte de revêtement isolant externe sans abîmer l'isolant des brins internes.

3. **Disposez les câbles à plat et dans l'ordre, conformément aux indications du Tableau 6.2.**

   Vous devrez manipuler un peu les brins pour trouver l'ordre correct.

4. **Glissez les brins dans les orifices du connecteur.**

   Vérifiez (plutôt deux fois qu'une) que chaque brin est placé dans l'orifice approprié.

5. **Insérez le connecteur et les brins dans la partie de la pince à sertir prévue à cet effet puis serrez-la.**

   Serrez bien fort !

6. **Ôtez le connecteur de la pince puis vérifiez la qualité du sertissage.**

   C'est terminé !

Voici quelques autres points à garder à l'esprit lorsque vous manipulez des connecteurs RJ-45 et du câble à paires torsadées :

- Les broches d'un connecteur RJ-45 ne sont pas numérotées.

  Vous pouvez identifier la broche 1 en tenant le connecteur de telle manière que les contacts métalliques soient face à vous, comme le montre la Figure 6.3. La broche 1 est à gauche.

- Certains câblent le 10BaseT différemment : ils utilisent la paire vert/blanc pour les broches 1 et 2 et la paire orange/blanc pour les broches 3 et 6. Cela n'a aucune influence sur le réseau (il ne distingue pas les couleurs), à condition que les connecteurs RJ-45 soient connectés de la même manière aux deux extrémités du câble !

- Si vous installez du câble pour un réseau Fast Ethernet, vous devez suivre encore plus scrupuleusement les règles de câblage. Cela signifie que vous devez, entre autres choses, vous assurer que vous travaillez tout du long avec du matériel de catégorie 5. Les câbles et les connecteurs doivent être de catégorie 5. Pour le raccordement des connecteurs, vous ne devez pas défaire plus de 1,5 cm de câble. Et ne tirez pas le câble sur plus de 100 mètres. En cas de doute, confiez l'installation d'un système Ethernet 100 Mbps à des professionnels.

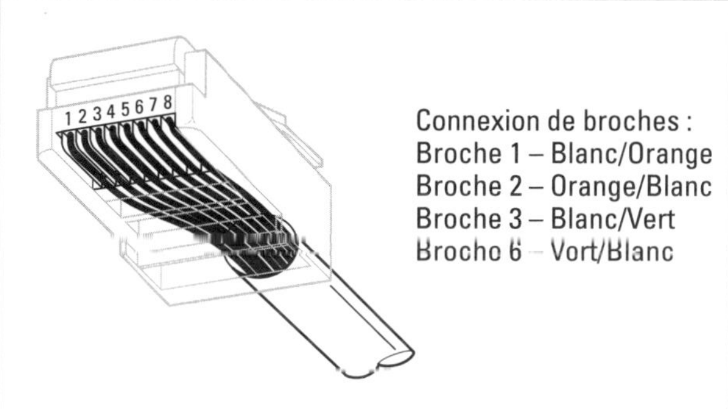


**Figure 6.3 :** Brochage du connecteur RJ-45 d'un câble à paires torsadées.

## Câbles croisés

Un *câble croisé* sert à relier directement deux périphériques sans passer par un concentrateur ou un commutateur. Il sert à relier directement deux ordinateurs mais il est surtout utilisé pour relier en guirlande des concentrateurs et des commutateurs.

Pour créer vos propres câbles croisés, vous devrez inverser les brins à une extrémité du câble, comme l'indique le Tableau 6.3, qui montre le brochage des deux extrémités A et B d'un câble croisé. Reportez-vous respectivement aux informations des colonnes Connecteur A et Connecteur B pour brocher les deux extrémités du câble.

Notez qu'un câble croisé n'est pas indispensable si l'un des concentrateurs ou des commutateurs que vous comptez connecter comporte un port croisé, généralement indiqué sur le boîtier par la mention Uplink (port croisé) ou Daisy-chain (en guirlande). Si l'appareil est équipé d'un port Uplink, vous pouvez le brancher en guirlande à l'aide d'un câble réseau normal. Pour en savoir plus sur la connexion des concentrateurs et des commutateurs en guirlande, reportez-vous à la section « Concentrateurs et commutateurs », plus loin dans ce chapitre.

TRUC

En comparant attentivement le Tableau 6.3 avec le Tableau 6.2, vous constaterez qu'un câble croisé n'est en réalité qu'un câble dont le brochage, à une extrémité, est au standard 568A, et à l'autre extrémité au standard 568B.

**Tableau 6.3** : Brochage d'un câble croisé.

| *Broche* | *Connecteur A* | *Connecteur B* |
|---|---|---|
| 1 | Blanc/vert | Blanc/orange |
| 2 | Vert | Orange |
| 3 | Blanc/orange | Blanc/vert |
| 4 | Bleu | Bleu |
| 5 | Blanc/bleu | Blanc/bleu |
| 6 | Orange | Vert |
| 7 | Blanc/marron | Blanc/marron |
| 8 | Marron | Marron |

# Prises murales et panneaux de raccordement

Si vous le souhaitez, vous pouvez faire courir un seul câble depuis le concentrateur ou le commutateur d'une armoire de câblage et le faire traverser une cloison, monter jusque dans le faux plafond, traverser tout le faux plafond et le faire redescendre à l'autre mur, traverser une autre cloison puis tout le bureau jusqu'à l'ordinateur. Mais, pour une foule de bonnes raisons, ce n'est pas une bonne idée. Entre autres, chaque fois que quelqu'un voudra déplacer l'ordinateur, ne serait-ce que pour nettoyer l'arrière, le câble bougera un peu. La connexion risque même d'être interrompue et la prise RJ-45 devra être remplacée. Dans l'armoire de câblage, les câbles formeront rapidement un beau fouillis.

La solution consiste à tirer le câble entre un *panneau de raccordement* d'une part et une *prise murale* d'autre part. Le câble disparaîtra ainsi dans le mur et au-dessus du faux plafond. Pour connecter un ordinateur au réseau, il suffira de brancher un câble de raccordement entre l'ordinateur et la prise. Passant par l'armoire de câblage, un câble de raccordement relie la prise murale aux concentrateurs ou aux commutateurs du réseau, comme le montre la Figure 6.4.

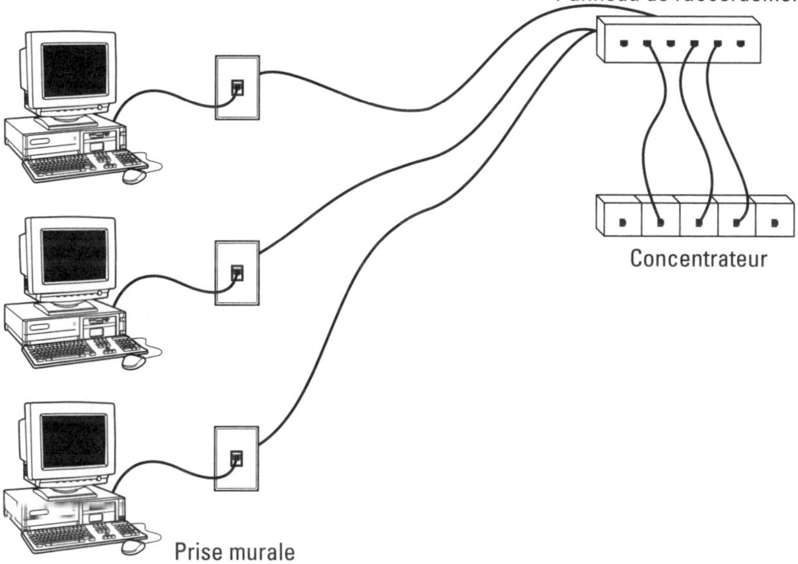


**Figure 6.4 :** Panneau de raccordement et prises murales.

La connexion d'un câble à paires torsadées à une prise murale ou à un panneau de raccordement est semblable à la connexion à une prise RJ-45. Généralement, aucun outil spécial n'est nécessaire. L'arrière de la prise comporte un emplacement pour chaque brin. Il faut ensuite placer un couvercle amovible sur ces emplacements et appuyer dessus. Les brins sont ainsi plaqués contre les lamelles métalliques qui établissent le contact.

TRUC

Quand vous connectez un câble à une prise ou à un panneau de raccordement, veillez à défaire aussi peu de longueur de brin que possible. Car si vous en défaites trop, le signal qui passe par ces brins risque de ne plus être fiable.

# Commutateurs

Lorsque vous utilisez du câble à paires torsadées, vous ne reliez pas les ordinateurs directement les uns aux autres. Vous les connectez en fait à un périphérique spécial appelé *commutateur* ou *switch*.

Un commutateur sait quel ordinateur est connecté à quel port ; donc, si l'ordinateur de Gilbert, connecté au port 1, envoie un paquet à l'ordinateur de Lucien, connecté au port 5, le commutateur reçoit le paquet sur le port 1 et l'envoie seulement vers le port 5. Ce procédé est non seulement rapide mais il améliore également la sécurité du système car les autres machines n'ont pas accès aux paquets qui ne leur sont pas destinés.

Voici quelques éléments dont vous devrez tenir compte :

- L'installation d'un commutateur est généralement très simple : il suffit de brancher le cordon d'alimentation puis de connecter les câbles de raccordement du réseau.
- Chaque port du commutateur est une prise RJ-45 à laquelle est associée une diode électroluminescente (LED) marquée *Link* qui s'allume lorsqu'une connexion est établie sur ce port.

  Si l'extrémité d'un câble est branchée au port et l'autre à un ordinateur, la LED Link devrait être allumée. Si ce n'est pas le cas, quelque chose ne va pas au niveau du câble, du concentrateur ou du commutateur ou bien du périphérique à l'extrémité du câble.
- Chaque port est aussi équipé d'une LED qui clignote selon l'activité sur le réseau.

  En observant un concentrateur ou un commutateur pendant un moment, vous finissez par savoir qui utilise le plus le réseau rien qu'en voyant quelle est la LED qui clignote le plus, trahissant une activité soutenue.

  Les ports peuvent aussi être équipés d'un indicateur de collision qui clignote dès que des paquets de données entrent en collision sur le port. Des flashes sporadiques sont parfaitement admissibles mais si l'indicateur clignote trop, vous avez peut-être un problème sur le réseau.

  - Cela signifie en général que le réseau est surchargé et doit être segmenté par un commutateur afin d'améliorer ses performances.
  - Dans certains cas, un indicateur de collision qui flashe trop peut être causé par un nœud fautif qui engorge le réseau avec de mauvais paquets.

## Commutateurs connectés en guirlande

Si un seul commutateur ne possède pas suffisamment de ports pour tout le réseau, vous pouvez en relier plusieurs *en guirlande*, comme le montre la Figure 6.5. Pour peu qu'un commutateur soit équipé d'un port croisé, vous pouvez y brancher un câble de raccordement normal vers un autre commutateur. Si aucun de ces périphériques n'est équipé de port croisé, reliez-les par un câble croisé (pour savoir comment confectionner un câble croisé, reportez-vous à la section « Câbles croisés », précédemment dans ce chapitre).

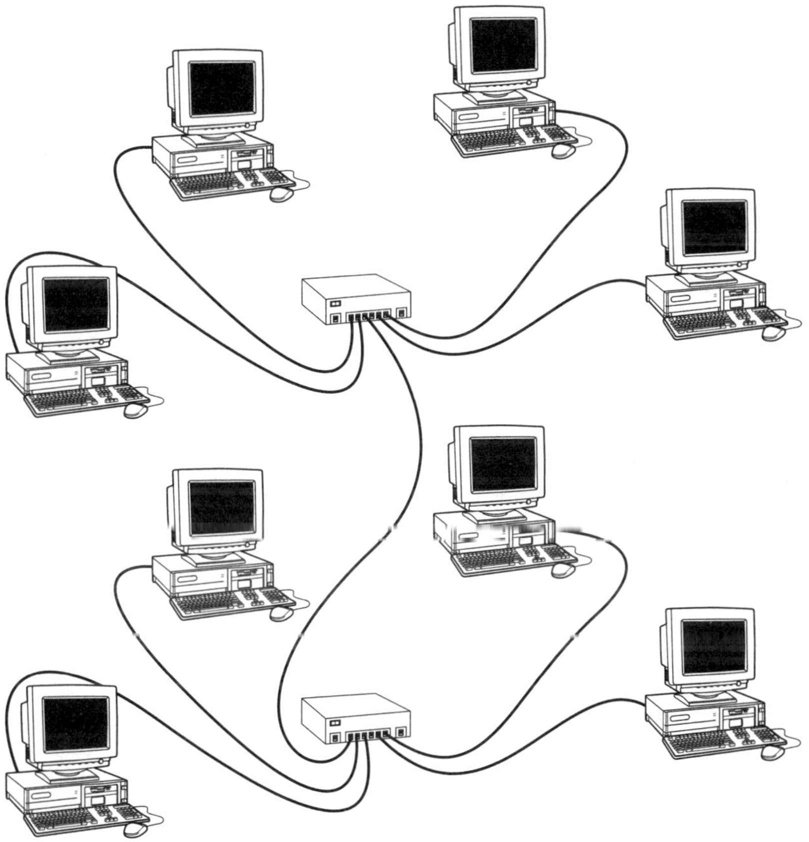

**Figure 6.5 :** Des commutateurs peuvent être reliés en guirlande.

Sur les commutateurs récents, chaque port peut détecter automatiquement s'il est connecté à un autre commutateur. Dans ce cas, vous ne devez pas utiliser de ports ni de câbles croisés. Vous pouvez employer un câble standard pour connecter les commutateurs en utilisant n'importe quel port disponible.

TRUC

Vous pouvez souvent augmenter la performance globale de votre réseau en utilisant deux connexions (ou plus) entre les commutateurs. Par exemple, vous pouvez employer deux câbles de connexion pour créer deux connexions entre une paire de commutateurs.

TRUC

Il est possible de contourner ces limitations en utilisant des *commutateurs empilables.* Ils sont équipés d'une connectique qui fait qu'un ensemble de commutateurs empilés fonctionne comme un seul. Ce matériel est conçu pour les réseaux de grande taille.

Si l'immeuble est précâblé et qu'une prise réseau se trouve dans chaque bureau, vous pouvez utiliser un petit concentrateur ou commutateur pour relier deux ou trois ordinateurs à une seule prise. Branchez le câble de liaison en guirlande à la prise murale et les ordinateurs au concentrateur.

# Routeurs

Un *routeur* est une sorte de pont mais à une grande différence près : un pont utilise une adresse matérielle (appelée « adresse MAC ») pour savoir à quel nœud du réseau est envoyé chaque message afin qu'il puisse le diriger vers le segment approprié. Un pont est cependant incapable d'examiner le contenu du message pour savoir quel type d'information est envoyé. Un routeur peut le faire. C'est pourquoi un routeur fonctionne à un niveau plus élevé que celui d'un pont. Il effectue d'autres tâches, comme le filtrage des paquets selon leur contenu. Notez que beaucoup de routeurs bénéficient en plus de fonctions de pontage intégrées, de sorte qu'ils peuvent aussi servir de pont.

Il est possible de configurer un réseau avec plusieurs routeurs travaillant en coopération les uns avec les autres. Par exemple, certains routeurs sont capables de surveiller le réseau afin de déterminer le chemin le plus rationnel pour envoyer des messages à destination. Si une partie du réseau est particulièrement occupée, le routeur saura choisir automatiquement un chemin moins encombré. Il agit un peu comme un hélicoptère de surveillance du trafic routier : s'il repère des ralentissements sur une branche de l'autoroute, il demandera au centre de régulation du trafic d'inciter les automobilistes à prendre une autre route.

Voici quelques informations complémentaires à propos des routeurs :

- Les routeurs étaient autrefois onéreux et réservés aux grands réseaux. Ces dernières années, le prix des petits routeurs a substantiellement chuté, ce qui les a banalisés même sur les petits réseaux.
- Les disparités fonctionnelles entre ponts et routeurs (et commutateurs et concentrateurs) tendent à s'amenuiser. Des *routeurs multifonctions*, qui sont à la fois routeur, pont, concentrateur et commutateur, prennent en charge toutes les tâches habituellement confiées à plusieurs périphériques.
- Certains routeurs ne sont rien de plus que des ordinateurs équipés de plusieurs cartes réseau et de logiciels assurant les fonctions de routage.
- Des routeurs peuvent connecter des réseaux géographiquement éloignés grâce à des lignes téléphoniques (DSL ou RNIS).

- L'une des principales raisons d'être des routeurs est la connexion d'un réseau local à Internet. La Figure 6.6 montre un routeur utilisé à cette fin.

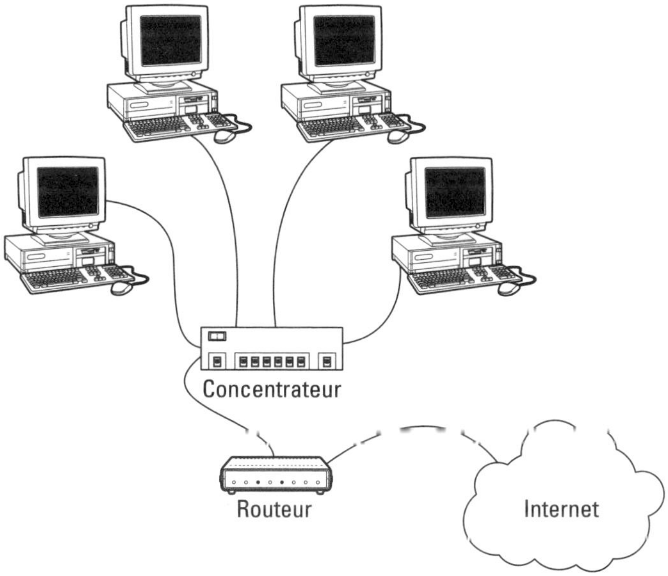


**Figure 6.6 :** Utilisation d'un routeur pour connecter un réseau local à Internet.

# Chapitre 7

# Configurer les clients Windows

***Dans ce chapitre :***

- Configurer les connexions réseau.
- Configurer l'identité d'un ordinateur client.
- Configurer la connexion au réseau.

Avant que le réseau soit opérationnel, vous devez configurer les ordinateurs clients. Il faut notamment configurer chacune de leurs cartes réseau afin qu'elles fonctionnent correctement et installer les protocoles permettant aux clients de communiquer avec les autres ordinateurs du réseau.

Fort heureusement, sous Windows, ces tâches de configuration sont un véritable jeu d'enfant. En effet, Windows reconnaît automatiquement la carte réseau au moment du démarrage de l'ordinateur. Il ne reste plus qu'à vérifier s'il a correctement installé les protocoles réseau et les logiciels clients.

À chaque nouvelle version de Windows, Microsoft a simplifié les processus de configuration du réseau. Dans ce chapitre, vous découvrirez comment configurer une mise en réseau sous Windows XP, Windows Vista, Windows 7 et Windows 8.

## Configurer des connexions réseau

Windows reconnaît automatiquement votre carte réseau quand vous démarrez votre ordinateur. Normalement, vous n'avez pas à installer manuellement les pilotes mais il se peut que vous ayez à modifier manuellement la configuration de la connexion réseau. Les sections suivantes décrivent les procédures de connexion pour Windows XP, et Windows Vista.

## Configurer des connexions réseau sous Windows XP

Les étapes qui suivent expliquent comment configurer votre connexion réseau sous Windows XP :

1. **Choisissez Démarrer/Panneau de configuration.**

2. **Double-cliquez sur l'icône Connexions réseau.**

   La boîte de dialogue Connexions réseau s'affiche, comme le montre la Figure 7.1.

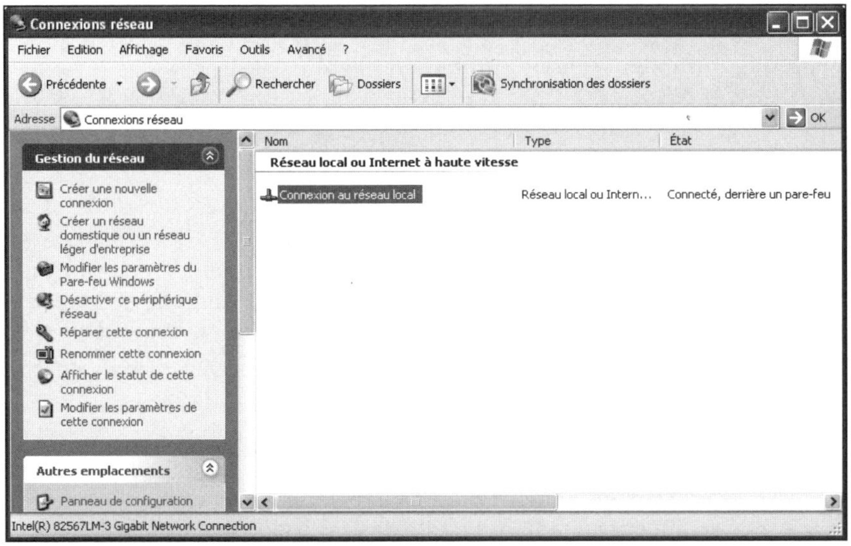


**Figure 7.1** : Boîte de dialogue Connexions réseau.

3. **Effectuez un clic droit sur la connexion à configurer puis, dans le menu contextuel, sélectionnez Propriétés.**

   Vous pouvez aussi sélectionner la connexion et, dans le volet des tâches, cliquer sur Modifier les paramètres de cette connexion. Dans les deux cas, la boîte de dialogue Propriétés de Connexion au réseau local apparaît (Figure 7.2).

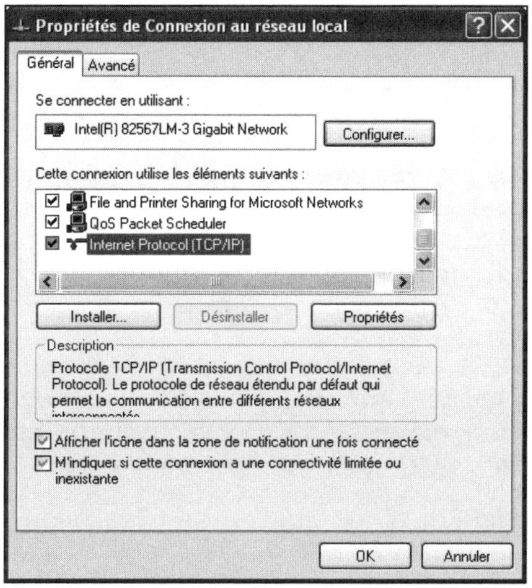


**Figure 7.2 :** Boîte de dialogue Propriétés de Connexion au réseau local.

4. **Pour configurer les paramètres de la carte réseau, cliquez sur Configurer.**

   Cette action ouvre la boîte de dialogue Propriétés de la carte réseau, illustrée par la Figure 7.3. Elle comporte cinq onglets qui vous permettent de configurer la carte d'interface réseau :

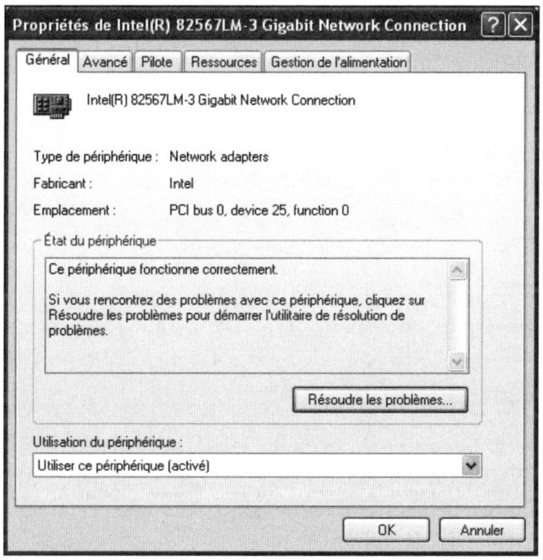


**Figure 7.3 :** Boîte de dialogue Propriétés d'une carte réseau.

- **Général.** Cet onglet affiche les informations de base concernant la carte réseau. Par exemple, la carte représentée dans la Figure 7.3 est une Intel® 82567LM-3 au Gigabit installée sur le connecteur PCI 0 de la carte mère.

  Si vous avez des problèmes avec cette carte, cliquez sur le bouton Résoudre les problèmes. Cette action donne accès au Centre d'aide et de support. Vous pouvez aussi désactiver ce périphérique afin qu'il n'empêche pas d'autres composants de fonctionner correctement.

- **Avancé.** Cet onglet permet de configurer divers paramètres spécifiques à votre matériel dont dépend le bon fonctionnement de la carte réseau. Par exemple, certaines cartes permettent de définir le débit ou le nombre de tampons alloués à la carte.

- **Pilote.** Cet onglet affiche les informations concernant le pilote de la carte et permet de le mettre à jour ou bien, si la nouvelle version n'est pas satisfaisante, de revenir à la version précédente ou de désinstaller le pilote.

- **Ressources.** Dans cet onglet, vous pouvez limiter manuellement les ressources informatiques requises par la carte, notamment la plage de mémoire, la plage des entrées/sorties ainsi que l'affectation des IRQ et des canaux DMA.

  NOTE TECHNIQUE

  À l'époque, avant l'avènement des cartes plug-and-play, vous deviez configurer ces paramètres dès que vous installiez une carte réseau, au risque de générer des conflits de ressources. Comme Windows les configure à présent automatiquement, vous aurez rarement à les modifier.

- **Gestion de l'alimentation.** Dans cet onglet, vous pouvez spécifier si la carte doit être désactivée lorsque l'ordinateur se met en veille et paramétrer un réveil périodique de l'ordinateur afin de rafraîchir l'état du réseau.

TRUC

Quand vous cliquez sur OK pour valider les options de la boîte de dialogue des propriétés du réseau, cette dernière se ferme. Vous devrez cliquer sur le lien Modifier les paramètres de cette connexion pour continuer la procédure.

5. **Pour configurer les paramètres TCP/IP, sélectionnez Protocole Internet (TCP/IP), puis cliquez sur Propriétés pour afficher la boîte de dialogue Propriétés de Protocole Internet (TCP/IP). Configurez les paramètres puis cliquez sur OK.**

   La boîte de dialogue Propriétés de Protocole Internet (TCP/IP), représentée dans la Figure 7.4, propose les options suivantes :

- **Obtenir une adresse IP automatiquement.** Choisissez cette option si le réseau est géré par un serveur DHCP qui affecte automatiquement les adresses IP. Ce choix simplifie considérablement l'administration du protocole TCP/IP sur votre réseau (reportez-vous au Chapitre 5 pour en savoir plus sur le DHCP).

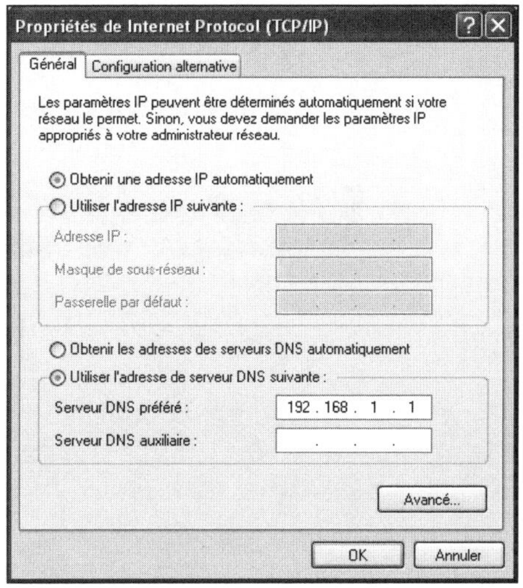


**Figure 7.4 :** Configuration du protocole TCP/IP.

- **Utiliser l'adresse IP suivante.** Si l'ordinateur doit avoir une adresse IP spécifique, choisissez cette option et tapez l'adresse IP de l'ordinateur, son masque de sous-réseau et l'adresse de la passerelle par défaut (reportez-vous au Chapitre 5 pour en savoir plus sur ces paramètres).

- **Obtenir les adresses des serveurs DNS automatiquement.** Le serveur DHCP peut aussi fournir l'adresse DNS (*Domain Name System*, système de nom de domaine) que l'ordinateur doit utiliser. Choisissez cette option si votre réseau est équipé d'un serveur DHCP (reportez-vous au Chapitre 6 pour en savoir plus sur le DNS).

- **Utiliser l'adresse de serveur DNS suivante.** Choisissez cette option si aucun serveur DNS n'est disponible. Tapez ensuite l'adresse IP du serveur DNS principal et celle du serveur DNS secondaire.

## Configurer des connexions réseau sous Windows Vista

La configuration d'une connexion réseau sous Windows Vista est très semblable à celle sous Windows XP. Sous Windows Vista, la boîte de dialogue Propriétés de la carte réseau est légèrement plus difficile à trouver. Mais une fois que vous y êtes, les étapes de configuration sont identiques.

Procédez comme suit pour localiser les paramètres :

1. **Choisissez Démarrer/Panneau de configuration.**

   Le Panneau de configuration apparaît.

2. **Dans la catégorie Réseau et Internet, cliquez sur Afficher l'état et la gestion du réseau.**

   Cette étape ouvre le Centre Réseau et partage. La Figure 7.5 représente la version Windows Vista du centre Réseau et partage.

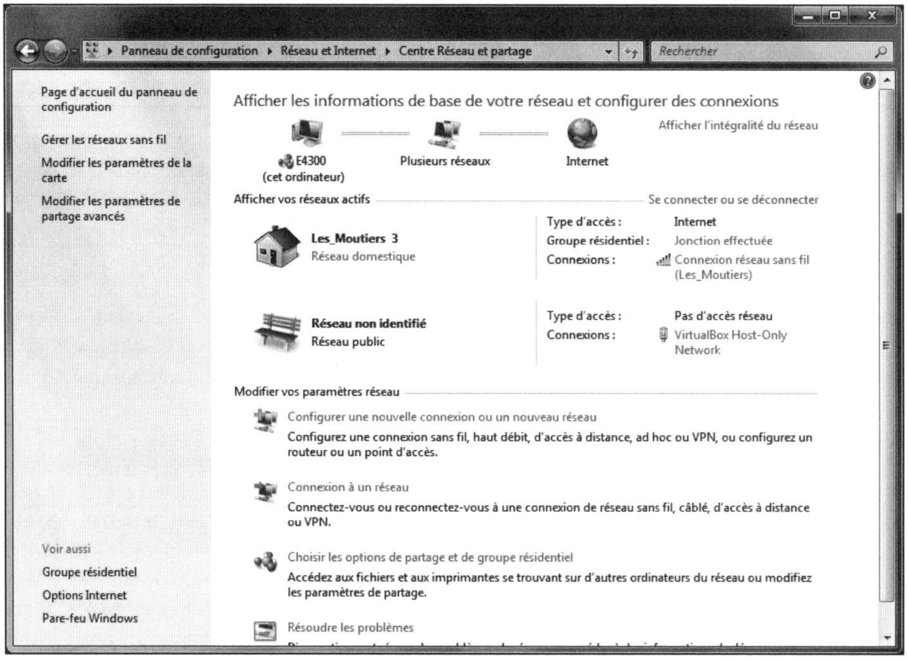


**Figure 7.5 :** Centre Réseau et partage (Windows Vista).

3. **Sous Windows 8, cliquez sur Modifier les paramètres de la carte.**

   La fenêtre Connexions réseau s'ouvre comme le montre la Figure 7.6.

4. **Effectuez un clic droit sur la connexion à configurer et sélectionnez Propriétés.**

   La boîte de dialogue Propriétés de Connexion au réseau local apparaît, comme le montre la Figure 7.7. Si vous comparez cette boîte de dialogue avec celle de la Figure 7.2, vous remarquez qu'elles sont identiques.

5. **Cliquez sur le bouton Configurer.**

   À partir de là, les étapes de configuration sont identiques à celles employées pour Windows XP. Par conséquent, vous pouvez continuer en revenant à l'étape 4 de la section précédente, « Configurer des connexions réseau sous Windows XP ».

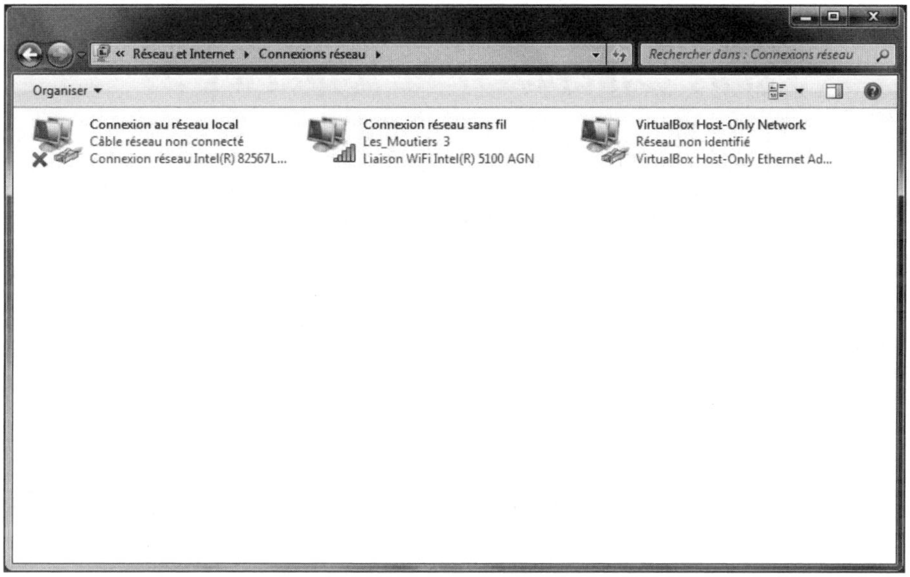


**Figure 7.6 :** Fenêtre Connexions réseau (Windows Vista).

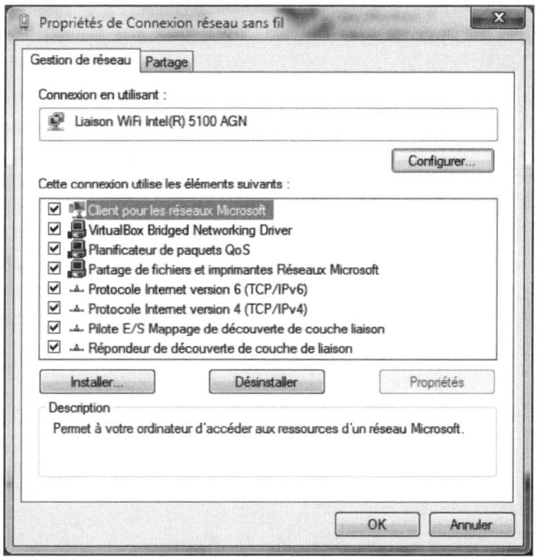


**Figure 7.7 :** Boîte de dialogue Propriétés de Connexion au réseau local (Windows Vista).

## Configurer des connexions réseau sous Windows 7 et Windows 8

La configuration d'une connexion réseau sous Windows 7 et Windows 8 est très semblable à celle sous Windows Vista.

1. **Ouvrez le Panneau de configuration.**

   - *Windows 7* : Choisissez Démarrer/Panneau de configuration.
   - *Windows 8* : Faites un clic droit dans l'angle inférieur gauche et choisissez Panneau de configuration dans le menu contextuel.

2. **Choisissez Centre Réseau et partage.**

   Cette étape ouvre le Centre Réseau et partage illustré par la Figure 7.8.

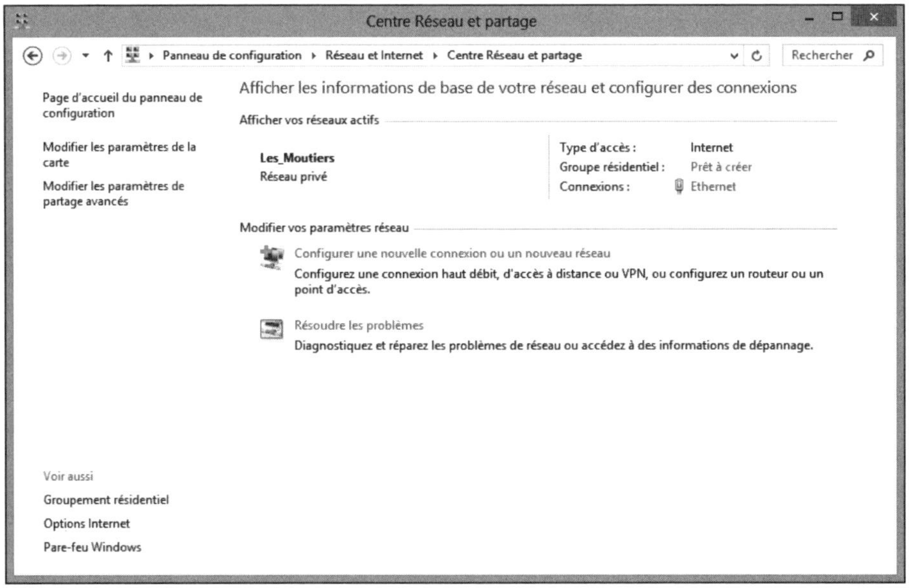


**Figure 7.8 :** Centre Réseau et partage (Windows 8).

3. **Cliquez sur Modifier les paramètres de la carte.**

   La fenêtre Connexions réseau s'ouvre comme le montre la Figure 7.9.

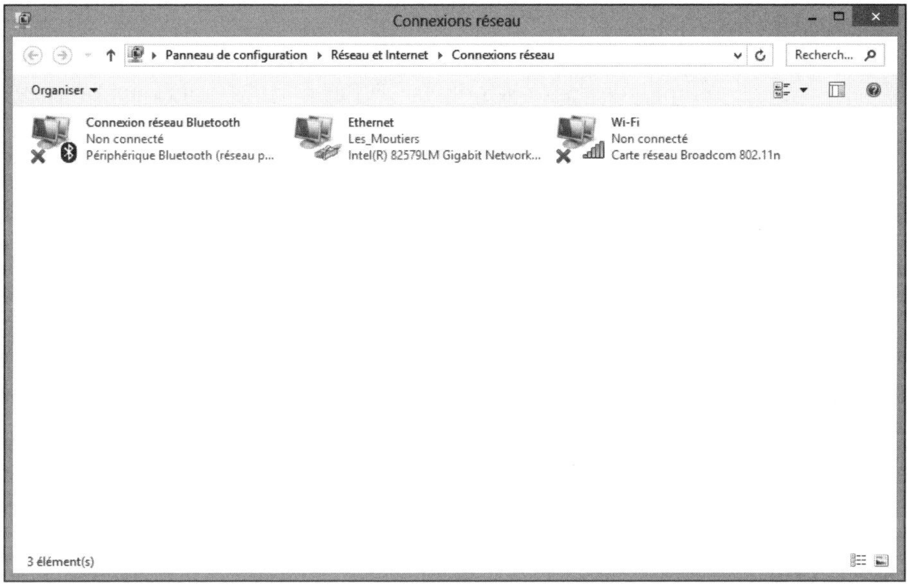


**Figure 7.9 :** Fenêtre Connexions réseau (Windows 8).

4. **Effectuez un clic droit sur la connexion à configurer et sélectionnez Propriétés.**

   La boîte de dialogue Propriétés de Connexion au réseau local apparaît, comme le montre la Figure 7.10. Si vous comparez cette boîte de dialogue avec celle de la Figure 7.2, vous remarquez qu'elles sont identiques.

**Figure 7.10 :** Boîte de dialogue Propriétés de Connexion au réseau local (Windows 8).

5. **Cliquez sur le bouton Configurer.**

   À partir de là, les étapes de configuration sont identiques à celles employées pour Windows XP. Par conséquent, vous pouvez continuer en revenant à l'étape 4 de la section précédente, « Configurer des connexions réseau sous Windows XP ».

# Configurer l'identité d'un ordinateur client

Chaque ordinateur client doit s'identifier pour faire partie du réseau. Son identité est composée du nom de l'ordinateur et d'une description facultative ainsi que du nom de son groupe de travail ou du domaine auquel il appartient.

Le nom de l'ordinateur doit respecter les conventions de nommage NetBIOS : sa longueur doit être d'un à quinze caractères, il peut contenir des lettres, des chiffres ou des traits d'union mais ni espace ni point. Sur les petits réseaux, il est courant que le nom de l'ordinateur soit le même que le nom d'utilisateur. Pour des réseaux plus vastes, vous devrez développer des conventions de nommage qui indiquent l'emplacement de l'ordinateur. Par exemple, un nom comme `C3051` sera affecté au premier ordinateur de la pièce 305 de l'immeuble C. Ou alors `MKTG010` sera un des ordinateurs du service marketing.

Si l'ordinateur doit joindre un domaine, vous devrez pouvoir accéder, sur le domaine, à un compte Administrateur, à moins que vous ayez déjà créé un compte d'ordinateur sur ce domaine. Notez que seuls les ordinateurs tournant sous les versions suivantes de Windows peuvent rejoindre un domaine :

- Windows 8 Professionnel et Entreprise
- Windows 7 Professionnel, Entreprise et Édition Intégrale
- Windows Vista Professionnel, Entreprise et Édition Intégrale
- Windows XP Professionnel

Lorsque vous installez Windows sur un ordinateur client, le programme d'installation vous demande de définir le nom de l'ordinateur et le nom du groupe de travail ou du domaine. Ces informations peuvent être modifiées ultérieurement, si vous le désirez. La procédure varie en fonction de la version de Windows.

## Configurer l'identité d'un ordinateur sous Windows XP

Pour changer l'identification d'un ordinateur sous Windows XP, exécutez les étapes suivantes :

1. **Ouvrez le Panneau de configuration puis double-cliquez sur l'icône Système pour afficher la boîte de dialogue Propriétés système.**

2. **Cliquez sur l'onglet Nom de l'ordinateur.**

   L'identité de l'ordinateur se trouve dans cet onglet.

3. **Cliquez sur le bouton Modifier.**

   La boîte de dialogue Modification du nom d'ordinateur apparaît, comme le montre la Figure 7.11.

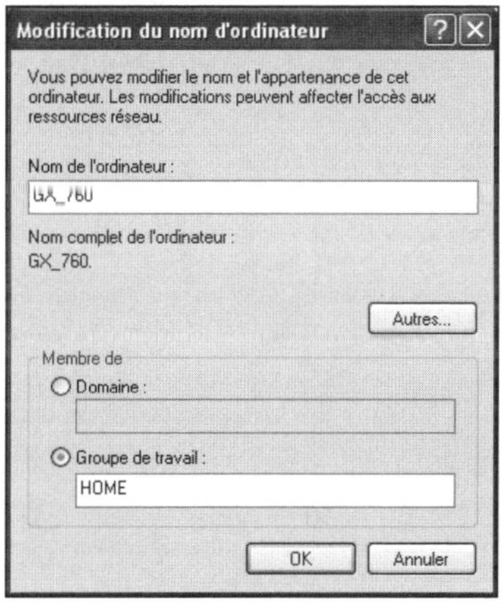


**Figure 7.11** : Boîte de dialogue Modification du nom d'ordinateur (Windows XP).

4. **Entrez le nouveau nom de l'ordinateur puis précisez le domaine ou le groupe de travail.**

   TRUC

   Pour rejoindre un domaine, activez la case Domaine et saisissez le nom de domaine. Pour rejoindre un groupe de travail, activez la case correspondante et entrez le nom du groupe de travail.

5. **Cliquez sur OK.**

6. **Si cela vous est demandé, entrez le nom d'utilisateur et le mot de passe du compte Administrateur.**

   Vous ne devrez fournir ces informations que si un compte d'ordinateur n'a pas encore été créé pour l'ordinateur client.

7. **Dans la boîte de dialogue vous informant que vous devez redémarrer l'ordinateur, cliquez sur OK.**

   C'est terminé !

## Configurer l'identité d'un ordinateur sous Windows Vista, Windows 7 ou Windows 8

La méthode pour modifier l'identité d'un ordinateur est identique sous Windows Vista, Windows 7 et Windows 8. Voici la démarche :

1. **Ouvrez le Panneau de configuration.**

   - *Windows Vista ou Windows 7* : Choisissez Démarrer/Panneau de configuration.
   - *Windows 8* : Faites un clic droit dans l'angle inférieur gauche et choisissez Panneau de configuration dans le menu contextuel.

2. **Double-cliquez sur l'icône Système.**

   La fenêtre Système apparaît, comme le montre la Figure 7.12. Localisez la section qui mentionne le nom d'ordinateur, de domaine et de groupe de travail.

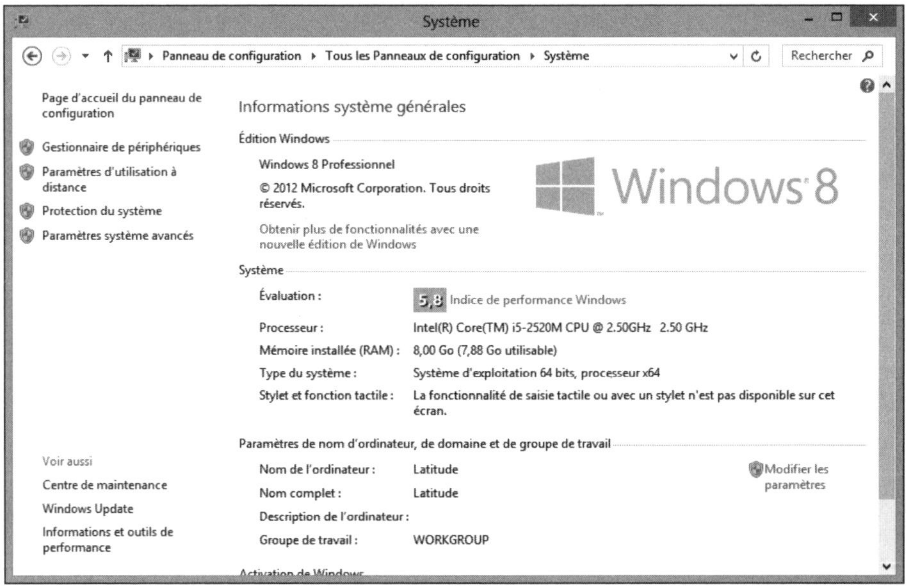


**Figure 7.12 :** Fenêtre Système (Windows 8).

3. **Cliquez sur le lien Modifier les paramètres.**

   Si une boîte de dialogue s'affiche pour vous demander l'autorisation de continuer, cliquez sur Continuer. La boîte de dialogue Propriétés système s'ouvre alors (Figure 7.13).

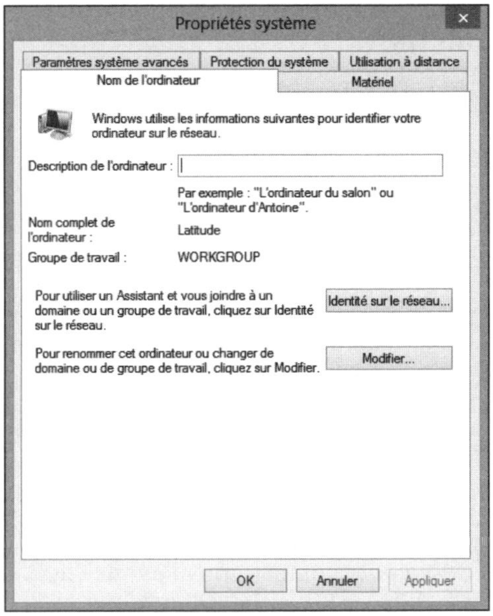


**Figure 7.13 :** Boîte de dialogue Propriétés système (Windows 8).

4. **Cliquez sur le bouton Modifier.**

   La boîte de dialogue Modification du nom ou du domaine de l'ordinateur s'affiche (Figure 7.14).

5. **Entrez le nom de l'ordinateur puis spécifiez le domaine ou le groupe de travail.**

   Pour rejoindre un domaine, activez la case Domaine et entrez le nom de domaine. Pour rejoindre un groupe de travail, activez la case correspondante et entrez le nom du groupe de travail.

6. **Cliquez sur OK.**

7. **Si cela vous est demandé, entrez le nom d'utilisateur et le mot de passe du compte Administrateur.**

   Vous ne devrez fournir ces informations que si un compte d'ordinateur n'a pas encore été créé pour l'ordinateur client.

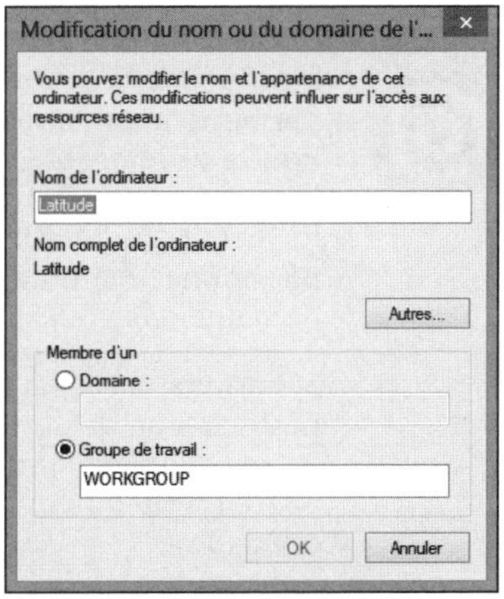


**Figure 7.14 :** Boîte de dialogue Modification du nom ou du domaine de l'ordinateur (Windows 8).

8. **Dans la boîte de dialogue vous informant que vous devez redémarrer l'ordinateur, cliquez sur OK.**

   L'ordinateur est ajouté au domaine ou au groupe de travail !

# Configurer la connexion au réseau

Chaque utilisateur désireux d'accéder à un réseau basé sur un domaine doit ouvrir une session sur le domaine en faisant appel à un compte utilisateur valide. Ce dernier est créé dans le contrôleur de domaine et non dans l'ordinateur client.

Une ouverture de session au réseau n'est pas requise pour accéder aux ressources du groupe de travail. Ces ressources peuvent cependant être protégées par un mot de passe qui en restreint l'accès.

Quand vous démarrez un ordinateur tournant sous Windows qui a été configuré pour rejoindre un domaine, comme nous l'avons expliqué précédemment dans la section « Configurer l'identité d'un ordinateur client », la boîte de dialogue d'ouverture de session Windows s'affiche. L'utilisateur entre le nom d'utilisateur de domaine et le mot de passe puis il sélectionne dans une liste le domaine auquel il veut se joindre.

Il est possible de créer sous Windows des comptes d'utilisateurs locaux qui permettent aux utilisateurs d'accéder aux ressources de l'ordinateur local. Pour s'y connecter, l'utilisateur sélectionne l'option Cet ordinateur, dans la liste, et entre le nom d'utilisateur et le mot de passe d'un compte utilisateur local. Lorsqu'un utilisateur ouvre une session avec un compte local, il n'est pas connecté à un domaine de réseau. Pour ce faire, il doit sélectionner le domaine dans la liste Ouvrir une session.

Si l'ordinateur n'est pas membre d'un domaine, Windows affiche une icône pour chacun des utilisateurs locaux de l'ordinateur. L'utilisateur peut ouvrir une session en cliquant sur l'icône appropriée et en entrant un mot de passe (cette fonctionnalité n'existe pas sur les ordinateurs qui ont joint un domaine).

Notez que si l'utilisateur se connecte via un compte d'ordinateur local plutôt qu'avec un compte de domaine, il peut néanmoins accéder aux ressources du domaine. La boîte de dialogue Se connecter à apparaît dès que l'utilisateur tente d'accéder à une ressource du domaine. Il peut ensuite entrer un nom d'utilisateur de domaine et un mot de passe pour se connecter au domaine.

# Chapitre 8

# Connecter le réseau à Internet

***Dans ce chapitre :***

- Se connecter à Internet.
- Sécuriser la connexion avec un pare-feu

Ainsi, vous avez décidé de connecter votre réseau à Internet ! Vous n'avez donc plus qu'à courir à la boutique de matériel informatique la plus proche, acheter un modem et le brancher, c'est bien ça ? Eh non, malheureusement, ce n'est pas suffisant pour se connecter à Internet. Pour commencer, vous devez vous assurer que la connexion par modem est la bonne solution. Il en existe d'autres, plus rapides mais plus chères. Ensuite, vous devez choisir puis installer le logiciel que vous utiliserez pour accéder à Internet. Et finalement, vous devez rester éveillé la nuit, à vous ronger d'inquiétude à l'idée que des *hackers* pourraient faire irruption dans votre réseau via la connexion Internet. Les *hackers* sont des passionnés d'informatique qui s'introduisent illégalement dans des réseaux par curiosité, jeu ou défi.

## Se connecter à Internet

La connexion à Internet n'est pas gratuite. Tout d'abord, vous devez acheter le matériel nécessaire pour vous connecter. Ensuite, il vous faut obtenir une connexion auprès d'un *fournisseur d'accès à Internet* ou *FAI*. Le FAI vous facture un abonnement mensuel qui varie en fonction de la vitesse et de la capacité de la connexion.

Les sections suivantes décrivent les méthodes les plus courantes pour connecter les utilisateurs d'un réseau à Internet.

## Se connecter par le câble ou l'ADSL

Pour un usage domestique ou pour une entreprise de taille modeste, vous pouvez opter pour un des deux modes de connexion les plus populaires : le câble ou l'ADSL. On les appelle *connexions à haut débit*.

L'accès à Internet par le câble s'effectue via les installations qui vous permettent de recevoir quarante milliards de chaînes de télévision. L'ADSL est pour sa part un service de téléphonie numérique se servant d'une ligne téléphonique classique. Ces deux solutions offrent trois avantages majeurs par rapport à la connexion par téléphone traditionnelle :

- **Le câble et l'ADSL sont bien plus rapides que les antiques connexions par téléphone.**

  Une connexion par câble est dix à deux cents fois plus rapide qu'une connexion par téléphone, en fonction du type de service dont vous bénéficiez. La vitesse d'une ligne ADSL est comparable à celle du câble. La connexion ADSL est une connexion dédiée tandis que les connexions par câble sont partagées par plusieurs abonnés. Le débit d'une connexion peut diminuer lorsque plusieurs abonnés sont connectés simultanément.

- **Avec le câble et l'ADSL, vous disposez d'une connexion permanente à Internet.**

  Pas besoin de se connecter pour aller sur le Web. Plus besoin d'attendre que votre modem appelle le fournisseur d'accès et adieu sa plainte stridente lorsqu'il tente d'établir la connexion.

- **Le câble et l'ADSL n'immobilisent pas votre ligne téléphonique lorsque vous êtes connecté à Internet.**

  Avec le câble, la connexion s'effectue à travers les installations de la télévision et non celles du téléphone. Avec l'ADSL, votre opérateur téléphonique met en place une connexion spéciale pour le service ADSL, totalement indépendante de votre ligne téléphonique normale.

Ces connexions ultrarapides et permanentes qu'offrent le câble et l'ADSL sont relativement bon marché. Le prix du câble commence à une vingtaine d'euros par mois pour les particuliers ; pour les entreprises, les tarifs sont un peu plus élevés, surtout s'il y a plusieurs utilisateurs. Le coût du service ADSL varie selon le débit choisi. Les particuliers peuvent disposer d'une connexion ADSL pour une quinzaine d'euros par mois. Pour des débits plus élevés ou pour les professionnels, le service ADSL est plus cher.

Cependant, l'accès par câble ou ADSL n'est pas possible partout. Si vous vivez dans une région non raccordée au câble ou à l'ADSL, vous pouvez malgré tout acquérir un accès à Internet très rapide grâce à une installation satellite.

## Les connexions très haut débit avec les lignes privées

Si vous avez véritablement besoin d'une connexion haut débit à Internet, contactez votre fournisseur d'accès à Internet pour demander l'installation d'une liaison numérique haut débit. Ces lignes peuvent vous coûter très cher (de l'ordre de plusieurs centaines d'euros par mois), aussi sont-elles le plus souvent adaptées aux besoins des entreprises au sein desquelles plus de vingt utilisateurs doivent accéder à Internet simultanément.

- **Les lignes T1 et T3** : La vitesse d'une ligne T1 atteint 1,544 Mbps. Une ligne T3 est plus rapide : elle transmet les données à une vitesse record de 44,736 Mbps. Bien évidemment, les lignes T3 sont considérablement plus chères que les lignes T1.

  Si vous n'avez pas assez d'utilisateurs pour justifier l'installation d'une ligne T3 ou T1, vous pouvez louer une portion de ligne. Avec une *fraction de ligne T1*, vous pourrez effectuer des connexions de 128 Kbps à 768 Kbps et, avec une *fraction de ligne T3*, vous pourrez choisir entre des vitesses allant de 4,6 Mbps à 32 Mbps.

  Installer une connexion T1 ou T3 à Internet est un travail de professionnel. Configurer ce type de connexion est bien plus complexe qu'installer un simple LAN.

  Vous vous demandez peut-être si les lignes T1 ou T3 sont vraiment plus rapides que les connexions par câble ou ADSL. Après tout, les T1 fonctionnent à 1,544 Mbps et les T3 à 44,184 Mbps, ce qui est comparable aux vitesses annoncées pour les connexions par câble et ADSL. Il existe réellement de nombreuses différences qui justifient le coût plus élevé d'une ligne T1 ou T3. Il s'agit en particulier d'une ligne *dédiée* ; vous ne la partagez pas avec d'autres utilisateurs. La connexion est de meilleure qualité, vous bénéficiez réellement de connexions à 1,544 ou 44,184 Mbps, alors qu'avec une connexion par câble ou ADSL, le débit effectif est bien moindre que celui annoncé à cause de la qualité de la connexion.

- **Le câble** : Les fournisseurs de télévision par câble (tel que Numéricâble) proposent un accès à Internet à partir de leur réseau câblé. Le prix et la vitesse dépendent de votre localisation ; par exemple, dans les meilleurs cas, vous pouvez atteindre un débit de 200Mbps pour un coût de 35,90 € par mois.

  Un inconvénient du câble est la vitesse de transfert en émission qui est généralement beaucoup plus lente que la vitesse de téléchargement en réception. Par exemple, si les téléchargements sont réalisés à 100Mbps, il se peut que les émissions se fassent à 10Mbps.

- **La fibre optique** : Une fibre optique est un fil en verre ou en plastique très fin qui a la propriété d'être un conducteur de la lumière et sert dans la transmission de données. Parce que les signaux lumineux qui se déplacent dans les fibres optiques ne sont pas soumis aux interférences électromagnétiques, les connexions fibres sont extrêmement fiables, la seule chose qui peut interrompre une connexion fibre est la coupure physique de la fibre.

  La fibre optique offre un débit nettement supérieur à celui des câbles coaxiaux ; pour cette raison, la forme la plus rapide, la plus fiable et la plus coûteuse de la connexion Internet est la fibre optique. Cependant, la connexion est extrêmement fiable, et le temps de réponse aux interruptions de service est mesuré en minutes plutôt qu'en heures.

## Partager une connexion Internet

Une fois votre mode d'accès choisi (connexion commutée, ADSL, câble ou ligne T1 ou T3 à haut débit), vous pouvez vous concentrer sur la configuration, de façon à partager la connexion entre plusieurs utilisateurs de votre réseau. Le meilleur moyen consiste à recourir à un périphérique distinct appelé *routeur*. On en trouve à présent à moins de 100 Euros. Les modèles conçus pour les grands réseaux sont évidemment plus onéreux.

Comme toutes les communications entre votre réseau et Internet doivent transiter par le routeur, ce dernier est l'emplacement de choix pour y installer tous les dispositifs de sécurité qui protégeront votre réseau des dangers d'Internet. C'est pourquoi un routeur intègre souvent un pare-feu, comme nous le verrons dans la section « Utiliser un pare-feu », plus loin dans ce chapitre.

# Sécuriser la connexion avec un pare-feu

Si votre réseau est connecté à Internet, vous êtes confronté à une foule de problèmes de sécurité. Vous avez sans doute établi cette connexion afin que les utilisateurs du réseau bénéficient d'une fenêtre ouverte sur le monde extérieur. Malheureusement, c'est aussi par cette fenêtre qu'entrent les malfaiteurs.

Ceux qui agissent sur Internet ne s'en priveront pas. Le cyberespace est peuplé de pirates à la recherche de réseaux dans lesquels s'introduire. Ce n'est parfois que pour le plaisir de fureter dans vos affaires mais parfois aussi pour dérober des numéros de cartes bancaires ou inonder votre serveur de messagerie de milliers de courriers non sollicités. Quelles que soient les motivations, soyez assuré que votre réseau sera visité si vous ne le protégez pas convenablement.

## Utiliser un pare-feu

Un *pare-feu* est un routeur sécurisé installé entre Internet et votre réseau. Sa seule tâche est de filtrer tout ce qui entre et sort. C'est une sorte de vigile entre Internet et le réseau. Tout le trafic transite par le pare-feu qui autorise ou interdit les accès.

Un pare-feu est absolument obligatoire dès lors que votre réseau accède à Internet, que ce soit par une connexion à haut débit (ADSL ou modem câble), ligne T1 ou toute autre connexion du même genre. Sans pare-feu, les pirates découvriront tôt ou tard l'existence de votre réseau non protégé, le signaleront à leurs collègues et il en subira les conséquences en quelques heures.

Un pare-feu peut être installé de deux manières :

- **Équipement pare-feu :** La manière la plus simple consiste à acheter un équipement pare-feu, qui est en réalité un routeur offrant des fonctionnalités de pare-feu.

  La plupart sont équipés d'une interface de type Web permettant de les connecter directement depuis l'un des ordinateurs du réseau à l'aide d'un navigateur. Vous les configurez ensuite selon vos besoins.

- **Ordinateur serveur** : Vous pouvez configurer un ordinateur serveur afin qu'il fasse office d'ordinateur pare-feu.

  Le serveur peut fonctionner sous n'importe quel système d'exploitation réseau. Les plus efficaces tournent cependant sous Linux.

Que vous optiez pour l'équipement pare-feu ou l'ordinateur pare-feu, ce matériel doit être placé entre le réseau et Internet, comme le montre la Figure 8.1. Le pare-feu est connecté d'une part au commutateur, qui est lui-même connecté aux autres ordinateurs du réseau, et d'autre part à Internet. Tout le trafic entre le réseau et Internet doit obligatoirement transiter par le pare-feu.

Le terme *périmètre* est parfois utilisé pour décrire l'emplacement du pare-feu sur le réseau. En fait, un pare-feu est une sorte de périmètre de sécurité qui entoure votre propriété et oblige les visiteurs à s'annoncer à la porte d'entrée.

Sur les réseaux de grande taille, il est parfois difficile de savoir où se trouve le périmètre. Si le réseau bénéficie de plusieurs connexions WAN (*Wide Area Network*, réseau étendu), vérifiez que chacune d'elles est protégée par un pare-feu et n'est pas directement reliée à Internet. Cette sécurité est assurée par un pare-feu pour chaque connexion WAN ou par un seul pare-feu équipé de plusieurs ports WAN.

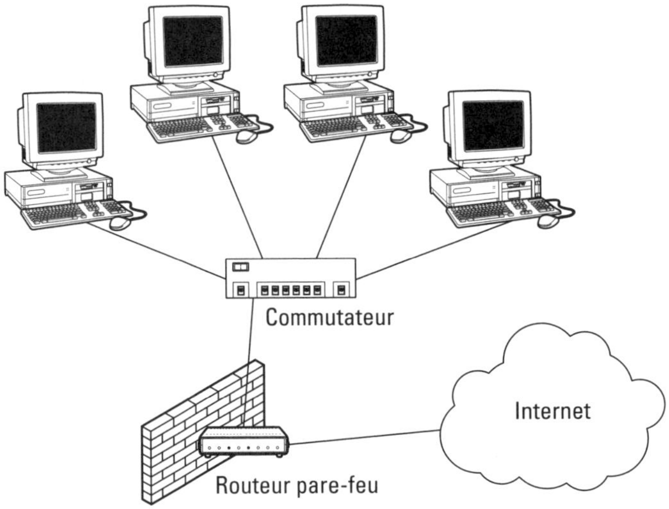


**Figure 8.1 :** Un routeur pare-feu sécurise le trafic entre le réseau et Internet.

Certains pare-feu renforcent la protection antivirus du réseau. Reportez-vous au Chapitre 23 pour en savoir plus sur ce sujet.

## Pare-feu intégré de Windows

Windows XP et Vista possèdent un pare-feu intégré qui fournit une protection de base en filtrant les données. Cependant, il est recommandé d'utiliser un routeur pare-feu qui offre de meilleures fonctionnalités de sécurité que le pare-feu Windows intégré. Celui-ci convient davantage aux réseaux résidentiels ou aux réseaux d'entreprise de petite taille.

Voici comment activer le pare-feu intégré sous Windows XP ou Vista :

1. **Sélectionnez Démarrer/Panneau de configuration.**

   Le Panneau de configuration s'ouvre.

2. **Double-cliquez sur l'icône Pare-feu Windows.**

   La boîte de dialogue Pare-feu Windows s'affiche. La Figure 8.2 représente la version de Windows Vista.

3. **Cochez l'option Activé (recommandé).**

   Cette option active le pare-feu.

4. **Cliquez sur OK.**

   C'est tout.

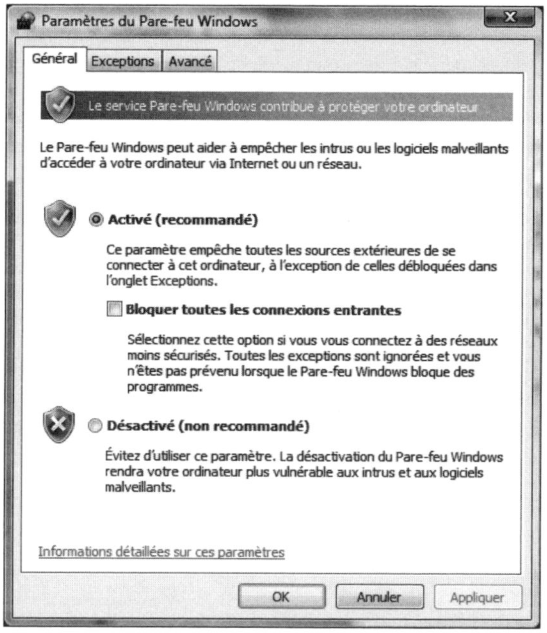


**Figure 8.2 :** Boîte de dialogue Pare-feu Windows sous Vista.

Sous Windows 7 et Windows 8, la démarche est légèrement différente :

1. **Accédez au Panneau de configuration.**

   - *Windows 7* : Choisissez Démarrer/Panneau de configuration.
   - *Windows 8* : Faites un clic droit dans l'angle inférieur gauche et choisissez Panneau de configuration dans le menu contextuel.

2. **Cliquez sur la rubrique Système et sécurité.**

   La fenêtre Système et sécurité s'ouvre.

3. **Cliquez sur Pare-feu Windows.**

   La fenêtre Pare-feu Windows apparaît.

4. **Cliquez sur le lien Activer ou désactiver le Pare-feu Windows dans le volet de gauche.**

   La fenêtre illustrée par la Figure 8.3 s'affiche.

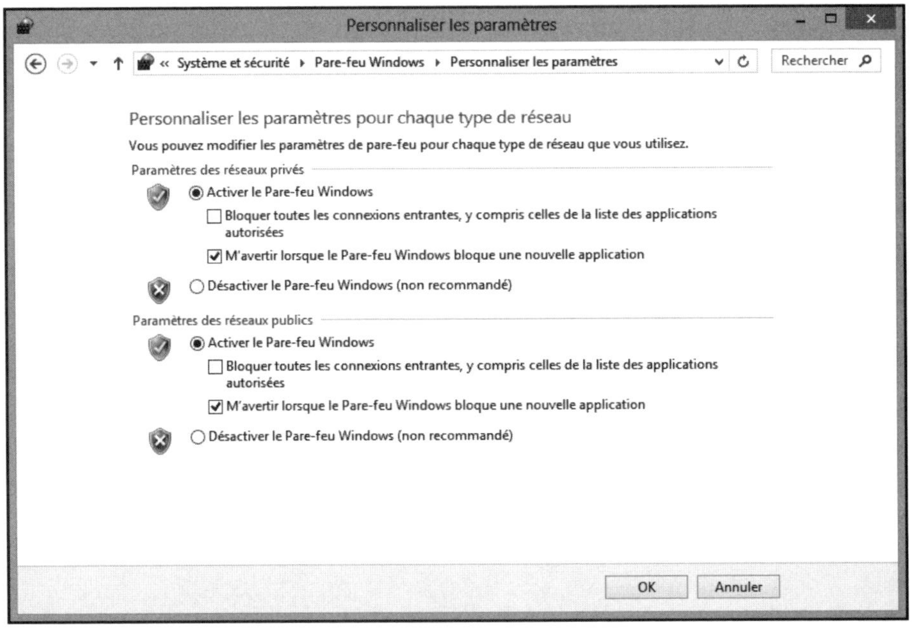


**Figure 8.3 :** Activation du pare-feu sous Windows 8.

5. **Cochez l'option Activer le Pare-feu Windows.**

   Notez que vous pouvez activer ou désactiver le pare-feu indépendamment pour le réseau public (c'est-à-dire pour votre connexion à Internet) et pour votre réseau résidentiel ou d'entreprise (c'est-à-dire le réseau qui relie plusieurs ordinateurs à votre domicile ou au bureau). Je vous conseille d'activer ou de désactiver le pare-feu pour les deux. Désactivez le pare-feu si vous utilisez un pare-feu séparé, intégré dans le routeur qui connecte votre ordinateur ou votre réseau résidentiel ou d'entreprise à Internet. Activez le pare-feu si vous ne possédez pas de pare-feu séparé.

   Je vous conseille aussi d'activer l'option M'avertir lorsque le Pare-feu Windows bloque une nouvelle application (a priori elle est activée par défaut). De cette manière, vous serez averti dès que le pare-feu bloque un programme suspect.

6. **Cliquez sur OK.**

   Le pare-feu est activé.

Le pare-feu qui est intégré dans Windows 7 et Windows 8 propose des options supplémentaires que vous pouvez configurer. Cependant, ne vous aventurez dans cette direction que si vous maîtrisez le domaine !

ATTENTION !

*N'activez pas* le pare-feu de Windows si vous utilisez un routeur qui protège votre réseau. Comme les autres ordinateurs du réseau sont connectés directement au routeur et non à l'ordinateur, le pare-feu de Windows ne protégerait pas le reste du réseau. Autre effet secondaire : le réseau ne pourrait plus accéder à votre ordinateur.

# Chapitre 9

# Réseau sans fil

***Dans ce chapitre :***

- Plongée dans les réseaux sans fil.
- Petite leçon d'électronique.
- 802 point onze et des poussières.
- À portée de maison.
- Adaptateurs USB ou cartes réseau sans fil.
- Points d'accès sans fil.
- Itinérance (roaming).
- Configurer un point d'accès sans fil.
- Se connecter à un réseau sans fil sous Windows Vista, Windows 7 ou Windows 8.
- Configurer Windows XP pour un réseau sans fil.

Depuis le début des réseaux Ethernet, la taille des câbles n'a cessé de diminuer et leur mise en œuvre est devenue de plus en plus simple. A l'origine, les câbles Ethernet avaient un diamètre de la taille d'un pouce, ils pesaient une tonne et il était très difficile de les plier dans les angles des pièces. Ensuite vint le câble coaxial, qui était plus léger et plus facile à travailler. Celui-ci a été supplanté par la paire torsadée non blindée (UTP), qui est le câble utilisé pour la plupart des réseaux actuels.

Bien qu'avec le temps la taille des câbles ait diminué, qu'ils soient devenus moins chers et de plus en plus faciles à travailler, ce sont toujours des câbles. Il est nécessaire de percer les murs pour les faire passer, de tirer des chemins de câbles à travers les double-plafonds et de les intégrer avec plus ou moins de gout à votre décoration intérieure.

L'alternative à la mise en réseau avec des câbles est, bien sûr, la mise en réseau sans câble (plus connue sous le nom de réseau sans fil) ! Avec les réseaux sans fil, plus besoin de câbles pour relier les ordinateurs car ils utilisent des ondes radio pour communiquer. Ainsi, un ordinateur peut être relié à un réseau sans fil, quel que soit l'endroit où il se trouve chez vous ou à votre bureau.

Les réseaux sans fil sont particulièrement utiles pour les ordinateurs portables. Après tout, le principal avantage d'un ordinateur portable n'est-il pas que vous puissiez l'emporter partout avec vous. Au travail, vous pouvez utiliser votre ordinateur portable à votre bureau, dans la salle de conférence, dans la salle de pause, ou même dans la voiture sur le parking. À la maison, vous pouvez l'utiliser dans la chambre à coucher, la cuisine, le salon, salle de jeux ou encore au bord de la piscine. Avec un réseau sans fil, votre ordinateur portable peut être connecté au réseau quel que soit l'endroit où vous vous trouvez.

Les réseaux sans fil sont également devenus extrêmement utiles pour d'autres types d'appareils mobiles comme les smartphones et les tablettes. Bien sûr, ces appareils peuvent se connecter via un réseau cellulaire, avec une carte 3G, mais le coût risque de devenir rapidement prohibitif. Avec un réseau sans fil, vous pouvez connecter votre téléphone intelligent ou votre sans coût supplémentaire.

Ce chapitre vous présente les tenants et les aboutissants de la mise en place d'un réseau sans fil. Vous découvrirez les normes des réseaux sans fil, la façon de planifier votre réseau sans fil et des indications pour installer et configurer les éléments de votre réseau sans fil. Vous verrez aussi comment mettre en place un réseau hybride, filaire et sans fil.

## Plongée dans les réseaux sans fil

Un *réseau sans fil* est un réseau qui utilise non pas des câbles mais des signaux radio pour échanger des informations. Un ordinateur connecté à un réseau sans fil s'apparente à un téléphone portable. À l'instar des téléphones mobiles, dont vous pouvez vous servir sans être relié à une ligne téléphonique, l'ordinateur connecté à un réseau sans fil fonctionne sans câble réseau.

Les paragraphes suivants résument quelques-uns des principaux concepts et termes à connaître pour installer et utiliser un réseau sans fil basique :

- **WLAN** : Les réseaux sans fil sont souvent appelés *WLAN* (*Wireless Local Area Network*, réseau local sans fil). Vous trouverez aussi l'acronyme *LWAN*, pour *Local Area Wireless Network*.

- **Wi-Fi** : Le terme *wifi* s'utilise aussi pour parler des réseaux sans fil bien qu'il désigne en fait des normes de réseau sans fil, 802.11b et 802.11g (voir la section « 802 point onze et des poussières »).
- **SSID** : Un réseau sans fil a un nom d'identification, le *SSID* (*Service Set Identifier*, identifiant d'ensemble de service). Chacun des ordinateurs appartenant au même réseau sans fil doit avoir le même SSID. C'est une colle digne de *Questions pour un champion*, vous ne trouvez pas ?
- **Canal** : Les réseaux sans fil peuvent transmettre sur plusieurs canaux. Pour que les ordinateurs puissent communiquer, ils doivent être configurés de façon à utiliser le même canal.
- **Ad hoc** : Le type de réseau sans fil le plus élémentaire comprend plusieurs ordinateurs dotés d'une carte réseau sans fil. Cette typologie est appelée *mode ad hoc*.
- **Mode infrastructure** : Il existe une typologie plus complexe, le *mode infrastructure*. Plusieurs ordinateurs sans fil peuvent non seulement être connectés entre eux mais également être reliés à un réseau câblé via un appareil spécial, un *point d'accès sans fil* (*WAP*, en anglais). Je vous en dirai plus sur les modes *ad hoc* et *infrastructure* plus loin dans ce chapitre.

# Petite leçon d'électronique

J'étais vraiment un passionné d'électronique. J'en ai fait pendant trois ans au lycée. Le cours se trouvait juste à côté de la boutique d'accessoires auto que fréquentaient tous les copains. Je me gavais de diodes et de condensateurs tout au long de la journée tandis qu'eux achetaient des systèmes stéréo de deux gigawatts pour leur voiture.

Quelques connaissances acquises dans mes cours d'électronique me furent bien utiles pour les réseaux sans fil. Très peu, je vous rassure. Quelques notions de radio vous permettront cependant de mieux comprendre ce qu'est un réseau sans fil.

## Ondes et fréquences

Une émission radio est basée sur des ondes qui traversent l'atmosphère. Elles ne sont ni visibles ni audibles mais un récepteur est capable de les convertir en sons, en images et, dans le cas des réseaux sans fil, en données informatiques.

Les ondes radio sont en fait des ondes cycliques d'énergie électromagnétique qui se répètent à une *fréquence* donnée. La Figure 9.1 montre des ondes radio à deux fréquences : l'une à un seul cycle par seconde, l'autre à deux cycles par seconde. Les ondes radio ne sont pas émises à des fréquences aussi faibles mais à des fréquences beaucoup plus élevées, comme 680 000 cycles par seconde ou 2,4 millions de cycles par seconde.

La fréquence est mesurée en *cycles par seconde.* En l'honneur de Heinrich Hertz, qui est le premier à avoir produit et capté des ondes radio (c'était en 1887), un cycle par seconde est usuellement appelé *hertz,* abrégé en *Hz*. Cette mesure est déclinée en kilohertz (KHz, mille cycles par seconde), en mégahertz (MHz, un million de cycles par seconde) et en gigahertz (GHz, un milliard de cycles par seconde). Ainsi, 2,4 MHz est correct, contrairement à 2,4 Mhz !

Les émetteurs et les récepteurs peuvent être réglés pour produire et recevoir des ondes à une fréquence bien précise, comme le savent tous ceux qui écoutent de la musique sur un poste de radio.

## Longueur d'onde et antennes

La fréquence est liée à la notion de *longueur d'onde.* Les ondes radio voyagent à la vitesse de la lumière. La longueur d'onde indique la distance parcourue par le signal radio en un seul cycle. Par exemple, la vitesse de la lumière étant approximativement de 300 millions de mètres par seconde, la longueur d'une onde radio de 1 Hz est d'environ 300 millions de mètres. Celle d'un signal à 2 Hz est de 150 millions de mètres.

Comme vous le constatez, la longueur d'onde décroît lorsque la fréquence s'accroît. La longueur d'onde d'une station de radio émettant en modulation d'amplitude est de l'ordre de 580 KHz, soit 500 mètres environ. La télévision, elle, émet à 100 MHz, soit environ 3 mètres. En ce qui concerne un réseau sans fil à 2,4 GHz, la longueur d'onde n'est que de 12 centimètres.

Il en résulte que, plus la longueur d'onde est courte, plus l'antenne peut être courte. Les émissions en haute fréquence s'accommodent d'antennes de petite taille. Vous aurez remarqué que les stations de radio émettant sur les grandes ondes (GO) sont surmontées d'une haute antenne souvent placée sur un pylône, alors que les téléphones mobiles sont équipés de toutes petites antennes. C'est tout simplement parce que ces derniers opèrent sur des fréquences beaucoup plus élevées que les stations de radio GO.

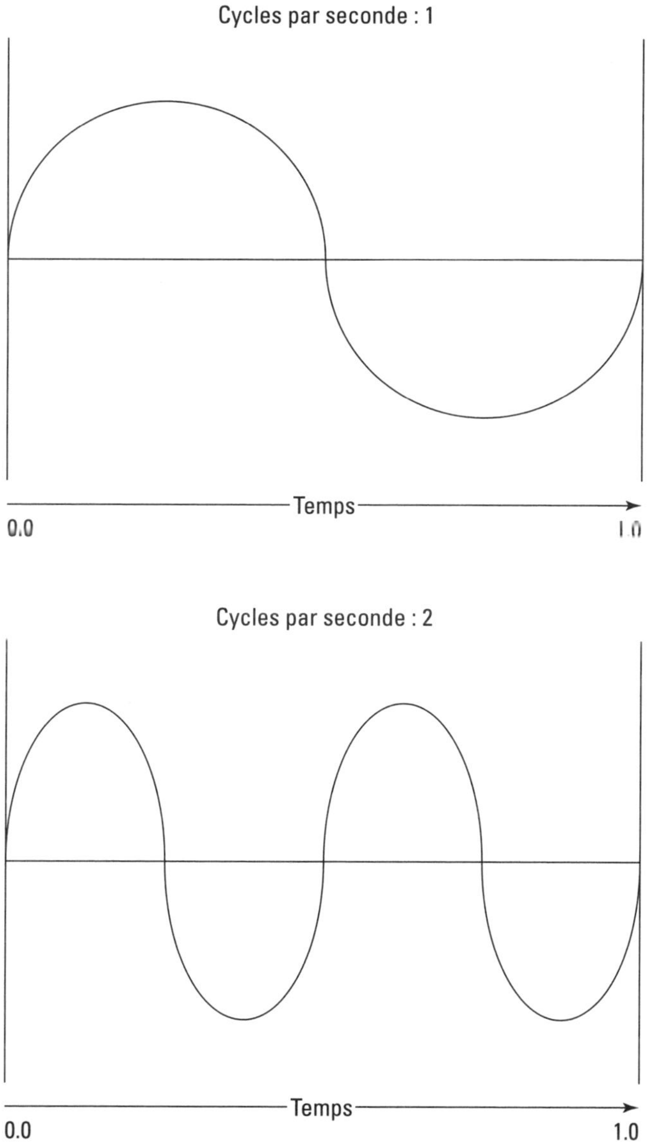


**Figure 9.1 :** Les ondes radio se caractérisent par leur fréquence.

## Spectre et ART

Le terme *spectre* désigne une plage de fréquences. En France, l'attribution des fréquences pour la téléphonie et le wifi est décidée par l'ART (Autorité de Régulation des Télécommunications, `www.art-telecom.fr`).

### Petit retour en arrière

Voici une révélation qui va vous amuser : eh bien, le premier système Ethernet était un réseau sans fil ! Ethernet puise ses racines dans un réseau développé à l'université d'Hawaï en 1970 : l'*Alohanet*. Ce réseau transmettait les données en utilisant de petites radios. Si deux ordinateurs transmettaient des données simultanément, une collision était détectée et ils étaient contraints d'attendre pendant un laps de temps aléatoire avant de retransmettre à nouveau les données. Cette méthode constitue les fondements pour la technique de base d'Ethernet, maintenant appelée Accès multiple avec écoute de la porteuse et détection de collisions (CSMA/CD, abréviation de *Carrier Sense Multiple Access/Collision Detection*). Dans sa thèse de doctorat à Harvard en 1973, Robert Metcalfe a développé son réseau câblé, Ethernet, en s'inspirant en partie du protocole sans fil d'Alohanet.

Pendant les vingt années qui ont suivi, Ethernet n'a été qu'un puissant réseau câblé. Ce n'est que vers le milieu des années 1990 qu'Ethernet est revenu à ses racines, le « sans fil ».

Le Tableau 9.1 présente les bandes de fréquence les plus communément utilisées. Remarquez que certaines plages sont très vastes (la télévision UHF s'étend de 470 à 806 MHz) alors que d'autres sont confinées à des fréquences très précises. La différence entre la fréquence la plus basse et la plus élevée d'une bande est appelée *largeur de bande*.

**Tableau 9.1 :** Bandes radio les plus connues.

| *Bande* | *Utilisation* |
|---|---|
| 535 à 1700 KHz | Radio, grandes ondes (GO) |
| 5,9 à 26,1 MHz | Radio, ondes courtes (OC) |
| 26,96 à 27,41 MHz | CB (Citizen Band) |
| 54 à 88 MHz | Télévision VHF (canaux 2 à 6) |
| 88 à 108 MHz | Radio FM |
| 174 à 220 MHz | Télévision VHF (canaux 7 à 13) |

| Bande | Utilisation |
|---|---|
| 470 à 806 MHz | Télévision (canaux UHF) |
| 806 à 890 MHz | Téléphones cellulaires |
| 900 MHz | Téléphones sans fil |
| 1850 à 1990 MHz | Téléphone cellulaire PCS |
| 2,4 à 2,4835 GHz | Téléphones et réseaux sans fil (802.11b et 802.11g) |
| 4 à 5 GHz | Télévision par satellite, grande parabole |
| 5 GHz | Réseaux sans fil (802.11a) |
| 11,7 à 12,7 GHz | Télévision par satellite, petite parabole |

Deux des bandes du spectre sont attribuées aux réseaux sans fil : 2,4 GHz et 5 GHz. Notez que ces bandes ne sont pas réservées uniquement aux réseaux sans fil. En France, la partie basse de la fréquence à 2,4 GHz est occupée par l'armée, ce qui a posé des problèmes pour l'introduction du wifi (l'armée a cependant cédé la bande haute de la fréquence, au-dessus de 2,4465 GHz). Certains appareils (comme les haut-parleurs sans fil, les transmetteurs TV, les téléphones sans fil, etc.) émettent parfois dans ces fréquences.

# 802 point onze et des poussières

Les standards de réseaux sans fil les plus connus sont ceux de type IEEE 802.11. Ces standards Ethernet sans fil utilisent les mêmes techniques de transmission que les standards Ethernet câblés (en d'autres termes, 802.3). Surtout, les réseaux 802.11 utilisent la même technique CSMA/CD que l'Ethernet câblé pour éviter les collisions réseau.

Les standards 802.11 adressent les deux couches inférieures du modèle IEEE, qui en compte sept : la couche physique et la couche Media Access Control. Notez que les protocoles TCP/IP agissent sur les couches supérieures du modèle. Ainsi TCP/IP fonctionne parfaitement sur les réseaux 802.11.

Le standard original 802.11 a été adopté en 1997. Deux évolutions de ce standard, appelées 802.11a et 802.11b, ont été entérinées en 1999. Les derniers standards en date sont le 802.11g et le 802.11n.

Le Tableau 9.2 regroupe les caractéristiques des quatre variantes du standard 802.11.

**Tableau 9.2 :** Variantes du standard 802.11.

| *Standard* | *Débit max.* | *Fréquence* | *Portée (intérieur)* |
|---|---|---|---|
| 802.11a | 54 Mbps | 5 GHz | 50 m |
| 802.11b | 11 Mbps | 2,4 GHz | 100 m |
| 802.11g | 54 Mbps | 2,4 GHz | 100 m |
| 802.11n | 144 Mbps | 5 GHz | > 100 m |

Actuellement, la plupart des réseaux sans fil sont basés sur le standard 802.11n.

# À portée de maison

La portée maximale d'un réseau sans fil 802.11g est d'environ 100 mètres dans les meilleures conditions. Ce peut être intéressant si vous disposez de tout un tas d'ordinateurs sans fil en réseau dont certains sont à portée de leurs congénères et d'autres non. Par exemple, imaginons que Gilbert, Lucien et Jean-Jacques aient chacun un ordinateur portable sans fil. L'ordinateur de Gilbert est situé à 70 mètres de la machine de Lucien, laquelle est à 70 mètres de celle de Jean-Jacques, dans la direction opposée (voir Figure 9.2). Avec cette configuration, Lucien est capable d'accéder à la fois aux ordinateurs de Gilbert et de Jean-Jacques mais Gilbert ne peut accéder qu'à celui de Lucien et Jean-Jacques seulement à celui de Lucien. Autrement dit, Gilbert ne pourra jamais accéder à l'ordinateur de Jean-Jacques, et inversement, car ils sont situés au-delà de la portée maximale de 100 mètres. Ça commence à ressembler à un problème de maths vicieux. Maintenant, supposons que Gilbert commence à se déplacer vers Lucien à 1,5 km/h, alors que Jean-Jacques se met à courir vers Lucien à 10 km/h…

La portée théorique d'une carte réseau 802.11g est de 100 mètres mais dans la pratique elle peut être moins importante. Des obstacles, tels que les murs, le mauvais temps, les téléphones sans fil, les fours à micro-ondes, les réacteurs nucléaires d'arrière-cour, etc., peuvent se liguer pour diminuer la portée effective d'une carte réseau sans fil. En cas de problème de connexion réseau, le simple fait de réorienter les antennes peut aider. Les réseaux sans fil ont tendance à être plus lents lorsque la distance augmente. Les cartes réseau 802.11g sont censées fonctionner à 11 Mbps mais elles n'atteignent ce débit qu'à des portées inférieures à 30 mètres. À 100 mètres, le débit chute souvent à 1 Mbps. Si vous avez atteint la portée limite de la carte, vous courez davantage le risque de perdre la connexion si les conditions météorologiques sont mauvaises.

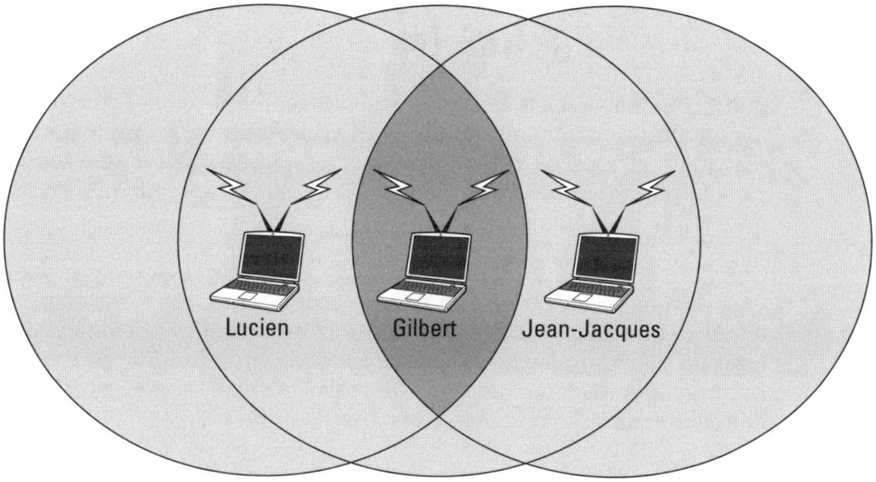


**Figure 9.2 :** Lucien, Gilbert et Jean-Jacques s'amusent avec leur réseau sans fil.

# Adaptateurs USB ou cartes réseau sans fil

Tout ordinateur connecté à votre réseau sans fil doit être équipé d'une *carte réseau sans fil*, qui ressemble à la carte réseau utilisée pour une connexion Ethernet standard. Seule différence, la carte réseau sans fil possède une antenne et non un connecteur relié à un câble.

Il existe plusieurs types de cartes réseau sans fil. Vous les choisirez en fonction de vos besoins et du type d'ordinateur que vous possédez :

- **La carte PCI** sans fil s'installe à l'intérieur d'un ordinateur de bureau. Pour ce faire, il faut démonter la machine. Ne le faites que si vous avez les nerfs suffisamment solides pour plonger dans les entrailles de la bête.
- **L'adaptateur USB** sans fil est un boîtier séparé qui se branche sur un des ports USB de votre ordinateur. Il occupe certes de la place sur votre bureau mais, pour son installation, vous n'avez pas besoin d'ouvrir votre ordinateur.

## Points d'accès sans fil

Contrairement à leurs homologues câblés, les réseaux sans fil ne nécessitent ni concentrateur ni commutateur. Si vous souhaitez simplement mettre en réseau un groupe d'ordinateurs sans fil, il vous suffit d'acheter un adaptateur sans fil pour chacun d'entre eux puis de placer les machines à moins de 100 mètres les unes des autres.

Que faire si vous avez déjà un réseau câblé ? Supposons, par exemple, que vous disposiez au bureau de quinze ordinateurs, tous câblés bien comme il faut et que vous vouliez ajouter deux ordinateurs portables au réseau existant. Ou supposez que vous ayez deux ordinateurs chez vous, connectés par un câble réseau mais que vous désiriez aussi relier celui de la chambre à coucher sans tirer un câble à travers le grenier.

C'est là qu'entre en scène le *point d'accès sans fil (WAP*, en anglais, rien à voir avec le WAP des téléphones mobiles, qui est un protocole d'accès). Un point d'accès sans fil assure deux fonctions :

- Il agit comme point de connexion central pour tous les ordinateurs équipés d'adaptateurs de réseau sans fil. Un point d'accès sans fil est l'équivalent d'un concentrateur ou d'un commutateur sur un réseau câblé.
- Il connecte vos ordinateurs sans fil au réseau de façon que tout ce beau monde forme une jolie petite famille bien unie.

TRUC

Un *point d'accès* est un boîtier muni d'une ou deux antennes et d'un port Ethernet RJ-45. Il suffit d'y brancher le câble réseau et de relier l'autre extrémité du câble à un concentrateur ou à un commutateur et le réseau sans fil est connecté au réseau câblé.

La Figure 9.3 montre un point d'accès jouant le rôle de point de connexion central pour des ordinateurs communiquant sans fil et de pont qui les relie à un réseau câblé.

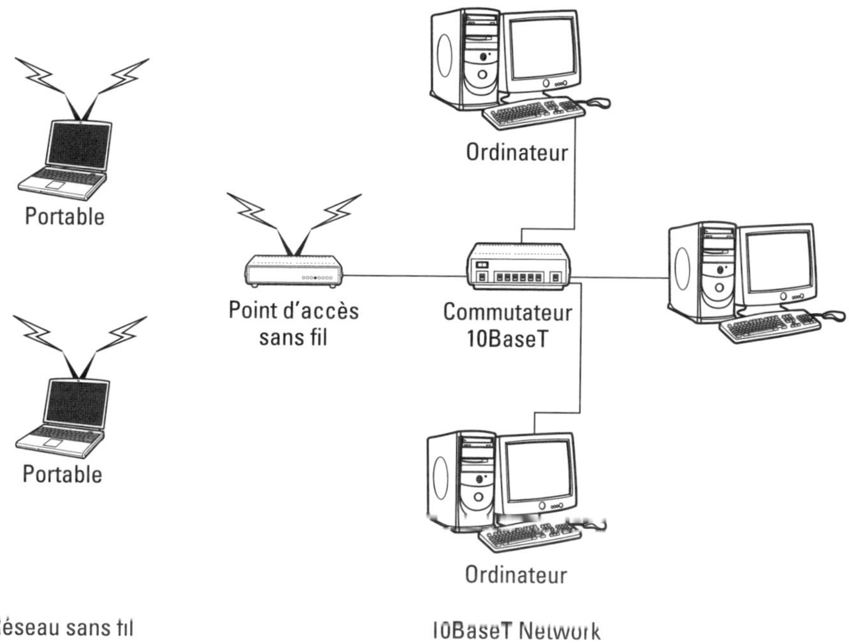


**Figure 9.3 :** Un point d'accès sans fil relie un réseau sans fil à un réseau câblé.

## Mode infrastructure

Lorsque vous configurez un réseau sans fil équipé d'un point d'accès, vous créez un réseau en *mode infrastructure*. Il est appelé ainsi car le point d'accès fournit une infrastructure permanente au réseau. Les points d'accès sont fixés à des emplacements physiques, de sorte que les frontières du réseau sont relativement stables. Chaque fois qu'un ordinateur portable s'aventure à portée d'un des points d'accès, il entre dans la zone d'action du réseau et peut s'y connecter.

Un point d'accès et tous les ordinateurs qui y sont reliés sont appelés BSS (*Basic Service Set*, ensemble des services de base). Chaque BSS est identifié par un SSID (*Service Set Identifier*, identifiant de l'ensemble des services). Quand vous configurez un point d'accès, vous spécifiez le SSID à utiliser. C'est souvent un nom générique, comme *réseau sans fil,* ou un nom que vous créez. Certains points d'accès utilisent l'adresse MAC du point d'accès sans fil comme SSID.

## Points d'accès sans fil multifonctions

Les points d'accès sans fil offrent souvent d'autres fonctionnalités. Certains, par exemple, sont également des concentrateurs ou commutateurs Ethernet. Dans ce cas, ils sont dotés de plusieurs ports RJ-45. En outre, certains possèdent des routeurs pare-feu câble ou DSL à large bande qui permettent la connexion à Internet :

- Un point d'accès sans fil 802.11b qui m'a permis de mettre en réseau un portable et un ordinateur de bureau situé à l'autre bout de la maison car je ne voulais pas tirer des câbles à travers le grenier.
- Un commutateur 10/100 MHz quatre ports sur lequel je peux connecter jusqu'à quatre ordinateurs à l'aide de câbles à paires torsadées.
- Un routeur DSL/câble que je connecte à mon modem câblé. Cela permet à tous les ordinateurs du réseau (câblés et sans fil) d'accéder à Internet.

Un point d'accès multifonctions conçu pour servir de passerelle Internet d'un réseau résidentiel est parfois appelé *passerelle résidentielle.*

# Itinérance (roaming)

Il est possible d'utiliser plusieurs points d'accès sans fil pour créer un grand réseau sans fil. Les utilisateurs peuvent se déplacer tout en restant connectés. Dès qu'un utilisateur sort de la zone de couverture d'un point d'accès, un autre point d'accès prend automatiquement le relais, sans que la connexion soit interrompue.

Dans cette optique, l'installation de plusieurs points d'accès sans fil nécessite que ceux-ci soient placés de telle sorte que toutes les zones du bureau ou de l'édifice figurent au moins à portée d'un des points d'accès. Ensuite, vérifiez que tous les ordinateurs et points d'accès utilisent le même SSID et le même canal.

Plusieurs points d'accès reliés pour assurer l'itinérance ainsi que les ordinateurs qui y sont connectés forment un ESS (*Extended Service Set*, ensemble de services étendus). Les points d'accès d'un ESS sont généralement connectés à un réseau câblé.

L'une des limites de l'itinérance réside dans le fait que chaque point d'accès d'un ESS doit appartenir au même sous-réseau TCP/IP. Ainsi, l'ordinateur qui passe d'un point d'accès à un autre, dans l'ESS, conserve la même adresse IP. Si les points d'accès appartenaient à des sous-réseaux différents, l'ordinateur itinérant devrait changer d'adresse IP dès qu'il passe d'un point d'accès à un autre.

## Ponts sans fil

Supposons que vous ayez deux réseaux distincts à proximité l'un de l'autre dans un bâtiment mais qu'il soit difficile de les relier par câble. Dans ce cas, vous pouvez utiliser deux points d'accès sans fil pour créer un *pont sans fil* entre les deux réseaux. Connectez l'un des points d'accès sans fil au premier réseau et l'autre au second. Ensuite, attribuez le même SSID et le même nom aux deux points d'accès sans fil. Autre solution : vous pouvez utiliser un seul point d'accès sans fil doté d'une antenne plus puissante pour augmenter la portée.

## Réseaux ad hoc

Un point d'accès sans fil n'est pas indispensable pour créer un réseau sans fil. En effet, quand deux périphériques sans fil sont à portée l'un de l'autre, ils peuvent se connecter et former un *réseau ad hoc*. Par exemple, si vous et quelqu'un de votre entourage possédez un ordinateur portable équipé d'un adaptateur de réseau sans fil 802.11b/g, vous pouvez vous rencontrer n'importe où, même en pleine nature et former spontanément un réseau ad hoc.

Tous les ordinateurs situés à portée les uns des autres au sein d'un réseau ad hoc forment un IBSS (*Independent Basic Service Set*, ensemble de services de base indépendant).

# Configurer un point d'accès sans fil

La configuration physique d'un point d'accès sans fil est assez simple : vous extrayez la bête de sa boîte, vous la placez sur une étagère ou sur un meuble à proximité d'une prise de courant et (le cas échéant) d'une prise réseau et vous branchez le cordon d'alimentation et le câble de raccordement au réseau.

La configuration du point d'accès est un peu moins simple mais sans être compliquée. Elle s'effectue généralement au travers d'une interface Web. Pour accéder à la page de configuration du point d'accès, vous devez connaître son adresse IP. Ensuite, il suffit de la taper dans la barre d'adresse du navigateur à partir de n'importe quel ordinateur du réseau.

Les points d'accès multifonctions fournissent habituellement les services DHCP et NAT et font office de routeur. Par conséquent, ils ont typiquement une adresse IP privée située au début de la plage d'adresses IP, telle que `192.168.0.1` ou `10.0.0.1` (consultez la documentation associée au point d'accès).

Si vous utilisez un point d'accès multifonctions comme point d'accès sans fil et routeur Internet et si vous avez oublié son adresse IP, exécutez la commande `IPCONFIG ALL` à partir de l'invite de commande de n'importe quel ordinateur du réseau. L'adresse IP de la passerelle devrait être l'adresse IP du point d'accès.

## Options de configuration

La Figure 9.4 présente l'écran principal de configuration d'un routeur sans fil. J'ai accédé à cette page en indiquant dans la barre d'adresse du navigateur l'adresse IP (`192.168.1.1`) du routeur puis en entrant le login de l'administrateur et son mot de passe.

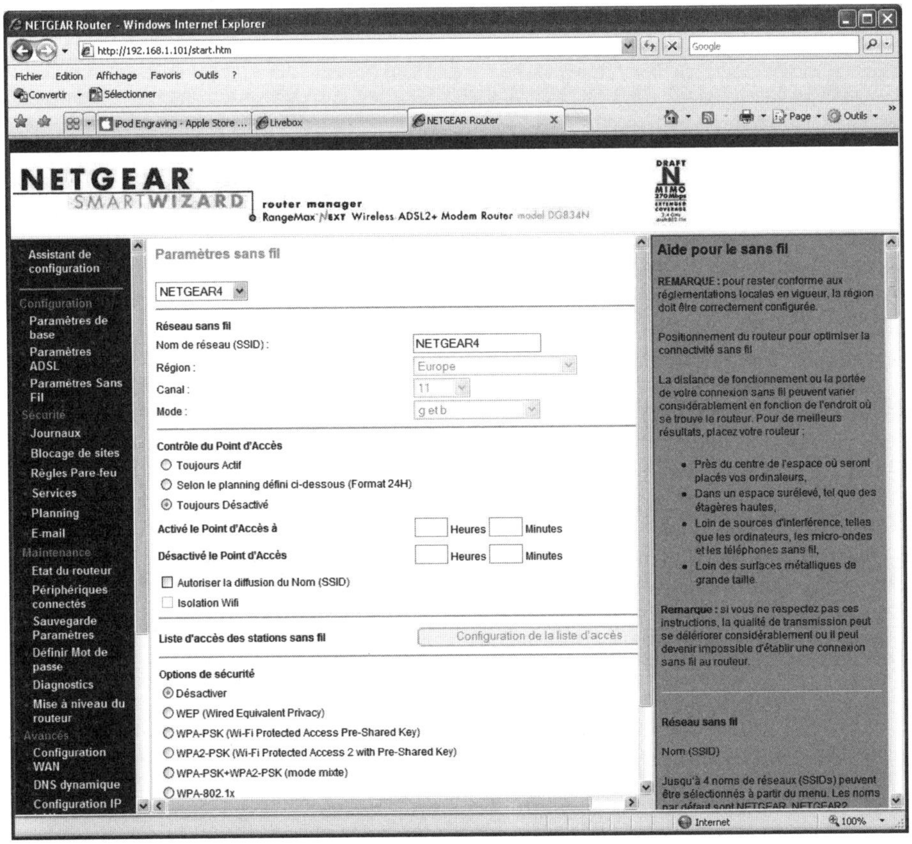


**Figure 9.4 :** Page principale de configuration d'un routeur sans fil.

Cette page de configuration propose les options de configuration ci-dessous. Bien qu'elles soient propres à un certain matériel, vous les retrouverez sur la plupart des autres points d'accès :

- **Activer/désactiver** : Active ou désactive les fonctions du point d'accès sans fil.
- **SSID** : L'identifiant de l'ensemble des services sert à identifier le réseau. Celui fourni par défaut par la plupart des points d'accès est très connu.

- **Autoriser la diffusion du nom (SSID)** : Désactive l'émission périodique du SSID du point d'accès. Normalement, le point d'accès émet régulièrement son SSID afin que les périphériques sans fil qui arrivent à portée puissent détecter le réseau et s'y connecter.
- **Canal** : Permet la sélection de l'un des onze canaux de communication (quatre seulement en France). Tous les points d'accès et ordinateurs du réseau sans fil doivent communiquer par le même canal.
- **WEP** : Permet d'activer ou de désactiver un protocole de sécurité appelé *wired-equivalent privacy*.

## Configurer le serveur DHCP

TRUC

Vous pouvez configurer les points d'accès multifonctions pour qu'ils soient aussi des serveurs DHCP. En général, cela se fait systématiquement pour les réseaux de petite taille, dans ce cas, vous devez configurer le serveur DHCP. La Figure 9.5 affiche la page de configuration du serveur DHCP pour un routeur NetGear. Pour activer le serveur DHCP, cochez l'option adéquate et spécifiez les autres options de configuration.

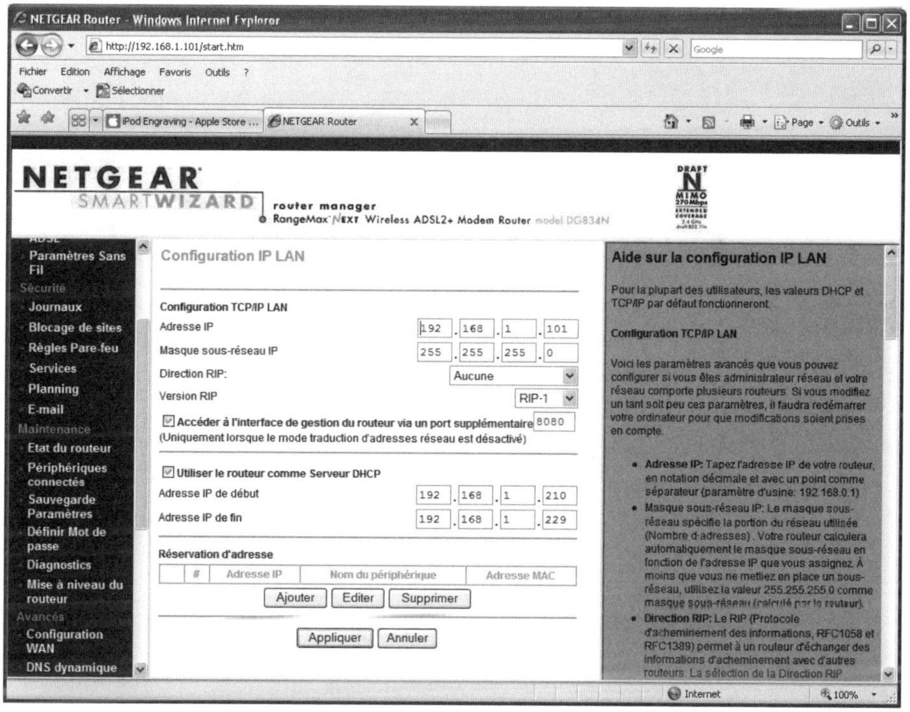


Figure 9.5 : Configuration du serveur DHCP pour un routeur NetGear.

Les réseaux plus étendus qui sont plus exigeants en ressources requièrent un serveur DHCP spécifique. Dans ce cas, vous devez désactiver la fonction de serveur DHCP sur le point d'accès.

## Se connecter à un réseau sans fil sous Windows Vista, Windows 7 ou Windows 8

Se connecter à un réseau sans fil sous Windows Vista, 7 ou 8 est plus simple que sous Windows XP. Dès que Windows détecte la portée d'un réseau sans fil, une info-bulle s'ouvre et vous informe qu'un ou plusieurs réseaux sans fil sont disponibles. Double-cliquez sur cette info-bulle pour ouvrir la boîte de dialogue illustrée par la Figure 9.6. Ensuite, il ne vous reste qu'à double-cliquer sur le réseau auquel vous voulez vous connecter.

**Figure 9.6 :** Connexion à un réseau sans fil.

## Configurer Windows XP pour un réseau sans fil

La première étape de la configuration de Windows XP pour un réseau sans fil consiste à installer le pilote de la carte sans fil. Pour ce faire, vous avez besoin du CD d'installation qui vous a été fourni avec l'adaptateur. Suivez les instructions du programme d'installation.

Windows XP propose quelques fonctionnalités intégrées permettant de gérer l'ordinateur dans un environnement sans fil. Exécutez les étapes suivantes pour y accéder :

1. **Ouvrez la fenêtre Connexions réseau.**

   TRUC

   Exécutez Démarrer/Panneau de configuration puis double-cliquez sur l'icône Connexions réseau.

2. **Effectuez un clic droit sur l'icône Connexion réseau sans fil et sélectionnez Propriétés pour ouvrir la boîte de dialogue correspondante.**

3. **Ouvrez l'onglet Configuration réseaux sans fil.**

   Les options des réseaux sans fil s'affichent, comme le montre la Figure 9.7. Si votre ordinateur est équipé d'une carte réseau sans fil à laquelle est associé un logiciel d'administration, c'est ce logiciel qui sera utilisé à la place de celui de Windows.

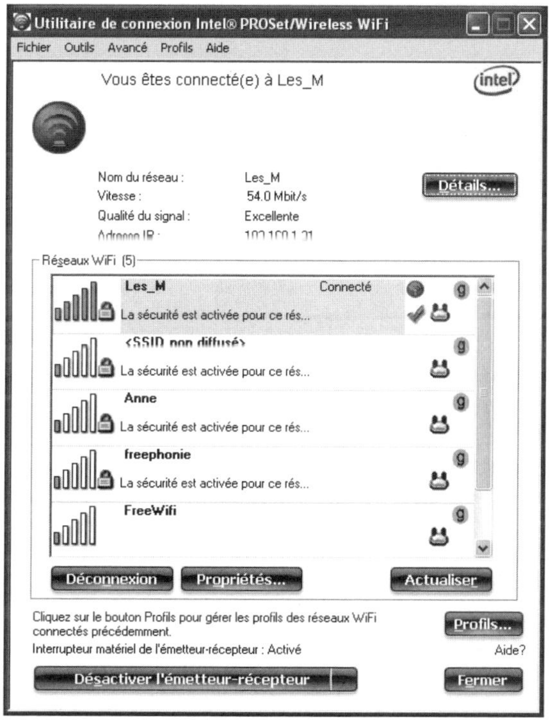


**Figure 9.7 :** Configuration de la connexion réseau sans fil sous Windows XP avec le pilote de la carte réseau.

Dès que vous vous connectez à un réseau sans fil, Windows XP ajoute ce réseau dans cette boîte de dialogue. Vous pouvez alors modifier l'ordre des réseaux dans la section Réseaux favoris pour indiquer celui auquel vous voulez être connecté si vous vous trouvez simultanément dans la portée de plusieurs réseaux. Utilisez les boutons Monter et Descendre pour modifier vos préférences.

Pour ajouter un réseau auquel vous ne vous êtes pas encore connecté, cliquez sur le bouton Ajouter. Cette action ouvre la boîte de dialogue illustrée par la Figure 9.8. Vous pouvez spécifier le SSID du réseau que vous voulez ajouter. Vous êtes également invité à fournir d'autres informations telles que les techniques de cryptage et d'authentification ainsi que le type de réseau (ad hoc ou infrastructure).

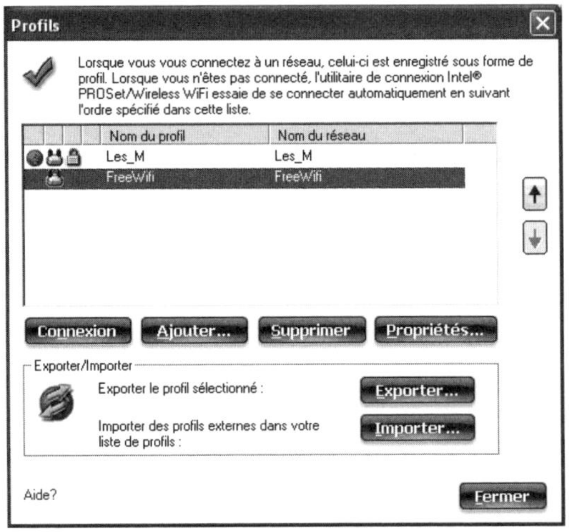


**Figure 9.8 :** Ajout d'un réseau sans fil sous Windows XP.

Dès que l'ordinateur arrive à portée d'un réseau sans fil, une info-bulle apparaît dans la barre des tâches, indiquant qu'un réseau est disponible. S'il s'agit d'un réseau déjà identifié pour lequel vous avez requis une connexion automatique, un clic dans l'info-bulle vous connecte automatiquement. Si Windows XP ne reconnaît pas le réseau, le clic sur l'info-bulle affiche la boîte de dialogue Connexion réseau sans fil dans laquelle vous pouvez sélectionner le réseau auquel vous souhaitez vous connecter. Pour ce faire, il suffit de cliquer sur le bouton approprié.

# Troisième partie

# Jouer dans la cour des grands

« C'est bon ! Tu vas l'avoir, ton réseau sans fil ! »

## Dans cette partie :

- Installer et configurer Windows Server 2012
- Découvrir et mettre en œuvre Active Directory
- Créer et gérer des comptes utilisateurs
- Gérer des serveurs de fichiers et de messagerie
- Mettre en place un Intranet d'entreprise

# Chapitre 10

# Installer un serveur

***Dans ce chapitre :***

- Fonctions d'un système d'exploitation réseau.
- Les Systèmes d'exploitation serveur Microsoft.
- Autres systèmes d'exploitation réseau.
- Méthodes d'installation d'un système d'exploitation réseau.
- Inventaire des ressources nécessaires.
- Prendre les bonnes décisions.
- Dernières mises au point.
- Installer un système d'exploitation réseau.
- Configuration du serveur.

Avant d'aller plus loin, l'un des choix fondamentaux que vous devrez faire est celui du *système d'exploitation réseau (NOS)* car il est la base de votre réseau. Ce chapitre commence par décrire les principales fonctionnalités propres à tous les systèmes d'exploitation réseau. Il indique ensuite les avantages et les inconvénients des plus connus d'entre eux.

Naturellement, votre travail ne se limite pas au choix du système d'exploitation réseau. Il consiste à installer puis à mettre en service le système d'exploitation réseau. Ce chapitre fournit une vue d'ensemble sur l'installation et la configuration d'un des systèmes d'exploitation réseau les plus populaires, Windows Server 2012.

# Fonctions d'un système d'exploitation réseau

Tous les systèmes d'exploitation, du plus simple au plus complexe, doivent comporter certaines fonctionnalités cruciales telles que la connexion aux autres ordinateurs du réseau, le partage des fichiers et autres ressources, la sécurité, etc. Vous trouverez, dans les sections ci-dessous, quelques généralités sur ces fonctions.

## Support réseau

Il va sans dire qu'un système d'exploitation réseau doit supporter les réseaux. Cela exige les caractéristiques techniques suivantes :

- Pour qu'il réponde aux attentes de l'utilisateur, un système d'exploitation réseau doit supporter une vaste diversité de *protocoles réseau.*

  Généralement, les gros réseaux relient des ordinateurs tournant sous différentes versions de Windows, des PC sous Linux et aussi des Macintosh. C'est ce qu'on appelle un réseau *hétérogène*. Le serveur devra supporter simultanément les protocoles TCP/IP, NetBIOS et AppleTalk.

- Bon nombre de serveurs sont équipés de plusieurs cartes d'interface réseau. Dans ce cas, le système d'exploitation réseau doit être capable de supporter des *connexions multiples*.

  - Idéalement, le système d'exploitation réseau doit pouvoir répartir la charge de manière égale entre ses interfaces réseau.

  - De plus, au cas où l'une des connexions échouerait, le système d'exploitation réseau doit faire en sorte qu'une autre connexion prenne le relais, sans rupture.

- La plupart des systèmes d'exploitation réseau sont capables de faire office de *routeur* reliant deux réseaux.

  Les fonctions de routeur d'un système d'exploitation réseau doivent aussi comporter des fonctions de *pare-feu* interdisant l'entrée de paquets non autorisés dans le réseau local.

## Services de partage de fichiers

Une des fonctions les plus importantes d'un système d'exploitation réseau est le partage des ressources entre les utilisateurs du réseau. La plus commune de ces ressources partagées est le *système de fichiers* du serveur, c'est-à-dire l'espace organisé, sur le disque dur, que le serveur doit pouvoir mettre à disposition (totalement ou partiellement) des autres utilisateurs. Ces derniers peuvent alors considérer que cet espace de stockage, sur le serveur, est une extension de l'espace disque de leur propre ordinateur.

Le système d'exploitation réseau permet à l'administrateur système de définir les parties du système de fichiers du serveur qui seront partagées.

Bien que la totalité du disque dur puisse être partagée, c'est rarement le cas. En fait, ce sont des répertoires et dossiers bien précis qui le sont. L'administrateur peut définir comment chaque utilisateur accède ou n'accède pas à chacun des dossiers partagés.

Le partage des fichiers étant la raison d'être de nombreux serveurs, un système d'exploitation réseau doit disposer de fonctions de gestion du disque dur beaucoup plus sophistiquées que celles des systèmes d'exploitation des ordinateurs de bureau. Par exemple, la plupart des systèmes d'exploitation réseau peuvent gérer plusieurs disques durs comme s'ils n'en faisaient qu'un. De plus, bon nombre d'entre eux savent créer un *miroir* d'un disque dur sur un autre disque, par sauvegardes automatiques.

## Multitâche

Un ordinateur n'est utilisé que par une seule personne à la fois. En revanche, de nombreuses personnes peuvent utiliser un serveur simultanément. C'est pourquoi un système d'exploitation réseau doit fournir une prise en charge pour les multiples utilisateurs qui accèdent au serveur à distance, via le réseau.

Le cœur de ce support multiutilisateur est une fonctionnalité appelée *multitâche*. Il s'agit d'une technique qui saucissonne le traitement informatique en fines tranches de temps et jongle à la vitesse de l'éclair avec les programmes en cours. C'est ainsi que le système d'exploitation parvient à exécuter plus d'un programme (appelé *tâche* ou *processus*) à la fois. Le multitâche n'est pas sans rappeler les jongleurs du cirque de Pékin qui font tourner des assiettes sur des bâtons tout en se contorsionnant ou en pédalant sur un monocycle. Remplacez les assiettes par des logiciels et le monocycle par le gestionnaire de fichiers et vous y êtes.

Le multitâche ne fait que donner *l'impression* que plusieurs programmes s'exécutent simultanément. En réalité, un ordinateur monoprocesseur ne peut en exécuter qu'un seul. Le système d'exploitation demande au processeur de passer rapidement d'un programme à un autre pour simuler la simultanéité. Mais à un instant T, un seul programme est traité. Les autres attendent patiemment leur tour, si tant est que la patience puisse s'évaluer en millisecondes. Notez que si l'ordinateur est équipé de plusieurs processeurs, plusieurs programmes peuvent effectivement être exécutés en même temps mais c'est là une autre paire de manches.

## Services d'annuaire

On trouve des annuaires partout. Vous en utilisez pour trouver un numéro de téléphone. Si vous recherchez les coordonnées d'un client, vous feuilletez l'annuaire de votre Filofax. Un annuaire n'est pas forcément sur papier : la liste des contacts de votre messagerie ou de votre PDA (assistant personnel numérique) est aussi un annuaire.

Les réseaux sont équipés d'annuaires qui recensent les ressources disponibles : utilisateurs, ordinateurs, imprimantes, dossiers partagés et fichiers. Ils jouent un rôle essentiel dans n'importe quel système d'exploitation réseau.

Dans les anciens systèmes d'exploitation réseau, comme Windows NT 3.1 et NetWare 3.*x*, chaque serveur maintenait sa propre *base de données de répertoire* (un fichier contenant une liste ordonnée des ressources disponibles seulement sur ce serveur). Le problème, avec cette approche, est que l'administrateur réseau devait maintenir chaque base de données séparément. Ce n'était pas problématique pour des réseaux ne comportant que quelques serveurs mais si le réseau en comptait des dizaines, voire des centaines, la tâche s'avérait quasiment impossible.

De plus, les premiers *services d'annuaire* (des programmes qui servent à exploiter les bases de données de répertoire) étaient spécifiques à telle ou telle application. Par exemple, un serveur avait un service d'annuaire pour la connexion des utilisateurs, un autre pour le partage des fichiers et un autre encore pour les adresses de la messagerie. Chaque annuaire avait ses propres outils d'ajout, de mise à jour et de suppression des entrées.

Le service d'annuaire moderne le plus populaire est *Active Directory* (AD). Il est intégré par défaut dans les systèmes d'exploitation serveurs basés sur Windows. Active Directory fournit un annuaire simple de toutes les ressources du réseau. Il abandonne les limites imposées aux anciens noms de domaines et noms d'ordinateurs (15 caractères) utilisées avec Windows NT en faveur des noms autorisés par les DNS et Internet tels que `Marketing.MonEntreprise.com` ou `Achats.MonEntreprise.com`. La Figure 10.1 présente la console Utilisateurs et ordinateurs Active Directory, utilisée pour gérer les utilisateurs et les ordinateurs sous Windows Server 2012.

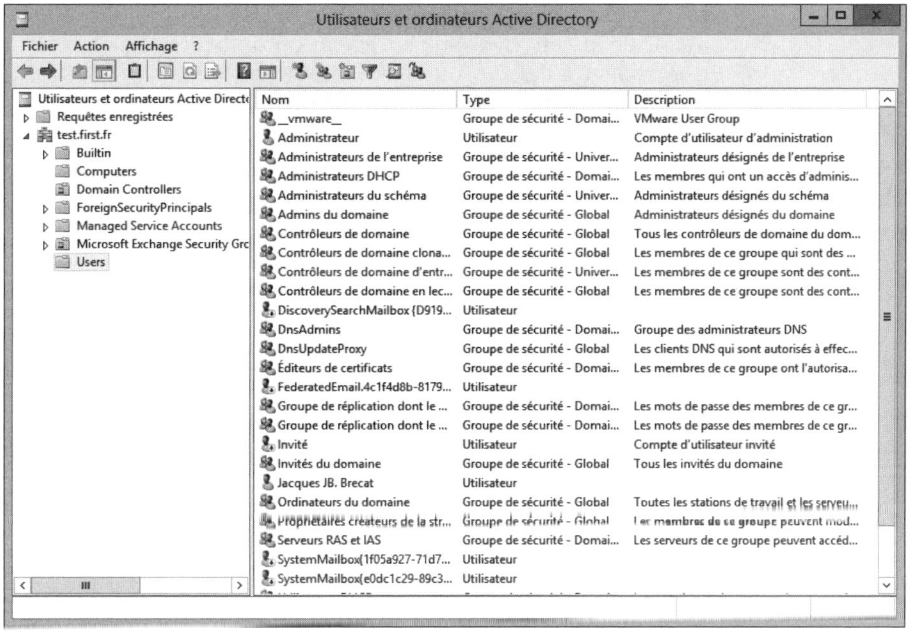


**Figure 10.1 :** Console Utilisateurs et ordinateurs Active Directory.

# Services de sécurité

Tous les systèmes d'exploitation réseau doivent proposer des mesures de sécurité qui protègent le réseau des entrées non autorisées. Le piratage étant devenu l'un des passe-temps favoris et la plupart des ordinateurs étant connectés à Internet, n'importe qui dans le monde est susceptible d'entrer par effraction dans votre réseau.

La sécurité la plus élémentaire est gérée au niveau des *comptes d'utilisateurs* qui garantissent à chacun des utilisateurs des droits d'accès aux ressources du réseau et définissent les ressources auxquelles chaque utilisateur a accès. Les comptes d'utilisateurs sont sécurisés par des mots de passe. C'est pourquoi une bonne politique de mots de passe est la clé de voûte de tout système de sécurité. La plupart des systèmes d'exploitation réseau proposent quelques outils de sécurité standard pour le réseau :

- **L'établissement d'une politique de mots de passe.** Elle est basée sur l'obligation de respecter une longueur minimale et de mêler des lettres et des chiffres.

- **L'expiration des mots de passe après un certain nombre de jours.** Cela oblige les utilisateurs à changer fréquemment de mot de passe.

- **Le cryptage des données du réseau.** Le cryptage brouille les données avant de les envoyer sur le réseau ou de les enregistrer sur disque, ce qui les met à l'abri d'un usage malintentionné.

  Un cryptage efficace est essentiel pour configurer un VPN (*Virtual Private Network*, réseau privé virtuel) permettant aux utilisateurs du réseau d'accéder en toute sécurité à un réseau, depuis un lieu éloigné, grâce à une connexion Internet.

- **La production de certificats numériques.** Ces codes spéciaux garantissent à l'utilisateur qu'il est bien à l'emplacement où il pense être et que les fichiers sont bien ceux qu'il croit.

# Les systèmes d'exploitation serveur Microsoft

Les versions du système d'exploitation serveur Windows ont évolué au fil des ans ; Microsoft a proposé successivement : Windows NT 4 Server, Windows 2000 Server, Windows Server 2003, Windows Server 2008 et enfin, la dernière version, Windows Server 2012. Aujourd'hui, la plupart des entreprises utilisent encore Windows Server 2008 ou encore Windows Server 2003 ; un nombre encore important utilise encore Windows 2000 Server et quelques-unes (la plupart du temps sur des îles désertes coupées de la civilisation) ont conservé Windows NT 4 Server.

Chaque nouvelle version s'appuie sur la version précédente en introduisant des fonctionnalités nouvelles et améliorées. Cependant, gardez à l'esprit en lisant les sections suivantes que Windows NT 4 Server, Windows 2000 Server et Windows Server 2003 sont des versions considérées comme obsolètes.

## Windows NT 4 Server

Windows NT 4 Server est le premier d'une longue série de serveurs ; NT était le sigle de *New Technologies*. La principale nouveauté apportée par cette « nouvelle technologie » était l'adressage sur 32 bits qui permettait à Windows NT d'allouer 4 Go d'espace mémoire (virtuel) pour chaque processus alors que les versions antérieures n'adressaient que 16 bits. Windows NT a été le premier système d'exploitation de Microsoft à être suffisamment fiable pour travailler en tant que serveur de réseau pour des réseaux de taille importante. A plus de 17 ans, puisqu'il est né au début de l'année 1996, Windows NT 4 est désespérément obsolète mais il est toujours important en raison de son héritage. De nombreuses fonctionnalités du système d'exploitation introduites dans le cadre de Windows NT 4 sont encore en usage aujourd'hui.

### Les disques NTFS

Toutes les versions serveur de Windows utilisent un type de formatage particulier pour les disques durs ; celui-ci est différent du système standard FAT (*FAT* est synonyme de File Allocation Table) utilisé par MS-DOS dès le début des années 1980. C'est le système de fichiers *NTFS* (NT File System) qui offre de nombreux avantages par rapport au système FAT :

- Le système de fichiers NTFS est beaucoup plus efficace pour l'utilisation de l'espace sur les disques durs. En conséquence, il peut stocker beaucoup plus de données sur un même disque que le format FAT.
- Les disques NTFS fournissent des fonctionnalités de sécurité supérieures à celles des disques FAT. Ces informations de sécurité sont conservées sur le disque NTFS pour chaque fichier et chaque répertoire alors que le système de fichiers FAT ne propose que des fonctions de sécurité rudimentaires.
- Le système de fichiers NTFS rend les disques plus fiables parce qu'il conserve des copies des informations importantes, telles que l'emplacement de chaque fichier sur le disque dur. Si un problème survient sur un lecteur NTFS, le système d'exploitation peut corriger le problème sans perdre de données. A l'inverse, les informations seront perdues sur les disques FAT.

Notez que Windows Server 2012 introduit un nouveau système de fichiers appelé ReFS (Resilient File System) qui remplacera à terme le système de fichiers NTFS. Toutefois, il faudra probablement attendre plusieurs années avant qu'il soit totalement implanté.

La caractéristique probablement la plus importante de Windows NT est son modèle de base de comptes, qui fait appel au concept de *domaines* : des groupes d'ordinateurs gérés par une base de données unique. Pour accéder aux ressources partagées au sein d'un domaine, vous devez avoir un compte utilisateur valide dans le domaine et bénéficier de droits d'accès aux ressources par lesquelles vous êtes intéressées. Le système utilise des noms NetBIOS de 15 caractères pour accéder aux ordinateurs individuels au sein d'un domaine et au domaine lui-même.

## Windows 2000 Server

Windows 2000 Server, construit sur les points forts de Windows NT Server 4, était plus rapide, plus simple à gérer, plus fiable et plus facile à mettre en œuvre pour les réseaux, petits et grands.

La nouveauté la plus importante offerte par Windows 2000 Server était Active Directory (AD), qui propose un service d'annuaire unique de toutes les ressources du réseau et permet aux développeurs de programmes d'intégrer l'annuaire dans leurs produits. Active Directory abandonne les noms de domaines et d'ordinateurs de 15 caractères en faveur de noms DNS de type Internet, tels que `Marketing.MaSociete.com` ou `Ventes.MaSociete.com` ; toutefois, il prend toujours en charge les noms de style antérieurs pour les anciens clients qui ne gèrent pas correctement les noms DNS.

Windows 2000 Server a été décliné en trois versions:

- **Windows 2000 Server**, le serveur de base a été conçu pour les réseaux de tailles petites et moyennes. Il possède toutes les fonctions de base du serveur, y compris le partage de fichiers et d'impression, et les fonctions de serveur Web et de serveur de messagerie.
- **Windows 2000 Advanced Server** est l'étape suivante, conçu pour les grands réseaux. Advanced Server pouvait supporter les serveurs équipés de 8 Go de mémoire RAM et de quatre processeurs intégrés au lieu de l'unique processeur que l'on rencontrait sur les ordinateurs de bureau et la plupart des serveurs.
- **Windows 2000 Datacenter Server** prenait en charge les serveurs avec un maximum de 32 processeurs et jusqu'à 64 Go mémoire RAM ; il a été spécialement conçu pour les applications de bases de données volumineuses.

Pour les petits réseaux de moins de 50 ordinateurs, Microsoft a proposé une version spéciale *Small Business Server*, qui comprenait pour un prix intéressant les logiciels suivants :

- **Windows Server 2000** : Le système d'exploitation du serveur de réseau.
- **Exchange Server 2000** : Pour le courrier électronique et la messagerie instantanée.
- **SQL Server 2000**: Un serveur de base de données.
- **FrontPage 2000** : Pour la construction de sites Web.
- **Outlook 2000** : Le client pour la lecture du courrier électronique.

## Windows 2003 Server

Windows Server 2003 est la version suivante du serveur Windows ; il a été conçu à partir de Windows 2000 Server, avec les caractéristiques supplémentaires suivantes :

- Une nouvelle version avec l'amélioration de l'AD, une sécurité accrue, une interface facile à utiliser et une augmentation des performances.
- Une interface d'administration du système plus conviviale et plus facile à utiliser. Par ailleurs, pour les personnes qui préfèrent la force brute

des commandes directes, Windows 2003 Server inclut un ensemble plus complet d'outils de gestion à partir de lignes de commandes, que ceux offerts par Windows 2000 Server. Bien sûr, les outils mis à disposition par la console d'administration de Windows 2000 Server sont toujours là.

- Un changement majeur dans l'interface de programmation d'application pour les programmes Windows ; il s'agit du .NET Framework.
- Prise en charge de grappes, ou clusters, d'ordinateurs plus importantes. Une grappe, ou cluster, est un regroupement d'ordinateurs qui fonctionnent ensemble comme s'il s'agissait d'un seul serveur. Windows 2000 Datacenter Server et les versions précédentes supportaient des clusters de quatre serveurs maximum ; Windows Server 2003 Enterprise et Datacenter portent la limite à huit serveurs. Évidemment, cette évolution est un avantage seulement pour les très grands réseaux.
- Un système de fichiers distribués améliorés qui permet de combiner des disques hébergés sur plusieurs serveurs pour créer un volume partagé.
- Le support pour les réseaux de stockage (SAN).
- Un pare-feu Internet intégré pour sécuriser les connexions Internet.
- Une nouvelle version du serveur Web de Microsoft, Internet Information Services (IIS) 6.0.

Comme son prédécesseur, Windows 2003 Server est proposé en plusieurs versions:

- **Windows 2003 Server Standard Edition** : Il s'agit de la version de base de Windows 2003. Si vous utilisez Windows Server 2003 comme serveur de fichiers ou pour fournir d'autres services réseau de base, c'est la version que vous allez choisir. Standard Edition peut prendre en charge des serveurs avec jusqu'à quatre processeurs et 4 Go de RAM.
- **Windows 2003 Server, Web Edition** : Une version de Windows 2003 optimisé pour une utilisation en tant que serveur Web.
- **Windows 2003 Server, Enterprise Edition** : Conçue pour les grands réseaux, cette version peut supporter les serveurs avec un maximum de huit processeurs, 32 Go de RAM, les clusters de serveurs et des fonctionnalités avancées destinées à améliorer les performances et la fiabilité.
- **Windows 2003 Server, Datacenter Edition** : La version la plus puissante de Windows 2003, avec le support de serveurs jusqu'à 64 processeurs, 64 Go de RAM, et des clusters de serveurs, ainsi que des tolérances de panne avancées, des fonctionnalités conçues pour maintenir le serveur opérationnel pour l'exécution d'applications critiques.

## Windows Server 2008

En Février 2008, est apparu le successeur de Windows 2003 Server, Windows Server 2008 ; celui-ci ajoutait de nombreuses fonctionnalités nouvelles, dont les suivantes :

- Une version améliorée d'Active Directory, avec la possibilité de gérer les certificats numériques, un nouveau type de contrôleur de domaine appelé *contrôleur de domaine en lecture seule* et la possibilité de fermer et de redémarrer les services Active Directory sans arrêter le serveur.
- Une nouvelle interface utilisateur basée sur Windows Vista, dotée d'un nouvel outil de gestion tout-en-un appelé Gestionnaire de serveur.
- Une nouvelle version du système d'exploitation appelée *Server Core* qui ne possède pas d'interface graphique. Server Core est entièrement géré en ligne de commande ou par un ordinateur distant qui se connecte au serveur via Microsoft Management Console. Server Core fournit des serveurs de fichiers, des contrôleurs de domaine ou des serveurs DNS et DHCP performants.
- Des techniques de connexion à distance améliorées qui permettent aux ordinateurs d'établir des connexions au serveur basées sur le Web avec le protocole HTTPS sans devoir créer une connexion de réseau privé virtuel (VPN).
- Une nouvelle version d'Internet Information Services (IIS) Web server (7.0).
- Des outils de virtualisation intégrés qui permettent de créer et d'exécuter plus d'une instance du système d'exploitation serveur sur un même serveur.

## Windows Server 2008 R2

À l'automne 2009, Microsoft a publié une mise à jour de Windows Server 2008, officiellement appelée Windows Server 2008 R2. Les administrateurs de réseaux adeptes de Star Wars s'en sont réjouis dans la mesure où leur système d'exploitation favori faisait dès lors, référence à « R2 ».

R2 s'appuie sur Windows Server 2008 avec une variété de nouvelles fonctionnalités, dont des fonctionnalités de virtualisation permettant d'exécuter plusieurs instances de système d'exploitation sur un seul serveur, une nouvelle version d'IIS, la version 7.5, et l'extension jusqu'à 256 processeurs.

En outre, la version R2 met fin officiellement au support des processeurs 32 bits puisque cette version s'exécute uniquement sur les serveurs équipés de processeurs 64 bits comme Intel Itanium et Intel Xeon.

## Windows Server 2012

La dernière version de Windows Server est officiellement connue sous le nom de Windows Server 2012 ; elle offre de nombreuses améliorations importantes par rapport à Windows Server 2008, la plus spectaculaire étant la nouvelle interface utilisateur (appelée Metro à ses débuts) optimisée pour les écrans tactiles.

Les autres nouvelles fonctionnalités de Windows Server 2012 incluent :

- Un nouveau système de fichiers, ReFS, qui remplace NTFS et offre de meilleures performances et une fiabilité accrue.
- Un gestionnaire de tâches repensé, conçu pour mettre en évidence les tâches du système liées au CPU, à la mémoire et aux entrées/sorties disque et réseau.
- La *gestion des adresses IP* en permettant de détecter automatiquement les adresses IP qui sont utilisées par les ordinateurs et les autres périphériques sur le réseau
- La capacité de charge des serveurs avec pas moins de 640 processeurs et 4 To de RAM

# Autres systèmes d'exploitation réseau

Bien que Windows Server 2012 soit le système d'exploitation réseau le plus répandu, il n'est pas seul en lice. La section suivante en décrit deux autres : Linux et Macintosh OS X Server.

## Linux

Linux est sans doute l'un des systèmes d'exploitation les plus intéressants. C'est un produit gratuit basé sur *UNIX*, un puissant système d'exploitation réseau souvent utilisé pour les grands réseaux. Linux a été conçu par Linus Torvalds, un étudiant finlandais qui avait développé une version d'UNIX pendant ses loisirs. Par la suite, des centaines de programmeurs du monde entier se portèrent volontaires pour étoffer le projet, via Internet. Aujourd'hui, Linux est une version pleinement opérationnelle d'UNIX. Ses adeptes le considèrent comme aussi bon, voire meilleur, que Windows.

Actuellement, les utilisateurs de Linux sont aussi nombreux que les utilisateurs de Macintosh.

Linux offre les mêmes avantages de mise en réseau qu'UNIX. C'est un excellent choix si vous recherchez un système d'exploitation réseau performant.

### Apple Mac OS X Server

Tous les systèmes d'exploitation décrits par ailleurs dans ce livre tournent sur des PC équipés de processeurs Pentium ou compatibles Pentium. Mais qu'en est-il des Macintosh ? Car, après tout, leurs utilisateurs ont aussi besoin de mettre en réseau leurs machines. À leur intention, Apple propose un système d'exploitation réseau particulier appelé Mac OS X Server. Il possède toutes les fonctionnalités nécessaires pour prendre en charge un réseau, y compris le partage de fichiers et d'imprimantes, les fonctions Internet, la messagerie, etc.

## Méthodes d'installation d'un système d'exploitation réseau

Indépendamment du choix du système d'exploitation réseau, il faut aussi savoir quelle méthode d'installation vous allez choisir ; les sections suivantes présentent plusieurs solutions.

### Installation complète ou mise à niveau

Vous pouvez avoir le choix entre une installation complète ou une mise à niveau du système d'exploitation en cours. Dans certains cas, il est plus simple de procéder à une installation complète même si l'ordinateur utilise une version antérieure du système d'exploitation. Voici les choix qui s'offrent à vous :

- Si vous installez le système d'exploitation réseau sur un serveur neuf, exécutez une installation complète ; le système d'exploitation sera installé et configuré avec des paramètres par défaut.
- Si vous installez le système d'exploitation réseau sur un serveur ayant déjà un système d'exploitation réseau installé, vous pouvez exécuter une mise à niveau qui remplacera le système d'exploitation mais conservera, dans la mesure du possible, les paramètres de la version antérieure.

- Vous pouvez également effectuer une installation complète sur un ordinateur qui possède déjà un système d'exploitation réseau. Dans ce cas, vous avez ces deux options :
  - *Supprimer* le système d'exploitation existant.
  - Exécuter une *installation multiboot* qui installera le nouveau système d'exploitation « à côté » du système d'exploitation existant. Lorsque vous démarrerez l'ordinateur, vous aurez le choix entre les deux systèmes d'exploitation réseau.

  ATTENTION ! Bien que l'installation multiboot semble être une bonne idée, elle peut être dangereuse. Je vous conseille d'éviter ce choix à moins que vous ayez une bonne raison de le faire.

- Vous ne pouvez pas faire évoluer une version de Windows client vers une version serveur. Les choix qui s'offrent à vous sont les suivants :
  - Une *installation complète* qui supprime le système d'exploitation Windows existant.
  - Une *installation multiboot* qui laisse le client existant Windows intact.

  Quel que soit votre choix, pensez à sauvegarder les données existantes sur l'ordinateur lorsque vous installez la version serveur.

## Installation réseau

En général, le système d'exploitation réseau est installé à partir des disques de distribution sur le lecteur CD du serveur. Cependant, vous pouvez également installer le système d'exploitation à partir d'un lecteur partagé par un autre ordinateur, si le réseau est accessible. Vous pouvez aussi utiliser un disque dur réseau sur lequel vous aurez copié le contenu des disques de distribution.

Évidemment, l'ordinateur doit avoir accès au réseau ! Si le serveur possède déjà un système d'exploitation, il a probablement accès au réseau. Sinon, vous pouvez démarrer l'ordinateur à partir d'une disquette qui chargera le support de base réseau.

TRUC

Si vous installez le système d'exploitation réseau sur plus d'un serveur, vous pouvez gagner du temps en copiant d'abord le CD de distribution sur un disque dur partagé. Parce que même les lecteurs de CD les plus rapides sont plus lents que le réseau. Même avec un réseau 100 Mbps, l'accès aux données d'un disque dur partagé est beaucoup plus rapide que l'accès à un lecteur de CD local.

# Inventaire des ressources nécessaires

Avant de commencer l'installation du système d'exploitation réseau, vous devez collecter tout le matériel et toutes les informations dont vous aurez besoin de sorte que vous ne soyez pas contraint de rechercher un élément ou une information au milieu de l'installation. Les sections suivantes décrivent les éléments nécessaires.

## Un serveur digne de ce nom

Évidemment, vous devez avoir un ordinateur serveur sur lequel installer le système d'exploitation réseau. Chaque système d'exploitation est accompagné d'une liste de prérequis. Le Tableau 10.1 présente la configuration requise pour Windows Server 2012.

**Tableau 10.1** : Configuration requise pour Windows Server 2012.

| *Matériel* | *Windows Server 2012* |
|---|---|
| CPU | 1,4 GHz |
| RAM | 512 Mo |
| Espace disque libre | 32 Go |

Si vous ne souhaitez pas que Windows Server 2012 se traine comme un escargot avec ses 512 Mo de mémoire RAM, je vous suggère d'augmenter la mémoire jusqu'à 4 Go, voire 16 Go pour être vraiment à l'aise.

Vous devez également contrôler les composants de votre serveur avec la liste du matériel compatible éditée par le concepteur du système d'exploitation. Par exemple, Microsoft publie une liste de matériels testés et certifiés compatibles avec les serveurs Windows. Cette liste de compatibilité matérielle, ou HCL, est disponible à l'adresse `www.windowsservercatalog.com`. Vous pouvez également tester la compatibilité de votre ordinateur en exécutant l'option de contrôle de la compatibilité système à partir du disque de distribution de Windows.

## Le système d'exploitation serveur

Vous avez également besoin du système d'exploitation serveur à installer : soit à partir des CD ou DVD de la distribution, soit à partir d'une ressource réseau. En plus des disques, vous devriez posséder les éléments suivants :

- •**Les codes du produit** : Le programme d'installation requiert les codes du produit pour s'assurer que vous possédez une copie légale du logiciel.

  Si vous avez les disques d'origine, le code produit se trouve sur un autocollant collé sur l'emballage.

- •**Les documentations d'installation** : Si le système d'exploitation est accompagné d'une version papier des documents d'installation, conservez-la à portée de main.
- •**Le type de licence** : Vous pouvez acheter des systèmes d'exploitation Microsoft avec des licences serveur ou des licences de site. Vous devez savoir quel a été votre choix quand vous installez le système d'exploitation réseau.

Vérifiez sur le CD de distribution s'il y a une documentation du produit et une information de dernière minute supplémentaire. Par exemple, les CD Windows possèdent un dossier \docs avec plusieurs fichiers qui contiennent des informations de configuration utiles.

## D'autres logiciels

Dans la plupart des cas, le programme d'installation doit pouvoir configurer automatiquement les dispositifs matériels du serveur et installer des pilotes appropriés. Cependant, il se peut que vous deviez vous procurer les pilotes pour des dispositifs tels que des cartes d'interface réseau, des périphériques SCSI, des lecteurs de CD-DVD, des imprimantes ou des scanners.

## Une connexion Internet opérationnelle

Cette condition n'est pas indispensable mais l'installation sera améliorée si vous avez une connexion Internet opérationnelle dès le début. La procédure d'installation peut utiliser cette connexion Internet pour plusieurs tâches :

- **Téléchargement des dernières mises à jour** : Cela évite d'installer un service pack lorsque la procédure d'installation du système d'exploitation réseau est terminée.
- **Localisation des pilotes pour les dispositifs non standards** : C'est indispensable si vous ne retrouvez pas le disque des pilotes de votre carte SCSI.
- **Activation du produit à la fin de l'installation (pour les systèmes d'exploitation Microsoft)**.

### Un bon livre

Vous passez beaucoup de temps devant l'ordinateur pendant la phase d'installation. Pour vous distraire et ne pas vous ennuyer, munissez-vous d'un bon bouquin !

## Prendre les bonnes décisions

Lorsque vous installez un système d'exploitation réseau, vous êtes amené à prendre quelques décisions sur la façon dont vous voulez que le système et les serveurs soient configurés. La plupart de ces décisions ne sont pas gravées dans le marbre, aussi ne vous inquiétez pas si vous n'êtes pas sûr à 100 % de votre choix. Vous pourrez toujours y revenir et modifier la configuration. Cependant, vous pouvez gagner du temps en réfléchissant, avant la phase d'installation, à ce que vous voulez faire et aux questions qui vous seront posées par le programme.

La liste suivante présente la plupart des décisions que vous devrez prendre pour l'installation de Windows Server 2012 :

- **Le système d'exploitation actuel** : Si vous voulez conserver le système d'exploitation actuel, le programme d'installation pourra réaliser une installation en multiboot. Vous pourrez choisir le système d'exploitation démarré à chaque mise en marche de l'ordinateur. C'est rarement une bonne idée pour des serveurs ; il est préférable de *supprimer* le système d'exploitation existant.

- **Partitionnement du disque système** : Le plus souvent, le disque du serveur conserve une partition unique. Cependant, si vous voulez diviser le disque en deux partitions ou plus, vous devrez le faire pendant l'installation (à la différence de la plupart des autres choix d'installation, il sera difficile de modifier celui-ci plus tard).

- **Nom de l'ordinateur** : Pendant l'installation du système d'exploitation, vous êtes invité à fournir le nom de l'ordinateur pour identifier le serveur sur le réseau. Si votre réseau possède un nombre important de serveurs, suivez une directive de nommage établie pour créer les noms des serveurs.

- **Mot de passe administrateur** : Vous ne devez pas entrer quelque chose d'évident comme votre prénom ou votre nom de famille. De plus, vous ne devez pas saisir quelque chose d'aléatoire que vous oublierez rapidement parce que vous serez dans une impasse si vous oubliez le mot de passe administrateur ! Inventez un mot de passe complexe se composant d'un mélange de lettres majuscules et minuscules, de chiffres et d'un ou deux caractères spéciaux. Inscrivez-le ensuite sur un papier et *conservez-le dans un endroit clos où vous savez qu'il ne se perdra pas.*

- **Protocoles réseau** : Vous devez presque toujours installer le protocole TCP/IP, le protocole client réseau de Microsoft et le partage de fichiers et d'imprimante. Selon la façon dont le serveur sera utilisé, vous pouvez vouloir installer d'autres protocoles.
- **Configuration TCP/IP** : Vous devez connaître l'adresse IP qui sera affectée au serveur. Même si votre réseau possède un serveur DHCP (destiné à assigner dynamiquement des adresses IP aux clients), attribuez aux serveurs des adresses IP statiques.
- **Nom de domaine** : Vous aurez besoin de décider si le serveur doit rejoindre un domaine ou tout simplement être membre d›un groupe de travail. Dans les deux cas, vous devez connaître le nom de domaine ou le nom du groupe. Dans la plupart des cas, si vous installez Windows Server, vous allez utiliser un domaine ; les groupes de travail sont principalement utilisés pour les réseaux en pair-à-pair qui n›ont pas de serveurs dédiés.

# Dernières mises au point

Avant de commencer l'installation, voici quelques tâches à réaliser :

- **Nettoyez le disque du serveur en désinstallant les logiciels dont vous n'avez pas besoin et en supprimant les données qui ne sont plus nécessaires**. Cette étape est particulièrement importante si le futur serveur est un ancien poste client. Par exemple, sur le serveur, vous n'aurez pas besoin de Microsoft Office ni des logiciels de jeu.
- **Faites une sauvegarde complète de l'ordinateur**. Bien que les programmes d'installation du système d'exploitation soient stables et fiables, ce qui limite au maximum les éventuelles pertes de données au cours de l'installation, le risque n'est pas nul et vous n'êtes pas totalement à l'abri d'un incident imprévu.
- **Si l'ordinateur est connecté à une alimentation secourue** (onduleur) **qui possède une interface série ou une connexion USB à l'ordinateur, débranchez l'interface série ou la connexion USB**. Dans certains cas, cette connexion risque d'entrer en conflit avec le programme d'installation lorsqu'il tente de déterminer quels périphériques sont reliés à l'ordinateur.
- **Décompressez les lecteurs si besoin**. Si l'ordinateur est équipé de disques durs compressés avec DriveSpace ou DoubleSpace, décompressez les disques avant de commencer l'installation.
- **Rejoignez la salle de repos**. Allumez quelques bougies votives, prenez quelques calmants et n'oubliez pas votre théière ou votre tisanière.

# Installer un système d'exploitation réseau

Les sections suivantes présentent une vue d'ensemble d'une installation typique de Windows Server 2012. Bien que les détails varient, le processus d'installation globale pour d'autres systèmes d'exploitation réseau est similaire.

Dans la plupart des cas, la meilleure méthode pour installer Windows Server 2012 consiste à réaliser une nouvelle installation directement à partir du support d'installation (DVD ou clé USB). Bien qu'une mise à niveau soit possible, le serveur sera plus stable si vous effectuez une nouvelle installation. Pour cette raison, la plupart des administrateurs réseau évitent la mise à niveau vers Windows Server 2012 et profitent de cette opportunité pour remplacer le matériel serveur.

Pour débuter l'installation, insérez le support de la distribution, le DVD, dans le lecteur de DVD du serveur, puis redémarrez le serveur. Cela provoque directement le démarrage du serveur à partir du support de distribution, qui initie le programme d'installation.

À mesure que le programme d'installation se déroule, il exécute deux phases d'installation distinctes : la collecte de renseignements et l'installation de Windows. Les sections suivantes décrivent ces étapes de manière plus détaillée.

## Phase 1 : Collecter les informations

Dans la première phase d'installation, le programme d'installation recueille les informations préliminaires dont il a besoin pour commencer l'installation. Un assistant d'installation vous demande les informations suivantes:

- **Langue** : Sélectionnez la langue à installer, le format horaire et monétaire, et le clavier ou la méthode d'entrée.
- **Clé de produit** : Entrez la clé de produit de 25 caractères fournie avec le support d'installation. Vu la longueur du code, il est possible de faire des erreurs. Si un message d'erreur vous informe que le code produit est invalide, ne paniquez pas. Recommencez !
- **Type de système d'exploitation** : Sélectionnez Windows Server 2012 Standard Edition ou Server Core.
    - *Edition Standard* : Pour installer le système d›exploitation serveur complet.
    - *Edition minimale (Server Core)* : Pour installer la version texte du serveur. Si vous choisissez cette version, vous devez être un expert de l'interface ligne de commandes de Windows Server ; il s'agit de PowerShell.

- **Termes du contrat de licence** : L'accord de licence officielle est affichée ; vous devez accepter les conditions pour continuer.
- **Type d'installation** : Choisissez une mise à niveau ou une installation complète.
- **Emplacement de l'installation de Windows** : Choisissez la partition dans laquelle vous souhaitez installer Windows.

## Phase 2 : Installation de Windows

Dans cette seconde phase, le processus réel de l'installation de Windows commence :

1. **Copie de fichiers** : Les fichiers compressés du logiciel sont copiés sur l'ordinateur serveur.
2. **Expansion des fichiers** : Les fichiers d'installation compressés sont développés.
3. **Installation des fonctionnalités serveur** : Les fonctionnalités serveur de Windows sont installées.
4. **Installation des mises à jour** : Le programme d'installation vérifie sur le site de Microsoft et télécharge les mises à jour critiques pour la mise à niveau du système d'exploitation.
5. **Fin de l'installation** : Lorsque les mises à jour sont installées, le programme d'installation redémarre puis termine l'installation du serveur.

# Configuration du serveur

Après avoir installé Windows Server 2012, l'ordinateur redémarre automatiquement ; vous accédez alors au Gestionnaire de serveur, comme le montre la Figure 10.2.

À partir du Gestionnaire de serveur, vous pouvez effectuer un certain nombre de tâches de configuration du serveur pour sa mise en production. Plus précisément, vous pouvez configurer les rôles de serveurs ; ce sont les fonctionnalités réseau que le serveur fournira (serveur de fichiers, serveur Web, serveur DHCP, serveur DNS, etc.).

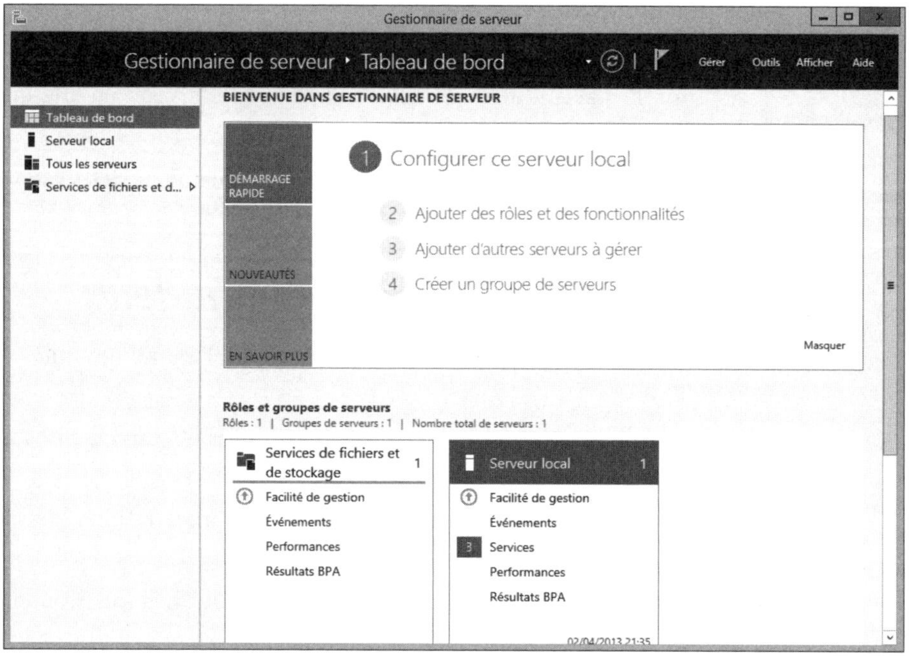


**Figure 10-2:** Le Gestionnaire de serveur de Windows Server 2012.

# Chapitre 11

# Gérer des comptes utilisateurs sous Windows

**Dans ce chapitre :**

- Comprendre les comptes utilisateurs sous Windows.
- Créer un nouvel utilisateur.
- Configurer les propriétés utilisateur.
- Réinitialiser le mot de passe d'utilisateurs.
- Activer et désactiver des comptes utilisateurs.
- Supprimer un utilisateur.
- Travailler avec des groupes.
- Créer un script d'ouverture de session.

Chaque utilisateur qui accède au réseau doit avoir un *compte utilisateur.* Les comptes utilisateurs vous permettent de contrôler l'accès au réseau, de l'autoriser ou de le refuser. Ils vous servent aussi à spécifier les ressources du réseau que chaque utilisateur peut utiliser. Sans comptes utilisateurs, les ressources seraient mises à la disposition de quiconque pénétrerait par hasard dans le réseau.

# Comprendre les comptes utilisateurs sous Windows

Les comptes utilisateurs sont l'un des outils de base de la gestion d'un serveur sous Windows. En tant qu'administrateur réseau, vous leur consacrerez une grande partie de votre temps : création de nouveaux comptes utilisateurs, suppression des comptes expirés, réinitialisation des mots de passe des utilisateurs distraits, attribution de nouveaux droits d'accès et ainsi de suite. Mais, avant d'aborder les procédures spécifiques à la création et à la gestion des comptes utilisateurs, voyons d'abord de quoi il s'agit et comment ils fonctionnent.

## Comptes locaux et comptes de domaine

Un *compte local* est un compte utilisateur stocké sur un ordinateur et qui ne s'applique qu'à cet ordinateur. Classiquement, chaque ordinateur du réseau a un compte local pour chaque personne qui l'utilise.

En revanche, un *compte de domaine* est un compte utilisateur stocké par Active Directory qui est accessible depuis n'importe quel ordinateur qui fait partie du domaine. La gestion des comptes de domaine est centralisée. Ce chapitre est principalement consacré à la configuration et à la maintenance des comptes de domaine.

## Propriétés des comptes utilisateurs

Chaque compte utilisateur est doté d'un nombre important de *propriétés de compte* qui spécifient ses caractéristiques. Les trois propriétés de compte les plus importantes sont :

- **Le nom d'utilisateur.** C'est un nom unique qui identifie le compte. L'utilisateur doit l'entrer lorsqu'il se connecte au réseau. Le nom d'utilisateur est une information publique. Autrement dit, tous les utilisateurs du réseau peuvent (et devraient) connaître votre nom d'utilisateur.

- **Le mot de passe.** C'est un mot confidentiel qui doit être entré pour accéder au compte. Windows peut être configuré de sorte à imposer des *conventions de mots de passe* comme le nombre minimum de caractères, l'obligation d'utiliser des lettres et des chiffres et sa durée de validité.

- **Appartenance à un groupe.** Indique le ou les groupes auxquels l'utilisateur appartient. L'appartenance à un groupe est primordiale pour assurer les droits d'accès qui permettent à un utilisateur d'accéder à différentes ressources du réseau comme des imprimantes ou des fichiers partagés ou d'exécuter certaines tâches réseau telles que la création de nouveaux comptes ou la sauvegarde du serveur.

Bien d'autres propriétés de compte enregistrent des données concernant un utilisateur comme les renseignements de contact de l'utilisateur, la possibilité pour lui d'accéder au réseau à certaines heures et à partir de certains ordinateurs, etc. Je décris certaines de ces fonctions dans les prochaines sections de ce chapitre.

# Créer un nouvel utilisateur

Procédez comme suit pour créer un nouveau compte utilisateur de domaine sous Windows Server 2012 :

1. **À partir du menu Outils du Gestionnaire de serveur, choisissez la commande Utilisateurs et ordinateurs Active Directory.**

   Cette action ouvre la console d'administration Utilisateurs et ordinateurs Active Directory, illustrée par la Figure 11.1

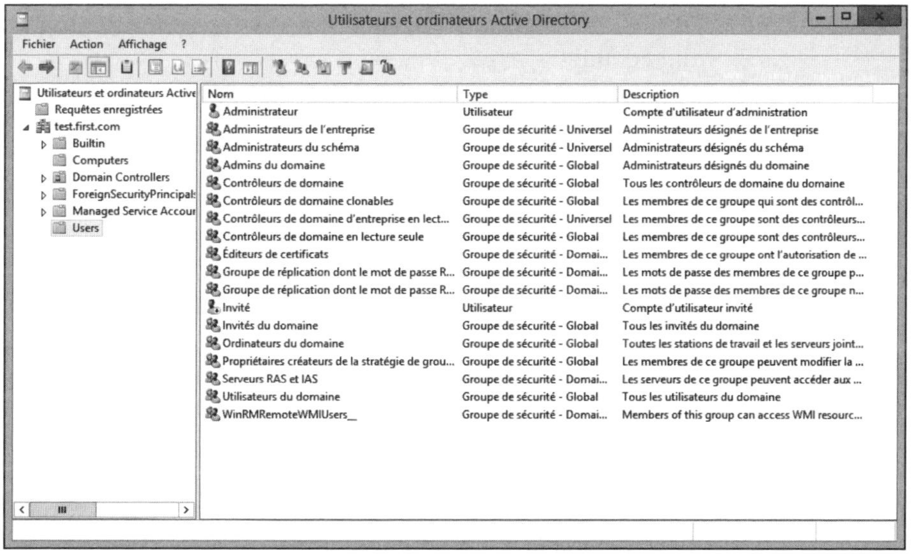


**Figure 11.1 :** Console d'administration Utilisateurs et ordinateurs Active Directory.

2. **Effectuez un clic droit sur le domaine auquel vous désirez ajouter l'utilisateur et sélectionnez Nouveau/Utilisateur.**

   L'Assistant Nouvel objet - Utilisateur, représenté dans la Figure 11.2, apparaît.

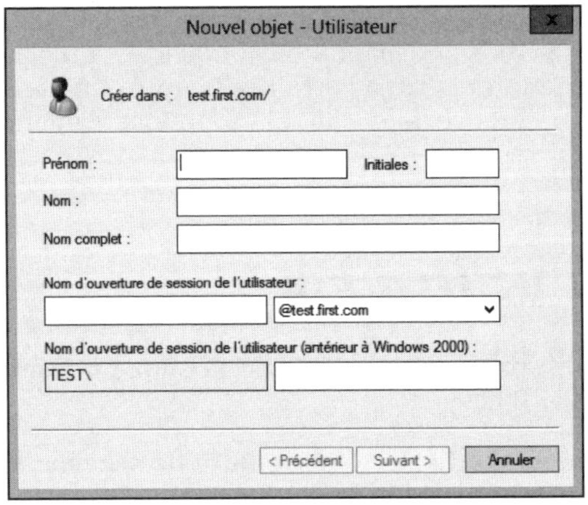


**Figure 11.2 :** Création d'un nouvel utilisateur.

3. **Saisissez le prénom, les initiales et le nom de l'utilisateur.**

   Au cours de la saisie, l'assistant remplit automatiquement le champ Nom complet.

4. **Modifiez le champ Nom complet, si ce qui y figure ne vous convient pas.**

   Vous pouvez, par exemple, permuter le nom et le prénom.

5. **Entrez le nom d'ouverture de session de l'utilisateur.**

   Ce nom doit être unique dans le domaine.

   TRUC

   Définissez une convention de création identique pour tous les noms d'ouverture de session : par exemple, la première lettre du prénom suivie du nom ou le nom suivi d'un point puis du prénom, ou toute autre règle à votre convenance.

6. **Cliquez sur Suivant.**

   La deuxième page de l'assistant Nouvel objet - Utilisateur apparaît, comme le montre la Figure 11.3.

7. **Saisissez le mot de passe deux fois.**

   Si les deux mots de passe ne sont pas identiques, cela signifie que l'un d'eux est erroné. Vous devrez alors corriger l'erreur.

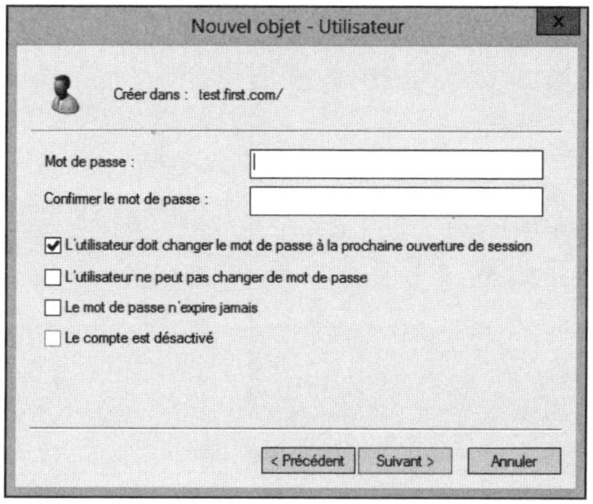


**Figure 11.3 :** Définition du mot de passe de l'utilisateur.

8. **Spécifiez les options de mot de passe à appliquer.**

   Les options disponibles sont :

   - L'utilisateur doit changer le mot de passe à la prochaine ouverture de session.
   - L'utilisateur ne peut pas changer de mot de passe.
   - Le mot de passe n'expire jamais.
   - Le compte est désactivé.

   Pour en savoir plus sur ces options, reportez-vous à la section « Configurer les options de compte », plus loin dans ce chapitre.

9. **Cliquez sur Suivant.**

   La dernière page de l'assistant s'ouvre. Elle est illustrée par la Figure 11.4.

10. **Vérifiez l'exactitude des informations puis cliquez sur Terminer pour créer le compte.**

    Si une information n'est pas correcte, cliquez sur le bouton Précédent et corrigez l'erreur.

C'est fait ! À présent vous pouvez personnaliser les paramètres du compte utilisateur. Vous pouvez l'ajouter à un ou plusieurs groupes, compléter les renseignements de contact ou définir d'autres options de compte.

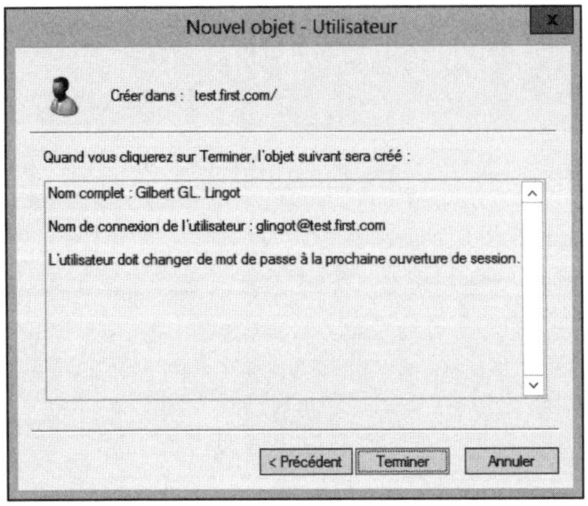


**Figure 11.4 :** Vérification des informations du compte utilisateur.

# Configurer les propriétés utilisateur

Après avoir créé un compte utilisateur, vous pouvez configurer ses propriétés. Pour ce faire, effectuez un clic droit sur le compte et sélectionnez Propriétés. Cette action affiche la boîte de dialogue Propriétés d'utilisateur qui compte de nombreux onglets que vous ouvrez pour définir différentes propriétés. La Figure 11.5 représente l'onglet Général qui contient les informations concernant l'utilisateur comme son nom, l'emplacement de son bureau, son numéro de téléphone, etc.

Les sections qui suivent décrivent certaines des tâches d'administration qui peuvent être effectuées à partir de la boîte de dialogue Propriétés d'utilisateur.

## Modifier les renseignements de contact de l'utilisateur

Plusieurs onglets de la boîte de dialogue Propriétés d'utilisateur contiennent des informations concernant l'utilisateur, notamment :

- **Adresse** : vous pouvez y modifier l'adresse de l'utilisateur (rue, boîte postale, ville, code postal…).
- **Téléphones** : vous y spécifiez les divers numéros de téléphone de l'utilisateur.
- **Organisation** : vous y indiquez la fonction de l'utilisateur, le nom de son gestionnaire, etc.

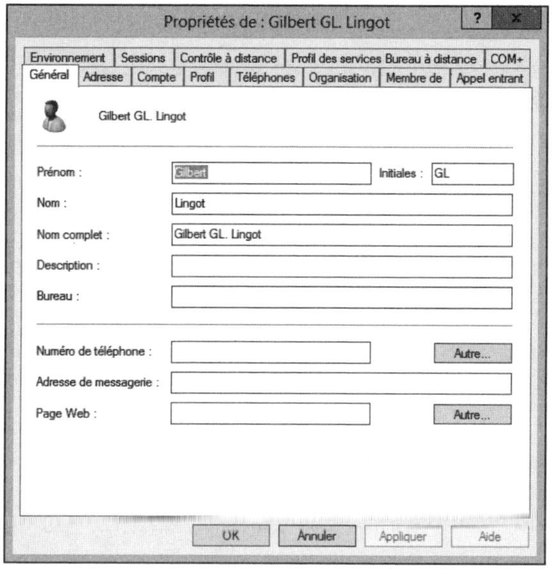


**Figure 11.5 :** Onglet Général.

## *Configurer les options de compte*

L'onglet Compte de la boîte de dialogue Propriétés d'utilisateur (Figure 11.6) comporte diverses options intéressantes. C'est là qu'il est possible de modifier le nom d'ouverture de session et les options de mot de passe définies lors de la création du compte.

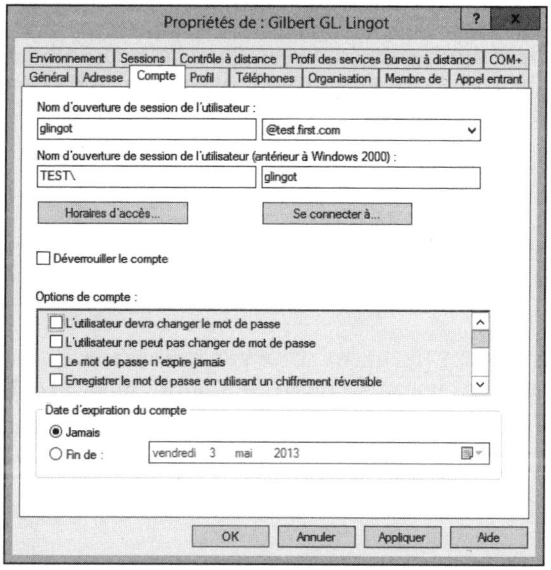


**Figure 11.6 :** Onglet Compte de la boîte de dialogue Propriétés d'utilisateur.

La zone Options de compte permet de spécifier les options suivantes :

- **L'utilisateur devra changer le mot de passe.** Cette option, qui est activée par défaut, impose à l'utilisateur de modifier son mot de passe à la prochaine ouverture de session. Elle permet d'attribuer à l'utilisateur un mot de passe temporaire. Ainsi, dès que l'utilisateur se connecte au réseau, il est invité à changer de mot de passe.
- **L'utilisateur ne peut pas changer de mot de passe.** Cette option interdit à l'utilisateur de changer son mot de passe (cette option n'est pas compatible avec la précédente).
- **Le mot de passe n'expire jamais.** Cette option annule la stratégie de sécurité imposée par Active Directory. Elle permet à l'utilisateur de ne jamais changer de mot de passe.
- **Enregistrer le mot de passe en utilisant un chiffrement réversible.** Cette option enregistre les mots de passe en utilisant un chiffrement que les pirates peuvent casser facilement. Évitez de cocher cette option.
- **Le compte est désactivé.** Cette option permet de préparer un compte pour une mise à disposition ultérieure. Tant que le compte est désactivé, l'utilisateur ne peut pas ouvrir de session. Consultez la section « Activer et désactiver des comptes utilisateurs », plus loin dans ce chapitre, pour plus d'informations.
- **Une carte à puce est nécessaire pour ouvrir une session interactive.** Cette option implique que l'ordinateur de l'utilisateur possède un lecteur de carte à puce.
- **Le compte est approuvé pour la délégation.** Cette option indique que le compte est digne de confiance et peut établir des délégations. Cette option est habituellement réservée au compte administrateur.
- **Le compte est sensible et ne peut pas être délégué.** Aucun utilisateur ne peut s'approprier ce compte.
- **Utiliser les types de chiffrement DES via Kerberos pour ce compte.** Cette option renforce le chiffrement pour les applications qui exigent plus de sécurité.
- **La pré-authentification Kerberos n'est pas nécessaire.** Choisissez cette option si vous utilisez une implémentation différente du protocole Kerberos.

## Spécification des horaires d'accès

Il est possible de spécifier la plage horaire au cours de laquelle l'ouverture de session est autorisée ou bien au cours de laquelle elle est interdite. Pour ce faire, cliquez sur le bouton Horaires d'accès à partir de l'onglet Compte de la boîte de dialogue Propriétés de l'utilisateur. La boîte de dialogue Horaires d'accès pour apparaît comme le montre la Figure 11.7.

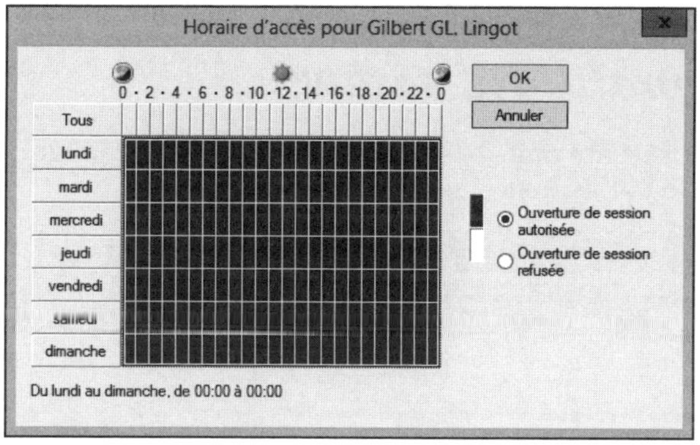


**Figure 11.7 :** La boîte de dialogue Horaires d'accès pour.

La configuration par défaut autorise une connexion à partir de n'importe quel moment de la journée ou de la nuit. Pour modifier les autorisations de connexion, sélectionnez la plage horaire puis cochez en fonction de votre choix le bouton Ouverture de session autorisé ou Ouverture de session refusée, cliquez sur OK pour valider votre choix.

## Restreindre l'accès à certains ordinateurs

En général, un utilisateur peut utiliser son compte pour se connecter à n'importe quel ordinateur du domaine. Cependant, vous pouvez autoriser un utilisateur à se connecter uniquement à certains ordinateurs. Pour ce faire, cliquez sur le bouton Se connecter à, à partir de l'onglet Compte de la boîte de dialogue Propriétés de l'utilisateur. Ce bouton ouvre la boîte de dialogue Stations de travail accessibles, comme le montre la Figure 11.8.

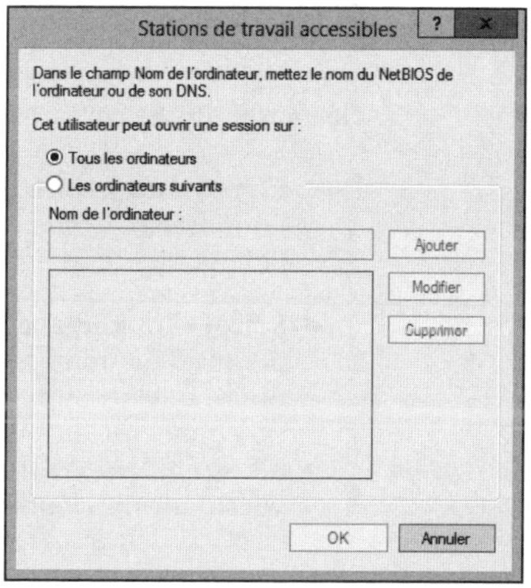


**Figure 11.8 :** La boîte de dialogue Stations de travail accessibles.

Pour autoriser l'accès à seulement certaines stations de travail, sélectionnez le bouton Les ordinateurs suivants, puis entrez le nom de chacun des ordinateurs auquel l'utilisateur peut se connecter et cliquez sur le bouton Ajouter pour chacun d'eux.

Si vous faites une erreur, sélectionnez le nom de l'ordinateur à corriger et puis cliquez sur Modifier pour changer le nom ou cliquez sur Supprimer pour le supprimer.

# Définir le profil utilisateur

L'onglet Profil, représenté dans la Figure 11.9, permet de configurer les paramètres de profil de l'utilisateur :

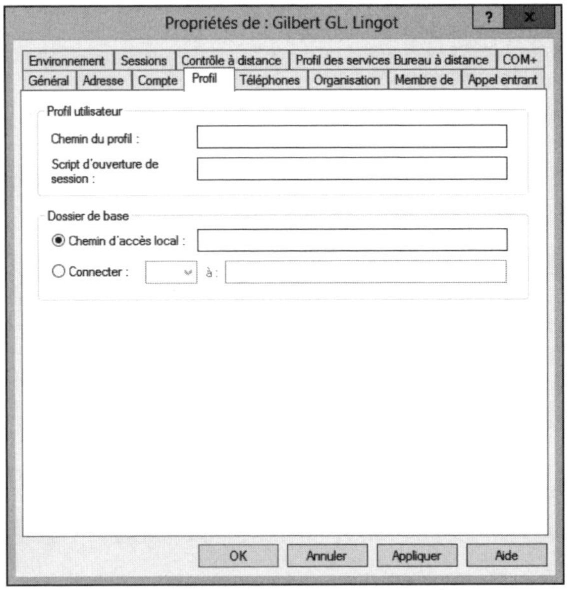


**Figure 11.9 :** Onglet Profil d'utilisateur.

- **Chemin du profil.** Spécifie l'emplacement du profil « itinérant » de l'utilisateur. Comme les profils itinérants ne sont pas souvent utilisés, j'ai décidé de ne pas les traiter dans ce livre.

- **Script d'ouverture de session.** Définit le *script de connexion* : c'est un fichier de commandes qui est exécuté à chaque fois que l'utilisateur ouvre une session. Le but principal du script d'ouverture de session est de connecter automatiquement les ressources réseau dont l'utilisateur a besoin. Les scripts d'ouverture de session sont un souvenir des versions antérieures de Windows NT Server. Sous Windows Server 2012, le chargement du profil est la méthode adoptée pour configurer l'ordinateur de l'utilisateur lorsqu'il ouvre une session et qu'il doit retrouver ses ressources réseau. Cependant, de nombreux administrateurs lui préfèrent encore la simplicité des scripts d'ouverture de session. Pour plus d'informations, voir la section « Créer un script d'ouverture de session », plus loin dans ce chapitre.

- **Dossier de base.** Indique l'emplacement de stockage par défaut pour l'utilisateur.

# Réinitialiser le mot de passe d'utilisateurs

D'après quelques estimations, il semblerait que la tâche d'administration qui prend le plus de temps soit la réinitialisation des mots de passe. Il est un peu facile de s'en prendre à un utilisateur lorsqu'il oublie son mot de passe mais mettez-vous à sa place : vous insistez pour qu'il choisisse un mot de passe incompréhensible, comme `94kD82leL384K`, qu'il est censé changer, une semaine plus tard, par un mot tout aussi biscornu que `dJUQ63DWd8131` et que bien sûr il ne doit laisser traîner nulle part ni même noter. Il y a vraiment de quoi devenir fou.

Ainsi, lorsqu'un utilisateur vous informe qu'il a oublié son mot de passe, la moindre des choses consiste à le réinitialiser. Car après tout, il a certainement déjà perdu un bon quart d'heure à tenter de retrouver ce mot de passe avant d'admettre son échec.

Voici la procédure à suivre pour réinitialiser le mot de passe d'un compte utilisateur du domaine :

1. **Ouvrez une session en tant qu'administrateur.**

   Vous devez posséder des droits d'administrateur.

2. **Cliquez la vignette Outils d'administration puis choisissez la commande Utilisateurs et ordinateurs Active Directory.**

   La console d'administration Utilisateurs et ordinateurs Active Directory s'affiche.

3. **Dans le volet de gauche, cliquez sur Users.**

4. **Dans le panneau de droite, effectuez un clic droit sur l'utilisateur qui a oublié son mot de passe et sélectionnez Réinitialiser le mot de passe.**

5. **Saisissez le nouveau mot de passe dans les deux champs.**

Vous devez l'entrer *deux fois* pour minimiser les risques de faute de frappe.

6. **Si vous le souhaitez, vous pouvez activer l'option L'utilisateur doit changer le mot de page à la prochaine ouverture de session.**

   Si vous cochez cette case, le mot de passe que vous attribuez ne sera valable que pour une seule session. Dès que l'utilisateur tentera de se connecter, il devra changer de mot de passe.

7. **Cliquez sur OK.**

   C'est tout. Le mot de passe de l'utilisateur a été réinitialisé.

## Activer et désactiver des comptes utilisateurs

Si vous souhaitez interdire temporairement l'accès au réseau à un utilisateur, vous pouvez désactiver son compte. Vous pourrez ensuite, quand vous le désirerez, le réactiver et lui redonner ainsi l'accès aux ressources du réseau. Voici comment procéder :

1. **Ouvrez une session en tant qu'administrateur.**

   Vous devez posséder des droits d'administrateur.

2. **Cliquez la vignette Outils d'administration puis choisissez la commande Utilisateurs et ordinateurs Active Directory.**

   La console d'administration Utilisateurs et ordinateurs Active Directory s'affiche.

3. **Dans le volet de gauche, cliquez sur Users.**

4. **Dans le panneau de droite, effectuez un clic droit sur l'utilisateur dont vous voulez désactiver ou activer le compte et exécutez la commande Désactiver le compte ou Activer le compte.**

## Supprimer un utilisateur

La suppression d'un utilisateur ne présente aucune difficulté :

1. **Ouvrez une session en tant qu'administrateur.**

Vous devez posséder des droits d'administrateur.

2. **Cliquez la vignette Outils d'administration puis choisissez la commande Utilisateurs et ordinateurs Active Directory.**

   La console d'administration Utilisateurs et ordinateurs Active Directory s'affiche.

3. **Dans le volet de gauche, cliquez sur Users.**

4. **Dans le panneau de droite, effectuez un clic droit sur l'utilisateur à supprimer et choisissez Supprimer.**

   Windows vous demande de confirmer la suppression.

5. **Cliquez sur Oui.**

   Le compte de l'utilisateur a été supprimé.

# Travailler avec des groupes

Un *groupe* est un compte spécial qui représente un ensemble d'utilisateurs dont les besoins d'accès au réseau sont identiques. Les groupes peuvent simplifier considérablement les tâches d'attribution des droits d'accès. Plutôt que de les affecter séparément à chacun des utilisateurs, ces droits sont attribués à tout le groupe. Par la suite, ces droits sont automatiquement accordés à tout nouvel utilisateur que vous ajoutez au groupe.

Les sections suivantes décrivent certains des concepts-clés que vous devez comprendre pour utiliser des groupes ainsi que les démarches les plus courantes pour configurer des groupes pour votre serveur.

## Créer un groupe

Pour créer un groupe, procédez de la manière suivante :

1. **Ouvrez une session en tant qu'administrateur.**

   Vous devez posséder des droits d'administrateur.

2. **Cliquez la vignette Outils d'administration puis choisissez la commande Utilisateurs et ordinateurs Active Directory.**

   La console d'administration Utilisateurs et ordinateurs Active Directory s'affiche.

3. **Effectuez un clic droit sur le domaine auquel vous voulez ajouter un groupe et sélectionnez Nouveau/Groupe.**

   La boîte de dialogue Nouvel objet - Groupe apparaît, comme le montre la Figure 11.10.

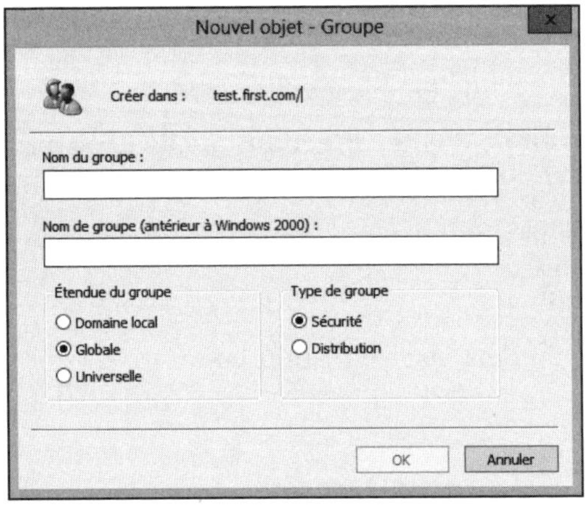


**Figure 11.10 :** Boîte de dialogue Nouvel objet - Groupe.

4. **Entrez le nom du nouveau groupe.**

   Saisissez le nom dans les deux champs.

5. **Choisissez l'étendue du groupe.**

   Les possibilités sont les suivantes : Domaine local, Globale et Universelle. Optez pour Domaine local pour les groupes qui vont posséder des droits d'accès aux ressources du réseau. Sélectionnez Globale pour les groupes auxquels vous allez ajouter des utilisateurs et des groupes de domaine local. Choisissez Universelle si vous administrez un réseau étendu avec plusieurs domaines.

6. **Indiquez le type de groupe.**

   Les choix possibles sont Sécurité et Distribution. Dans la plupart des cas, vous choisirez Sécurité.

7. **Cliquez sur OK.**

   Le groupe est créé.

## Ajouter un membre au groupe

Les groupes sont des ensembles d'objets appelés *membres*. Les membres d'un groupe peuvent être des comptes utilisateurs ou d'autres groupes.

Quand un groupe vient d'être créé, il n'a pas de membre. Un groupe ne devient utile que s'il compte au moins un membre.

Procédez comme suit pour ajouter un membre :

1. **Ouvrez une session en tant qu'administrateur.**

   Vous devez posséder des droits d'administrateur.

2. **Cliquez la vignette Outils d'administration puis choisissez la commande Utilisateurs et ordinateurs Active Directory.**

   La console d'administration Utilisateurs et ordinateurs Active Directory s'affiche.

3. **Ouvrez le dossier contenant le groupe auquel vous désirez ajouter des membres. Double-cliquez ensuite sur le groupe.**

   La boîte de dialogue Propriétés de groupe apparaît.

4. **Cliquez sur l'onglet Membres.**

   Les membres du groupe apparaissent comme le montre la Figure 11.11.

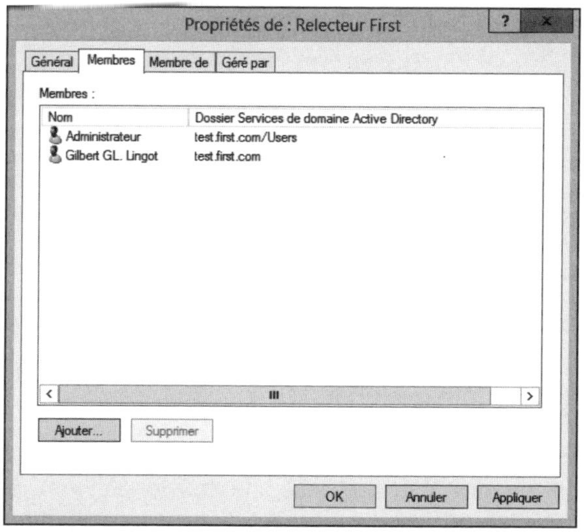


**Figure 11.11 :** La boîte de dialogue Propriétés de groupe.

5. **Cliquez sur le bouton Ajouter et entrez le nom d'un utilisateur ou d'un autre groupe que vous désirez ajouter à ce groupe. Cliquez ensuite sur OK.**

6. **Répétez l'étape 5 pour chaque utilisateur ou groupe que vous voulez ajouter.**

Continuez jusqu'à ce que vous ayez ajouté tout le monde !

7. **Cliquez sur OK.**

   Ce n'est pas plus difficile que ça !

La boîte de dialogue Propriétés de groupe comporte un onglet Membre qui liste chaque groupe dont le groupe courant est membre.

# Créer un script d'ouverture de session

Un *script d'ouverture de session* est un fichier de traitement par lots qui est automatiquement démarré à chaque fois qu'un utilisateur ouvre une session sur le réseau. Un script d'ouverture de session s'utilise principalement pour mapper les partages réseau auxquels l'utilisateur veut accéder. Voici un exemple simple de script d'ouverture de session qui mappe trois partages réseau :

```
echo off
net use m: \\serveur1\partages\admin
net use n: \\serveur1\partages\marketing
net use o: \\serveur2\archives
```

Ici, deux partages de `serveur1` sont mappés aux lecteurs M et N et un partage de `serveur2` est mappé au lecteur O.

La variable `%username` peut être utilisée pour identifier le nom d'utilisateur. Cette variable est particulièrement utile si vous avez créé un dossier pour chaque utilisateur, et si vous voulez mapper un lecteur vers le dossier de chaque utilisateur ; utilisez alors la commande :

```
net use u: \\server1\users\%username%
```

Par exemple, si un utilisateur se connecte avec le nom d'utilisateur `glingot`, le lecteur `U:` sera mappé à `\\serveur1\users\glingot`.

Les scripts d'ouverture de session sont sauvegardés au plus profond des entrailles du répertoire Windows, dans le dossier SYSVOL, à l'adresse `c:\Windows\SYSVOL\Sysvol\nom_de_domaine\Scripts`, où le *nom_de_domaine* est le nom de votre domaine. Si vous devez accéder souvent à ce dossier, créez un raccourci sur le Bureau.

Après avoir créé le script d'ouverture de session, vous pouvez l'assigner à un utilisateur en le spécifiant dans l'onglet Profil de la boîte de dialogue Propriétés d'utilisateur. Pour plus d'informations, consultez l'une des sections précédentes, intitulée « Définir le profil utilisateur ».

## Chapitre 12

# Gérer le stockage réseau

***Dans ce chapitre :***

- Comprendre le stockage réseau.
- Comprendre les autorisations.
- Comprendre les partages.
- Configurer le rôle de serveur de fichiers.
- Administrer le serveur de fichiers

L'accès partagé à l'espace disque est l'un des buts principaux des ordinateurs en réseau. Dans ce chapitre, vous découvrirez les diverses possibilités qu'un réseau peut offrir pour partager de l'espace disque. Vous apprendrez aussi à configurer Windows Server 2012 comme serveur de fichiers.

## Comprendre le stockage réseau

De très nombreux serveurs réseau n'ont pour rôle essentiel que la mise à disposition d'espace disque pour les utilisateurs du réseau. Parce que les réseaux accueillent de plus en plus d'utilisateurs et que ces derniers ont besoin de plus en plus d'espace disque, les administrateurs réseau doivent trouver en permanence des moyens d'augmenter la capacité mémoire de leur réseau. Les sections suivantes présentent quelques concepts-clés pour fournir de l'espace disque sur le réseau.

## Serveur de fichiers

Un *serveur de fichiers* est simplement un serveur appartenant au réseau et dont le rôle primaire est la mise à disposition de ses disques. C'est le moyen le plus couramment utilisé pour partager des zones de stockage sur le réseau.

Un serveur de fichiers peut aussi bien être un simple ordinateur de bureau auquel on a attribué ce service, qu'un serveur de fichiers dédié (dont le coût peut dépasser 20 000 Euros) équipé de composants redondants, de sorte qu'il n'y ait pas d'interruption de service si un élément tombe en panne. Un serveur de fichiers peut même être équipé de baies de stockage dont les disques peuvent être remplacés en ligne sans arrêt du système.

Un des sous-systèmes de stockage disque les plus communs pour les serveurs de fichiers est le système RAID (RAID était à l'origine l'acronyme de *Redundant Array of Inexpensive Disks*, qui signifie « matrice redondante de disques bon marché ». Aujourd'hui, le mot est devenu l'acronyme de *Redundant Array of Independent Disks*, soit « matrice redondante de disques indépendants » car les disques durs sont de bien meilleure qualité qu'à l'époque). Les techniques utilisées s'assurent que si l'un des disques du système de RAID est détruit, aucune donnée n'est perdue. Le disque défectueux peut être retiré et remplacé dans la baie sans qu'un arrêt soit nécessaire et le nouveau disque est reconstruit avec les données que contenait le disque endommagé à partir d'informations stockées sur les autres disques.

La majeure partie de ce chapitre est consacrée à la configuration de Windows Server 2012 comme serveur de fichiers.

## Périphérique de stockage

Un *périphérique de stockage* est un dispositif spécifiquement conçu pour fournir une zone de stockage sur le réseau. Également connu sous le nom de *NAS*, acronyme de *Network Attached Storage*, il désigne un périphérique de stockage relié à un réseau dont la principale fonction est le stockage de données en un gros volume centralisé pour des clients réseau. C'est une boîte « noire » préconfigurée et prête à fonctionner. Il suffit de la connecter, de la mettre sous tension et de la configurer.

Le Dell PowerVault NX300 est un NAS d'entrée de gamme typique. C'est un petit châssis pouvant être inséré dans un rack. Il supporte jusqu'à six disques durs d'une capacité totale pouvant atteindre douze téraoctets (soit 12 000 Go). Le Dell NX300 tourne avec une version spéciale de Windows Server appelée *Windows Storage Server*. Cette version de Windows, conçue spécifiquement pour les périphériques NAS, permet de configurer la zone de stockage réseau à partir de n'importe quel ordinateur du réseau à partir d'un navigateur Web.

Notez que certains périphériques de stockage utilisent des versions personnalisées de Linux plutôt que Windows Storage Server. D'autres périphériques intègrent directement le système d'exploitation sur un disque dur externe qui peut être connecté au réseau et partagé pour les utilisateurs.

# Comprendre les autorisations

Les *autorisations* sont un concept-clé de l'administration du stockage réseau. Elles permettent aux utilisateurs d'accéder aux ressources partagées du réseau. Le simple partage d'une ressource, comme l'accès à un dossier ou à une imprimante, ne garantit en rien que l'utilisateur puisse y accéder. Windows demande qu'une décision soit prise pour chaque ressource. Elle repose sur des autorisations affectées aux différents groupes et à l'état de membre d'un groupe en ce qui concerne un utilisateur. Si l'utilisateur appartient à un groupe auquel des autorisations d'accès aux ressources ont été accordées, l'accès est autorisé , sinon, il est refusé.

En théorie, tout paraît simple mais en pratique, cela peut s'avérer assez compliqué. Les paragraphes qui suivent décrivent les nuances entre le contrôle des accès et les autorisations :

- Chaque objet (c'est-à-dire chaque fichier et dossier) d'un volume NTFS bénéficie d'un ensemble d'autorisations appelé ACL (*Access Control List*, liste de contrôle d'accès).
- L'ACL identifie les utilisateurs et les groupes qui peuvent accéder à l'objet et spécifie le niveau d'accès dont bénéficie l'utilisateur ou le groupe. Par exemple, l'ACL d'un dossier spécifiera qu'un groupe d'utilisateurs peut uniquement lire les fichiers contenus dans le dossier, qu'un autre groupe peut les lire et les modifier, alors qu'un troisième groupe se verra refuser tout accès au dossier.
- Les objets conteneurs (les fichiers et les volumes) permettent à leurs ACL d'être hérités par les objets qui les contiennent. Ainsi, si vous accordez des autorisations à un dossier, ces dernières s'étendent aux fichiers et sous-dossiers qu'il contient.

Le Tableau 12.1 décrit les six types d'autorisation qui peuvent être appliqués aux fichiers et dossiers sur un volume NTFS.

**Tableau 12.1 :** Autorisations applicables aux fichiers et aux dossiers.

| *Autorisation* | *Description* |
|---|---|
| Contrôle total | Accorde l'accès sans restriction au fichier ou au dossier. |
| Modification | Permet de lire le fichier ou le dossier, de le supprimer, d'en modifier le contenu ou d'en changer les attributs. Il est aussi possible de créer de nouveaux fichiers ou sous-dossiers dans le dossier. |
| Lecture et exécution | Permet de lire ou d'exécuter le fichier, d'afficher le contenu du dossier ou de lire ou exécuter les fichiers du dossier. |
| Affichage du contenu du dossier | S'applique uniquement aux dossiers et accorde le droit d'en visualiser le contenu. |
| Lecture | Accorde l'autorisation de lire le fichier ou le contenu du dossier. |
| Écriture | Permet de modifier le contenu du fichier ou de ses attributs et de créer de nouveaux fichiers ou sous-dossiers dans le dossier. |

Les six autorisations applicables aux fichiers et aux dossiers sont constituées d'autres *autorisations spéciale*s qui définissent des permissions plus détaillées sur les fichiers et les dossiers. Le Tableau 12.2 présente ces autorisations spéciales qui s'appliquent à chacune des six autorisations applicables aux fichiers et aux dossiers.

TRUC

Il est préférable d'accorder des autorisations à des groupes plutôt qu'à chacun des utilisateurs. Par la suite, si un utilisateur a besoin d'accéder à une ressource particulière, il suffira de l'ajouter à un groupe qui a l'autorisation d'utiliser cette ressource.

**Tableau 12.2 :** Autorisations spéciales.

| *Autorisation spéciale* | *Contrôle total* | *Modification* | *Lecture et exécution* | *Affichage du contenu du dossier* | *Lecture* | *Écriture* |
|---|---|---|---|---|---|---|
| Traverser dossier/ Exécuter fichier | x | x | x | x | | |
| Énumérer dossier/Lire les données | x | x | x | x | x | |
| Lire les attributs | x | x | x | x | x | |
| Lire les attributs étendus | x | x | x | x | x | |

| *Autorisation spéciale* | *Contrôle total* | *Modification* | *Lecture et exécution* | *Affichage du contenu du dossier* | *Lecture* | *Écriture* |
|---|---|---|---|---|---|---|
| Créer des fichiers/ Écrire des données | x | x | | | | x |
| Créer des dossiers/ Ajouter des données | x | x | | | | x |
| Écrire des attributs | x | x | | | | x |
| Écrire des attributs étendus | x | x | | | | x |
| Supprimer les sous-dossiers et les fichiers | x | | | | | |
| Supprimer | x | x | | | | |
| Lire les autorisations | x | x | x | x | x | x |
| Modifier les autorisations | | x | | | | |
| Prendre possession | x | | | | | |
| Synchroniser | x | x | x | x | x | x |

# Comprendre les partages

Un *partage* est un dossier mis à la disposition de multiples utilisateurs à travers le réseau. Chaque partage se caractérise par les éléments suivants :

- **Le nom de partage** : Nom sous lequel le partage est connu sur le réseau. Pour qu'il soit compatible avec les ordinateurs anciens, il est recommandé de s'en tenir, si possible, au nom à huit caractères.
- **Le chemin** : Chemin du dossier, sur l'ordinateur local partagé, par exemple : `C:\Compta`.
- **La description** : Description en ligne du partage.
- **Les autorisations** : Liste d'utilisateurs ou de groupes auxquels l'accès au partage a été accordé.

Lorsque vous installez Windows et configurez les rôles du serveur, des ressources partagées particulières sont créées pour supporter ces rôles. Ne modifiez surtout pas les partages spéciaux, à moins que vous sachiez vraiment ce que vous faites. Le Tableau 12.3 présente les partages spéciaux les plus importants.

**Tableau 12.3 :** Partages spéciaux les plus importants.

| *Nom de partage* | *Description* |
|---|---|
| drive$ | Le répertoire racine d'un disque. |
| ADMIN$ | Utilisé pour l'administration distante d'un ordinateur. Il pointe sur le dossier du système d'exploitation (habituellement, `C:\Windows`). |
| IPC$ | Employé par des canaux nommés, c'est un élément de programmation qui permet aux processus de communiquer entre eux. |
| NETLOGON | Requis pour le fonctionnement des contrôleurs de domaine. |
| SYSVOL | Un partage des contrôleurs de domaine. |
| PRINT$ | Utilisé pour l'administration distante des imprimantes. |
| FAX$ | Utilisé par les clients de fax. |

Quelques noms de partages spéciaux se terminent par le symbole dollar ($) ; ce sont des *partages cachés*, invisibles pour les utilisateurs. Cependant, vous pouvez y accéder en spécifiant le nom complet du partage (avec le symbole dollar). Par exemple, le partage `C$` est créé pour permettre une connexion au répertoire racine du disque `C:` d'un client réseau. Les partages tels que `C$` sont protégés par des privilèges, de sorte que si un utilisateur découvre que `C$` est le répertoire racine du disque `C:` du serveur, il ne pourra pas y accéder.

# Configurer le rôle de serveur de fichiers

Pour utiliser Windows Server 2012 comme serveur de fichiers, vous devez d'abord activer le rôle de serveur de fichiers. Sous Windows Server 2003, sélectionnez Démarrer/Outils d'administration/Gérer votre serveur pour ouvrir la console Gérer votre serveur. Cliquez ensuite sur Ajouter ou supprimer un rôle et sélectionnez le rôle Serveur de fichiers. Sous Windows Server 2012, sélectionnez Démarrer/Outils d'administration/Gestionnaire de serveur puis cliquez sur Rôles et activez le rôle Services de fichiers.

# Administrer le serveur de fichiers

Pour administrer les ressources partagées à partir de Windows Server 2012, ouvrez le Gestionnaire de serveur et sélectionnez la commande Services de fichiers et de stockage dans le volet gauche de la fenêtre. Puis cliquez la commande Partages (voir la Figure 12.1).

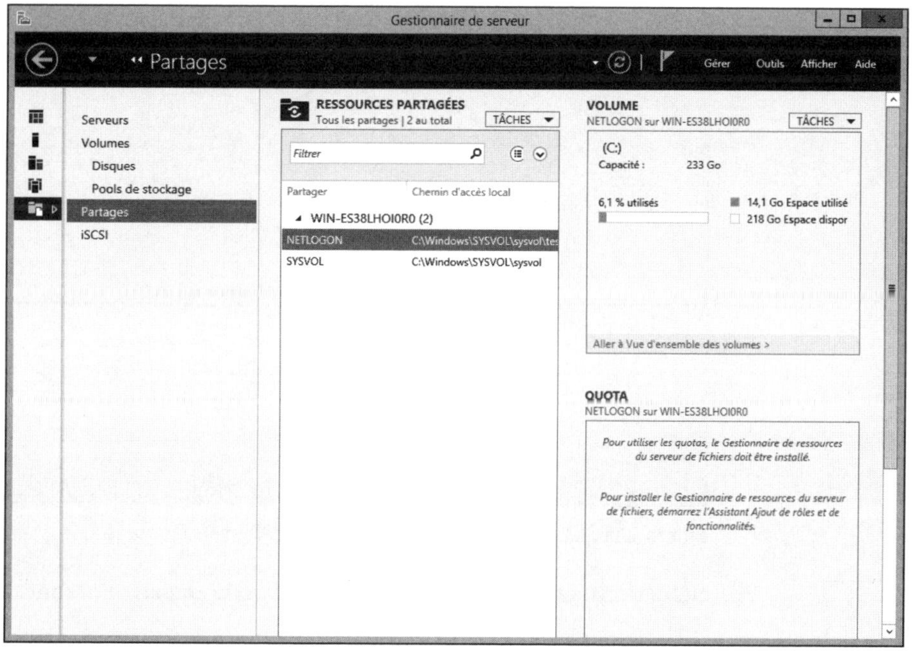


**Figure 12.1 :** La console d'administration des Ressources partagées.

Les sections suivantes décrivent quelques procédures courantes que vous serez amené à utiliser pour administrer votre serveur de fichiers.

# Utiliser l'Assistant nouveau partage

Pour être vraiment utile, un serveur de fichiers doit offrir plusieurs *dossiers partagés* configurés pour être accessibles de n'importe où sur le réseau. Pour créer un nouveau partage, utilisez l'Assistant Nouveau partage et suivez les étapes ci-dessous.

1. **À partir du Gestionnaire de serveur cliquez sur la flèche à droite de la rubrique Tâches et sélectionnez Nouveau partage.**

La page d'accueil de l'Assistant Nouveau partage s'ouvre, comme le montre la Figure 12.2. Dans un premier temps, l'assistant vous demande de préciser le type de profil du partage de fichiers.

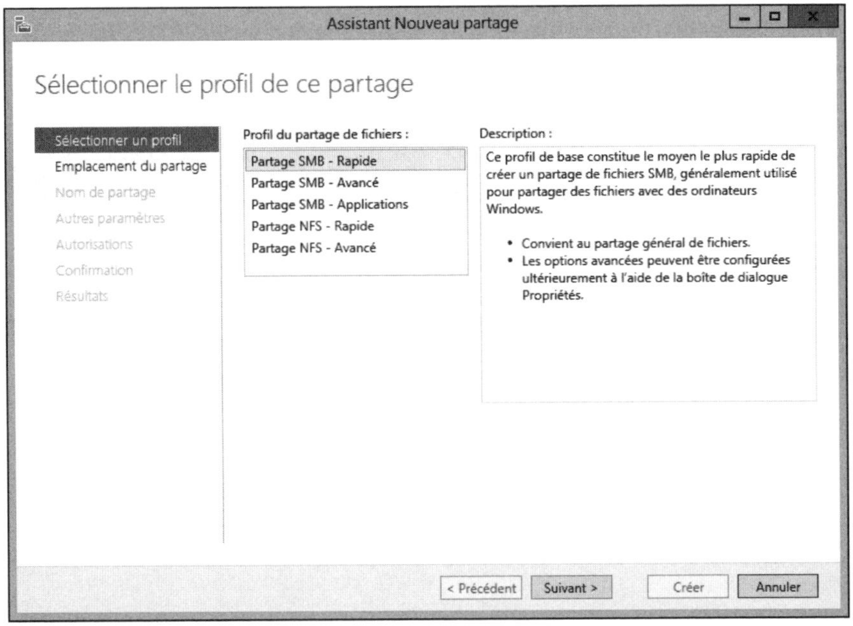


**Figure 12.2 :** La page d'accueil de l'Assistant Nouveau partage.

2. **Sélectionnez Partage SMB - Rapide et cliquez sur Suivant.**

   L'Assistant Nouveau partage demande la sélection du serveur et le chemin d'accès au partage comme le montre la Figure 12.3.

3. **Si besoin, sélectionnez le serveur qui hébergera le partage.**

4. **Sélectionnez l'emplacement du partage en choisissant l'une de ces deux options :**

   - *Sélectionner par volume* : Cette option permet de sélectionner le volume sur lequel le dossier partagé doit résider tout en laissant l'Assistant Nouveau partage créer le dossier pour vous. Utilisez cette option si le dossier n'existe pas déjà et si le choix par défaut de Windows vous convient ; le partage sera un nouveau dossier créé dans le répertoire `\Shares` du volume sélectionné.

   - *Tapez un chemin personnalisé* : Utilisez cette option si le dossier existe ou si vous souhaitez en créer un dans un emplacement autre que le dossier `\Shares`.

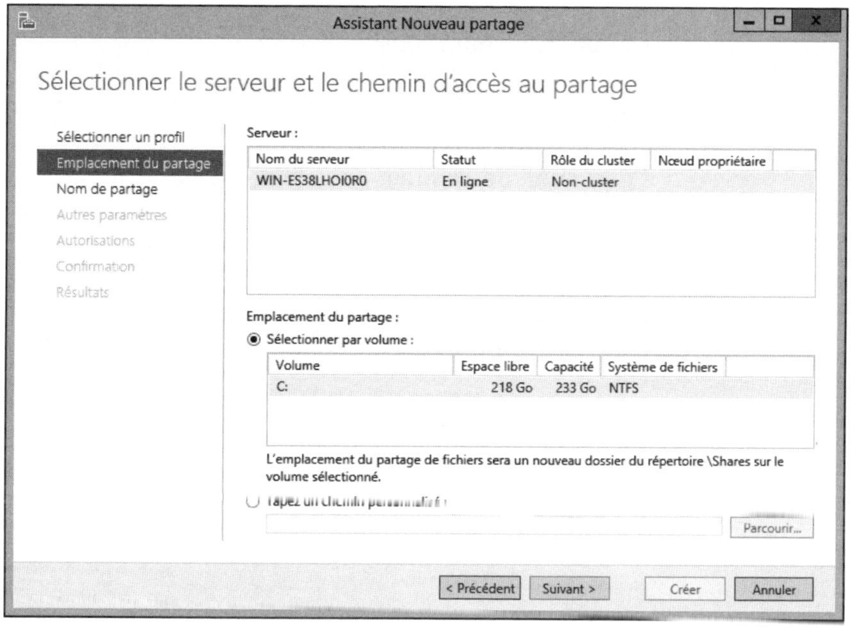


**Figure 12.3 :** Sélection du serveur et du chemin d'accès au partage.

5. **Cliquez sur Suivant.**

   La boîte de dialogue de la Figure 12.4 apparaît.

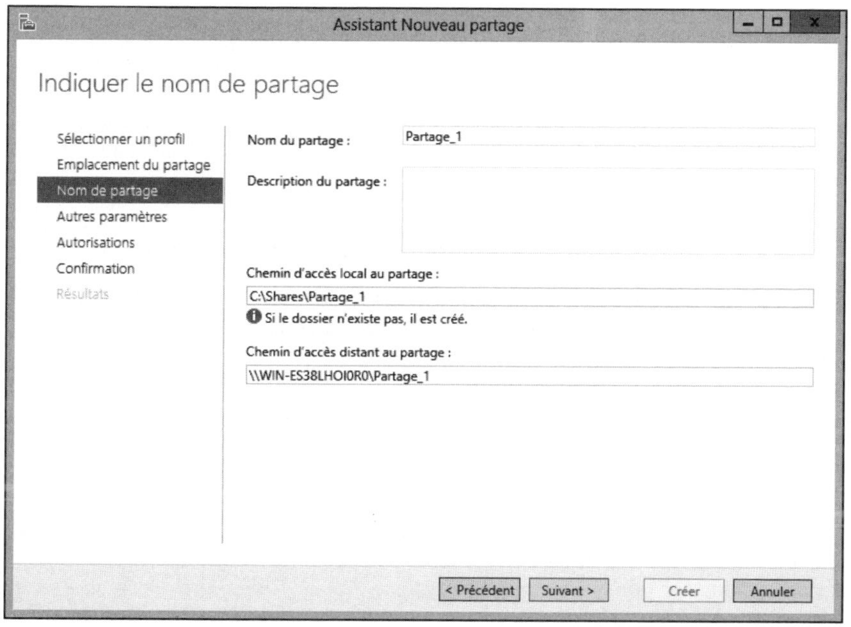


**Figure 12.4 :** Spécification du nom du partage.

6. **Entrez le nom que vous souhaitez utiliser pour le partage dans le champ Nom du partage.**

   Le nom par défaut est celui du dossier partagé. S'il est trop long, entrez un nom plus bref.

7. **Entrez une description pour le partage.**

8. **Cliquez sur Suivant.**

   La boîte de dialogue de la Figure 12.5 apparaît.

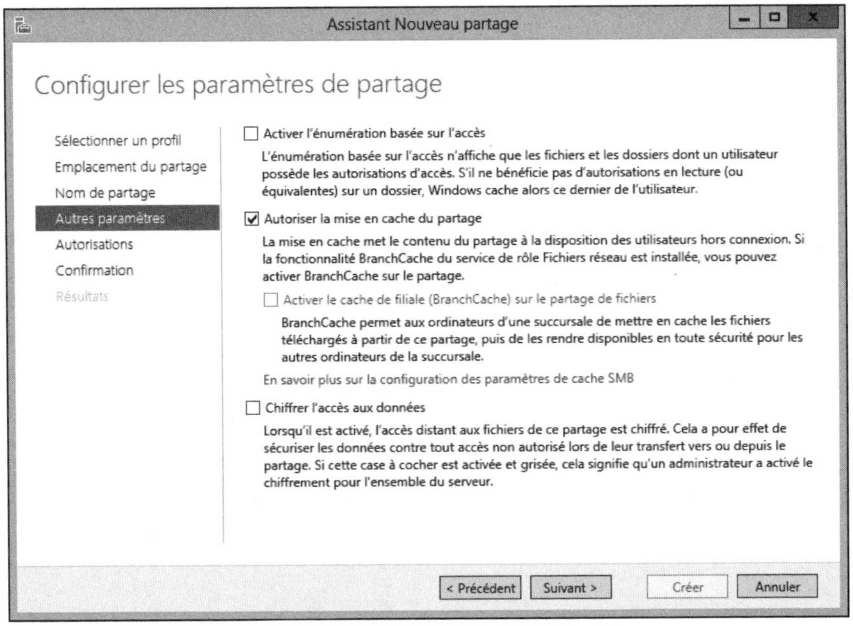


**Figure 12.5 :** Configuration des paramètres du partage.

9. **Cochez les paramètres de partage que vous souhaitez utiliser :**

   - *Activer l'énumération basée sur l'accès* : Masque les fichiers et dossiers auxquels l'utilisateur n'a pas la permission d'accéder.
   - *Autoriser la mise en cache du partage* : Rend les fichiers disponibles pour les utilisateurs hors ligne.
   - *Chiffrer l'accès aux données* : Chiffre les fichiers stockés sur le partage

10. **Cliquez sur Suivant.**

    L'assistant affiche les autorisations par défaut qui seront affectées au nouveau partage, comme le montre la Figure 12.6.

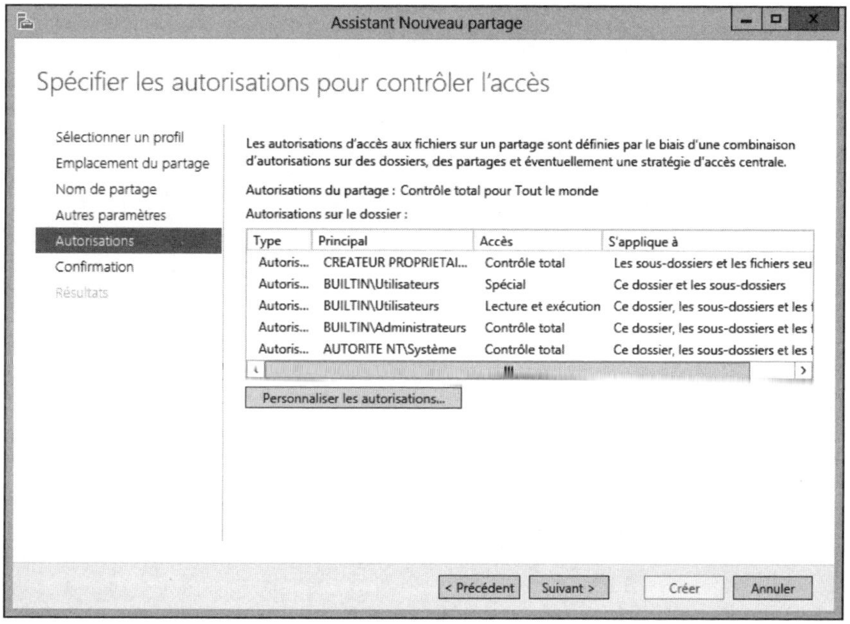


**Figure 12.6 :** Définition des autorisations de partage.

11. **(Facultatif) Si vous souhaitez personnaliser les autorisations, cliquez sur le bouton Personnaliser les autorisations.**

    Ce bouton permet d'accéder à la boîte de dialogue Paramètres de sécurité avancés pour le partage.

12. **Cliquez sur Suivant.**

    La page de Confirmer les sélections apparaît, comme le montre la figure 12.7.

13. **Vérifiez que tous les paramètres sont corrects, puis cliquez sur le bouton Créer.**

    Le partage est créé et la boîte de dialogue Afficher les résultats s'affiche, comme le montre la figure 12.8.

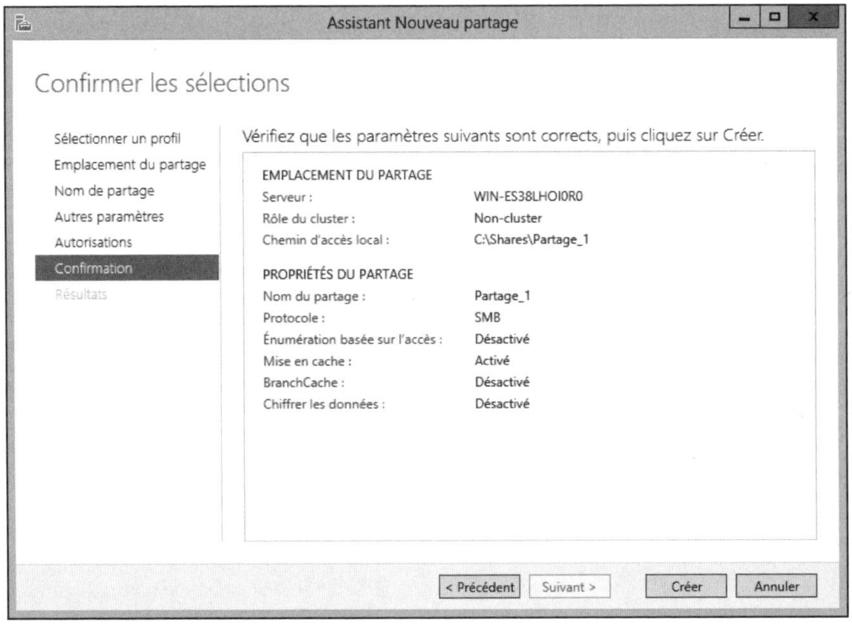


**Figure 12.7 :** Confirmation des paramètres du partage.

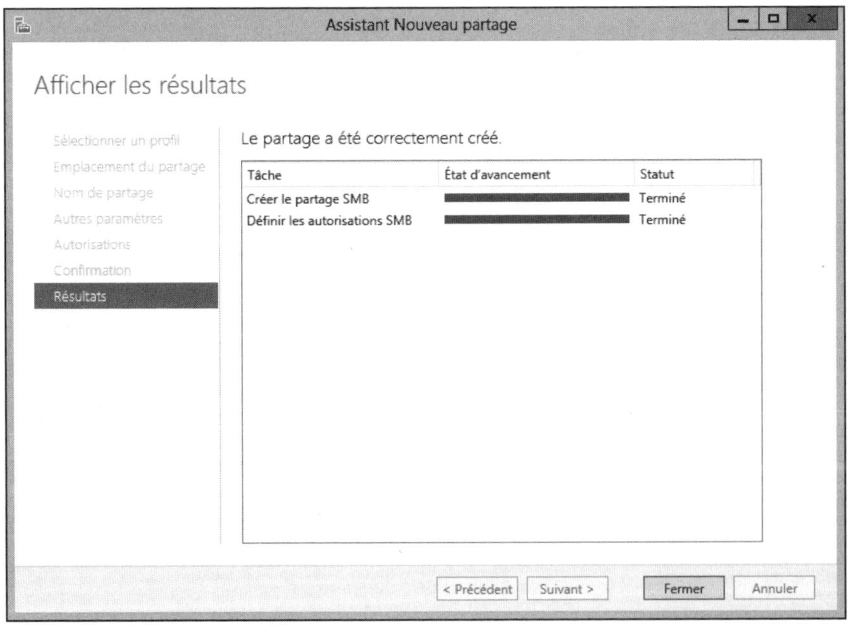


**Figure 12.8 :** C'est terminé !

## Partager un dossier sans l'assistant

Si vous pensez que les assistants devraient se contenter de faire de la magie dans *Harry Potter*, vous pouvez configurer un partage sans utiliser l'assistant. Procédez comme suit :

1. **Activez la touche Windows, cliquez Ordinateur et repérez le dossier que vous voulez partager.**

2. **Effectuez un clic droit sur le dossier et cliquez sur Propriétés.**

   Cette action ouvre la boîte de dialogue Propriétés du dossier.

3. **Ouvrez l'onglet Partage.**

   L'onglet Partage s'ouvre, comme le montre la Figure 12.9.

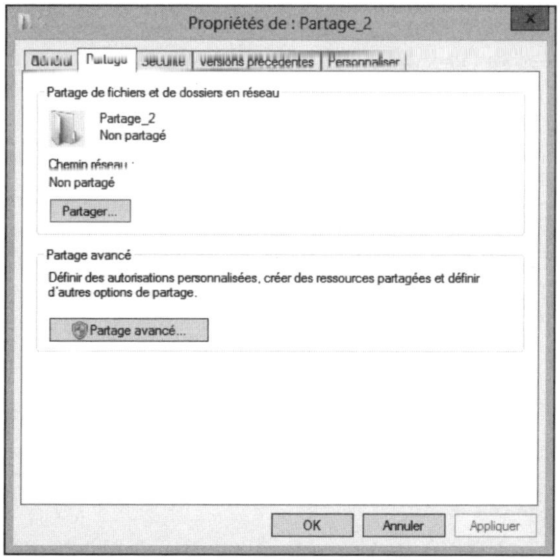


**Figure 12.9 :** Partage manuel d'un dossier.

4. **Cliquez sur le bouton Partage avancé.**

   La Figure 12.10 représente la boîte de dialogue qui s'affiche.

5. **Cochez la case Partager ce dossier pour que le dossier soit considéré comme partagé.**

   Les paramètres de cette boîte de dialogue sont grisés tant que vous ne cochez pas cette case.

6. **Entrez le nom du partage dans le champ Nom du partage ainsi qu'une description du partage dans la zone Commentaires.**

   Le nom par défaut est celui du dossier partagé ; s'il est trop long, entrez un nom plus bref.

   La description est facultative mais elle peut être utile pour indiquer le contenu du dossier aux utilisateurs.

**Figure 12.10 :** Définition du nom du partage.

7. **Si vous voulez définir les autorisations, cliquez sur le bouton Autorisations.**

   Cette action ouvre une boîte de dialogue qui vous invite à créer des autorisations pour le partage. Pour plus d'informations, reportez-vous à la section suivante, « Définir des autorisations ».

8. **Cliquez sur OK.**

   Le dossier est partagé.

## Définir des autorisations

Quand vous venez de créer un partage de fichiers, les utilisateurs n'y accèdent d'abord qu'en lecture seule. Pour leur permettre de modifier les fichiers ou d'en ajouter de nouveaux, il faut des autorisations supplémentaires. Voici comment procéder à partir de la console Gestion du partage et du stockage :

1. **Activez la touche Windows, cliquez Ordinateur et accédez au dossier dont vous voulez modifier les autorisations.**

2. **Effectuez un clic droit sur le dossier à modifier et sélectionnez Propriétés.**

   La boîte de dialogue Propriétés du partage apparaît.

3. **Cliquez l'onglet Partage, puis le bouton Partage avancé.**

   La boîte de dialogue Partage avancé est affichée.

4. **Cliquez Autorisations.**

La boîte de dialogue illustrée par la Figure 12.11 s'ouvre. Elle propose une liste de tous les utilisateurs et groupes auxquels vous avez accordé une autorisation pour le dossier. Lorsque vous sélectionnez un utilisateur ou un groupe dans la liste, les cases à cocher au bas de la liste indiquent les autorisations spéciales que vous avez attribuées à chaque utilisateur ou groupe.

Lorsque vous sélectionnez un utilisateur ou un groupe dans la liste Noms de groupes ou d'utilisateurs, les cases à cocher dans la zone Autorisations spécifient leurs autorisations.

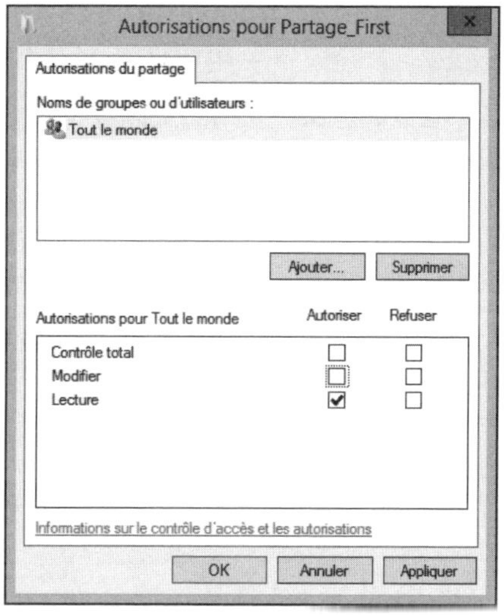


**Figure 12.11 :** Définition des autorisations.

5. **Cliquez sur le bouton Ajouter.**

   La boîte de dialogue de la Figure 12.12 apparaît.

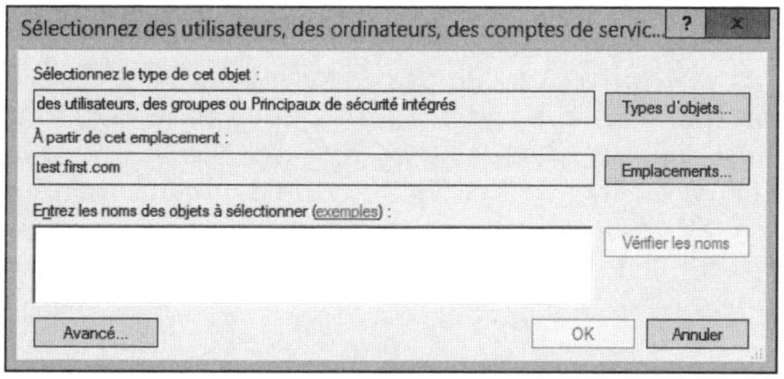


**Figure 12.12 :** Ajout de nouvelles autorisations.

6. **Entrez le nom de l'utilisateur ou du groupe auquel vous souhaitez accorder des autorisations, puis cliquez sur OK.**

   Si vous n'êtes pas sûr du nom, cliquez sur le bouton Avancé ; cela active une boîte de dialogue dans laquelle vous pouvez rechercher des utilisateurs par leur nom.

   Lorsque vous cliquez sur OK, vous revenez à l'onglet Autorisations de partage (voir la Figure 12.11), avec le nouvel utilisateur ou le groupe ajouté.

7. **Cochez les cases Autoriser ou Refuser pour indiquer les autorisations à attribuer à l'utilisateur ou au groupe.**

8. Répétez les étapes 5 à 7 pour toutes les autres autorisations que vous souhaitez ajouter.

9. **Lorsque vous avez terminé, cliquez sur OK.**

   Voici quelques remarques concernant l'ajout d'autorisations :

   - Si vous désirez accorder un accès total à tous pour ce dossier, ne perdez pas de temps à définir des autorisations. Sélectionnez le groupe Tout le monde et cochez la case Autoriser pour chaque type de permission.

   - Pour supprimer une autorisation, sélectionnez-la et cliquez sur Supprimer.

   - Si vous ne souhaitez pas travailler avec la console de gestion du partage et du stockage, vous pouvez définir les autorisations dans Ordinateur. Effectuez un clic droit sur le dossier partagé, sélectionnez Partage et sécurité et cliquez sur Autorisations. Appliquez ensuite la procédure décrite précédemment à l'étape 5.

   - Les autorisations attribuées dans cette procédure ne s'appliquent qu'au partage lui-même. Les sous-dossiers peuvent eux aussi avoir reçu des autorisations. Si c'est le cas, c'est toujours l'autorisation la plus restrictive qui l'emporte. Par exemple, si dans Autorisations de partage, vous avez opté pour l'autorisation Contrôle total mais que l'autorisation affectée au dossier ne permet que la lecture à l'utilisateur, ce dernier ne bénéficiera que d'une autorisation en lecture seule pour le dossier.

# Chapitre 13

# Gérer la messagerie Exchange 2010

***Dans ce chapitre :***

- Créer des boîtes aux lettres.
- Gérer des boîtes aux lettres.
- Configuration d'Outlook pour Exchange.

Bien qu'*Exchange Server 2010* ne fasse pas strictement partie de Windows Server 2012, c'est le serveur de messagerie utilisé sur la plupart des réseaux Windows. Oui, je sais ! Microsoft ne considère pas Exchange Server comme un *serveur de messagerie*. C'est un *serveur de messagerie et de collaboration*. Toutefois, la raison d'être d'Exchange Server est bel et bien la messagerie.

Dans ce chapitre, vous découvrirez comment exécuter les tâches de maintenance les plus courantes sur un serveur Exchange : la création d'une nouvelle boîte aux lettres, l'accès à une boîte aux lettres supplémentaire pour un client et le problème des limites de taille des boîtes aux lettres.

## Créer une boîte aux lettres

Dans les versions précédentes d'Exchange, vous aviez l'habitude de créer les boîtes aux lettres des utilisateurs à partir de la console Utilisateurs et ordinateurs Active Directory (ADUC pour Active Directory Users and Computers). Cependant, avec Exchange 2010, Microsoft a supprimé ces fonctions de gestion d'Exchange ; la création et la gestion des boîtes aux lettres utilisateur sont réalisées à partir du menu Outils du Gestionnaire de serveur.

La console de gestion d'Exchange permet de créer des boîtes aux lettres pour des utilisateurs d'un Active Directory (AD) ; reportez-vous au Chapitre 11 pour plus d'informations sur la création d'utilisateurs dans un Active Directory. Vous pouvez aussi utiliser la console de gestion d'Exchange pour créer un nouvel utilisateur et lui affecter une boîte aux lettres. La procédure suivante décrit les étapes à suivre pour créer un utilisateur AD et lui créer une nouvelle boîte aux lettres :

1. **À partir du Gestionnaire de serveur, sélectionnez Outils/Microsoft Exchange Server 2010/Exchange Management Console.**

   La console de gestion Exchange apparaît sur l'écran, comme le montre la Figure 13.1.

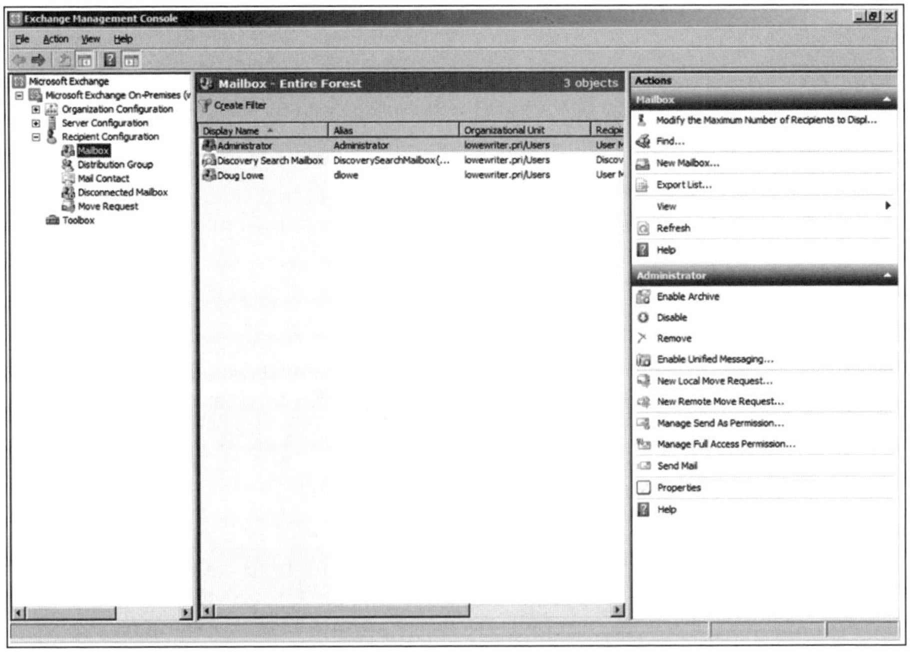


**Figure 13.1 :** La console de gestion Exchange.

2. **Dans le volet de navigation dans la partie gauche de la fenêtre, accédez à Microsoft Exchange/Microsoft Exchange On-Premises/ Recipient Configuration.**

   Si vous avez plus d'un serveur Exchange, choisissez le nœud du serveur auquel vous voulez ajouter l'utilisateur.

3. **Faites un clic-droit sur le nœud Mailbox dans le volet de navigation, puis choisissez New Mailbox.**

   Cela démarre l'Assistant New Mailbox, comme le montre la Figure 13.2. A partir de la première page de l'assistant, vous pouvez choisir parmi plusieurs types de comptes de boîte aux lettres.

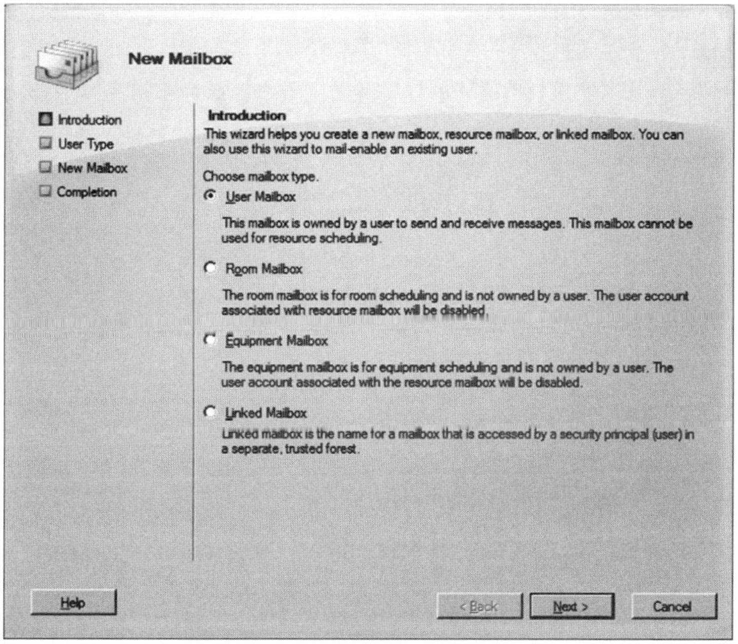


**Figure 13.2 :** La première page de l'assistant de création de nouvelle boîte aux lettres.

4. **Cochez le bouton User Mailbox puis cliquez sur Next.**

   La page User Type apparaît, comme le montre la Figure 13.3. Vous pouvez indiquer ici si vous voulez créer un nouveau compte utilisateur ou ajouter une boîte aux lettres pour un utilisateur AD existant.

5. **Cochez le bouton New user, puis cliquez sur Next.**

   La page User Information s'affiche, comme illustré à la figure 13.4.

6. **Entrez le prénom de l'utilisateur, ses initiales et son nom.**

   Lorsque vous tapez le nom, l'assistant complète automatiquement le champ Name.

7. **Modifiez le champ Name si ce qui est proposé ne vous convient pas.**

   Vous voudrez peut-être inverser les noms et prénoms, de sorte que le nom apparaît en premier.

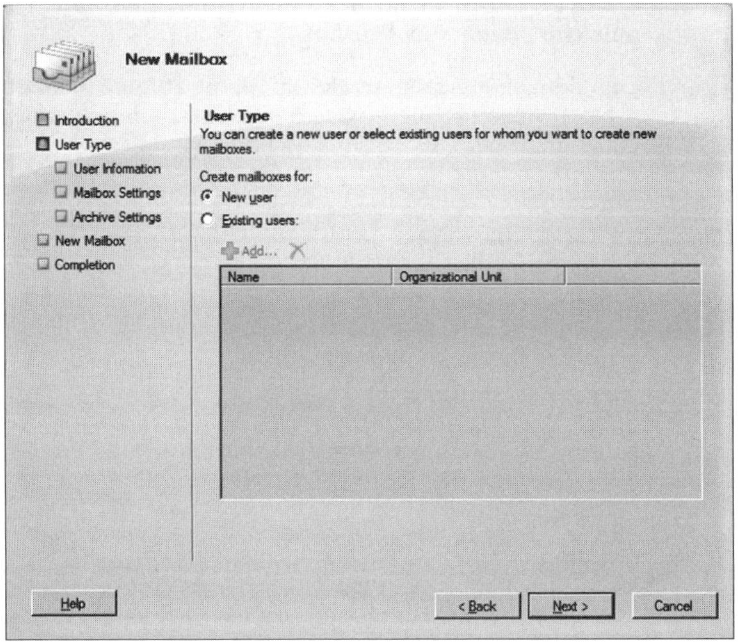


**Figure 13.3 :** La page de choix du type de compte.

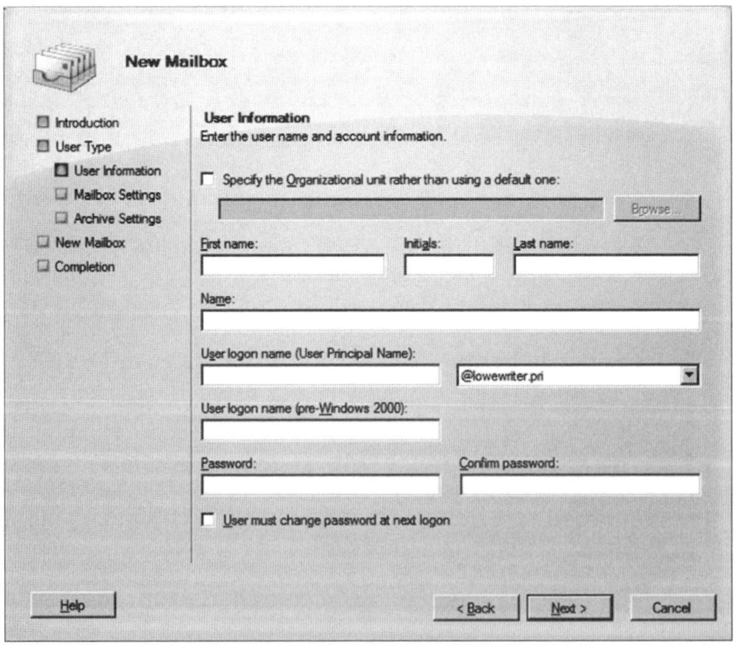


**Figure 13.4 :** La page d'informations sur l'utilisateur.

8. **Entrez le nom de connexion de l'utilisateur.**

   Ce nom doit être unique dans le domaine et sera utilisé pour former l'adresse de messagerie de l'utilisateur.

9. **Saisissez deux fois le mot de passe.**

   Vous êtes invité à taper deux fois le mot de passe ; cette vérification permet de contrôler qu'il est entré correctement. Si vous ne l'avez pas saisi de façon identique dans les deux champs, vous êtes invité à corriger votre erreur.

10. **Si le mot de passe est temporaire, cochez la case spécifiant que l'utilisateur devra changer de mot de passe à la prochaine ouverture de session.**

11. **Cliquez sur Next.**

    La page des paramètres de la boîte aux lettres s'affiche, comme illustré à la Figure 13.5 ; vous pouvez créer un alias pour le nom de compte de l'utilisateur et définir diverses options pour des boîtes aux lettres de l'utilisateur.

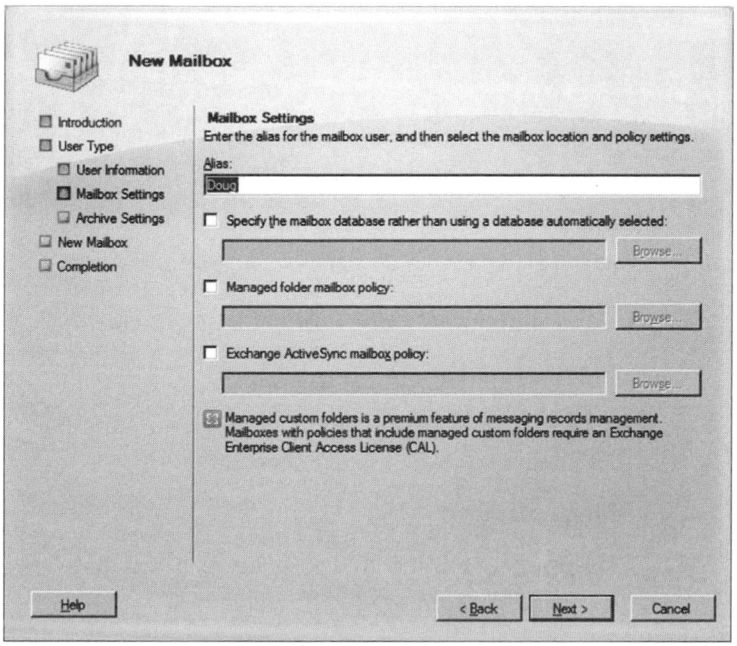


**Figure 13.5 :** La page des paramètres de la boîte aux lettres.

12. **Saisissez un alias pour l'utilisateur, puis cliquez sur Next.**

    L'alias peut être le nom qui a été utilisé dans le champ Nom de la page précédente.

    Lorsque vous cliquez sur Next, la page des paramètres d'archivage apparait (voir la Figure 13.6).

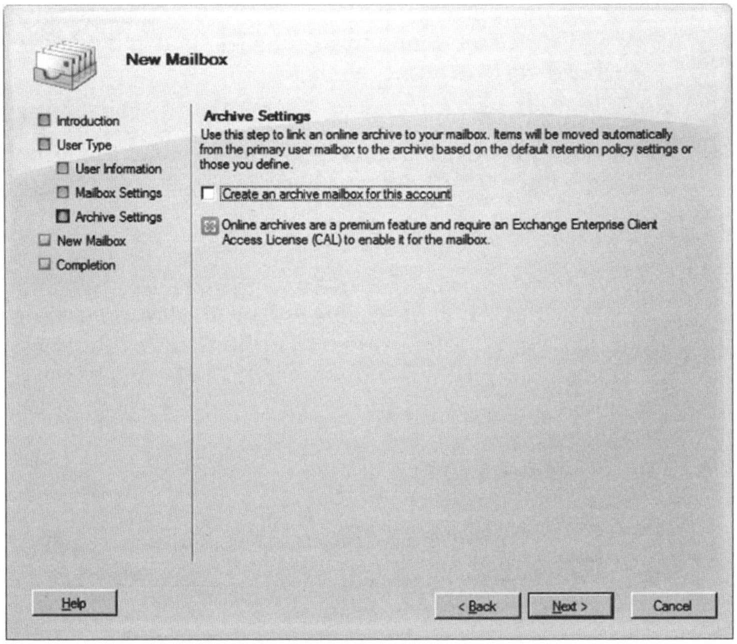


**Figure 13.6 :** La page des paramètres d'archivage de la boîte aux lettres.

13. **Si vous voulez créer une boîte aux lettres d'archive pour l'utilisateur, sélectionnez l'option Create an Archive Mailbox for This Account, sinon, laissez l'option décochée.**

    Les boîtes aux lettres d'archive sont disponibles uniquement avec l'édition Enterprise d'Exchange Server 2010.

14. **Cliquez sur Next.**

    Vous accédez à la dernière page de l'assistant de création de nouvelle boîte aux lettres, comme le montre la Figure 13.7.

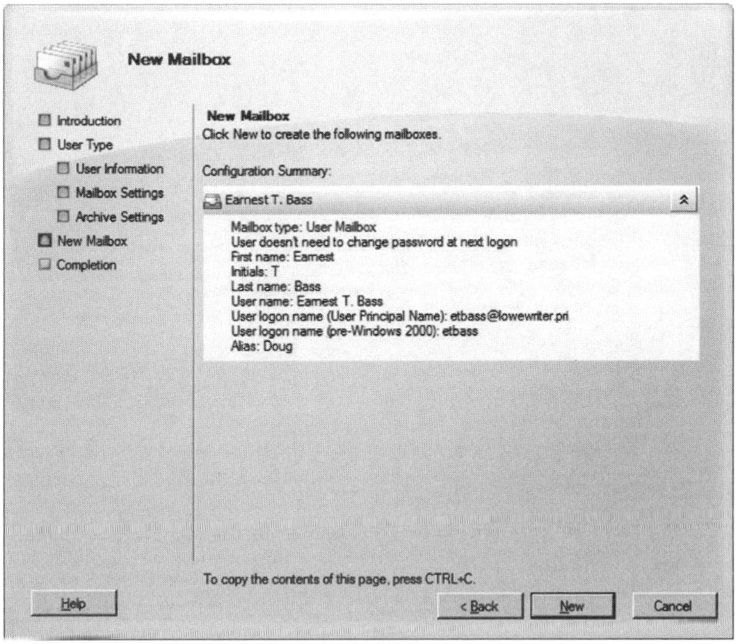


**Figure 13.7 :** La dernière page de l'assistant de création de nouvelle boîte aux lettres.

15. **Vérifiez que les informations sont correctes, puis cliquez sur New pour créer la boîte aux lettres.**

    Si les informations relatives au compte ne sont pas correctes, cliquez sur le bouton Back et corrigez l'erreur.

    Lorsque vous cliquez sur New, la console Exchange Management affiche des messages divers et variés et des barres de progression pour indiquer l'évolution de la procédure. Lorsque c'est terminé, la page de félicitations de la Figure 13.8 apparaît.

16. **Félicitez-vous, puis cliquez sur Finish.**

Vous avez terminé !

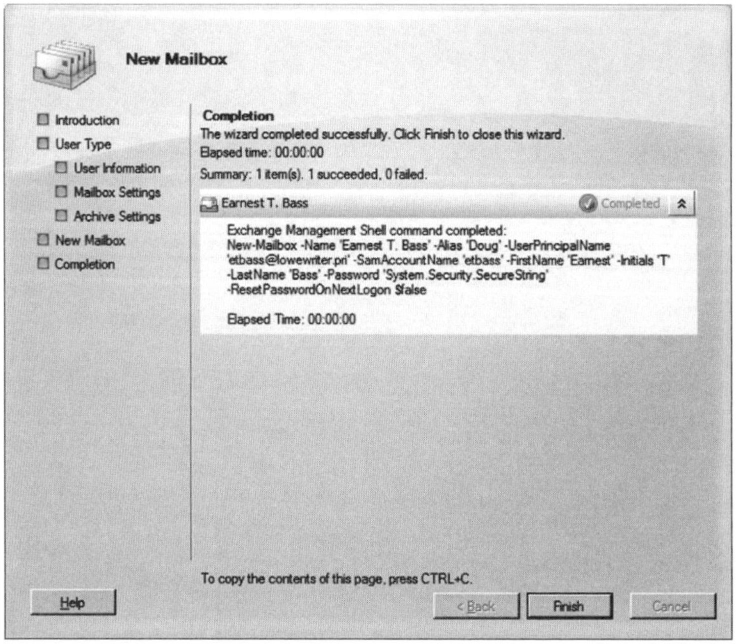


**Figure 13.8 :** Félicitations !

# Gérer des boîtes aux lettres

Lorsque vous avez configuré une boîte aux lettres, vous pouvez utiliser la console de gestion Exchange pour gérer ses paramètres. Pour ce faire, faites un clic droit la boîte aux lettres que vous souhaitez gérer, puis choisissez la commande Propriétés dans le menu contextuel. Cette action ouvre la boîte de dialogue Propriétés, qui est le portail pour accéder aux fonctionnalités les plus fréquemment utilisées d'Exchange.

Les sections suivantes décrivent plusieurs fonctions les plus couramment utilisées.

## Activation des fonctions de boîte aux lettres

L'onglet des fonctionnalités de boîte aux lettres gère plusieurs caractéristiques de la boîte aux lettres de l'utilisateur en cours, comme le montre la Figure 13.9.

Voici le détail de ces fonctionnalités :

- **Outlook Web App** : Cette fonction permet à l'utilisateur d'accéder à sa boîte aux lettres Exchange à partir d'un navigateur Web plutôt qu'à partir d'un client Outlook ; elle est appelée Outlook Web Access.

- **Exchange ActiveSync** : La fonction ActiveSync synchronise les données Exchange avec les appareils mobiles, tels que les iPhones ou les téléphones Windows Mobile.

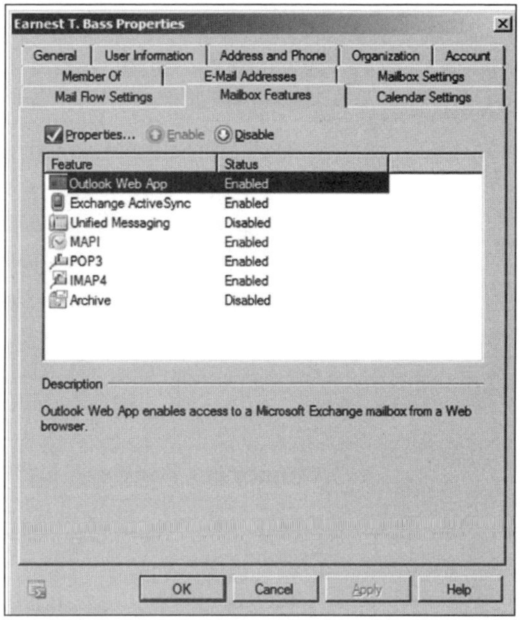


**Figure 13.9 :** L'onglet des fonctionnalités de boîte aux lettres.

- **Unified Messaging** : permet une fonction, disponible uniquement avec l'édition Enterprise, intègre la messagerie vocale et le fax aux boîtes aux lettres Exchange.

- **MAPI** : Active le protocole MAPI avec la boîte aux lettres. Ce protocole est activé par défaut, c'est le moyen le plus courant pour accéder aux courriers électroniques avec Microsoft Outlook.

- **POP3** : Active le protocole POP3 avec la boîte. POP3 est désactivé par défaut et doit être activée uniquement si l'utilisateur a besoin d'accéder son courrier électronique à partir d'un client de messagerie qui nécessite le protocole POP3.

- **IMAP4** : Active le protocole IMAP4. IMAP4 est désactivé par défaut et doit être activé seulement dans le cas où l'utilisateur accède à son courrier électronique avec un client de messagerie IMAP4.

- **Archive** : Active la fonctionnalité d'archivage Exchange, disponible uniquement avec l'édition Entreprise d'Exchange.

# Mise en place d'une redirection

Une redirection est une fonction qui transfère automatiquement tout courrier entrant vers une autre adresse de messagerie. Cette fonction est le plus souvent utilisée lorsque la personne est en congés ou absente et que quelqu'un d'autre doit gérer temporairement son courrier électronique.

Pour configurer une redirection, procédez comme suit :

1. **À partir du Gestionnaire de serveur, sélectionnez Outils/Microsoft Exchange Server 2010/Exchange Management Console.**

   Cette commande démarre la console de gestion Exchange (voir la Figure 13.1).

2. **Dans le volet de navigation, accédez à Microsoft Exchange/ Microsoft Exchange On-Premises/Recipient Configuration.**

3. **Faites un clic-droit sur la boîte aux lettres de l'utilisateur dont le courrier électronique doit être transféré, puis choisissez Propriétés dans le menu contextuel.**

   La boîte de dialogue des propriétés de la boîte aux lettres apparaît.

4. **Cliquez sur l'onglet Mail Flow Settings tab.**

   Les paramètres de flux des messages sont affichés, comme le montre la Figure 13.10.

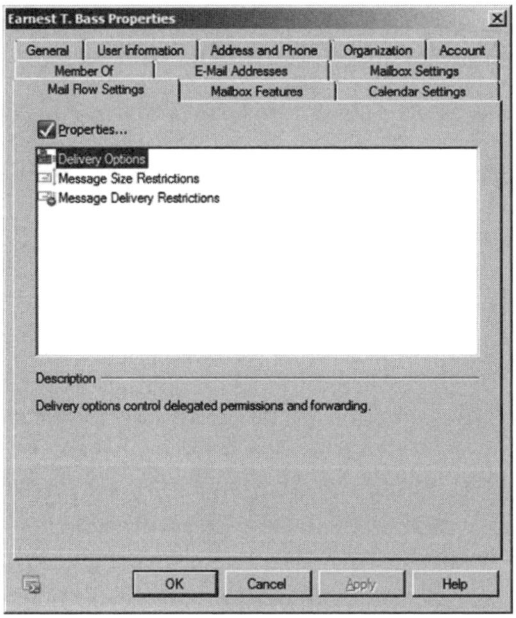


**Figure 13.10 :** Les paramètres de flux des messages.

5. **Double-cliquez sur Delivery Options.**

   La boîte de dialogue des options de livraison apparaît.

6. **Sélectionnez la case à cocher Forward To.**

7. **Cliquez sur le bouton Browser.**

   La boîte de dialogue de sélectionner d'un destinataire apparaît.

8. **Indiquez le destinataire auquel vous souhaitez transférer le courrier électronique, puis cliquez sur OK.**

   Le nom que vous avez sélectionné est affiché à présent dans la zone de texte

9. **Si vous voulez que les courriers redirigés soient conservés dans la boîte aux lettres de l'utilisateur, cochez la case Deliver Message to Both Forwarding Address and Mailbox.**

   Si vous laissez cette option désélectionnée, aucune trace du courrier électronique ne sera conservée dans la boîte aux lettres de l'utilisateur.

10. **Cliquez sur OK pour fermer la boîte de redirection.**

    Vous revenez à la boîte de dialogue des propriétés de la boîte aux lettres.

11. **Cliquez sur OK pour fermer la boîte de dialogue des propriétés.**

## Définition des limites de stockage de boîte aux lettres

Exchange permet de fixer une limite sur la taille de la boîte aux lettres de chaque utilisateur. Dans une très petite organisation, vous pouvez probablement vous en sortir sans imposer de limites de taille de boîte aux lettres ; cependant, si votre organisation est constituée de plus d'une vingtaine d'utilisateurs, vous devrez limiter la taille des boîtes aux lettres de chacun pour éviter de saturer le serveur.

Exchange propose trois méthodes pour limiter la taille des boîtes aux lettres :

- **Émettre un avertissement** : Lorsque cette limite est atteinte, un avertissement par courrier électronique est envoyé à l›utilisateur pour lui indiquer que sa boîte aux lettres est saturée.
- **Interdire l'émission** : Lorsque cette limite est atteinte, l›utilisateur ne peut plus envoyer de courriers, mais il continue à recevoir du courrier. Tant qu'il n'aura pas diminué la taille de sa boîte, il ne sera pas en mesure d›envoyer de courrier.
- **Interdire l'émission et la réception** : Lorsque cette limite est atteinte, la boîte aux lettres ne peut plus ni envoyer ni recevoir de courrier.

Il est conseillé de fixer une limite de stockage par défaut pour toutes les boîtes aux lettres de votre organisation. Vous pourrez passer outre ces limites pour des utilisateurs spécifiques. Les limites que vous aurez définies dépendront de nombreux facteurs, notamment le nombre d'utilisateurs dans l'organisation, le type de courriers utilisés habituellement (par exemple, y a-t-il des pièces jointes volumineuses ?), et la quantité d'espace disque disponible sur le serveur Exchange.

Pour configurer les limites de stockage par défaut pour toutes les boîtes aux lettres, procédez comme suit :

1. **À partir du gestionnaire de serveur, sélectionnez Outils/Microsoft Exchange Server 2010/Exchange Management Console.**

   Cette commande démarre la console de gestion Exchange (voir la Figure 13.1).

2. **Dans le volet de navigation, accédez à Microsoft Exchange/Microsoft Exchange On-Premises/Organization Configuration/Mailbox.**

   L'écran de configuration de boîte aux lettres apparaît, comme le montre la Figure 13.11.

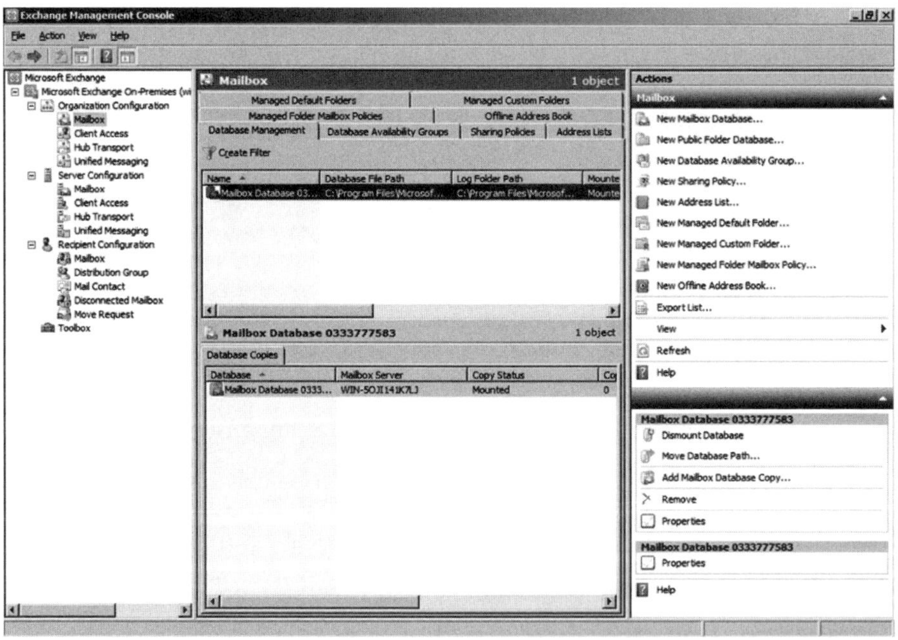


**Figure 13.11 :** L'écran de configuration de boîte aux lettres.

3. **Dans la liste Mailbox Databases, faites un clic-droit sur la base de données de boîtes aux lettres à configurer, puis choisissez Propriétés dans le menu contextuel.**

   Habituellement, une seule base de données de boîtes aux lettres est répertoriée, comme vous pouvez le voir sur la Figure 13.11.

   La boîte de dialogue des propriétés de la base de données de boîte aux lettres s'affiche.

4. **Cliquez sur l'onglet Limits.**

   L'onglet Limits s'affiche, comme le montre la Figure 13.12.

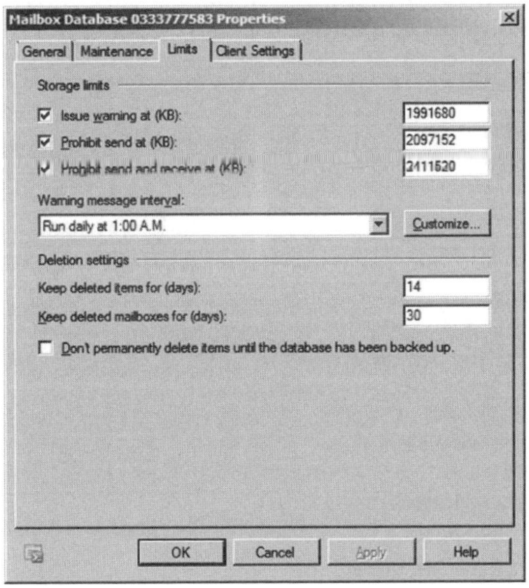


**Figure 13.12 :** Fixer des limites de stockage par défaut.

5. **Modifiez les paramètres des limites de stockage comme vous le souhaitez.**

   Par défaut, les limites de stockage sont assez élevés : Les avertissements sont émis à partir de 1.9 Go, l'envoie est bloqué à partir de 2 Go, et l'émission et la réception sont interdites à partir d'environ 2.4 Go. Une limite à 2 Go pour chaque boîte aux lettres est généreuse ; cependant, gardez à l'esprit que si vous avez 1 000 utilisateurs, la base de données des boîtes aux lettres peut atteindre 2 000 Go !

6. **Cliquez sur OK.**

   Les limites que vous avez définies prennent effet immédiatement.

Si vous imposez des limites de stockage par défaut à vos utilisateurs, vous voudrez probablement en autoriser certains à les dépasser. En effet, certains utilisateurs pourront avoir besoin de boîtes aux lettres plus importantes en raison de leur type de travail. S'il s'agit de votre patron, il ne serait pas raisonnable de le limiter !

Heureusement, il est très facile d'outrepasser les limites par défaut pour un utilisateur spécifique. Voici les étapes à suivre :

1. **À partir de la console Exchange Management, exécutez la commande Microsoft Exchange/Microsoft Exchange On-Premises/Recipient Configuration/Mailbox.**

2. **Faites un clic-droit sur l'utilisateur pour lequel vous souhaitez modifier les limites et choisissez Propriétés.**

   La boîte de dialogue de propriétés de la boîte aux lettres apparaît.

3. **Cliquez sur l'onglet Mailbox Settings.**

4. **Double-cliquez Storage Quotas.**

   La boîte de dialogue des quotas de stockage apparaît, comme illustré à la Figure 13.13.

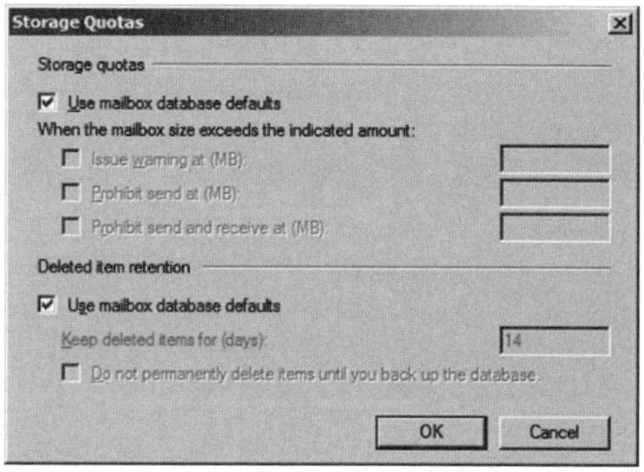


**Figure 13.13 :** Personnalisation des quotas de stockage ici.

5. **Décochez la case Use mailbox database defaults dans la rubrique Storage quotas, pour désactiver les paramètres par défaut.**

   Cette option vous donne la possibilité de personnaliser les valeurs limite pour l'utilisateur en cours.

6. **Définir les limites pour l'utilisateur.**

7. **Cliquez sur OK.**

Les limites de stockage sont configurées.

TRUC

Vous pouvez configurer de nombreuses autres fonctionnalités d'Exchange via la console de gestion. Prenez le temps d'explorer tous les nœuds dans le volet de navigation et d'examiner les boîtes de dialogue et les propriétés pour les différents types d'objets Exchange.

# Configuration d'Outlook pour Exchange

Après avoir créé une boîte aux lettres Exchange pour un utilisateur, vous pouvez configurer son client Outlook pour qu'il accède à sa messagerie. Bien que vous puissiez le faire directement à partir d'Outlook, il est préférable de le configurer en dehors d'Outlook, à partir de l'applet Courrier. Voici les étapes à mettre en œuvre :

1. **Ouvrez le Panneau de configuration, puis accédez à l'applet Courrier.**

   La boîte de dialogue représentée à la Figure 13.14 apparaît.

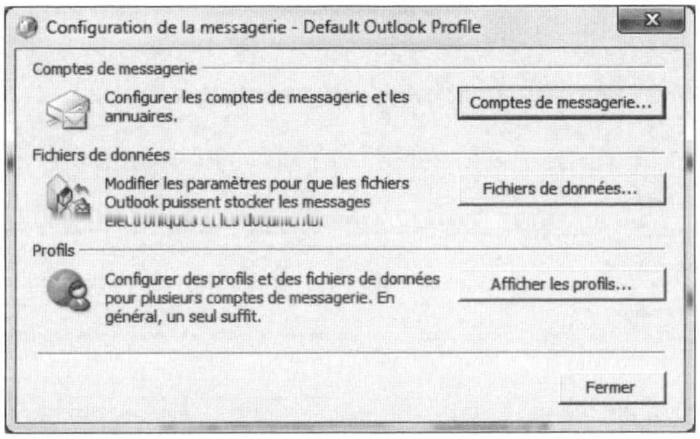


**Figure 13.14 :** La boîte de dialogue Configuration de la messagerie.

2. **Cliquez sur le bouton Afficher les profils.**

   La boîte de dialogue représentée à la Figure 13.15 apparaît, listant les profils de messagerie qui existent déjà sur l'ordinateur.

3. **Double-cliquez sur le profil de l'utilisateur.**

   La boîte de dialogue Configuration de la messagerie est affichée sur l'écran comme le montre la Figure 13.16.

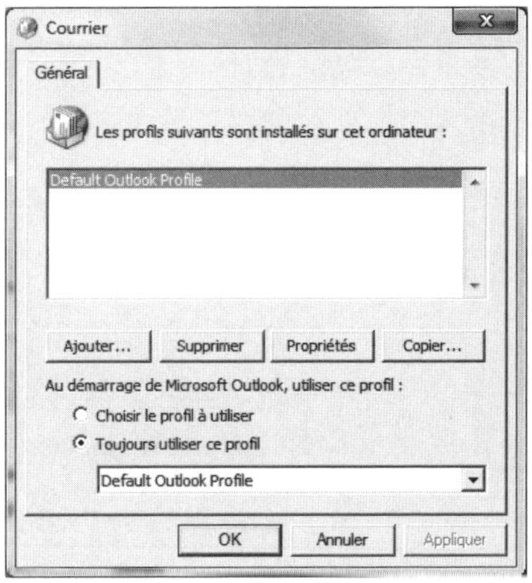


**Figure 13.15 :** La boîte de dialogue Courrier.

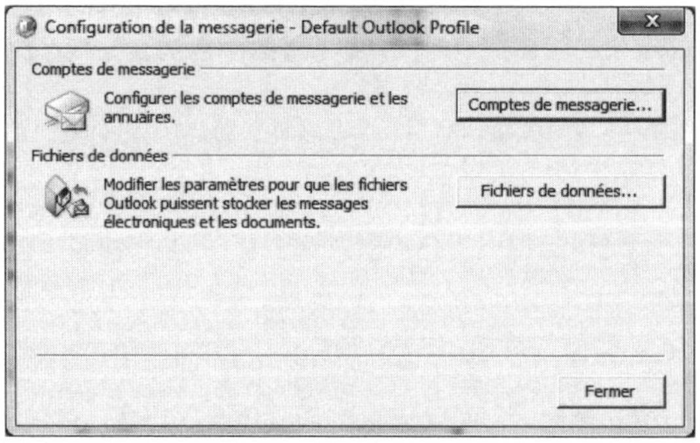


**Figure 13.16 :** La boîte de dialogue Configuration de la messagerie.

4. **Cliquez sur le bouton Comptes de messagerie.**

   La boîte de dialogue Paramètres du compte apparaît, comme illustré à la Figure 13.17.

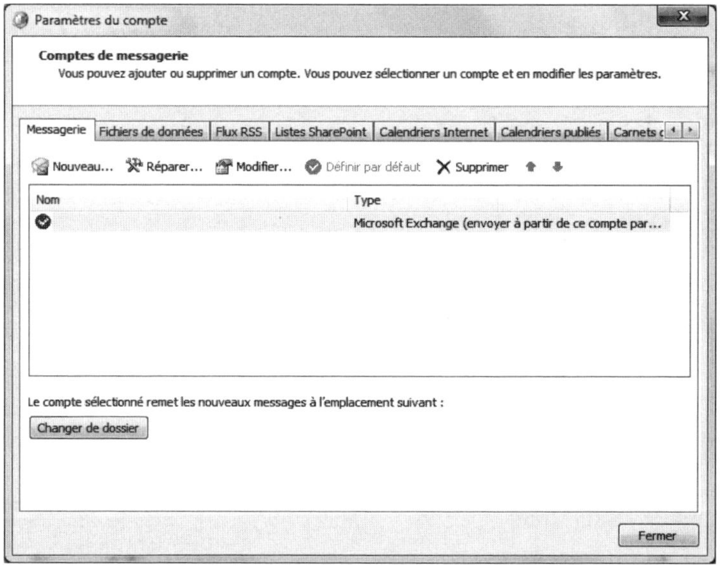


**Figure 13.17 :** La boîte de dialogue Paramètres du compte.

5. **Cliquez sur l'icône Nouveau.**

   La boîte de dialogue Ajouter un nouveau compte s'affiche.

6. **Cliquez sur Suivant.**

   ATTENTION !

   N'entrez pas votre adresse de messagerie, suivez l'étape 7.

7. **Cochez Configurer manuellement les paramètres du serveur configurer ou les types de serveurs supplémentaires, puis cliquez sur Suivant.**

   Une boîte de dialogue vous demande quel type de service vous souhaitez créer. Les choix sont Messagerie Internet, Microsoft Exchange, et autres.

8. **Sélectionnez l'option Microsoft Exchange, puis cliquez sur Suivant.**

   La boîte de dialogue de la Figure 13.18 s'affiche.

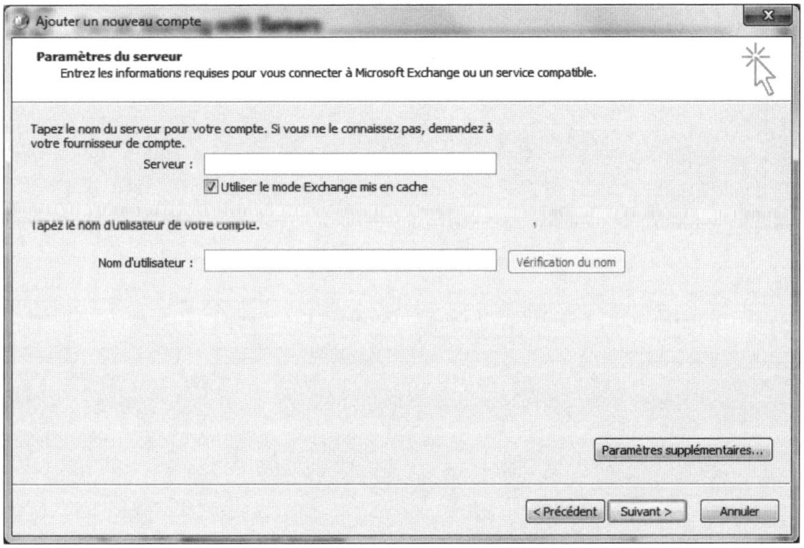


**Figure 13.18 :** Vous devez identifier le serveur Exchange et fournir un nom d'utilisateur.

9. **Entrez le nom du serveur Exchange et le nom d'utilisateur dans les zones de texte appropriées, puis cliquez sur Suivant.**

10. **Dans la nouvelle boîte de dialogue, cliquez sur OK.**

    La boîte de dialogue disparaît et la dernière page de l'assistant de création de comptes de messagerie s'affiche.

11. **Cliquez sur le bouton Terminer.**

    L'assistant disparaît.

12. **Démarrez Outlook.**

    La boîte aux lettres est à présent opérationnelle.

# Chapitre 14

# Créer un intranet

***Dans ce chapitre :***

- Qu'est-ce qu'un intranet ?
- Pourquoi utiliser un intranet ?.
- Éléments nécessaires pour installer un intranet.
- Installer un serveur Web IIS.
- Installer un intranet de base.
- Créer un site Web

Il ne s'agit pas d'Internet mais bien d'intranet ! Le mot *intranet* est assez récent et n'a gagné ses galons que depuis quelques années. L'intranet est semblable à Internet, à une différence près. Plutôt que de connecter votre ordinateur à la toile mondiale et à ses millions d'ordinateurs, un intranet limite la connexion de votre ordinateur à ceux de votre entreprise. Si vous vous demandez en quoi un intranet diffère de votre réseau, lisez la suite, vous allez comprendre !

## Qu'est-ce qu'un intranet ?

Chacun sait qu'Internet, et particulièrement le World Wide Web, est devenu un phénomène auquel personne n'échappe. Des centaines de millions d'utilisateurs surfent chaque jour sur le Web.

Depuis quelque temps, les architectes réseau des grandes entreprises ont pris conscience que le Web présentait un intérêt inestimable pour la transmission d'informations au public mais qu'il était encore plus attractif pour les informations qu'il pouvait transférer au sein de l'entreprise. C'est ainsi qu'est née l'idée des intranets ! Un *intranet* est un réseau construit à partir des mêmes outils et protocoles que ceux employés par Internet mais il est limité au réseau interne de l'entreprise.

En fait, un intranet est une petite version privée du World Wide Web. Toute personne qui peut se connecter à votre réseau local (LAN) peut accéder à votre intranet. L'intranet est consulté en utilisant un navigateur Web comme Internet Explorer ou Firefox. Les utilisateurs n'ont pas besoin d'une connexion Internet puisque les données de l'intranet sont stockées sur les serveurs de l'entreprise.

L'intranet est analogue à un système de télévision qui fonctionne en circuit fermé ; seules les personnes se trouvant dans l'entreprise peuvent le visualiser. En revanche, Internet est semblable à la télévision hertzienne, accessible par toute personne possédant un téléviseur et se trouvant à proximité d'un émetteur.

Voici deux points de vue contradictoires relatifs aux intranets :

- Quelques pandits de l'industrie informatique prétendent que les intranets sont plus populaires qu'Internet. Par exemple, de nombreuses entreprises qui vendent des outils de développement Web gagnent plus d'argent avec les logiciels utilisés pour des intranets qu'avec ceux destinés à Internet.
- D'autres pandits de l'industrie informatique pensent que l'intranet est simplement un phénomène de mode apporté par une nouvelle technologie prometteuse, et que, tel le twist ou le hula-hoop, il n'en subsistera rien d'ici quelques années. Qui vivra verra !

## Pourquoi utiliser un intranet ?

Les intranets peuvent distribuer n'importe quel type d'information au sein d'une entreprise. En général, ils font appel à deux types d'applications de base :

- **Les applications de publication** : L'information est diffusée sous forme de pages que vous pouvez consulter à partir de n'importe quel ordinateur ayant un accès à l'intranet. Ce type d'application est utilisé généralement pour les bulletins de l'entreprise, des documentations diverses, des catalogues, des tarifs, etc.

  Les applications de publication sont simples à mettre en place et vous pouvez le faire vous-même sans l'aide de consultants extérieurs qui risquent d'entamer fortement votre budget.

- **Les applications de transaction** : Les utilisateurs de l'intranet utilisent ce type d'application pour saisir des informations : entrées de dépenses, requêtes pour signaler un problème, inscriptions à une activité, etc.

  Vous risquez de dépenser des sommes importantes en logiciels et en consultants pour mettre en œuvre ce type d'application.

Voici la différence principale entre ces deux types d'application :

- **Dans une application de publication, les flux d'informations se propagent dans une seule direction** : de l'intranet vers l'utilisateur. L'utilisateur recherche des informations et le système les lui fournit.
- **Dans une application de transaction, les flux d'informations se déplacent dans les deux directions** : non seulement l'utilisateur interroge le système mais le système attend de l'utilisateur certaines informations.

## Un intranet sans serveur Web

En général, un intranet est basé sur un serveur Windows exécutant IIS ou un serveur Linux exécutant Apache ou tout autre serveur Web. Cependant, vous pouvez créer un intranet rudimentaire sans vous donner la peine d'installer de serveur Web réel. Voici comment y parvenir :

1. **Définissez un partage sur un serveur de fichiers sur lequel vous regrouperez les fichiers HTML qui composeront votre intranet.**
2. **Créez un fichier HTML pour la page d'accueil (home page) de votre intranet et sauvegardez-le dans le dossier créé à l'étape 1.**

   Nommez-le `index.html`.
3. **Concevez tous les autres fichiers HTML dont votre intranet a besoin.**

   Le fichier `index.html` doit contenir tous les liens vers ces pages.
4. **Indiquez à votre navigateur Web le chemin d'accès au fichier `index.html`.**

   Par exemple, si le serveur est nommé `iserveur` et le partage `intranet`, entrez cette adresse dans votre navigateur : `\\iserveur\intranet\index.html`. Voilà ! C'est un intranet de base qui ne fait pas appel à un serveur Web.

Cet intranet rudimentaire fonctionne sans serveur Web parce qu'un navigateur Web peut afficher directement des fichiers HTML. Cependant, sans serveur Web, votre intranet est limité car toutes ses pages doivent être *statiques* (leur contenu est figé). Pour y insérer un contenu *dynamique*, c'est-à-dire généré en fonction du choix de l'utilisateur, vous avez besoin d'un serveur Web.

## Eléments nécessaires pour installer un intranet

Voici ce dont vous avez besoin pour mettre en place un intranet :

- **Un réseau** : Un intranet n'exige pas son propre câblage, il peut utiliser un réseau existant.
- **Un serveur dédié à l'intranet** : Vous devez vous assurer que cet ordinateur a au moins 4 Go de RAM et au moins 100 Go d'espace disque libre. Naturellement, plus la quantité d'informations et plus le nombre d'utilisateurs seront importants, plus la mémoire RAM et plus l'espace disque disponible devront être importants.
- **Windows Server ou un système d'exploitation Linux** : Les logiciels serveur Web tournent sur l'un ou l'autre.
- **Un logiciel serveur Web** : Vous devez installer un logiciel serveur Web tel qu'IIS (pour les serveurs Windows) ou Apache (pour les serveurs Linux).
- **Un programme de création de pages Web** : Si vous maîtrisez le langage HTML et si vous êtes capable de le manier comme de la prose, créez directement vos pages Web dans des fichiers texte. Dans ce cas, le seul programme dont vous avez besoin est le bloc-notes. Sinon, vous pouvez utiliser un programme spécifiquement conçu pour la création de pages Web comme Microsoft FrontPage ou Adobe Dreamweaver. Si vous envisagez de développer des applications de transaction, vous aurez besoin d'outils supplémentaires.

## Installer un serveur Web IIS

Internet Information Services (ou IIS) est intégré à Windows Server 2012 mais n'est pas activé par défaut. Après avoir installé Windows Server, vous devez ajouter le rôle Serveur Web pour activer IIS. La démarche suivante s'applique à Windows Server 2012 (elle est similaire pour Windows Server 2003) :

1. **Ouvrez le gestionnaire de serveur et sélectionnez Ajouter des rôles et des fonctionnalités à partir du Tableau de bord.**

   L'Assistant Ajout de rôles et de fonctionnalités apparaît..

2. **Cliquez sur Suivant pour passer les premières étapes d'installation, puis accédez à la page Rôles de serveurs comme le montre la Figure 14.1.**

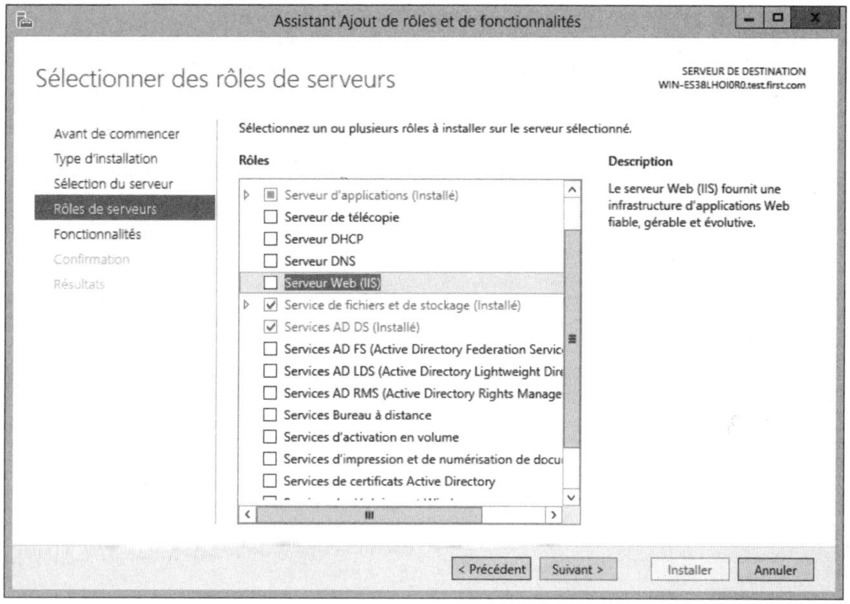


**Figure 14.1 :** La page Rôles de serveurs.

Cette action active la page d'accueil de l'Assistant Ajout de rôles.

3. **Cochez la case Serveur Web (IIS) puis cliquez sur Suivant.**

   L'Assistant Ajout de rôles et de fonctionnalités accède à la page Ajouter les fonctionnalités requises pour Serveur Web (IIS) comme le montre la Figure 14.2.

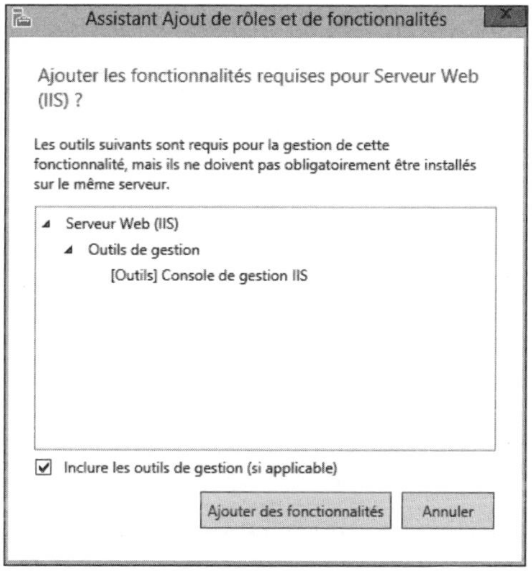


**Figure 14.2 :** La page Ajouter les fonctionnalités requises pour Serveur Web (IIS).

4. **Cliquez sur Ajouter des fonctionnalités.**

   La page Sélectionner des rôles de serveurs réapparaît.

5. **Cliquez sur Suivant.**

   La page Sélectionner des fonctionnalités est affichée ; vous n'avez pas besoin d'ajouter des sélections.

6. **Cliquez sur Suivant.**

   La page Rôle Web Server (IIS) est affichée, comme le montre la Figure 14.3.

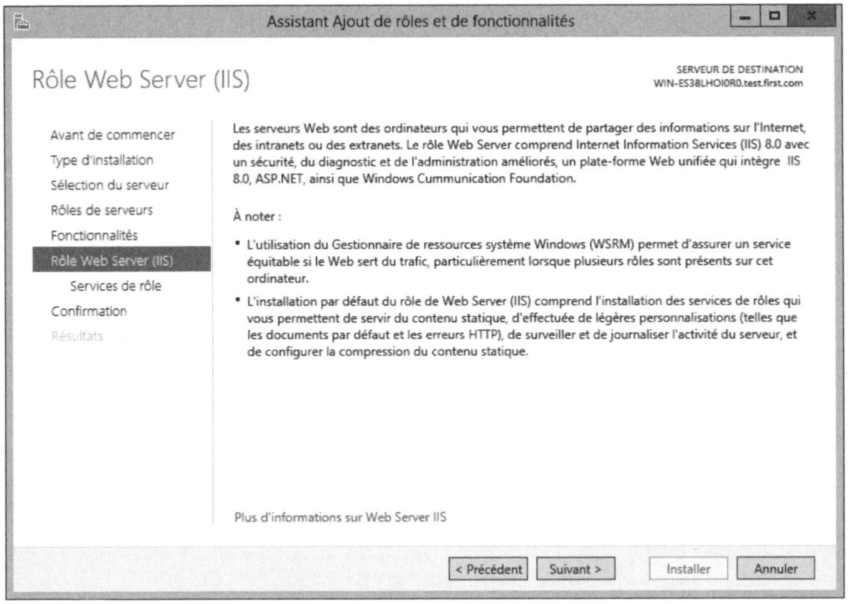


**Figure 14.3** : La page Rôle Web Server (IIS).

7. **Cliquez sur Suivant.**

   La page Services de rôle apparaît, comme le montre la Figure 14.4 ; elle propose une liste de services optionnels pour IIS.

8. **Sélectionnez les services que vous voulez configurer pour IIS.**

   Si vous le souhaitez, vous pouvez étudier cette liste et réfléchir aux fonctionnalités dont vous pensez avoir besoin. Vous pouvez aussi vous contenter des options sélectionnées par défaut.

TRUC

Par la suite, vous pourrez, à tout moment, solliciter l'Assistant Ajout de rôles pour ajouter des fonctionnalités que vous n'avez pas installées initialement.

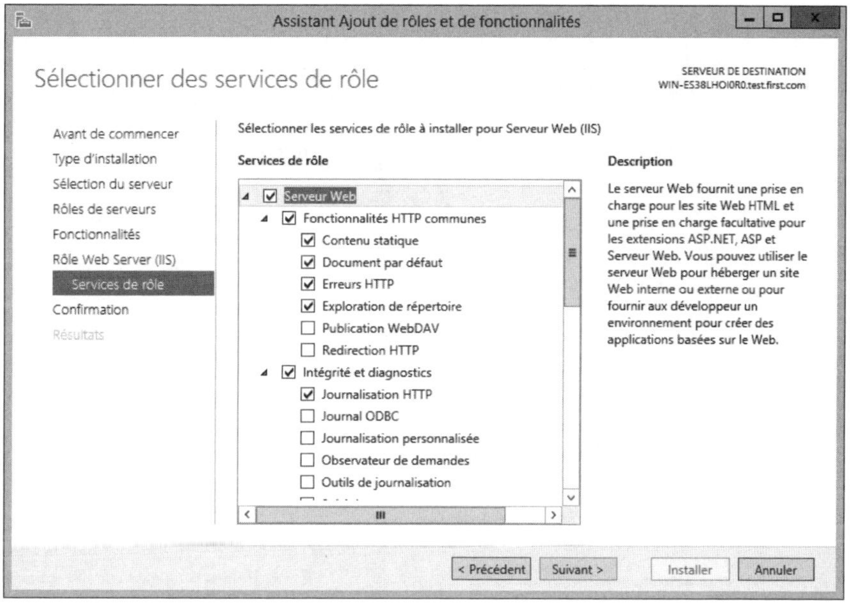


**Figure 14.4 :** La page Services de rôle.

9. **Cliquez sur Suivant.**

   L'assistant ouvre la page Confirmer les sélections d'installation.

10. **Cliquez sur Installer.**

    Les fonctionnalités que vous avez sélectionnées sont installées. Cette opération peut prendre plusieurs minutes.

    Lorsque l'installation est terminée, l'assistant affiche la page Résultats de l'installation.

11. **Cliquez sur Fermer.**

    Le serveur IIS est installé et opérationnel !

# Installer un intranet de base

Au départ, le serveur IIS est configuré avec un seul site Web, appelé *site Web par défaut*. Pour vérifier si le serveur IIS est opérationnel, ouvrez la fenêtre du navigateur et tapez **localhost** dans la barre d'adresse. Autre alternative pour accéder à cette page : entrez votre nom de domaine local dans la barre d'adresse. La Figure 14.5 représente la page d'accueil standard qui s'affiche quand vous parcourez le site par défaut.

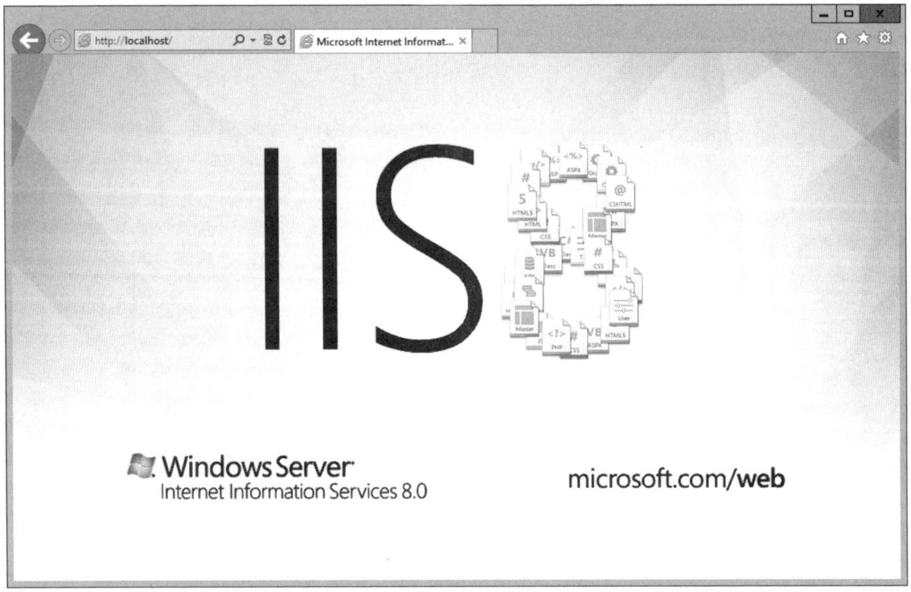


**Figure 14.5 :** Le site Web par défaut.

Les fichiers qui forment le site Web par défaut sont stockés sur le disque `c:` du serveur, dans un dossier appelé `inetpub\wwwroot`. Si vous naviguez sur le site Web par défaut sans spécifier de fichier (par exemple, en entrant simplement `localhost` dans la barre d'adresse), IIS recherche les fichiers suivants, dans cet ordre :

```
default.htm
default.asp
index.htm
index.html
iisstart.htm
default.aspx
```

Au départ, `c:\inetpub\wwwroot` contient seulement deux fichiers : `iisstart.htm` et `welcome.png`. Le fichier `iisstart.htm` correspond au fichier affiché quand vous naviguez sur le site Web. Il contient la balise HTML nécessaire pour afficher l'image contenue dans le fichier `welcome.png` qui est l'image que vous voyez sur la page.

Vous avez la possibilité de prédéfinir la page standard du site Web par défaut. Pour ce faire, vous devez fournir votre propre fichier et lui attribuer l'un des noms précités. Par exemple, vous pouvez appliquer les étapes suivantes pour créer un fichier `default.htm` simple qui affiche l'expression « Bienvenue sur l'intranet ! » sur la page de démarrage du site Web par défaut :

1. **Ouvrez la fenêtre de l'Explorateur et allez dans `c:\inetpub\wwwroot`.**

2. **Sélectionnez Fichier/Nouveau/Document texte, tapez `default.htm` comme nom de fichier et appuyez sur Entrée.**

3. **Effectuez un clic droit sur le fichier `default.htm` que vous venez de créer et exécutez Ouvrir avec/Bloc-notes.**

4. **Saisissez le texte suivant dans la fenêtre du Bloc-notes :**

```
<HTML>
<BODY>
<H1>Bienvenue sur l'intranet pour les nuls !</H1>
</BODY>
</HTML>
```

5. **Sélectionnez Fichier/Enregistrer pour enregistrer le fichier puis cliquez sur Fichier/Quitter pour fermer le Bloc-notes.**

6. **Ouvrez la fenêtre du navigateur.**

7. **Tapez `localhost` dans la barre d'adresse et appuyez sur Entrée.**

   La page illustrée par la Figure 14.6 s'affiche.

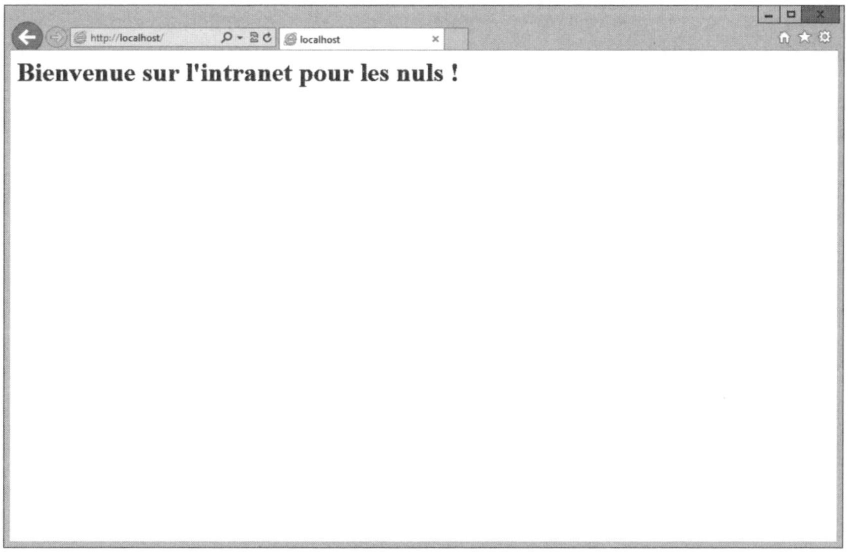


**Figure 14.6 :** Bienvenue sur l'intranet pour les nuls !

# Créer un site Web

IIS peut héberger plusieurs sites Web. C'est une caractéristique très pratique pour les serveurs Web qui hébergent des sites publics mais aussi pour les serveurs Web qui hébergent des sites internes (intranet). Supposons que vous vouliez créer un site Web intranet indépendant pour les ressources humaines et lui attribuer le nom de site `rh`. Si le nom de domaine est `monenteprise.pri`, les utilisateurs peuvent naviguer sur le site Web en utilisant l'adresse `rh.monentreprise.pri`.

Procédez comme suit :

1. **Dans l'Explorateur Windows, créez un dossier dans lequel vous allez stocker les fichiers pour le nouveau site Web.**

   Pour illustrer mon exemple, je crée un dossier nommé `c:\site-Web-rh`.

2. **À partir du Gestionnaire de serveur, sélectionnez Outils /Gestionnaire des services Internet (IIS).**

   Le gestionnaire des services Internet (IIS) s'ouvre, comme le montre la Figure 14.7.

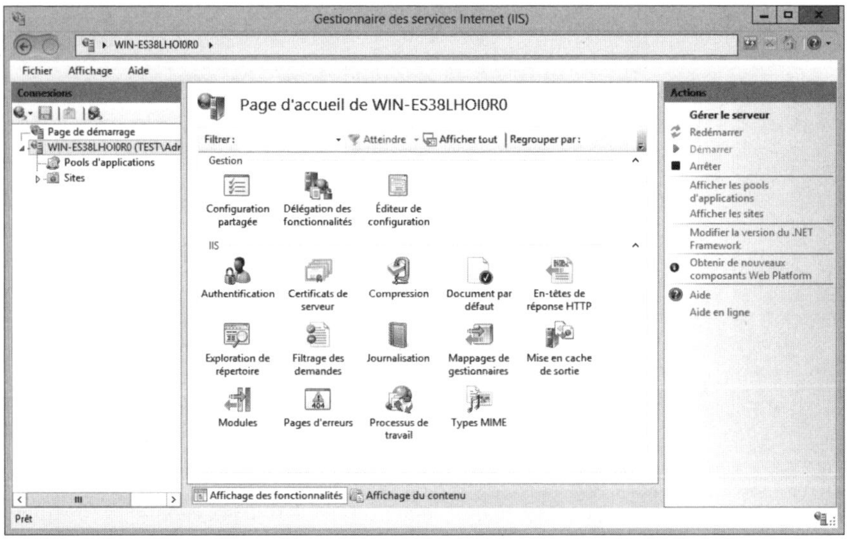


**Figure 14.7** : Le gestionnaire des services Internet (IIS).

3. **Effectuez un clic droit sur Sites et sélectionnez Ajouter un site Web.**

   La boîte de dialogue Ajouter un site Web apparaît. Elle est illustrée par la Figure 14.8.

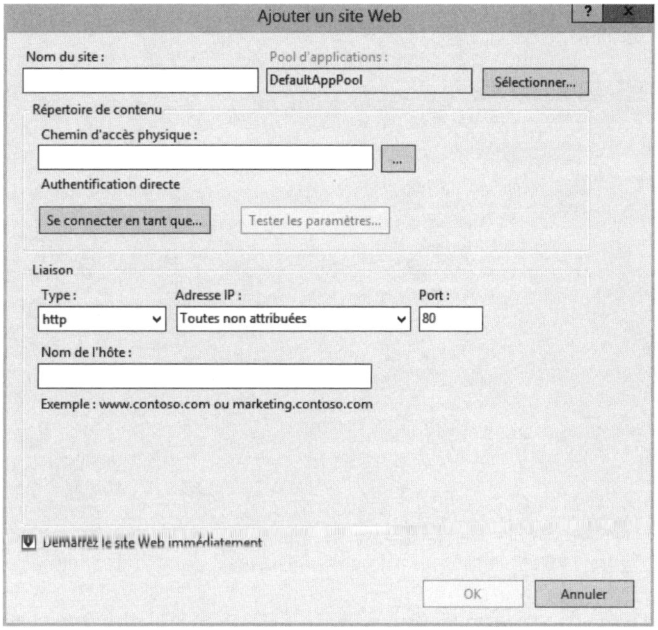


**Figure 14.8 :** La boîte de dialogue Ajouter un site Web.

4. **Entrez le nom du site dans la zone de texte Nom du site Web.**

   Par exemple, j'utilise RH puisque j'ai créé une page intranet pour le service des ressources humaines.

5. **Cliquez sur le bouton ..., sélectionnez le dossier créé à l'étape 1 et cliquez sur OK.**

   Dans mon cas, il s'agit du dossier `c:\site-Web-rh`.

6. **Dans la zone de texte Nom de l'hôte, entrez le nom DNS complet que vous voulez utiliser pour le site.**

   Par exemple, **`rh.monentreprise.pri`**.

7. **Cliquez sur OK.**

   Le site fraîchement créé prend place sous le nœud Sites, dans le Gestionnaire IIS, comme le montre la Figure 14.9.

8. **Fermez le Gestionnaire IIS.**

**Figure 14.9 :** Le site Web RH figure désormais dans le Gestionnaire IIS.

9. **Créez une page Web à afficher dans le dossier que vous avez créé à l'étape 1.**

   Dans mon cas, j'utilise le Bloc-notes pour créer un fichier texte appelé `default.htm`, contenant le texte suivant :

```
<HTML>
<BODY>
<H1>Bienvenue sur le site Web RH !</H1>
</BODY>
</HTML>
```

10. **À partir du Gestionnaire de serveur, exécutez la commande Outils/ DNS.**

    Cette commande ouvre le Gestionnaire DNS, représenté dans la Figure 14.10.

11. **Repérez le nœud de votre domaine dans le volet de navigation.**

    Dans l'exemple, il s'agit du nœud `monentreprise.pri`.

12. **Sélectionnez Action/Nouvel alias (CNAME).**

    La boîte de dialogue Nouvel enregistrement de ressource s'affiche, comme le montre la Figure 14.11.

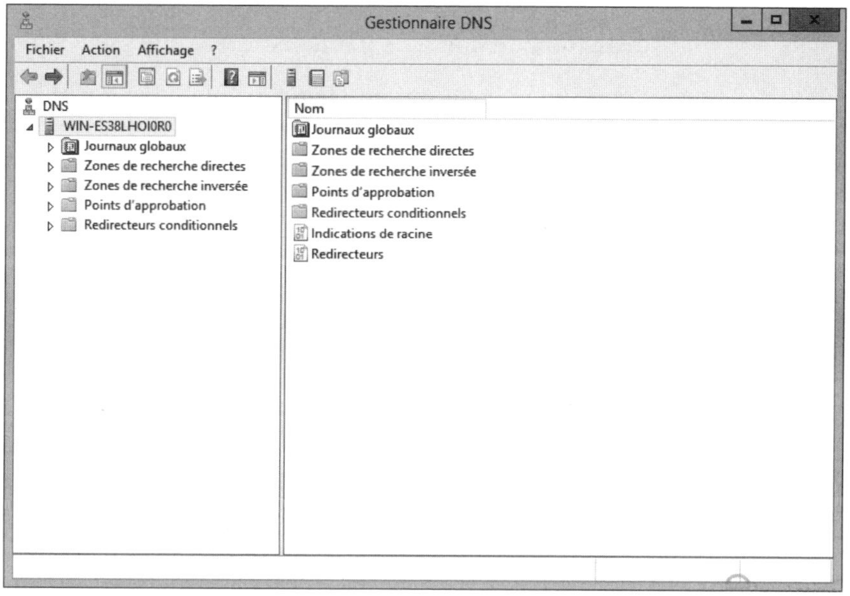


**Figure 14.10 :** Gestionnaire DNS.

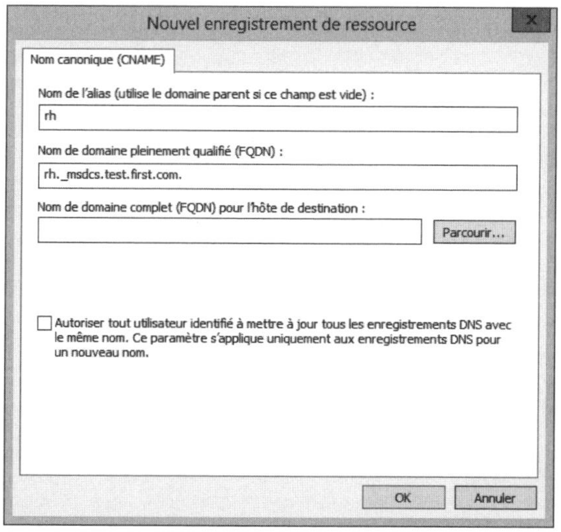


**Figure 14.11 :** Création d'un enregistrement CNAME.

13. **Saisissez, dans la zone de texte Nom de l'alias, le nom d'alias que vous voulez utiliser.**

    Entrez, par exemple, `rh`.

14. **Spécifiez le nom d'ordinateur de votre serveur Web dans la zone de texte Nom de domaine pleinement qualifié pour l'hôte de destination.**

    Entrez un nom de serveur, par exemple, `1serveur01`.

15. **Cliquez sur OK.**

    L'alias est créé.

16. **Fermez le Gestionnaire DNS.**

17. **Ouvrez votre navigateur.**

18. **Naviguez jusqu'à l'adresse de l'alias que vous venez de créer.**

    Dans mon exemple, je visite la page `rh.monentreprise.pri`, illustrée par la Figure 14.12.

**Figure 14.12 :** Aperçu du site Web.

# Quatrième Partie

# Des giga octets dans les nuages

« On a trouvé d'où venait la faille de sécurité dans le réseau. Ça venait d'un autre robot aspirateur bizarroïde. C'est le troisième ce mois-ci. Il a dû se tirer de chez son propriétaire, comme tout le reste. »

## Dans cette partie :

- Le cloud computing ou informatique dématérialisée pour déplacer les fonctions réseau vitales de votre salle serveur vers Internet.
- Utiliser le cloud computing pour intégrer les appareils mobiles tels que les téléphones intelligents et les tablettes, à votre réseau.
- Utiliser le cloud computing pour la connexion à partir de la maison ou sur la route.

# Chapitre 15

# Il y a une vie dans les nuages !

***Dans ce chapitre***

- Découvrir le cloud computing.
- Les avantages du cloud computing.
- Les inconvénients du cloud computing.
- Trois types fondamentaux de services de cloud computing.
- Nuages publics versus nuages privés.
- Les principaux fournisseurs de services dans les nuages.
- Entrer dans le cloud.

Vous vous souvenez sans doute de ces deux films de science-fiction mythiques, Star Wars et Star Trek ; les héros évoluent dans l'espace interstellaire, dans un environnement nuageux diffus.

Dans l'épisode V de Star Wars, « L'Empire contre-attaque », le Faucon Millenium atterri sur la cité des nuages de Bespin, une planète où Lando Calrissian dirige une exploitation de gaz et sur laquelle Han espère que son ami Lando Calrissian pourra l'aider à réparer l'hyperpropulsion de son vaisseau. Dans l'épisode original de Star Trek la série « The Cloud Minders », l'équipage de l'Enterprise visite une ville nommée Stratos, qui est suspendue dans les nuages.

Coïncidence ? Peut-être ou peut-être pas ! Il se peut que George Lucas et Gene Roddenberry pressentaient tous deux que l'avenir serait dans les nuages. En tout cas, la réalité montre que les réseaux informatiques se dirige rapidement vers ces nuages ; le *cloud computing*, pour être précis. Ce chapitre est une brève introduction au cloud computing ou informatique en nuage ; vous découvrirez ce que c'est, ses avantages et ses inconvénients, et quels services sont fournis par les principaux fournisseurs de cloud computing.

# Découvrir le cloud computing

L'idée de base derrière le cloud computing consiste à externaliser une ou plusieurs de vos ressources informatiques en réseau sur Internet. « Le nuage » représente une nouvelle façon de traiter les tâches informatiques courantes. Voici quelques exemples de la façon dont le cloud computing diffère des méthodes traditionnelles :

- **Services de messagerie électronique**
  - *Méthode traditionnelle* : Fourniture de services de courrier électronique à partir d'un serveur local hébergeant Microsoft Exchange. Les clients se connectent au serveur Exchange à partir de Microsoft Outlook pour envoyer et recevoir du courrier électronique.
  - *Cloud computing* : Un contrat est établi avec un fournisseur de messagerie sur Internet, tels que Google Mail (Gmail). Les services de cloud computing de dématérialisation du courrier électronique facturent un plancher mensuel par utilisateur, de sorte que le montant à payer pour ce service de messagerie électronique dépende uniquement du nombre d'utilisateurs.
- **Stockage sur disque.**
  - *Méthode traditionnelle* : Mise en place d'un serveur de fichiers local avec une grande quantité d'espace disque partagé.
  - *Cloud computing* : Mise à disposition d'un service de stockage de fichiers sur Internet. Le stockage de fichiers basé sur le cloud computing impose généralement une facturation mensuelle correspondant au volume stocké, de sorte que l'utilisateur ne paye que pour le stockage utilisé. La capacité des disques de stockage en cloud computing est pratiquement illimitée.
- **Services de comptabilité**
  - *Méthode traditionnelle* : Achat de logiciels de comptabilité généralement coûteux, installés sur un serveur local.
  - *Cloud computing* : Souscription à un service de comptabilité disponible à partir du Web. Les données comptables sont enregistrées et gérées sur les serveurs du fournisseur et non sur le vôtre.

# Les avantages du cloud computing

Le cloud computing est une autre approche de la mise en réseau qui s'avère souvent plus intéressante. Voici quelques-uns des principaux avantages du passage au cloud computing :

- **Meilleure rentabilité** : Le cloud computing est généralement moins cher que l'informatique traditionnelle. Imaginez une application serveur de fichiers typique. Il faut tout d'abord acheter un serveur de fichiers avec un espace disque suffisant pour répondre aux besoins des utilisateurs, ce qui signifie un stockage sur disque de plusieurs To. Si vous voulez que le stockage de données soit le plus fiable possible, le serveur doit être de qualité avec des alimentations et des disques durs redondants. Un tel serveur avec ses disques, la licence du système d'exploitation et le coût de la main d'œuvre pour la mise en production avoisine les 10 000 Euros. En supposant que le serveur ait une durée de vie de quatre ans, le coût sera d'environ 2 500 Euros par an.

  Si vous choisissez un stockage sur disque à partir d'un service de cloud computing, vous n'aurez à payer qu'environ un quart de ce montant pour une quantité de stockage équivalente.

  Ces économies s'appliquent à la plupart des autres solutions basées sur le cloud computing. Une solution de messagerie, par exemple, coûte environ 5 Euros par mois et par utilisateur ; bien moins que le coût de la mise en place et de la maintenance d'un serveur Microsoft Exchange.

- **Extensibilité** : Que se passe-t-il si vous avez mal estimé les besoins de stockage de vos utilisateurs sur le serveur de fichiers, et s'ils ont finalement besoin de 4 To au lieu des 2 To que vous aviez envisagé ? Avec un serveur de fichiers classique, vous devrez au minimum acheter des disques durs supplémentaires en espérant qu'il restera suffisamment de slots disponibles ; sinon, vous devrez aussi acheter un rack supplémentaire.

  Supposons maintenant que lorsque vous aurez étendu la capacité disque du serveur à 4 To, le gestionnaire de vos utilisateurs préfère que vous repassiez à 2 To pour des raisons d'économies. Pourrez-vous retourner les disques et vous les faire rembourser ?

  N'OUBLIEZ PAS !

  Avec le cloud computing, vous ne payez que pour le stockage utilisé et vous pouvez l'augmenter ou le diminuer au fur et à mesure de vos besoins. Chaque mois, vous êtes facturé en fonction de votre consommation réelle ; ainsi, vous n'avez pas à acheter et à installer des disques durs supplémentaires pour augmenter la capacité de stockage.

- **Fiabilité** : Surtout pour les petites entreprises, les services de cloud computing sont beaucoup plus fiables que les services internes.

Imaginez une petite entreprise qui utilise un lecteur de bandes pour sauvegarder chaque jour ses données ; le jour où un problème survient sur le lecteur de bandes, il sera impossible de sauvegarder les données tant qu'il n'aura pas été réparé, ni de les restaurer en cas de crash du système. Si cette entreprise avait eu recours au cloud computing, il n'y aurait pas eu de rupture de service pour les sauvegardes et s'il y avait eu besoin d'une restauration, celle-ci aurait pu se faire sans problème.

La fiabilité accrue des services de cloud computing est tout simplement due à une notion d'échelle. La plupart des petites entreprises ont des difficultés à rendre leurs opérations informatiques aussi fiables que possible. Par exemple, dans une petite structure, il est difficile de disposer de deux lecteurs de bandes de sorte que le second soit disponible dans le cas où le premier est défaillant.

En revanche, les services de cloud computing sont généralement fournis par des grandes entreprises comme Amazon, Google, Microsoft ou IBM. Ces entreprises possèdent des centres de stockages de données multiples et extensibles à souhait pour leurs services de cloud computing. Les données sont conservées sur des serveurs multiples de sorte que si l'un d'eux tombe en panne, les autres peuvent prendre le relais. Dans certains cas, ces serveurs se trouvent dans des centres de données séparés dans différentes parties du pays. Ainsi, vos données seront toujours disponibles, même dans le cas d'une catastrophe qui arrêterait tout un système de données.

- **Simplicité** : Avec les services de cloud computing, vous n'avez pas à vous soucier des tâches de complexes de maintenance du système, telles que les mises à niveau logicielle, les patchs de sécurité, l'entretien du matériel, la gestion des sauvegardes, etc. Vous arrivez à consommer les services et quelqu'un d'autre prend soin de faire en sorte que les services fonctionnent correctement.

- **Globalement accessible** : La suprématie du cloud computing vient de sa disponibilité, quel que soit l'endroit où vous vous trouvez, à condition bien sûr que vous disposiez d'une connexion Internet. Supposons que vos bureaux soient répartis dans cinq villes. En utilisant l'informatique traditionnelle, chaque bureau exigerait ses propres serveurs et il faudrait soigneusement concevoir les systèmes informatiques pour permettre aux utilisateurs de chacun des bureaux d'accéder aux données partagées. Grâce au cloud computing, les utilisateurs de chaque bureau se connectent simplement à Internet pour accéder aux applications et aux données.

  Les applications basées sur le cloud computing sont également très adaptées aux utilisateurs mobiles ; ils peuvent accéder aux applications partout où une connexion Internet est disponible.

# Les inconvénients du cloud computing

Bien que le cloud computing présente de nombreux avantages par rapport aux techniques traditionnelles, il n'est pas sans inconvénients. Voici quelques-uns des obstacles les plus importants que vous pourriez rencontrer :

- **Les applications locales** : Votre entreprise peut utiliser des applications locales qui ne se prêtent pas particulièrement bien au cloud computing ou qui exigent d›importants efforts de conversion pour migrer vers le cloud. Par exemple, vous pourriez utiliser un système comptable qui repose sur le stockage de fichiers locaux.

  Heureusement, de nombreux fournisseurs de cloud computing proposent une assistance pour une telle migration. Par ailleurs, dans de nombreux cas, il se peut aussi qu'une application analogue soit disponible dans le nuage et qu'aucune conversion ne soit nécessaire.

- **La vitesse de connexion à Internet** : Le cloud computing occupe une grande partie de la bande passante de votre réseau pour les connexions Internet. Les utilisateurs qui accèdent à leurs données sur les serveurs de fichiers locaux avec des connexions rapides au gigabit, sont contraints d'accéder à leurs données stockées sur le cloud computing via des connexions Internet dont la bande passante est plus lente.

  Vous pouvez bien sûr améliorer les vitesses de connexion, mais cela a un coût qu'il faut opposer à l'économie réalisée par la migration vers le cloud computing.

  **La fiabilité de la connexion Internet** : Bien que les ressources mises à disposition par le cloud computing soient redondantes et à haute disponibilité dans le monde entier, le maillon faible est la connexion Internet. Si la connexion échoue ou est défaillante, toutes les applications qui en dépendent ne seront pas disponibles. Si ces applications sont critiques, les utilisateurs seront bloqués et contraints d'attendre que la connexion soit rétablie.

  Voici deux façons d'atténuer ce risque :

  - *Assurez-vous d'utiliser une connexion Internet de haute disponibilité.* Ce type de connexion est plus cher mais fournit une tolérance de panne de meilleure qualité et un service aux consommateurs beaucoup plus performant.

  - *Fournir des connexions redondantes dans la mesure du possible.* De cette façon, si une connexion est défaillante, le trafic pourra être détourné vers d'autres raccordements.

- **Les menaces liées à la sécurité** : Les pirates du monde entier ne cessent de rechercher des moyens de passer outre le périmètre de sécurité de tous les principaux fournisseurs de cloud computing. S'ils y parviennent, vos données risquent d'être exposées.

  La meilleure façon d'atténuer cette menace est de veiller à ce qu'une politique de mots de passe forts soit appliquée.

# Trois types fondamentaux de services de cloud computing

Trois types distincts de services peuvent être fournis via le cloud computing : des applications, des plates-formes et des services (infrastructures). Les paragraphes suivants décrivent ces trois types de services de manière plus détaillée.

## Applications basées sur le nuage

Les *logiciels en tant que service* ou *Software as a Service (SaaS)* sont des applications entièrement fonctionnelles qui sont mises à disposition via le cloud computing. L'un des exemples les plus connus est Google Apps, qui est une suite d'applications bureautiques basées sur le cloud computing et conçues pour concurrencer directement les applications de bureau traditionnelles de Microsoft, Word, Excel, PowerPoint, Access et Outlook. Google Apps peut aussi remplacer les logiciels complémentaires de Microsoft Office comme Exchange ou SharePoint.

Lorsque vous utilisez une application basée sur le nuage, vous n'avez pas à vous soucier des détails qui sont couramment associés à l'exécution d'une application sur votre réseau, comme le déploiement de l'application sur le réseau, les mises à niveau et les correctifs logiciels. L'utilisation des applications basées sur le nuage est généralement facturée mensuellement en fonction du nombre d'utilisateurs, ce qui génère des coûts relativement faibles.

En outre, en tant que simple utilisateur d'applications basées sur le cloud computing, vous n'avez pas à vous soucier de la fourniture du matériel, de la plateforme ou du système d'exploitation sur lequel l'application s'exécute. Le fournisseur de l'application prend en charge ce détail, ce qui vous permet de vous concentrer simplement sur le développement de l'application pour mieux répondre aux besoins de vos utilisateurs.

## Plates-formes basées sur le nuage

*Les plates-formes en tant que service ou Platform as a Service (PaaS)* se réfèrent à une classe de service qui vous donnent accès à une plate-forme d'exploitation virtuelle distante sur laquelle vous pouvez construire vos propres applications.

Au niveau le plus simple, un fournisseur de PaaS vous propose une solution complète, une machine virtuelle distante fonctionnelle, entièrement configuré et prête pour que vous puissiez déployer vos applications. Si vous faites appel à un fournisseur Web pour héberger le site de votre entreprise, vous utilisez déjà une PaaS : La plupart des fournisseurs d'hébergement Web proposent un système qui fonctionne sous Linux, entièrement configuré avec tous les serveurs nécessaires, comme Apache ou MySQL. Tout ce que vous avez à faire, c'est de construire et de déployer votre application Web sur le serveur du fournisseur.

Des solutions PaaS plus complexes incluent des logiciels spécialisés et personnalisés tels que le stockage de données, le traitement des commandes en ligne ou le paiement par carte de crédit. L'un des exemples les plus connus de ce type de fournisseur de PaaS est Amazon.

Lorsque vous utilisez une PaaS, vous prenez la responsabilité de développer vos propres applications et de les rendre opérationnelles sur la plate-forme distante. Le fournisseur de PaaS s'occupe des détails de maintenance de la plate-forme elle-même, le système d'exploitation de base et le matériel.

## Infrastructures basées sur le nuage

Si vous ne souhaitez déléguer la responsabilité de maintenance des systèmes d'exploitation et autres éléments de la plate-forme, vous pouvez utiliser une *infrastructure en tant que service ou Infrastructure as a Service (IaaS).* Lorsque vous utilisez une IaaS, vous achetez de la puissance de calcul brute accessible via le nuage. En règle générale, une IaaS vous donne accès à une machine virtuelle distante ; c'est à vous de gérer et de configurer la machine distante comme vous le souhaitez.

# Nuages publics versus nuages privés

La forme la plus commune du cloud computing utilise ce qui est connu comme un nuage public ; ce sont des services disponibles pour n'importe qui, n'importe où dans le monde via Internet. Google Apps est un excellent exemple de service de cloud public. Toute personne connectée à Internet peut accéder aux services de cloud public de Google Apps, il suffit d'activer le lien `http://apps.google.com`.

Un nuage public, c'est comme un service public, en ce sens où tout le monde peut y souscrire. L'un des inconvénients des services de cloud public, c'est qu'ils sont intrinsèquement précaires ; lorsque vous utilisez un service de cloud public, vous confiez vos précieuses données à un tiers que vous ne pouvez pas contrôler. Bien sûr, vous pouvez protéger l'accès à vos services à l'aide de mots de passe forts, mais si vos noms de compte et vos mots de passe sont compromis, les services de cloud public peuvent être piratés et vos données risquent d'être volées. Nous avons tous vu ou entendu des reportages sur la façon dont telle ou telle société a été compromise.

Outre la sécurité, un autre inconvénient du cloud computing public, c'est qu'il est dépendant des connexions Internet. Votre fournisseur de services de cloud computing peut avoir toute la redondance dans le monde, mais si votre connexion à Internet est fortement ralentie ou tombe en panne, vous ne serez pas en mesure d'accéder à vos services de cloud computing ; et si votre connexion est lente, les accès à vos services de cloud computing seront lents.

Un cloud privé reprend bon nombre des caractéristiques du cloud computing public ; cependant, il est mis en œuvre sur un matériel privé au sein d'un réseau local, il n'est donc pas accessible au grand public. Les clouds privés sont intrinsèquement plus sûr parce que le grand public ne peut pas y accéder. En outre, ils sont dépendant uniquement des connexions réseau privées, de sorte qu'ils ne sont pas soumis aux limites d'un accès Internet.

TRUC

En règle générale, les clouds privés sont mis en œuvre par les grandes sociétés qui possèdent les ressources disponibles pour créer et maintenir leurs propres serveurs de cloud computing.

*Le cloud hybride* est nouveau venu sur la scène du cloud computing ; il combine les caractéristiques des clouds publics et des clouds privés. Typiquement, un système de cloud hybride utilise un petit nuage privé qui fournit un accès local à l'une des applications du cloud public. Vous pouvez conserver vos données les plus fréquemment utilisées sur un cloud privé pour un accès rapide via le réseau local et utiliser le cloud public pour stocker les archives et autres données moins fréquemment utilisées, pour lesquelles la performance est moins importante.

# Les principaux fournisseurs de services dans les nuages

Des centaines, voire des milliers, de sociétés fournissent des services de cloud computing. Cependant, l'essentiel du cloud computing est assurée aujourd'hui par seulement quelques fournisseurs qui sont décrits dans les sections suivantes.

## Amazon

Amazon est de loin le plus important fournisseur de services de cloud computing dans le monde. Amazon a lancé sa plate-forme cloud, Amazon Web Services (AWS), en 2006. Depuis lors, des centaines de milliers de clients l'ont déjà adopté ; parmi les utilisateurs les plus importants, il y a Netflix, Pinterest et Instagram.

Amazon Web Services, AWS, comprend les caractéristiques suivantes :

- **Amazon CloudFront** . C'est un service Web destiné à la diffusion de contenu ; il s'intègre à d'autres Amazon Web Services pour permettre aux développeurs et aux sociétés de distribuer facilement du contenu aux utilisateurs finaux avec une faible latence, des vitesses de transfert de données élevées et aucun engagement..
- **Amazon Elastic Compute Cloud** : Aussi appelé Amazon EC2, c'est un service Web qui fournit une capacité de calcul redimensionnable dans le nuage. Il est conçu pour faciliter l›accès aux ressources informatiques à l›échelle du Web, pour les développeurs.
- **Amazon Simple Storage Service** : Aussi appelé Amazon S3, c'est un service de stockage pour Internet ; destiné aux développeurs, il est conçu pour faciliter l'accès aux ressources informatiques à l'échelle du Web.
- **Service Amazon Simple Queue** : Aussi appelé Amazon SQS, c'est une file d'attente fiable, hautement évolutive et hébergée pour stocker les messages alors qu'ils se déplacent entre les ordinateurs.
- **Amazon Virtual Private Cloud** : Aussi appelé Amazon VPC, c'est un réseau privé virtuel (VPN) destiné à relier votre réseau local à des services de cloud computing Amazon.

## Google

Google est aussi l'un des plus importants fournisseurs de services de cloud computing. Ses offres incluent ce qui suit :

- **Google Apps** : Une suite bureautique concurrente de Microsoft Office ; elle permet, via le cloud, la gestion de courriers électroniques, le traitement de texte, de feuilles de calcul et de base de données. Google Apps est gratuit pour une utilisation privée et pour une utilisation professionnelle pour les petites entreprises (jusqu'à 50 utilisateurs). Pour les plus grandes entreprises, Google propose une version avancée, Google Apps for Business ; pour 4 Euros par mois et par utilisateur, vous bénéficiez de fonctionnalités supplémentaires, telles que 25 Go de données par utilisateur pour la messagerie, 5 Go de stockage, l'archivage et les options avancées de personnalisation de vos stratégies de compte.
- **Google Cloud Connect** : C'est un plug-in pour les versions 2003, 2007 et 2010 de Microsoft Office ; il permet de partager et de modifier des documents Microsoft Word, PowerPoint et Excel simultanément avec d'autres membres de votre organisation. Vous bénéficiez ainsi des atouts de Google Documents en termes de collaboration, tout en continuant à utiliser Microsoft Office.
- **Google App Engine** : C'est une plateforme de conception et d'hébergement d'applications Web basée sur les serveurs de Google.
- **Google Cloud Print** : C'est une nouvelle technologie qui permet de connecter vos imprimantes à Internet ; grâce à Google Cloud Print, vous pouvez accéder à vos imprimantes personnelles et professionnelles depuis les applications que vous utilisez au quotidien, et les partager avec vos proches.
- **Google Maps** : C'est un service de cartographie accessible via un navigateur Web. Selon votre situation géographique, vous pouvez afficher des cartes de base ou des cartes personnalisées, ainsi que des informations sur les entreprises et les commerces de proximité.

## Microsoft

Microsoft possède sa propre stratégie de cloud, conçue en partie pour protéger son cœur de métier, les systèmes d'exploitation et les applications Office, contre la concurrence des autres fournisseurs de cloud, tels que Google Apps.

Les paragraphes suivants résument plusieurs offres de cloud de Microsoft :

- **Microsoft Office 365** : Une version basée sur la version cloud de Microsoft Office. Le site Web de Microsoft, Caractérise ainsi son produit : « Donnez à votre entreprise toute la puissance dont elle a besoin : un accès aux dernières applications Office où que vous soyez, des services Cloud d'entreprise tels que des sites d'équipe et une messagerie vocale hébergée, ainsi que des fonctionnalités avancées. ». Pour plus d'informations, consultez le site `http://office.microsoft.com/fr-fr/`.

- **Windows Azure** : Une offre PaaS qui vous permet de générer, déployer et gérer rapidement des applications à travers un réseau global de centres de données gérés par Microsoft. Vous pouvez développer des applications à l'aide de n'importe quel système d'exploitation, langage ou outil. Pour plus d'informations, consultez le site `http://www.windowsazure.com/fr-fr/`.

- **Microsoft Business Productivity Suite** : Un produit SaaS ; c'est un ensemble d'outils de messagerie et de collaboration, fournit en tant que service d'abonnement. La suite inclut Microsoft Exchange Online pour les messages et le calendrier et Microsoft SharePoint Online pour les portails et le partage de documents.

# Entrer dans le cloud

Si après mure réflexion, votre décision est prise de rejoindre le nuage, voici quelques recommandations à prendre en compte :

- **Ne pas dépendre d'une connexion Internet inadaptée**. Tout d'abord, assurez-vous que vous n'êtes pas dépendant d'une connexion Internet grand public qui risque de se révéler de qualité médiocre. Même si vos connexions Internet sont performantes et rapides, il se peut qu'une panne se produise ; dans ce cas, combien de temps devrez-vous attendre que tout rentre dans l'ordre. Vous ne pourrez pas vous permettre d'attendre des heures ou des jours que le câblo-opérateur pense à envoyer un réparateur. Pour éviter cela, choisissez une connexion à très haut débit pour entreprise qui pourra évoluer en fonction de vos besoins.

- **Évaluer les applications que vous exécuterez à partir du nuage.** Si vous utilisez Gmail plutôt qu'Exchange pour votre messagerie, félicitations ! Vous avez fait un premier pas dans le nuage. Il se peut aussi que le cloud computing vous fournisse déjà les services suivants : un hôte FTP avec Dropbox ou un service de partage de fichiers analogue, Carbonite ou un autre service de sauvegarde en ligne, un service de paie, etc.

- **Ne pas tout déplacer immédiatement dans le nuage**. Commencez par identifier quelle application se prête à la migration. Si vous souhaitez archiver les projets terminés mais les conserver facilement et rapidement accessibles, recherchez sur le cloud computing un service de stockage de fichiers.

- **Faire appel à une entreprise réputée**. Google, Amazon et Microsoft sont des entreprises importantes ayant fait leurs preuves dans le cloud computing. Bien que de nombreuses autres grandes entreprises offrent également des services de cloud computing, ne prenez pas de risque en choisissant une société qui n'existait pas il y a six mois.

# Chapitre 16

# Gérer des appareils mobiles

### *Dans ce chapitre*

- Différents types de périphériques mobiles.
- Garantir la sécurité des appareils mobiles.
- Gérer des périphériques iOS.
- Intégrer des périphériques iOS à Exchange.
- Gérer des périphériques Android.

Il y a quelques années, un consultant informatique acheta un BlackBerry d'occasion sur eBay pour une quinzaine d'euros. Quand il alluma le portable après avoir chargé la batterie, il découvrit qu'il contenait les adresses de messagerie et les informations de contact de cadres d'une célèbre institution financière.

Oups !

En fait, un ancien cadre de cette entreprise avait décidé de vendre son vieux BlackBerry sur eBay quelques mois après avoir quitté la société. Il pensait qu'en enlevant la batterie, il avait supprimé toutes les données contenues sur son BlackBerry.

La conclusion de cette histoire vraie est que les appareils mobiles comme les smartphones et les tablettes lancent de nouveaux défis aux administrateurs réseau. Tous les administrateurs y sont confrontés, quelle que soit la taille du réseau. Par exemple, il y a quelques années, seules les grandes entreprises possédaient des BlackBerry ou d'autres appareils mobiles qui intégraient la messagerie Exchange. Aujourd'hui, toutes les entreprises, même les plus petites, utilisent ce type de portables.

Ce chapitre propose une brève introduction aux périphériques mobiles et aux systèmes d'exploitation qu'ils exécutent. Il se concentre tout particulièrement sur les smartphones iPhone et Android. Vous allez découvrir comment ces appareils interagissent avec la messagerie Exchange et comment garantir leur sécurité.

# Différents types de périphériques mobiles

Autrefois, il y avait des téléphones portables et des PDA. Un téléphone portable était simplement un téléphone portatif qui vous accompagnait partout. Les modèles les plus performants disposaient de fonctionnalités comme un journal des appels, un carnet d'adresses voire même un jeu. Les PDA (*Personal Digital Assistants*) étaient des ordinateurs portatifs conçus pour remplacer les bons vieux agendas qui permettaient de garder un œil sur les rendez-vous et les contacts.

Tout a changé il y a quelques années quand les fournisseurs de téléphonie mobile ont offert la possibilité de transmettre des données sur leurs réseaux. Désormais les téléphones portables peuvent accéder à Internet. Cette avancée s'est illustrée par l'ajout de fonctionnalités PDA sophistiquées aux portables et de fonctions téléphoniques aux PDA au point où la distinction entre les deux est floue et minime.

Le terme *dispositif mobile* est utilisé pour désigner une vaste palette d'appareils qui tiennent dans une main et qui sont connectés via un réseau sans fil. Le terme *portable* est également employé pour parler de tels appareils. La liste suivante décrit les appareils portables les plus courants :

- **Téléphone portable** : Un *téléphone portable* (ou *mobile*) est un appareil portable dont la fonction première est le service téléphonique. La plupart des téléphones portables possèdent des fonctionnalités telles que la messagerie textuelle, les carnets d'adresses, les agendas, les jeux. Certains peuvent aussi fournir un accès à Internet.
- **Smartphone** : Un *smartphone* est un téléphone portable doté de fonctionnalités avancées dont ne disposent pas les téléphones portables classiques. La différence entre téléphone portable et smartphone n'est pas clairement établie, si ce n'est qu'un smartphone peut fournir un accès intégré à la messagerie professionnelle. Généralement, l'écran d'un smartphone est plus grand que celui d'un téléphone portable classique et la plupart des modèles, tels que les iPhone et Android, n'ont pas de clavier physique..
- **BlackBerry** : Les BlackBerry sont des PDA sophistiqués, développés par Research In Motion (RIM), dotés de fonctions téléphoniques. La fonctionnalité la plus marquante des BlackBerry est leur capacité à se

synchroniser avec des serveurs de messagerie Exchange pour vous fournir un accès instantané à votre messagerie professionnelle. Cette synchronisation exige qu'un serveur spécifique, nommé BlackBerry Enterprise Server (BES), soit disponible sur le réseau professionnel. Les appareils BlackBerry utilisent un système d'exploitation propriétaire développé par RIM.

- **iPhone et iPad** : L'iPhone, conçu par Apple, fonctionne avec un réseau sans fil ou un réseau de données cellulaires. Bien qu'il y ait encore plus de terminaux BlackBerry que d'iPhone, l'iPhone gagne des parts de marché et pourrait bientôt dépasser BlackBerry. Contrairement à un BlackBerry, un iPhone ne nécessite pas un serveur distinct pour se synchroniser avec une boîte aux lettres Exchange.
- **Android** : Android est un système d'exploitation open source s'appuyant sur un noyau Linux et développé par Google. Conçu pour imiter les fonctionnalités de l'iPhone, il équipe des smartphones, des tablettes tactiles, des PDA et des terminaux mobiles ; les utilisateurs d'iPhone expérimentés trouveront les téléphones Android très similaires. Actuellement, l'écrasante majorité des nouveaux smartphones vendus sont des appareils Android.

# Garantir la sécurité des appareils mobiles

En tant qu'administrateur réseau, l'une de vos principales responsabilités vis-à-vis des appareils mobiles est de garantir leur sécurité. Malheureusement, c'est un défi de taille, notamment pour les raisons suivantes :

- **Les appareils mobiles se connectent à votre réseau via d'autres réseaux qui échappent à votre contrôle.** Vous pouvez faire tout votre possible pour installer des pare-feu, mettre en place un système de cryptage et définir une foule d'autres fonctions de sécurité. Quoi qu'il en soit, les portables se connectent par l'intermédiaire de réseaux publics dont les administrateurs ne sont pas forcément aussi consciencieux que vous.
- **Les portables se perdent facilement.** Il se peut qu'un utilisateur oublie son smartphone dans un restaurant ou un hôtel ou qu'il glisse de sa poche dans le métro.
- **Les mobiles utilisent des systèmes d'exploitation qui ne sont pas aussi soucieux de la sécurité que Windows.**
- **Les utilisateurs qui n'osent pas installer de logiciel renégat sur leur ordinateur de bureau ne verront aucun mal à télécharger des jeux gratuits ou des sonneries de téléphone sur leur portable.** Qui sait

quels types de virus ou de chevaux de Troie ces téléchargements peuvent contenir ?

- **Inévitablement, des personnes vont acheter leur propre portable et le connecter à votre réseau sans vous demander votre avis ni même votre permission.**

Voici quelques recommandations pour renforcer la sécurité de vos appareils mobiles :

- Définissez des directives claires et cohérentes pour les appareils mobiles et appliquez-les.
- Assurez-vous que les employés comprennent qu'ils ne sont pas autorisés à se connecter à votre réseau avec leur propre portable. Permettez uniquement aux appareils de l'entreprise de se connecter.
- Informez vos utilisateurs des risques de sécurité liés à l'utilisation d'appareils mobiles.
- Implémentez une solution antivirus sur vos appareils mobiles.

# Gérer des périphériques iOS

En 2007, l'iPhone d'Apple, l'un des petits gadgets les plus innovants de ces dernières années, est apparu sur le marché de la technologie. En seulement quelques années, l'iPhone a remporté une énorme tranche d'un marché dominé presque exclusivement par RIM et ses terminaux BlackBerry. Depuis lors, la part de l'iPhone sur le marché du téléphone mobile a largement dépassé celui de l'ancien roi, BlackBerry.

Le succès de l'iPhone a été en grande partie remporté grâce au génie de son système d'exploitation : iOS. En 2010, Apple a sorti l'iPad, une tablette PC qui exécute le même iOS que l'iPhone ; et en 2012, Apple a lancé une version plus petite de l'iPad, l'iPad mini. Ensemble, ces dispositifs sont communément appelés appareils iOS.

## L'iPhone

L'iPhone est essentiellement une combinaison de quatre appareils :

- Un téléphone portable
- Un iPod avec une capacité mémoire de 8 Go à 64 Go
- Un appareil photo numérique

- Un dispositif Internet avec son propre navigateur Web (Safari) et des applications, telles que Mail, Calendrier et Contacts

La caractéristique la plus immédiatement perceptible de l'iPhone est son absence de clavier ; au lieu de cela, la quasi-totalité de la face avant de l'iPhone est un écran tactile LCD en haute résolution. L'affichage n'est pas seulement le principal périphérique de sortie de l'iPhone, c'est aussi son principal périphérique d'entrée. L'écran devient un clavier pour composer un numéro de téléphone ou pour la saisie de texte. Vous pouvez également utiliser les mouvements des doigts pour lancer des programmes, en tapant une icône, ou en pinçant les doigts pour zoomer sur l'écran.

L'iPhone a plusieurs autres fonctions innovantes :

- *Un accéléromètre* suit le mouvement de l'iPhone dans trois directions. Sa principale fonction est d'ajuster l'orientation de l'affichage de paysage à portrait, en fonction de la façon dont l'utilisateur tient le téléphone. Certaines autres applications, pour la plupart des jeux, utilisent l'accéléromètre.
- *Une interface Wi-Fi* permet de connecter l'iPhone aux réseaux Wi-Fi locaux pour un accès rapide à Internet.
- *Un module GPS* permet la localisation de l'appareil pour de nombreuses applications comme Google Maps, TomTom, etc.
- Le réseau privé virtuel (VPN) vous permet de vous connecter à travers une connexion cryptée à votre réseau interne.

De toutes les caractéristiques uniques de l'iPhone, sans doute la plus importante est son énorme collection d'applications tierces qui peuvent être téléchargés à partir d'un portail Web, l'Apple Store. Un nombre important de ces applications est gratuit ou ne coûtent que quelques Euros ; à l'heure actuelle, plus de 500 000 applications sont disponibles sur l'Apple Store.

## Et l'iPad ?

L'iPad est essentiellement un iPhone sans les fonctionnalités du téléphone, mais avec un écran plus grand. L'iPhone est livré avec un écran de 3,5 pouces tandis que l'iPad possède un écran de 9,7 pouces ; son petit cousin, l'iPad mini a un écran de 7,9pouces.

En dehors de ces différences fondamentales, un iPad est pratiquement identique à un iPhone. Toute application qui tourne sur un iPhone peut également fonctionner sur un iPad, et de nombreuses applications sont conçues pour tirer avantage particulier du plus grand écran de l'iPad.

Toutes les informations qui suivent dans ce chapitre s'appliquent aux iPhones et aux iPads.

# Intégrer des périphériques iOS à Exchange

Un appareil iOS peut accéder à une messagerie Microsoft Exchange ; pour ce faire, suivez les trois procédures ci-dessous :

1. **Activez la fonction Mobile Services de Microsoft Exchange.**
2. **Démarrez ActiveSync pour les utilisateurs de boîtes aux lettres.**
3. **Configurez l'iPhone pour qu'il puisse accéder à la boîte aux lettres Exchange de l'utilisateur.**

Les sections suivantes décrivent en détail ces procédures.

## Activer les services mobiles d'Exchange

Pour activer une boîte aux lettres Exchange pour un appareil iOS, vous devez activer la fonctionnalité Service Mobile Exchange sur le serveur. Cette procédure ne doit être réalisée qu'une seule fois pour chaque serveur Exchange. Voici les étapes :

1. **Connectez-vous au serveur Exchange avec un compte d'administrateur Exchange.**
2. **À partir du menu Outils du Gestionnaire de serveur, accédez à la console de gestion d'Exchange.**
3. **Dans le volet de navigation de la console, développez le nœud Paramètres globaux.**
4. **Faites un clic-droit sur Services mobiles, puis choisissez Propriétés dans le menu contextuel.**

   La boîte de dialogue illustrée par la Figure 16.1 apparaît.

5. **Cochez toutes les cases de l'onglet Général.**

   Cette configuration active toutes les fonctionnalités Exchange mobiles pour Outlook.

6. **Cliquez sur OK.**
7. **Fermez la console de gestion d'Exchange.**

   Vous avez terminé!

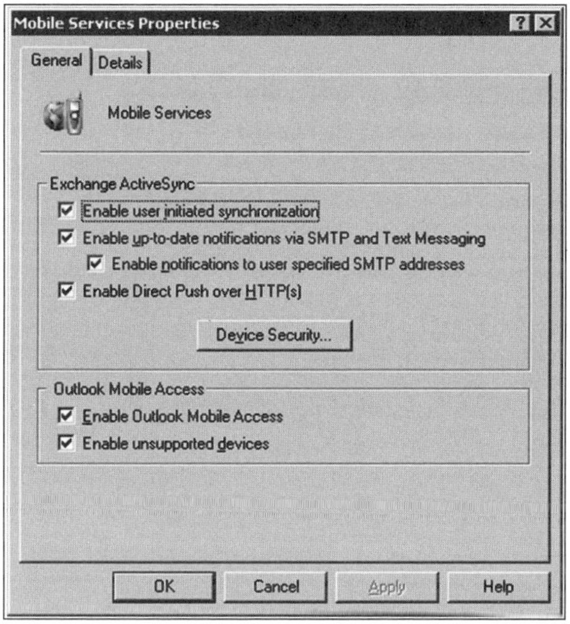


**Figure 16.1 :** La boîte de dialogue de propriétés des Services mobiles.

## Activer ActiveSync pour la boîte aux lettres d'un utilisateur

Après avoir activé les services Exchange mobiles pour votre serveur Exchange, vous pouvez activer ActiveSync pour la boîte aux lettres de l'utilisateur. L'activation d'ActiveSync pour la boîte aux lettres de l'utilisateur permet de synchroniser les données avec un client de messagerie à distance comme un iPhone. Voici les étapes à suivre :

1. **À partir du menu Outils du Gestionnaire de serveur accédez à la commande Utilisateurs et ordinateurs Active Directory.**

   La console Utilisateurs et ordinateurs Active Directory s'ouvre.

2. **Développez le domaine, puis recherchez l'utilisateur dont l'accès mobile sera activé.**

3. **Faites un clic-droit sur l'utilisateur, puis choisissez Propriétés dans le menu contextuel.**

4. **Cliquez sur l'onglet Fonctionnalités Exchange.**

Les options des fonctionnalités d'Exchange sont affichées comme le montre la Figure 16.2.

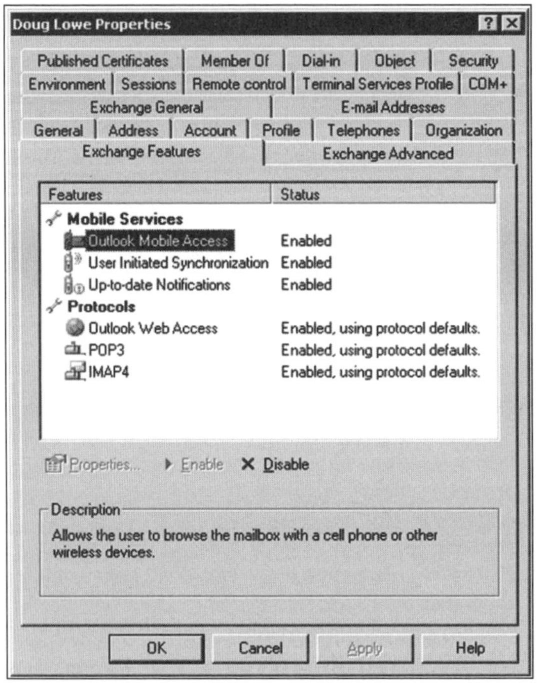


**Figure 16.2 :** Activation de l'accès mobile pour un utilisateur.

5. **Activez les trois services Mobile pour Exchange.**

   Pour activer les services Mobile, faites un clic-droit sur chaque option et choisissez Activer dans le menu contextuel.

6. **Cliquez sur OK.**

7. **Répétez les étapes 5 et 6 pour tous les utilisateurs auxquels vous souhaitez autoriser l'accès aux services Mobile.**

8. **Fermer la console Utilisateurs et ordinateurs Active Directory.**

C'est tout ! À présent, les utilisateurs de Windows Mobile peuvent synchroniser leurs appareils portables avec leurs boîtes aux lettres Exchange.

## Configurer un périphérique iOS pour la messagerie Exchange

Maintenant qu'ActiveSync est opérationnel pour les boîtes aux lettres de certains utilisateurs, vous pouvez configurer leur iPhone ou leur iPad pour qu'il soit synchronisé avec leur compte Exchange. Pour ce faire, procédez de la manière :

1. **À partir de l'iPhone ou de l'iPad, sélectionnez l'icône Réglages puis la commande Mail, Contacts Calendrier.**

   L'écran illustré par la Figure 16.3 apparaît.

**Figure 16.3 :** Ajouter un compte de messagerie.

2. **Cliquez ensuite Ajouter un compte un compte.**

   La Figure 16.4 montre l'écran qui apparaît ; il permet de choisir le type de compte de messagerie à ajouter.

**Figure 16.4 :** L'iPhone peut prendre en charge de nombreux types de comptes de messagerie.

3. **Cliquez sur Microsoft Exchange.**

   L'écran illustré à la Figure 16.5 apparaît ; vous pouvez entrer les informations relatives au compte Exchange.

4. **Entrez votre adresse de messagerie, le nom d'utilisateur et le mot de passe.**

   Pour la plupart des systèmes, vous devez laisser le champ Domaine vide. Cependant, si la configuration ne fonctionne pas, revenez à cet écran, puis entrez votre nom de domaine.

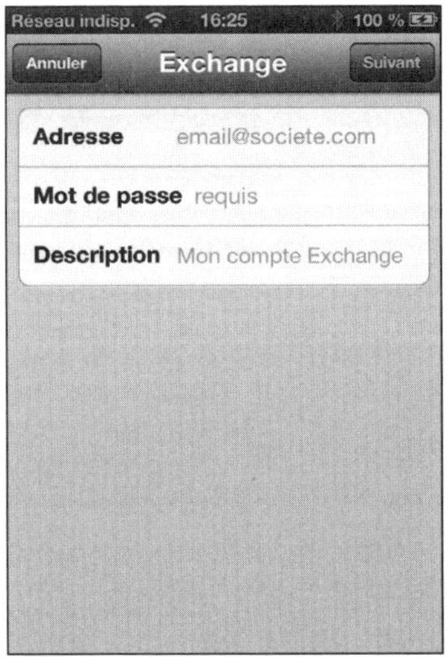


**Figure 16.5 :** Saisissez votre adresse de messagerie et les informations de connexion.

5. **Appuyez sur Suivant.**

   L'écran illustré par la Figure 16.6 apparaît.

6. **Entrez le nom DNS ou l'adresse IP de votre serveur Exchange dans le champ Serveur.**

   Par exemple, `mail.mondomain.fr` nom.

**Figure 16.6 :** Entrez vos informations de serveur Exchange.

7. **Appuyez sur Suivant.**

   La Figure 16.7 montre l'écran qui apparaît ; sélectionnez les services de messagerie à synchroniser : Courrier, Contacts, Calendriers, Rappels.

8. **Lorsque les services à synchroniser sont activés, appuyez sur Terminé.**

   Le compte de messagerie est configuré.

Pour accéder à la messagerie, il suffit de cliquer sur l'icône Mail de l'écran principal.

**Figure 16.7 :** Sélection des services à synchroniser.

# Gérer des périphériques Android

Depuis la fin de l'année 2009, les smartphones à écran tactile d'Apple sont sérieusement concurrencés par les smartphone équipés du système d'exploitation Android développé par Google. Ces téléphones sont similaires aux iPhone à bien des égards, mais ils ont aussi de nombreuses différences. La différence la plus importante est que le système d'exploitation Android est disponible sur de nombreux téléphones de marques différentes, alors que le système d'exploitation iOS est la propriété d'Apple et n'est disponible que sur les appareils Apple.

Cette section est une brève introduction à la plate-forme Android. Vous découvrirez le système d'exploitation Android et vous verrez les procédures de configuration des téléphones Android pour accéder à la messagerie Exchange.

Comme l'iPhone, les téléphones Android disposent en général d'un écran tactile, ils disposent des fonctionnalités de lecteurs MP3 et ils ont accès en téléchargement à une très importante bibliothèque d'applications tierces.

Il existe des différences fondamentales entre les téléphones Android et l'iPhone, et la plus importante, à bien des égards, est que les téléphones Android sont basés sur un système d'exploitation open source dérivé de Linux, qui peut être étendu et adapté pour fonctionner sur une grande variété de périphériques chez de nombreux constructeurs. Le monde de l'iPhone est lié au monde d'Apple, tandis que le système d'exploitation Android n'est la propriété d'aucun constructeur particulier.

## Coup d'œil sur le système d'exploitation Android

La plupart des gens associent le système d'exploitation Android à Google ; il est vrai que la startup Android qui a conçu le système d'exploitation du même nom a été rachetée par Google en 2007. Cependant, le système d'exploitation Android est un système d'exploitation open source géré par l'Open Handset Alliance (OHA) et bien que Google joue encore un rôle majeur dans le développement d'Android, plus de 50 entreprises sont impliquées dans l'OHA, dont des fabricants de matériel (comme HTC, Intel et Motorola), des éditeurs de logiciels (comme Google et eBay), et des opérateurs de téléphonie mobile (comme T-Mobile et Sprint-Nextel).

Techniquement parlant, Android est bien plus qu'un simple système d'exploitation. C'est aussi une *pile logicielle* complète, qui comprend plusieurs éléments clés qui travaillent ensemble pour aboutir à la plate-forme Android complète :

- **Le système d'exploitation principal**, qui est basé sur le très populaire système d'exploitation Linux
- **Une couche middleware**, qui fournit les pilotes et le support pour permettre au système d'exploitation principal de travailler avec les périphériques matériels qui composent un téléphone, comme l'écran tactile, la partie émission et réception téléphonique, le haut-parleur, le microphone, les composants Bluetooth et WiFi, etc.
- **Un ensemble d'applications de base** permettant à l'utilisateur de passer des appels téléphoniques, de lire et d'écrire son courrier électronique, d'envoyer des messages texte, de prendre des photos, etc.
- **Un kit de développement logiciel** (Software Developers Kit, SDK) qui permet aux développeurs de logiciels tiers de créer leurs propres applications qui seront ensuite exécuter sur les téléphones Android.

Outre les fonctionnalités de base fournies par tous les OS, voici quelques bonus de la pile logicielle Android :

- Un moteur d'affichage graphique optimisé pour produire des graphiques complexes en 2-D et 3-D.
- Des fonctions GPS qui fournissent des informations de localisation pour une intégration dans des applications comme Google Maps.
- Des capacités de boussole et d'accéléromètre pour déterminer si le téléphone est en mouvement et la direction dans laquelle il se déplace.
- Un serveur intégré de base de données SQL pour le stockage des données.

- Le support de plusieurs technologies réseau, 3G, 4G, Bluetooth et Wi-Fi.
- La prise en charge intégrée des médias, pour les images, les fichiers audio et des fichiers vidéo.

## Les applications de base d'Android

Les smartphone moderne équipés du système d'exploitation Android sont livrés avec des applications standard qui proposent les fonctionnalités suivantes :

- **Appel/réception** : La fonction cellulaire de base pour émettre et recevoir des appels.
- **Navigateur** : Un navigateur Web semblable au navigateur Google Chrome.
- **Messagerie instantanée** : Messagerie instantanée pour les SMS (texte) et les MMS (multimédia).
- **Courrier électronique** : Un client de messagerie de base adapté à Gmail de Google, mais qui peut être configuré pour fonctionner avec d'autres serveurs de messagerie, y compris Exchange.
- **Contacts** : Gestion d'une liste de contacts qui s›intègre avec les applications de téléphonie et de courrier électronique.
- **Appareil photo** : Utilisation des fonctions appareil photo du téléphone.
- **Calculatrice** : Une simple application calculatrice.
- **Réveil** : Un réveil de base avec la possibilité de définir jusqu'à trois alarmes différentes.
- **Cartes** : Une version intégrée de Google Maps.
- **YouTube** : Une version intégrée de YouTube.
- **Musique** : Un lecteur MP3 similaire à l'iPod ; vous pouvez acheter et télécharger des fichiers de musique sur Amazon.
- **Google Play** : Pour acheter et télécharger des applications tierces pour le téléphone Android.
- **Réglages** : Contrôle de divers paramètres du téléphone.

## Accéder à un serveur Exchange avec un système Android

Il est possible d'accéder à une messagerie Microsoft Exchange à partir d'un téléphone de base Android. Pour ce faire, vous devez activer les Services Exchange Mobile, puis activer ActiveSync pour la boîte aux lettres de l'utilisateur ; pour plus d'informations, consultez les sections relatives aux mêmes sujets, plus haut dans ce chapitre.

Après avoir activé Exchange Services Mobile et ActiveSync sur votre serveur Exchange, vous pouvez facilement configurer le téléphone Android pour un accès au compte de messagerie Exchange. Il suffit de lancer l'application de messagerie sur le téléphone Android et de suivre les étapes de configuration, qui vous demandent des informations telles que votre adresse de messagerie, le nom d'utilisateur, le mot de passe et le serveur de messagerie Exchange.

# Chapitre 17

# Se connecter au réseau depuis son domicile

***Dans ce chapitre***

- Utiliser Outlook Web Access.
- Utiliser un VPN.

Il peut arriver qu'à la fin de la journée vous n'ayez pas terminé votre travail et que vous rapportiez un peu de boulot à la maison pour le terminer dans la soirée ou pendant le week-end. Cependant, le transfert de données entre l'ordinateur de l'entreprise et l'ordinateur familial n'est pas toujours facile.

La première solution, si vous possédez un ordinateur portable, consiste à travailler hors connexion, comme cela a été expliqué dans le Chapitre 3. Cependant, cette approche a ses inconvénients. Que se passe-t-il si quelqu'un va au bureau samedi et modifie le fichier sur lequel vous travaillez hors connexion chez vous ? Que faire si vous rentrez chez vous et que vous découvrez que le fichier dont vous avez besoin se trouve dans un dossier pour lequel vous avez oublié d'activer l'accès hors connexion ?

Qu'en est-il de la messagerie ? Un accès hors connexion ne vous permet pas d'accéder à votre compte de messagerie professionnel. Ainsi, vous ne pouvez pas vérifier si vous avez reçu des messages ni envoyer de messages depuis votre compte de messagerie professionnel.

Ce chapitre introduit deux dispositifs qui peuvent éviter ces problèmes. Le premier est l'accès, basé sur Internet, à votre messagerie par l'intermédiaire d'Outlook Web Access (OWA) dans Microsoft Exchange. La seconde est l'utilisation d'un *réseau privé virtuel* (VPN) qui vous permet de vous connecter à votre réseau d'entreprise depuis votre domicile et d'accéder à toutes les ressources du réseau comme si vous étiez connecté localement à ce réseau.

# Utiliser Outlook Web Access (OWA)

La plupart des personnes qui se connectent à leur réseau d'entreprise depuis leur domicile n'ont en fait besoin que d'un accès à leur messagerie. Si c'est la seule raison d'accéder au réseau d'entreprise, OWA est une solution simple et facile à mettre en œuvre. *OWA* (*Outlook Web Access*) est une fonctionnalité de Microsoft Exchange Server qui permet d'accéder à votre messagerie depuis n'importe quel ordinateur possédant une connexion Internet. L'ordinateur distant n'a besoin que d'un navigateur Web et d'une connexion Internet. Aucun VPN ou toute autre configuration spéciale n'est exigé.

Vous n'avez aucune installation particulière à réaliser pour activer OWA. Cette fonctionnalité est activée par défaut quand vous installez Microsoft Exchange. Vous pouvez bien sûr configurer différentes options pour améliorer son utilisation mais OWA est parfaitement opérationnel avec sa configuration par défaut.

Pour accéder à OWA depuis n'importe quel navigateur Web, spécifiez, dans la barre d'adresse, celle du service OWA de votre organisation. L'adresse par défaut est le nom DNS de votre serveur de messagerie suivi de `/exchange`. Par exemple, l'adresse OWA du serveur de messagerie `smtp.messageriepro.com` est `smtp.messageriepro.com/exchange`.

La connexion doit utiliser la version sécurisée du protocole Web HTTP. Vous devez ajouter `https://` devant l'adresse OWA. L'adresse complète sera donc `https://smtp.messageriepro.com/exchange`.

Dès que vous accédez au serveur, vous êtes invité à entrer un nom et un mot de passe. Spécifiez le compte utilisateur et le mot de passe que vous utilisez régulièrement sur le réseau. OWA apparaîtra dans la fenêtre du navigateur, comme dans la Figure 17.1.

Si vous êtes habitué à Outlook, vous n'aurez aucune difficulté à utiliser OWA. La plupart des fonctionnalités d'Outlook sont disponibles, y compris la Boîte de réception, le Calendrier, les Contacts, les Tâches, les Rappels et même les Dossiers publics. Vous pouvez même programmer le Gestionnaire d'absences du bureau.

À la différence d'Outlook, OWA ne possède pas de barre d'outils, cependant, la plupart des fonctions qui sont proposées par la barre d'outils d'Outlook sont disponibles à d'autres endroits dans la fenêtre OWA. Si vous ne trouvez pas une fonction, ouvrez la page Options. Pour ce faire, cliquez sur le bouton Options dans la partie inférieure gauche de l'écran. La Figure 17.2 représente la page Options qui permet d'activer le Gestionnaire d'absences du bureau, de modifier la signature et de définir diverses options de la messagerie.

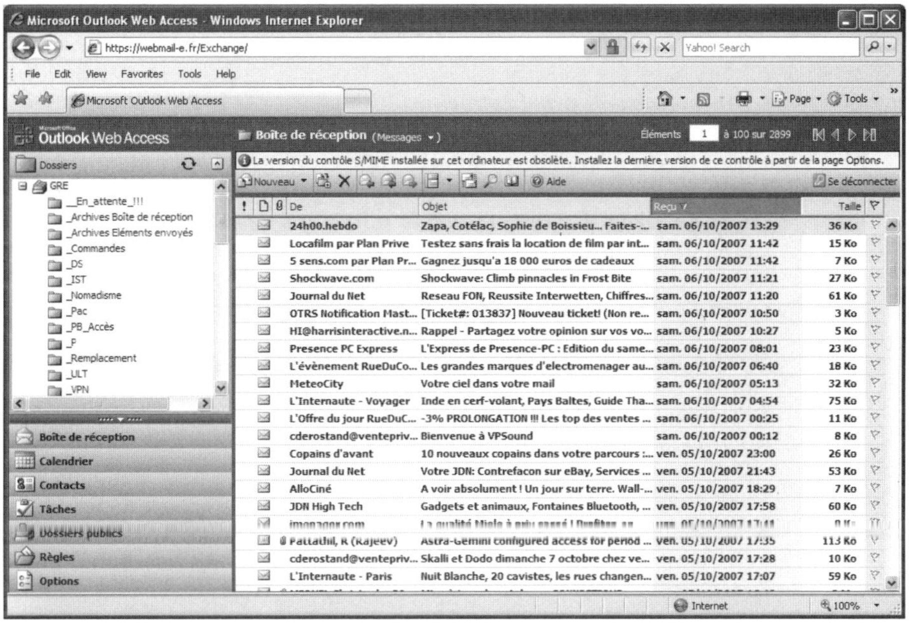


**Figure 17.1 :** OWA ressemble beaucoup à Outlook.

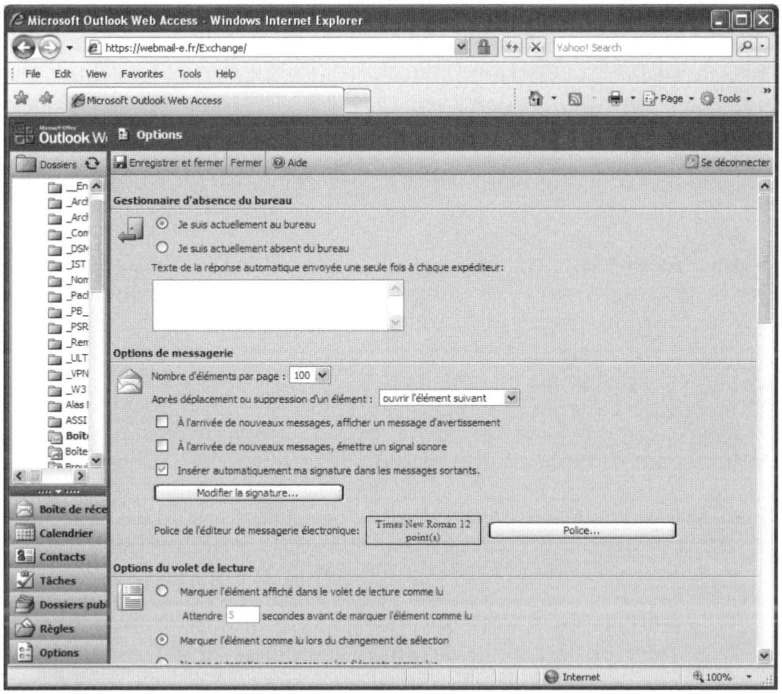


**Figure 17.2 :** Définition des options d'OWA.

# Utiliser un VPN (Virtual Private Networks)

Le terme *réseau privé virtuel* ou *VPN* se rapporte à plusieurs types de communications Internet sécurisées. Nous considérerons dans ce chapitre qu'un VPN est un canal sécurisé entre un ordinateur distant et un réseau local. Ce type de VPN permet d'ouvrir une session sur votre réseau d'entreprise depuis votre ordinateur familial. Vous pouvez alors accéder à n'importe quelle ressource de votre réseau d'entreprise comme si vous utilisiez l'ordinateur de votre bureau. En d'autres termes, le VPN augmente l'étendue du réseau d'entreprise pour y inclure votre ordinateur familial.

Par exemple, supposons que vous avez mis en place un réseau local à votre bureau et que parfois vous avez besoin de travailler à partir de chez vous. Comment allez-vous accéder aux fichiers de votre ordinateur de travail pour les traiter à la maison ?

- Vous pouvez simplement copier les fichiers dont vous avez besoin, de votre ordinateur de travail sur une clé USB, les emporter avec vous, les copier sur votre ordinateur, travailler sur les fichiers, recopier les fichiers mis à jour sur la clé USB, les ramener le lendemain et les copier sur votre ordinateur de travail.
- Si la taille des fichiers n'est pas trop importante, vous pouvez vous les envoyer comme pièces jointes dans un courrier électronique. Les récupérer chez vous, les traiter puis vous les renvoyer comme pièces jointes pour une récupération sur votre ordinateur de travail le lendemain.
- Vous pouvez emprunter un ordinateur portable et le ramener à votre domicile. Vous travaillerez ensuite avec les fichiers hors ligne ; il faudra veiller le lendemain lorsque vous reviendrez au travail ; à veiller à ce qu'ils se synchronisent avec les fichiers de votre réseau.

Vous pourriez encore mettre en place un VPN qui vous permettra de relier votre réseau de travail avec votre ordinateur domestique. Le VPN initie une connexion internet sécurisée pour vous connecter directement à votre réseau d'entreprise, de sorte que vous pouvez accéder à vos fichiers réseau, comme si vous aviez un très long câble Ethernet qui relirait votre ordinateur domestique à votre réseau professionnel.

Voici au moins trois situations dans lesquelles un VPN est la solution idéale :

- Les utilisateurs doivent parfois travailler à la maison, comme dans le scénario vient d'être décrit. Dans cette situation, une connexion VPN établit un lien entre l'ordinateur et le réseau du bureau.
- Les utilisateurs nomades, qui ne sont que très rarement présents au bureau, ont souvent besoin de se connecter au réseau d'entreprise à partir de leur ordinateur mobile, à partir d'emplacements divers comme

des chambres d'hôtel, les bureaux des clients, des aéroports, des cafés, etc. Ce type de configuration VPN est similaire à la configuration de l'utilisateur à la maison ; cependant, la localisation exacte de l'ordinateur nomade est très variable.

- Votre société possède des bureaux à deux endroits ou plus, chacun ayant son propre LAN, et vous souhaitez relier les sites afin que les utilisateurs de chaque réseau puissent accéder aux ressources réseau de l'autre. Dans cette situation, le VPN ne reliera pas à un seul utilisateur à un réseau distant, mais plutôt deux réseaux distants l'un de l'autre.

# Sécurité et VPN

Le V de VPN signifie *virtuel*, c'est-à-dire qu'un VPN crée l'apparence d'une connexion au réseau local alors que la connexion est établie via un réseau public, Internet. Le terme de *tunnel* est parfois utilisé pour décrire un VPN ; en effet, le VPN crée un tunnel entre deux points. Les données qui circulent dans ce tunnel sont sécurisées ; toute information qui se déplace à l'intérieur du tunnel est cryptée.

Le P de VPN signifie *privé* ; c'est le but de la création du tunnel. Le VPN crée un environnement sécurisé, les données sont cryptées en entrant dans le tunnel, puis décryptées à leur sortie lorsqu'elles arrivent à destination.

Avant la technologie VPN, la seule méthode pour fournir des connexions réseau privées à distance consistait à utiliser de réelles lignes privées, ce qui étaient (et est toujours) très cher. Par exemple, pour mettre en place un bureau distant, vous pouvez louer une ligne T1 privée pour relier les deux bureaux. Cette ligne T1 privée fourni une excellente sécurité parce qu'elle connecte physiquement les deux bureaux et est accessible uniquement à partir des deux extrémités.

Le VPN fournit la même connexion point-à-point qu'une ligne privée louée, mais les lignes spécialisées coûteuses sont remplacées par le réseau Internet. Pour créer le tunnel qui garantit la confidentialité des données qui se déplacent depuis une extrémité du VPN à l'autre, les données sont cryptées en utilisant des protocoles de sécurité particuliers.

Le mécanisme de sécurité qui réalise ce travail magique est le protocole Internet connu sous le nom d'IPSec Internet Protocol Security) ; c'est un recueil de normes pour le cryptage et l'authentification des paquets qui circulent sur Internet. En d'autres termes, il fournit un moyen de crypter le contenu d'un paquet de données de sorte que seule une personne qui connaît les clés de chiffrement secrètes peut décoder les données. Il fournit un moyen fiable d'identifier la source d'un paquet afin que les parties aux deux extrémités du tunnel VPN soient assurées que les paquets sont authentiques.

Le protocole L2TP (Layer 2 Tunneling Protocol, protocole de tunnellisation de niveau 2) est un autre protocole VPN couramment utilisé. Ce protocole ne fournit pas de cryptage des données ; il est conçu pour créer de bout en bout les connexions, tunnels, grâce auxquelles les données peuvent voyager. L2TP est en fait une combinaison de deux anciens protocoles : le Protocole Transfert Layer 2 (L2FP, Cisco) et Point-to-Point Tunneling Protocol (PPTP, Microsoft).

Aujourd'hui, de nombreux réseaux privés virtuels utilisent une combinaison des protocoles L2TP et IPSec ; on parle alors de L2TP sur IPSec. Ce type de VPN combine les meilleures caractéristiques de L2TP et d'IPSec pour assurer un degré élevé de sécurité et de fiabilité.

## Comprendre les serveurs VPN et les clients

Une connexion VPN nécessite un serveur VPN, le contrôleur d'accès à une extrémité du tunnel, et un client VPN à l'autre extrémité. La différence principale entre le serveur et le client est que le client initie la connexion avec le serveur et qu'un client VPN ne peut établir une connexion qu'avec un seul serveur à la fois. Cependant, un serveur peut accepter des connexions à partir de nombreux clients.

En règle générale, le serveur VPN est un dispositif matériel distinct, le plus souvent un périphérique de sécurité, comme un Cisco ASA. Des serveurs VPN peuvent également être mis en œuvre par logiciel ; par exemple, Windows Server intègre des fonctionnalités VPN. Un serveur VPN peut aussi être implémenté sous Linux aussi.

La Figure 17.3 montre un des nombreux écrans de configuration VPN pour un périphérique de sécurité Cisco ASA. Cet écran fournit les informations de configuration d'une connexion de VPN IPSec. L'élément le plus important de l'information sur cet écran est la clé pré-partagée qui est utilisée pour crypter les données envoyées via le VPN ; le client devra fournir une clé identique.

Un client VPN est généralement un logiciel qui s'exécute sur un ordinateur client qui souhaite se connecter au réseau distant. Le logiciel client VPN doit être configuré avec l'adresse IP du serveur VPN, ainsi que les informations d'authentification comme un nom d'utilisateur et la clé pré-partagée qui sera utilisée pour crypter les données. Si la clé utilisée par le client ne correspond pas à la clé utilisée par le serveur, le serveur VPN rejette la demande de connexion.

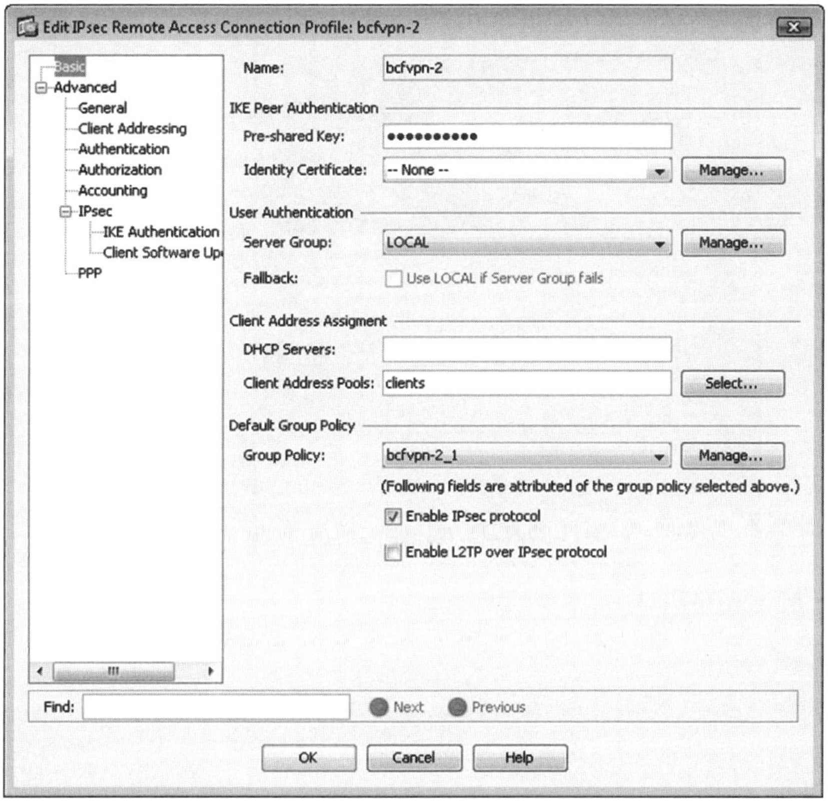


**Figure 17.3 :** Une page de configuration IPSec sur un périphérique de sécurité Cisco ASA.

La Figure 17.4 montre un logiciel client VPN typique ; lorsque le client est configuré avec les informations de connexion correcte, vous n'avez qu'à cliquer Connect. Après quelques instants, le client VPN annonce que la connexion a été établie et que le VPN est connecté.

Un client VPN peut aussi être un périphérique matériel, comme un autre dispositif de sécurité. Cela est plus fréquent lorsque le VPN est utilisé pour connecter deux réseaux dans des lieux distincts. Par exemple, supposons que votre entreprise a un bureau à Marseille et un deuxième bureau à Montpellier. Chaque bureau dispose de son propre réseau avec des serveurs et des ordinateurs clients. La meilleure façon de connecter ces bureaux avec un VPN serait d'installer un dispositif de sécurité identique à chaque endroit ; ensuite, il faudrait configurer les périphériques de sécurité pour qu'ils communiquent les uns avec les autres via un VPN.

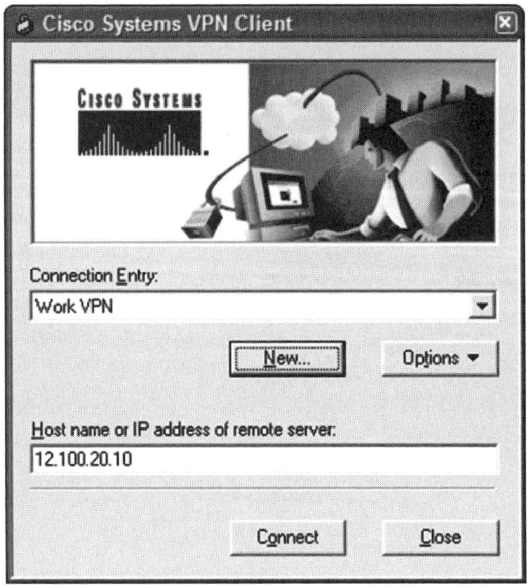


**Figure 17.4 :** Le client VPN.

# Cinquième partie

# Administrer et protéger le réseau

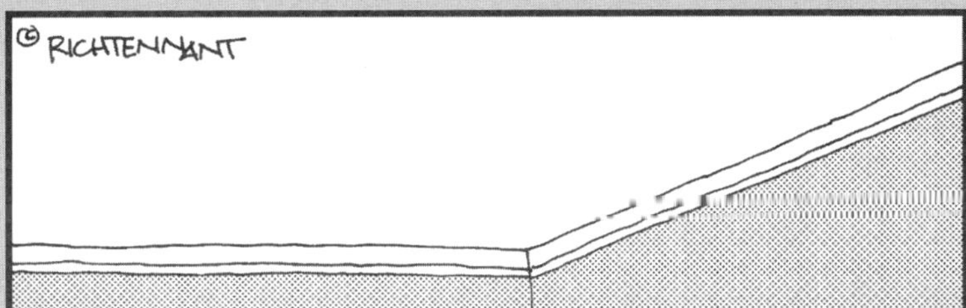


« Oh, Arthur est très soucieux de la sécurité sur le Web. Il ne se connecte jamais dans la même pièce deux jours consécutifs. »

## Dans cette partie…

Vous allez découvrir qu'utiliser un réseau demande plus de travail qu'installer le matériel et le logiciel. Une fois le réseau mis en place, vous devez faire en sorte qu'il soit toujours opérationnel. C'est ce qui s'appelle l'*administration réseau*.

Les chapitres de cette partie vous montrent comment organiser la sécurité de votre réseau, en améliorer les performances et le protéger d'un désastre. Vous trouverez aussi quelques informations techniques. Eh oui, la vie de l'administrateur n'est pas toujours un long fleuve tranquille !

# Chapitre 18

# Bienvenue dans l'univers de l'administration réseau

***Dans ce chapitre :***

- Tâches de l'administrateur réseau.
- Administrateur à temps partiel.
- Réaliser les tâches de routine.
- Administrer les utilisateurs du réseau.
- Choisir les bons outils logiciels.
- Documentation technique à portée de main.
- Obtenir des certifications.
- Quelques boniments et des excuses plus ou moins bidon

À l'aide ! Recherchons administrateur réseau pour aider petite entreprise à reprendre le contrôle d'un réseau déchaîné. Solide sens de l'organisation et grandes qualités d'administration nécessaires. Petite expérience en informatique souhaitée. Travail à temps partiel.

Cela ressemble-t-il à une petite annonce que devrait publier votre employeur ? Tout réseau a besoin d'un administrateur, qu'il comprenne deux ou deux mille ordinateurs. Bien entendu, administrer un réseau de deux mille machines est un travail à temps plein, pas comme avec un réseau de deux machines, du moins théoriquement !

Ce chapitre vous présente le travail ennuyeux d'administrateur réseau. Oups… Vous êtes sûrement en train de lire ce chapitre parce que vous venez d'être nommé administrateur réseau alors, en d'autres termes :

*Ce chapitre vous plonge dans l'univers merveilleux et passionnant de l'administration réseau ! Ça va être génial !*

## Tâches de l'administrateur réseau

Un administrateur réseau « administre le réseau » : il est chargé d'installer, de configurer, de développer, de protéger, de mettre à jour, d'améliorer et de réparer le réseau.

L'administrateur réseau s'occupe du matériel (câbles, concentrateurs, commutateurs, routeurs, serveurs et clients…) ainsi que des logiciels de réseau (systèmes d'exploitation, serveurs de messagerie, logiciels de sauvegarde, serveurs de bases de données et logiciels d'application). Plus important, il est en contact avec les utilisateurs du réseau, prêt à répondre à leurs questions, à écouter leurs problèmes et à proposer des solutions.

Sur un réseau de grande taille, ces responsabilités occupent un ingénieur à plein temps. Les grands réseaux sont évolutifs : les utilisateurs vont et viennent, les équipements tombent parfois en panne, des câbles se rompent. Bref, la vie sur le réseau n'est qu'une succession d'états de crise.

Un petit réseau est plus stable ; après l'avoir mis en place, il n'y a plus grand-chose à faire au niveau du matériel et des logiciels. Un incident peut occasionnellement se produire mais le nombre d'ordinateurs étant réduit, les problèmes sont rares.

Quelle que soit la taille du réseau, un administrateur réseau est impliqué dans les décisions et les tâches suivantes :

- **Il prend part aux décisions concernant l'achat d'ordinateurs, d'imprimantes et d'autres équipements.**
- **Il doit prendre note de toute modification faite au réseau, notamment la connexion de nouveaux ordinateurs.** Son travail consiste à savoir comment il faut modifier le câblage, quels noms il faut assigner aux nouveaux ordinateurs, comment intégrer les informations concernant le nouvel utilisateur dans le système de sécurité, quels droits lui seront attribués, etc.
- **Lorsqu'une nouvelle version de son système d'exploitation est disponible, l'administrateur réseau doit s'informer, décortiquer ses caractéristiques et déterminer si les améliorations apportées méritent une mise à jour.** Dans la plupart des cas, la tâche la plus ardue consiste à définir une *voie d'évolution*, c'est-à-dire un moyen d'assurer la mise à jour de la totalité du réseau en gênant le moins possible les utilisateurs. La mise à jour d'un système d'exploitation réseau est une véritable corvée. C'est pourquoi il est important d'estimer si elle en vaut la peine.

N'OUBLIEZ PAS !

Entre deux mises à jour, les fournisseurs de logiciels ont la fâcheuse habitude de proposer des correctifs et des *service packs* qui corrigent des problèmes mineurs de leur système d'exploitation de serveurs. Pour en savoir plus, consultez le Chapitre 22.

- **L'administrateur réseau exécute quelques tâches de routine comme sauvegarder des serveurs, archiver des données anciennes, libérer de l'espace sur le ou les disques durs, etc.** La majeure partie du travail d'un administrateur réseau est de veiller à ce que tout fonctionne bien et aussi de découvrir et résoudre les problèmes avant que quelqu'un remarque un éventuel dysfonctionnement. Vu sous cet angle, le travail d'administrateur est un peu ingrat.
- **L'administrateur réseau est aussi responsable de la collecte, de l'inventaire et du suivi de la totalité des logiciels du réseau.** Autrement dit, si un problème se produit sur le vieil ordinateur du service marketing qui tourne encore sous Windows 95 et que la solution réside dans la réinstallation de cet ancien exemplaire de Lotus Approach, il faudra qu'il trouve le logiciel. Où diable le CD peut-il bien se trouver ?

# Administrateur à temps partiel

Sur les réseaux de grande taille, un support technique de haut niveau est indispensable. Mais si le réseau ne compte qu'une douzaine d'ordinateurs tout au plus, son administration peut être un travail occasionnel. Dans une petite structure, l'administrateur réseau idéal est un passionné d'informatique, quelqu'un qui porte un intérêt secret aux ordinateurs sans vouloir l'admettre, quelqu'un qui emporte quelques bouquins chez lui pour les lire pendant le week-end et quelqu'un qui adore résoudre des problèmes informatiques juste pour le plaisir de les résoudre.

Le travail d'administrateur réseau requiert quelques compétences informatiques mais n'est pas un travail entièrement technique. La grosse partie du travail s'apparente à celui, routinier, d'une ménagère. L'administrateur doit dépoussiérer, passer l'aspirateur et éponger le réseau régulièrement pour éviter qu'il ne devienne un capharnaüm.

Voici quelques ressources à avoir pour être administrateur réseau :

- **Accorder le temps nécessaire à l'administration réseau.** Une à deux heures par semaine suffisent pour de petits réseaux (moins de vingt ordinateurs). Au début, il faut prévoir un peu plus de temps pour que l'heureux élu s'habitue à ses fonctions et commence à maîtriser les tenants et les aboutissants de l'administration réseau. Mais une fois qu'il sera formé, il ne devrait pas consacrer plus d'une à deux heures par semaine à l'administration réseau (bien entendu, plus le réseau est grand, plus son administration requiert du temps).

- **Faire connaître et reconnaître sa fonction.** Vous devez faire en sorte que chacun sache qui est l'administrateur réseau et qu'il a le pouvoir de prendre des décisions concernant le réseau, notamment accorder des droits d'accès à chaque utilisateur, déterminer les fichiers qui peuvent et ne peuvent pas être stockés sur le serveur et définir la fréquence des sauvegardes.
- **L'administrateur réseau a besoin d'une doublure,** quelqu'un qui en sait à peu près autant que lui sur les réseaux, désireux de marquer l'histoire de son empreinte et qui sourit quand on lui demande de résoudre les problèmes les plus délicats.
- **L'administrateur a une espèce de titre officiel,** comme Grand Maître du Réseau, tsar du Réseau, vice-président en charge des Opérations réseau ou Dr Réseau. Un badge, un capuchon de stylo personnalisé ou une paire d'oreilles de Spock peuvent aider à l'identifier.
- **L'administrateur réseau doit être organisé.** Faites une inspection surprise de vos locaux et nommez administrateur réseau la personne dont le bureau est le plus propre.
- **L'administrateur réseau doit avoir de l'autorité** et ne pas craindre d'agacer les autres. Un administrateur réseau doit veiller au bon fonctionnement des sauvegardes *avant* la défaillance d'un disque et surveiller que tout le monde se protège correctement des virus *avant* que l'un d'eux ne supprime tout ce qui se trouve sur le réseau.
- **L'administrateur réseau doit savoir installer les logiciels.** Dans la plupart des cas, la personne qui a installé le réseau en est également l'administrateur. C'est idéal car personne ne comprend mieux un réseau que celui qui l'a conçu puis installé.

# Réaliser les tâches de routine

La plus grande partie du travail de l'administrateur réseau est un travail de routine, comme passer l'aspirateur, dépoussiérer et éponger. Ou alors, si vous préférez, faire régulièrement les vidanges et changer les pneus quand ils sont usés.

Ces tâches sont ennuyeuses mais nécessaires :

- **L'administrateur réseau doit créer les sauvegardes.** Si un problème survient alors que les données ne sont pas sauvegardées, devinez qui sera tenu pour responsable ? D'un autre côté, s'il se produit un désastre mais que vous êtes capable de récupérer les données à partir de la sauvegarde de la veille sans trop de pertes, devinez qui sera félicité, qui recevra une prime juteuse ou gagnera un séjour aux Bahamas ?

Le Chapitre 20 décrit les options de sauvegarde du réseau. Vous feriez bien de le lire rapidement.

- **L'administrateur doit s'occuper de la sécurité.** Il doit aussi protéger le réseau des menaces extérieures, qu'il s'agisse de pirates informatiques ou de virus qui tentent de s'infiltrer par la messagerie. Le Chapitre 23 décrit tout ça en détail.
- **L'administrateur doit nettoyer le serveur.** Les utilisateurs prennent le serveur pour un grenier. Ils y entreposent leurs fichiers et les oublient. L'administrateur réseau a pour mission de faire régulièrement le ménage dans le grenier. Quelle joie ! Le meilleur conseil que je puisse vous donner est de vous plaindre constamment du désordre qui règne sur le serveur et d'avertir vos utilisateurs que le nettoyage de printemps est imminent.

# Administrer les utilisateurs du réseau

La gestion du matériel est la partie la plus facile de l'administration réseau. L'informatique peut sembler déroutante au premier abord mais les ordinateurs ne sont pas aussi incompréhensibles que les êtres humains. Le vrai défi de l'administrateur réseau est d'administrer les utilisateurs du réseau.

La différence entre la gestion du matériel et celle des utilisateurs est évidente : vous pouvez comprendre les ordinateurs mais pour ce qui est des êtres humains, c'est beaucoup plus dur. Ceux qui utilisent le réseau ont des comportements bien moins prévisibles que le réseau proprement dit. Voici quelques conseils pour administrer les utilisateurs :

- **La formation est une part essentielle du travail de l'administrateur réseau.** Vérifiez que tous ceux qui accèdent au réseau le connaissent et savent s'en servir. S'ils ne comprennent pas le réseau, ils peuvent involontairement faire un tas de choses étranges.
- **Ne prenez jamais vos utilisateurs pour des idiots.** Ce n'est pas de leur faute s'ils ne comprennent pas ce qu'est un réseau. Expliquez-leur. Donnez-leur un cours. Achetez-leur un exemplaire de ce livre et dites-leur de lire les six premiers chapitres. Prenez-les par la main mais ne les considérez pas comme des idiots.
- **Rédigez, sur une seule page, un document** qui contient toutes les informations que doit connaître un utilisateur. Distribuez-en un exemplaire à chacun.
- **Soyez aussi réactif que possible** quand un utilisateur se plaint d'un problème réseau. Si vous n'intervenez pas rapidement, l'utilisateur peut tenter de résoudre le problème lui-même. Cette solution est à éviter.

TRUC

Plus vous comprendrez la psychologie des utilisateurs de votre réseau, mieux vous serez préparé pour corriger leurs erreurs et répondre à leurs besoins.

# Choisir les bons outils logiciels

Les administrateurs réseau exigent d'avoir certains outils pour leur travail. Les administrateurs de grands réseaux complexes et coûteux ont besoin de gros outils complexes et coûteux. Les administrateurs de petits réseaux ont besoin de petits outils.

Quelques-uns de ces outils sont des outils de bricolage tels que des tournevis, des pinces à sertir et des marteaux. Mais les outils dont je veux parler sont les logiciels. Ils ont déjà été mentionnés dans ce chapitre : Visio (pour concevoir des diagrammes de réseau) est un logiciel d'exploration du réseau. En voici quelques autres :

- **Les commandes TCP/IP intégrées.** Une bonne partie des outils logiciels est livrée avec le réseau. En tant qu'administrateur réseau, vous devez lire les manuels livrés avec vos logiciels réseau pour prendre connaissance des outils disponibles. Par exemple, Windows dispose d'une commande `net diag` qui sert à vérifier que tous les utilisateurs d'un réseau peuvent communiquer entre eux (vous pouvez exécuter `net diag` à partir de l'invite MS-DOS). Pour les réseaux TCP/IP, vous pouvez utiliser les commandes de diagnostic TCP/IP résumées dans le Tableau 18.1.

**Tableau 18.1 :** Commandes de diagnostic TCP/IP.

| *Commande* | *Fonction* |
|---|---|
| `arp` | Affiche les informations de résolution d'adresse utilisées par le protocole Address Resolution Protocol (ARP). |
| `hostname` | Affiche le nom d'hôte de l'ordinateur. |
| `ipconfig` | Affiche les paramètres TCP/IP courants. |
| `nbstat` | Affiche l'état de NetBIOS sur les connexions TCP/IP. |
| `netstat` | Affiche les statistiques de TCP/IP. |
| `nslookup` | Affiche l'information de DNS. |
| `ping` | Vérifie si un ordinateur est accessible. |

| Commande | Fonction |
|---|---|
| `route` | Affiche la table de routage d'un PC. |
| `tracert` | Affiche le chemin entre l'ordinateur et un hôte spécifique. |

- **Le programme Informations système**, livré avec Windows, est nécessaire aux administrateurs réseau.
- **Hotfix Checker** est un outil gratuit très pratique proposé par Microsoft. Il scanne votre ordinateur et détermine les correctifs à appliquer. Pour télécharger gratuitement Hotfix Checker, rendez-vous sur le site `www.microsoft.com` puis recherchez **hotfix**.
- **Baseline Security Analyzer.** Si vous préférez les outils avec une interface utilisateur, essayez Baseline Security Analyser, un autre outil gratuit proposé par Microsoft. Allez sur le site `www.microsoft.com` et faites une recherche sur **Baseline Security Analyzer**.
- **Un analyseur de protocole.** Il s'agit d'un programme (parfois appelé *renifleur de paquets*) qui surveille et garde une trace écrite de chacun des paquets qui circulent sur le réseau. Il peut être configuré pour suivre certains types de paquets et détecter certains problèmes particuliers. Il fournit aussi des statistiques sur les paquets qu'il a capturés.

  TRUC

  Pour la plupart des administrateurs, *Sniffer* est le meilleur outil d'analyse de protocoles (`www.netscout.com`). C'est hélas aussi le plus cher. Si vous préférez une solution gratuite, essayez *Ethereal*, téléchargeable sur le site `www.ethereal.com`.
- **Network Monitor**, toutes les versions de Windows sont livrées avec un programme appelé Network Monitor ; il permet une analyse de protocole de base, souvent capable de résoudre les plus difficiles problèmes de réseau.

# Documentation technique à portée de main

L'un des grands moments de la série télévisée *Star Trek* est cette séquence où Scotty refuse de descendre à terre pour ne pas abandonner ses journaux techniques. « Tu ne te reposes jamais ?, lui demande Kirk – Mais je me repose ! », répond Scotty.

Un administrateur réseau digne de ce nom lit des ouvrages informatiques. Beaucoup d'ouvrages. Et il aime ça. Si vous êtes du genre à les emporter jusque dans votre lit ou à les lire sur la plage, vous êtes un bon administrateur réseau.

Votre bibliothèque technique doit recouvrir divers sujets. Je ne vais pas vous recommander tel ou tel titre mais plutôt vous inciter à acquérir des ouvrages approfondis sur les thèmes suivants :

- Sécurité informatique et piratage.
- Réseaux sans fil.
- Matériel et câblage des réseaux.
- Ethernet.
- Windows Server 2008 ou 2012.
- Windows Server 2012.
- Windows 7 ou 8.
- Linux.
- TCP/IP.
- DNS et BIND.
- SendMail ou Microsoft Exchange Server.

En plus de ces ouvrages, abonnez-vous à des magazines techniques pour vous tenir informé des dernières évolutions (et révolutions) techniques. Voici quelques adresses Web intéressantes :

- Le site de la presse micro : `www.pressemicro.net`.
- *01 Informatique* : `www.01net.com`.
- *IT-expert* : `www.it-expertise.com`.
- *Le Monde informatique* : `www.lemondeinformatique.fr`.
- *PC expert* : `www.pcexpert.fr`.
- *Réseaux & Télécoms* : `www.reseaux-telecoms.net`.

Internet est l'une des meilleures sources d'informations techniques pour les administrateurs réseau. N'hésitez pas à accumuler les favoris ou les signets dans votre navigateur. Beaucoup de sites proposent de s'abonner à leur lettre d'information, ce que je vous recommande vivement. Vous serez ainsi tenu au courant presque en temps réel.

## Obtenir des certifications

À mon avis, une certification ne garantit en rien que vous serez capable d'administrer un réseau. Cette compétence naît de l'expérience, pas d'un savoir livresque et d'examens.

Néanmoins, dans un monde du travail régi par la compétitivité, la certification a pris une grande importance. Vous serez donc tenté d'être certifié, non seulement pour améliorer votre savoir-faire mais aussi pour étoffer votre CV. Pour un particulier, une certification est coûteuse, de l'ordre de plusieurs centaines d'euros par examen. De plus, selon votre niveau, vous devrez acheter des livres et prendre des cours supplémentaires.

Il existe deux types de certifications : celles proposées par un éditeur de logiciels ou un fabricant de matériel et celles qui sont indépendantes. Les grands éditeurs et fabricants comme Microsoft, Novell et Cisco proposent des certifications pour leurs propres produits. Aux États-Unis, une organisation à but non lucratif comme CompTIA propose les meilleures certifications indépendantes.

## Quelques boniments et des excuses plus ou moins bidon

En tant qu'administrateur réseau, vous ne pourrez pas toujours être en mesure de résoudre tous les problèmes immédiatement. Dans de telles situations, vous aurez le choix entre deux types de réponses. La première consiste à expliquer que le problème est particulièrement délicat, que vous pensez à une solution et que vous la mettrez en œuvre dès que possible. La deuxième solution consiste à regarder l'utilisateur dans les yeux et, avec un visage impassible, lui fournir une de ces explications bidon :

- C'est la version du logiciel que vous utilisez qui n'est pas à jour ; vous en êtes encore à la version 39.112.48.
- Nous n'aurions pas dû acheter ces barrettes mémoire en promotion ; on ne sait pas d'où elles viennent, ni si elles ont été testées sérieusement.
- C'est à cause de la crise et ce sont les financiers qui sont responsables.
- Les compagnies pétrolières sont responsables de tout.
- Il est probable que ça soit dû au réchauffement climatique.

- En tout état de cause, tout vient de l'électricité statique parasite. Ce type de problèmes est très difficile à mettre en évidence. Il est probable que ce sont les utilisateurs qui ne se sont pas déchargé correctement avant d'utiliser leurs ordinateurs ; ces charges d'électricité statique génèrent toutes sortes de problèmes.
- Il faudrait augmenter la mémoire.
- Votre disque dur sature, il faudrait installer un plus gros disque dur.
- Vous avez besoin d'un processeur plus rapide.
- C'est la faute à Jar-Jar Binks.
- Vous ne pouvez pas faire cela avec Windows 8.
- Vous ne pouvez le faire qu'avec Windows 8.
- C'est sans doute à cause d'un virus.
- Ce sont les taches solaires qui sont responsables.
- etc.

# Chapitre 19

# Résoudre des problèmes réseau

***Dans ce chapitre :***

- Quand les ordinateurs en bonne santé rencontrent des problèmes.
- Ressusciter un ordinateur qui semble mort.
- Tester la connexion réseau.
- Perdu dans une nuée de messages d'erreur.
- Revérifier les paramètres du réseau.
- Utiliser l'outil de résolution de problème réseau.
- Expérimenter, en désespoir de cause.
- On commence par qui ?
- Redémarrer un ordinateur client.
- Démarrage en mode sans échec.
- Mettre en œuvre la restauration du système.
- Redémarrer des services.
- Redémarrer un serveur.
- Consulter les journaux d'événements.
- Documenter les interventions sur le réseau.

Reconnaissons-le : les réseaux ont une fâcheuse tendance à tomber en panne.

Ils comportent beaucoup trop d'éléments « qui commencent par un *c* » : *câbles*, *connecteurs*, *commutateurs*, *cartes*. Tous ces éléments doivent être maintenus ensemble dans un certain équilibre, sachant que l'équilibre d'un réseau est très facile à rompre. Même les réseaux informatiques les mieux conçus se comportent parfois comme s'ils étaient faits de fils de fer reliés par du chewing-gum et du ruban adhésif.

Comme si les choses n'étaient pas assez compliquées, les réseaux suscitent la suspicion. Une fois que vous avez connecté votre ordinateur au réseau, vous avez tendance à blâmer ce dernier à chaque fois que quelque chose ne va pas, que votre problème soit lié ou non au réseau. Pourquoi ces colonnes ne peuvent-elles pas s'aligner dans Word ? Ça doit être le réseau. Les totaux de vos feuilles de calcul ne tombent pas juste ? C'est encore ce #$?@ de réseau.

Le pire avec les problèmes de réseau c'est qu'ils peuvent affecter toute une entreprise. Ce n'est pas si grave si un seul utilisateur ne peut pas accéder à un dossier partagé sur un serveur de fichiers. En revanche, si un serveur critique tombe en panne, les utilisateurs du réseau peuvent être privés d'accès à leurs fichiers, applications, messages électroniques et tout ce dont ils ont besoin pour travailler comme d'habitude. Quand cela se produit, ils défoncent la porte de votre bureau et vous menacent jusqu'à ce que le réseau soit de nouveau opérationnel.

Dans ce chapitre, je décris les causes les plus fréquentes, à l'origine de problèmes de réseau, et propose quelques solutions que vous pouvez utiliser quand votre réseau tombe en panne.

# Quand les ordinateurs en bonne santé rencontrent des problèmes

Les conseils de dépannage suivants vous indiquent comment réagir face aux premiers signes de problème réseau. Dans la plupart des cas (voire tous), les solutions proposées peuvent relancer votre réseau :

1. **Vérifiez que votre ordinateur et tous ses périphériques sont bien branchés.**

   Les férus d'informatique sont pliés quand un utilisateur les appelle à l'aide et qu'ils doivent lui expliquer que l'ordinateur n'était pas branché. Ils l'écrivent dans leur journal pour pouvoir le raconter plus tard à leurs amis. Ils peuvent même demander à vous prendre en photo pour pouvoir vous montrer à leurs amis geek.

2. **Vérifiez que votre ordinateur est correctement connecté au réseau.**

3. **Notez tous les messages d'erreur qui s'affichent sur l'écran.**

4. **Essayez de redémarrer votre ordinateur.**

   Un nombre incroyable de problèmes sont résolus par un simple redémarrage. Bien sûr, dans bien des cas, le problème se manifestera de nouveau, mais comme il a montré le bout de son nez, vous pourrez en identifier la cause et le résoudre. Quelques problèmes ne sont qu'occasionnels ; un simple redémarrage est alors suffisant.

5. **Faites quelques essais pour vérifier si le problème vient du réseau ou de votre ordinateur.**

   La section « Expérimenter, en désespoir de cause » de ce chapitre vous indique quelques astuces simples pour identifier l'origine du problème.

6. **Contrôlez l'espace disque libre sur votre ordinateur et sur le serveur.**

   Quand un ordinateur n'a plus ou peu d'espace disque, des choses bizarres peuvent se produire. Un message d'erreur s'affiche parfois pour vous tenir au courant de la situation, mais pas toujours. Quelquefois l'ordinateur marque une pause : les opérations qui prenaient quelques secondes durent désormais plusieurs minutes.

7. **Essayez de voir si le problème est lié au réseau ou s'il est dû uniquement à l'ordinateur lui-même.**

   Consultez la section relative à l'expérimentation plus loin dans ce chapitre, pour des opérations simples que vous pouvez essayer pour isoler un problème réseau.

8. **Essayez de redémarrer le serveur du réseau.**

   Reportez-vous à la section « Redémarrer un serveur », plus loin dans ce chapitre.

# Ressusciter un ordinateur qui semble mort

Si votre ordinateur semble mort, vérifiez les points suivants :

- **Prise électrique.** Est-il branché ?
- **Protection électrique.** Si votre ordinateur est connecté à une prise multiple ou à une barrette d'écrêtage, assurez-vous que la prise ou la barrette est branchée et allumée. Si la prise multiple ou la barrette d'écrêtage est équipée d'un témoin lumineux, celui-ci devrait briller.
- **Interrupteur.** Vérifiez que le bouton On/Off de votre ordinateur est bien positionné. Cela semble idiot à dire mais beaucoup d'ordinateurs sont configurés de telle manière que l'interrupteur de courant est toujours positionné sur « On ». L'ordinateur s'allume ou s'éteint avec l'interrupteur de la prise multiple ou de la barrette d'écrêtage. Nombreux sont les utilisateurs qui découvrent avec surprise l'existence d'un interrupteur On/Off à l'arrière de leur machine.

Pour compliquer les choses, les ordinateurs récents sont capables de dormir. Ils semblent éteints mais en fait pas du tout. Pour les réveiller, il suffit de bouger la souris. Il est facile de penser que l'ordinateur est éteint : on appuie sur le bouton Marche, on se demande pourquoi il ne se passe rien puis on appuie une nouvelle fois sur le bouton Marche, en maintenant le doigt dessus, en pensant que ça va… marcher. Mais si vous maintenez le doigt appuyé sur le bouton Marche/Arrêt assez longtemps, l'ordinateur s'éteint et, lorsque vous le rallumez, vous voyez apparaître un message disant qu'il n'a pas été éteint correctement. Moralité : si vous avez l'impression que l'ordinateur est endormi, bougez la souris.

- **Ventilateur.** Si vous pensez que votre ordinateur n'est pas branché, bien qu'il semble l'être, écoutez le bruit du ventilateur. Si celui-ci fonctionne, l'ordinateur est alimenté en électricité et le problème est donc plus sérieux qu'un simple câble mal branché (si l'ordinateur est branché, que le ventilateur ne fonctionne pas et que son interrupteur est sur « On », c'est qu'il est peut-être sorti déjeuner).
- **Prise sans électricité.** Si l'ordinateur est branché, allumé mais ne fonctionne pas, branchez une lampe sur la prise pour vérifier que le courant arrive bien. Peut-être devrez-vous alors réenclencher un disjoncteur ou remplacer une barrette d'écrêtage défectueuse. Ou encore il vous faudra appeler EDF.
- **Les barrettes d'écrêtage ont une durée de vie limitée**. Après quelques années d'utilisation, elles continuent d'alimenter votre ordinateur mais elles ne le protègent plus contre les surtensions. Si la vôtre a plus de deux ou trois ans, remplacez-la.
- **Moniteur.** Le moniteur dispose de son propre interrupteur et de sa propre prise. Vérifiez qu'il est bien branché et allumé. Deux câbles doivent être connectés au moniteur. L'un va de l'arrière de l'ordinateur à l'arrière du moniteur, l'autre est un cordon d'alimentation qui part de l'arrière du moniteur et doit être connecté à une prise de courant.
- **Câbles.** Votre clavier, votre souris, votre moniteur et votre imprimante sont tous connectés à l'arrière de l'ordinateur par des câbles.

  Assurez-vous que ces câbles sont bien branchés. Vérifiez que les autres extrémités des câbles du moniteur et de l'imprimante sont, elles aussi, bien connectées.

  **Réglages du moniteur.** La plupart des moniteurs sont équipés de boutons qui permettent d'ajuster le contraste et la luminosité de l'affichage. Essayez de tourner ces boutons si votre ordinateur fonctionne mais que l'affichage est sombre. Il se peut qu'ils soient réglés au minimum.

- **Composants internes.** Si vous êtes compétent et audacieux, arrêtez l'ordinateur, débranchez-le, ouvrez la tour puis retirez et réinsérez soigneusement les composants tels que les barrettes mémoire et les cartes vidéo. S'ils sont mal fixés, ces composants sortent de leur logement. Les retirer puis les réinsérer peut parfois faire revivre un ordinateur qui semblait mort.

# Tester la connexion réseau

Les câbles qui connectent des ordinateurs clients au reste du réseau sont fragiles. Ils peuvent se casser. N'entendez pas par là qu'ils se cassent physiquement en deux. Bien sûr, un problème de câble est parfois l'œuvre du fouineur de service et de ses cisailles. Mais généralement ce type de problème n'est pas visible à l'œil nu.

- **Câble à paire torsadée** : Si votre réseau utilise du câble à paires torsadées, vous pouvez rapidement dire si la connexion au réseau est bonne en regardant à l'arrière de votre ordinateur. Une petite lumière se trouve à côté de l'endroit où se branche le câble. Si cette lumière brille, le câble est bon. Si la lumière est éteinte ou si elle scintille de manière intermittente, vous avez un problème de câble. Si la lumière ne brille pas, essayez de déconnecter le câble de votre ordinateur puis de l'y reconnecter. Cela peut résoudre un problème de mauvaise connexion.
- **Câble court** : Certains réseaux sont câblés de telle sorte que votre ordinateur est connecté au réseau via un câble très court (environ deux mètres). Une extrémité de ce câble est reliée à votre ordinateur tandis que l'autre est connectée à une prise murale. Essayez de débrancher puis de rebrancher rapidement ce câble. Si cela ne produit aucun résultat, trouvez un câble de rechange que vous pouvez utiliser.
- **Commutateur** : Le commutateur est souvent sujet à des problèmes, notamment les commutateurs qui sont câblés d'une manière si « professionnelle » qu'ils sont noyés dans un sac de nœuds. Ne touchez pas au sac de nœuds. Laissez ce problème au marin de service, c'est-à-dire au spécialiste réseau.

# Perdu dans une nuée de messages d'erreur !

Avez-vous remarqué des messages d'erreur sur l'écran de votre ordinateur quand vous l'avez démarré ? Si oui, notez-les. Ce sont de précieux indices qui peuvent aider le gourou du réseau à résoudre le problème.

Si vous voyez des messages d'erreur quand vous démarrez votre ordinateur, gardez à l'esprit ce qui suit :

- **Ne paniquez pas si vous voyez beaucoup de messages d'erreur défiler**. Un problème simple à résoudre peut parfois générer une pléthore de messages d'erreur quand vous démarrez votre ordinateur. Les messages peuvent laisser penser que votre ordinateur part en morceaux mais la solution est peut-être toute simple.
- **Si les messages défilent si vite que vous ne pouvez pas les noter, appuyez sur la touche Pause**. Votre ordinateur s'arrête dans un crissement de pneus, ce qui vous donne une chance de pouvoir lire les messages. Quand vous en avez lu assez, appuyez à nouveau sur la touche Pause pour que les choses reprennent leur cours. La touche Pause est nommée « Arrêt Defil » sur certains ordinateurs. Utilisez la combinaison Ctrl+Verr Num ou Ctrl+S sur les ordinateurs qui n'ont pas de touche Pause.
- **Si vous avez manqué les messages d'erreur la première fois, redémarrez votre ordinateur et regardez plus attentivement**.
- **Mieux, appuyez sur la touche F8 dès que vous voyez le message Démarrage de Windows à l'écran**. Cette opération ordonne au système d'exploitation de traiter les lignes de `CONFIG.SYS` une par une, avant que la commande suivante ne soit exécutée.

# Revérifier les paramètres du réseau

Je soupçonne des petits hommes verts de s'introduire dans le bureau la nuit, d'allumer les ordinateurs et de mettre la pagaille dans les configurations TCP/IP rien que pour rigoler.

Bizarrement, il arrive que les paramètres de configuration réseau d'un ordinateur soient modifiés sans que personne n'y ait touché. Résultat : un ordinateur qui moulinait sans histoire dans son coin depuis des mois ou des années est tout à coup incapable d'accéder au réseau. L'une des premières choses à faire, après avoir vérifié que l'ordinateur est allumé et que les câbles sont en bon état, est d'examiner attentivement ses paramètres réseau. Vérifiez les points suivants :

- **Paramètres TCP/IP** : À l'invite de commande MS-DOS, démarrez `ipconfig` afin de vous assurer que le protocole TCP/IP est actif sur l'ordinateur et que l'adresse IP, les paramètres de masques de sous-réseau et de passerelle sont valables.
- **Protocoles** : Ouvrez la boîte de dialogue Propriétés de Connexions réseau et assurez-vous que les protocoles requis sont correctement installés.

- **Nom de l'ordinateur** : Ouvrez la boîte de dialogue Propriétés système (double-cliquez sur l'icône Système du Panneau de configuration) et vérifiez les paramètres de l'onglet Nom de l'ordinateur. Assurez-vous que le nom de l'ordinateur est unique et que le nom du groupe de travail ou du domaine est correctement orthographié.
- **Autorisations** : Vérifiez (plutôt deux fois qu'une) le compte utilisateur afin de vous assurer qu'il a l'autorisation d'accéder aux ressources dont il a besoin.

# Utiliser l'outil de résolution de problème réseau de Windows

Windows est livré avec un outil de dépannage intégré qui peut souvent vous aider à cerner la cause d'un problème réseau. La Figure 19.1 montre la version de Windows 8 de l'outil Résolution des problèmes - Réseau et Internet. Répondez aux questions posées par l'outil, puis cliquez sur Suivant pour passer d'un écran à l'autre. Le logiciel de résolution des problèmes réseau ne peut pas résoudre tous les problèmes réseau, mais il signale les causes des problèmes les plus courants.

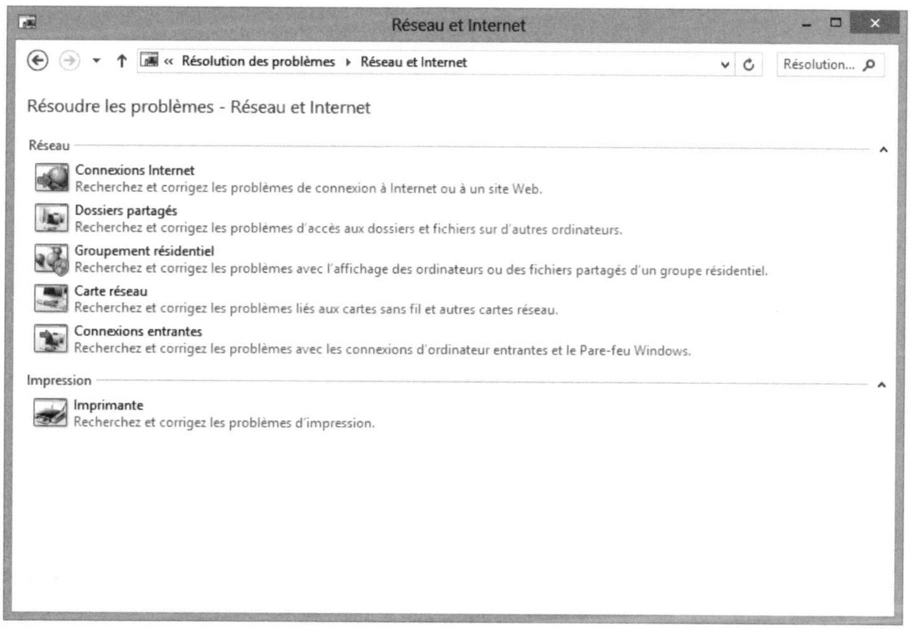


**Figure 19-1:** L'outil Résolution des problèmes - Réseau et Internet de Windows 8.

La procédure de démarrage de l'outil de résolution des problèmes réseau dépend de la version de Windows que vous utilisez:

- **Windows 8 et Windows 7** : Ouvrez le Panneau de configuration, cliquez sur Afficher l'état et la résolution du réseau, puis cliquez sur Résoudre les problèmes. Ensuite, sélectionnez l'outil de dépannage qui semble le plus directement lié au problème que vous rencontrez. Les rubriques proposées sont Connexions Internet, Dossiers partagés, Groupement résidentiel, Carte réseau et Connexions entrantes.
- **Windows Vista** : Cliquez sur Démarrer/Aide et support, choisissez ensuite Dépannage, puis cliquez sur le lien correspondant à la résolution des problèmes réseau qui semble le plus convenir à ce que vous rencontrez. Les rubriques proposées sont Connexions Internet, Groupement résidentiel, Carte réseau et Connexions sans fil.
- **Windows XP** : Cliquez sur Démarrer/Aide et support/Gestion du réseau et Internet/Résolution de problèmes réseau ou Internet. Puis choisissez la rubrique qui s'approche le plus de votre problème.

# Expérimenter, en désespoir de cause

Si vous ne parvenez pas à trouver d'explications évidentes (comme un ordinateur débranché) à vos problèmes, vous devrez vous livrer à quelques expériences pour restreindre le champ des possibilités. Axez vos expériences autour d'une question de base : est-ce un problème de réseau ou un problème lié à l'ordinateur ?

Voici quelques suggestions pour restreindre le champ des hypothèses possibles :

- **Essayez d'effectuer la même opération sur un autre ordinateur.** Si personne sur le réseau ne peut accéder à un disque ou à une imprimante réseau, quelque chose cloche peut-être avec le réseau. En revanche, si vous êtes le seul à rencontrer ce problème, il ne peut provenir que de votre ordinateur. Ce dernier dialogue peut-être mal avec le réseau ou n'est pas bien configuré. Le problème peut aussi ne pas être lié au réseau.
- **Si vous arrivez sans problème à effectuer la même opération sur l'ordinateur de quelqu'un d'autre, essayez de vous connecter au réseau avec votre ID utilisateur depuis cet ordinateur.** Voyez alors si vous pouvez répéter l'opération sans rencontrer d'erreur. Si vous le pouvez, le problème provient probablement de votre ordinateur plutôt que de l'ordinateur serveur. Si vous n'y parvenez pas, le problème est peut-être dû à la configuration de votre compte utilisateur.

- **Si vous ne pouvez pas vous connecter depuis un autre ordinateur, attendez quelques instants.** Votre compte est peut-être temporairement bloqué, pour diverses raisons, dont la plus courante est plusieurs tentatives successives de connexion avec un mot de passe erroné. Si au bout d'une heure le problème persiste, appelez l'administrateur réseau et offrez-lui un biscuit.

# On commence par qui ?

Quand il s'agit de résoudre un problème de réseau, il est souvent utile de savoir qui est actuellement connecté au serveur. Par exemple, si un utilisateur est incapable d'accéder à un fichier présent sur le serveur, commencez par vérifier s'il est connecté. Si oui, vous saurez que le compte de l'utilisateur est valide mais que cet utilisateur n'a peut-être pas l'autorisation d'accéder au fichier ou au dossier en question. Par ailleurs, si l'utilisateur n'est pas connecté, le problème est probablement dû au compte lui-même ou à la manière dont l'utilisateur tente de se connecter au serveur.

Il est aussi utile de savoir qui est connecté, au cas où vous pourriez avoir besoin de redémarrer le serveur. Pour plus d'informations sur cette opération, reportez-vous à la section « Redémarrer un serveur », plus loin dans ce chapitre.

Pour savoir qui est actuellement connecté à un serveur Windows, faites un clic droit sur l'icône ordinateur sur le bureau et sélectionnez Gérer dans le menu qui s'affiche. Cela ouvre la fenêtre Gestionnaire de serveur ; accédez au Services de fichiers et de stockage dans le volet de droite, puis sélectionnez Partage ; une liste des utilisateurs qui sont connectés apparaît pour chaque ressource partagée.

TRUC

Vous pouvez immédiatement déconnecter tous les utilisateurs en faisant un clic droit sur la ressource et en choisissant Cesser de partager. Cependant, n'oubliez pas que cela peut entraîner des pertes de données des utilisateurs.

# Redémarrer un ordinateur client

Il arrive parfois qu'un problème bloque l'ordinateur à un point tel que la seule solution consiste à le redémarrer. Dans certains cas, l'ordinateur se met soudain à se comporter étrangement. Des caractères bizarres apparaissent à l'écran ou Windows s'embrouille et ne vous permet pas de quitter un programme. Votre ordinateur est parfois si déboussolé qu'il ne peut plus rien faire. Il reste planté là, comme une borne kilométrique. Il ne veut pas bouger, même si vous appuyez sur la touche Echap ou Entrée. Vous avez beau déplacer la souris dans tous les sens ou même la jeter à travers la pièce, son pointeur reste parfaitement immobile sur l'écran.

Quand un ordinateur commence à se comporter de la sorte, vous devez le redémarrer. Si vous êtes contraint de le redémarrer, faites-le aussi proprement que possible. Je sais que cette procédure va vous sembler élémentaire mais il n'est jamais vain de répéter la technique permettant de redémarrer un ordinateur client en toute sécurité, même si elle est simplissime :

1. **Essayez de sauvegarder votre travail, si vous le pouvez.**

   Si cela est possible, utilisez la commande Fichier/Enregistrer pour sauvegarder les documents ou fichiers sur lesquels vous étiez en train de travailler quand les choses ont commencé à aller de travers. Si vous ne pouvez pas accéder aux menus, essayez de cliquer sur le bouton Enregistrer de la barre d'outils. Si ça ne marche pas, essayez d'utiliser la combinaison de touches Ctrl+S, le raccourci clavier standard pour la commande Enregistrer.

2. **Fermez les programmes en cours, si vous le pouvez.**

   Exécutez la commande Fichier/Quitter ou cliquez sur le bouton Fermer dans l'angle supérieur droit de la fenêtre du programme. Autre alternative : appuyez sur Alt+F4.

3. **Redémarrer l'ordinateur.**

   - Sous Windows XP, choisissez Démarrer/Arrêter l'ordinateur. Sous Windows 7 ou Windows 8, cliquez sur le bouton Démarrer puis sur la flèche à droite du cadenas, et choisissez Arrêter.

   - *Windows XP* : Cliquez sur Démarrer/Arrêter l'ordinateur, sélectionnez l'option Redémarrer, puis cliquez sur OK.

   - *Windows 7 et Vista* : Cliquez sur le bouton Démarrer, puis sur la flèche à droite du cadenas et choisissez Redémarrer.

   - *Windows 8* : Curieusement, l'arrêt de Windows 8 est un peu difficile ; vous pouvez rechercher sur le bureau de Windows 8 toute la journée et ne pas trouver un moyen intuitif d'arrêter l'ordinateur. Le secret réside dans la barre d'icônes, que vous faites apparaître en passant la souris sur le coin inférieur droit de l'écran. Ensuite, cliquez sur l'icône Paramètres, puis sur l'icône Redémarrer.

   - La boîte de dialogue Arrêter l'ordinateur apparaît.

Si redémarrer votre ordinateur ne résout pas le problème, vous pouvez tenter de l'éteindre complètement puis de le rallumer. Pour ce faire, suivez les étapes 1 à 3 de la procédure ci-dessus. Choisissez l'option Arrêter plutôt que l'option Redémarrer et cliquez sur OK.

Voici quelques actions que vous pourriez tenter si vous rencontrez des problèmes pour redémarrer votre ordinateur :

1. **Si votre ordinateur refuse de répondre à la commande Démarrer/Arrêter, essayez d'appuyer sur les touches Ctrl, Alt et Suppr simultanément.**

   Quand vous appuyez sur Ctrl+Alt+Suppr, Windows affiche une boîte de dialogue qui vous permet de fermer n'importe quel programme en cours d'exécution ou d'éteindre tout simplement votre ordinateur.

2. **Si Ctrl+Alt+Suppr ne fonctionne pas, vous n'avez plus d'autres solutions que d'appuyer sur le bouton de réinitialisation (*Reset*) de votre ordinateur pendant une dizaine de secondes.**

   Appuyer sur le bouton de réinitialisation est un moyen radical auquel vous ne devez avoir recours que si votre ordinateur ne répond plus du tout. Tout le travail que vous n'aurez pas encore sauvegardé sur le disque sera perdu. Si votre ordinateur ne dispose pas d'un bouton de réinitialisation, éteignez-le, attendez quelques minutes puis rallumez-le.

Si possible, sauvegardez votre travail avant de redémarrer votre ordinateur. Tout travail non sauvegardé sera irrémédiablement perdu. Malheureusement, si votre ordinateur est dans un état irrécupérable, vous ne pourrez rien faire. Pour limiter les dégâts, pensez à sauvegarder votre travail régulièrement.

# Démarrage en mode sans échec

Windows propose un mode de démarrage spécial appelé *mode sans échec* qui est conçu pour aider à réparer le dysfonctionnement des ordinateurs. Lorsque vous démarrez votre ordinateur en mode sans échec, Windows ne charge que les parties les plus essentielles du système d'exploitation dans la mémoire ; c'est-à-dire le minimum requis pour que Windows puisse fonctionner. Le mode sans échec est particulièrement utile lorsque le problème qui est apparu sur votre ordinateur ne lui permet plus de démarrer normalement.

Pour démarrer votre ordinateur en mode sans échec, remettez-le sous tension puis dès qu'il commence à démarrer, appuyez sur la touche F8 jusqu'à ce qu'un menu intitulé Options de démarrage avancées s'affiche. L'une des options de ce menu est le démarrage en mode sans échec, utilisez les touches flèche vers le haut ou flèche vers le bas pour sélectionner cette option, puis appuyez sur Entrée.

# Mettre en œuvre la restauration du système

La restauration du système est une fonctionnalité de Windows qui enregistre régulièrement des informations importantes de configuration de Windows et permet de revenir ultérieurement à une configuration préalablement sauvegardée. Cela peut souvent résoudre les problèmes en restaurant l'ordinateur dans une configuration qu'il avait et qui était opérationnelle.

Par défaut, Windows enregistre des points de restauration chaque fois que vous installez un nouveau logiciel sur votre ordinateur ou lorsque vous appliquez une mise à jour du système. Les points de restauration sont également sauvegardés automatiquement tous les sept jours.

Bien que la restauration du système soit activée par défaut, vous devez vérifier que la restauration du système est potentiellement active et que les points de restauration du système sont régulièrement créés. Pour cela, faites un clic droit Ordinateur dans le menu Démarrer, choisissez Propriétés, puis cliquez sur l'onglet Protection du système. La boîte de dialogue de la Figure 19.2 apparaît ; vérifiez l'état de la protection votre ordinateur, la fonction doit être Activée. Si ce n'est pas le cas, sélectionnez le lecteur C:, puis cliquez sur le bouton Configurer pour configurer la restauration du système pour le lecteur.

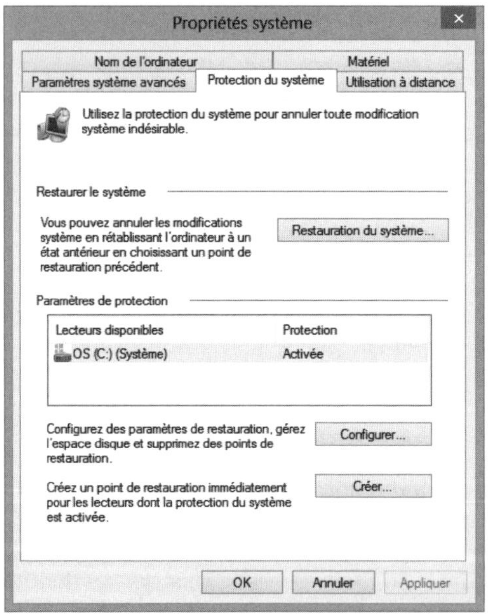


**Figure 19.2:** L'onglet Protection du système de la boîte de dialogue Propriétés système.

Si un problème apparaît sur votre ordinateur, vous pouvez restaurer le système à un point de restauration précédemment enregistré en cliquant sur l'onglet Protection du système, puis en cliquant le bouton Restauration du système. La Figure 19.3 montre la mise en œuvre de l'assistant Restauration du système ; il propose de sélectionner le point de restauration à utiliser.

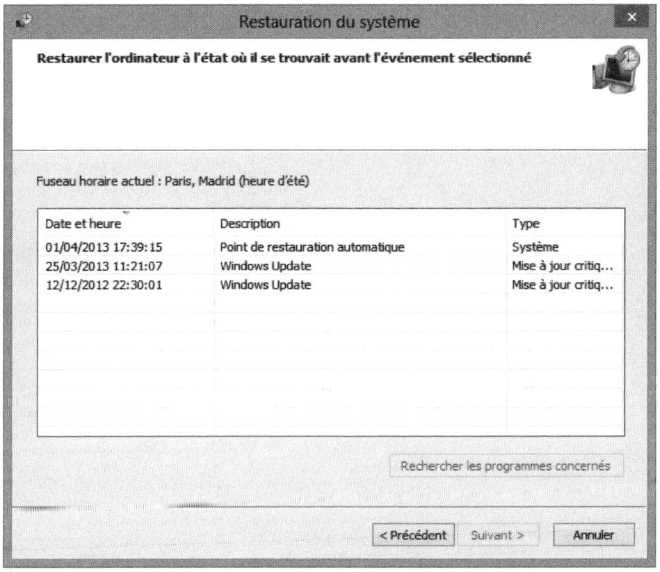


**Figure 19-3:** Sélection du point de restauration à utiliser.

Voici quelques idées supplémentaires à retenir à propos de la restauration du système :

- La restauration du système ne supprime pas les fichiers de données de votre système ; les fichiers de votre dossier Documents ne seront pas perdus.
- La restauration du système supprime les applications et les mises à jour du système postérieures à la date à laquelle le point de restauration a été réalisé. Vous devrez donc réinstaller ces applications et ces mises à jour du système à moins, bien sûr, qu'une mise à jour du système ou une application soit la cause de votre problème.
- La restauration du système redémarre automatiquement votre ordinateur ; cependant, le redémarrage peut être lent parce que certaines des modifications apportées par la restauration du système se produise après le redémarrage.

ATTENTION !

N'éteignez pas ou ne coupez pas l'alimentation de votre ordinateur lors de la restauration du système ;cela peut conduire à un état irrécupérable de votre ordinateur.

# Redémarrer des services du réseau

De temps en temps, le service du système d'exploitation réseau, qui gère la tâche à l'origine d'un problème, s'arrête ou se bloque. Si l'utilisateur ne peut pas accéder au serveur, c'est probablement parce qu'un service clé vient de se bloquer.

L'état des services peut être consulté à l'aide de l'outil Services, illustré par la Figure 19.4. Pour l'afficher, cliquez sur Outils/Services à partir du Gestionnaire de serveur. Parcourez la liste et assurez-vous que tous les services clés sont démarrés. Si l'un d'eux est en pause ou arrêté, redémarrez-le.

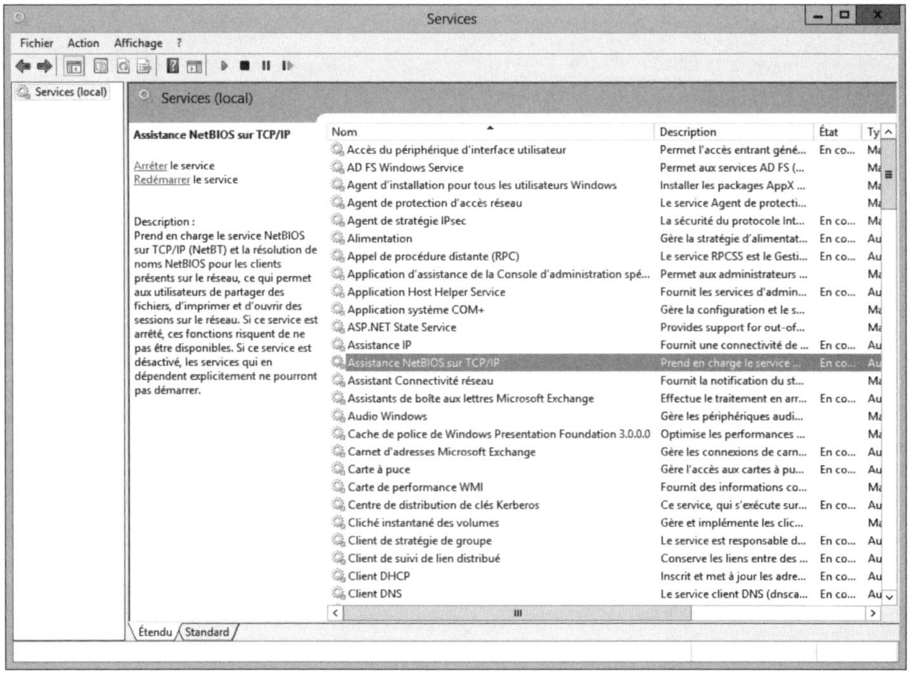


**Figure 19.4 :** Outil d'administration Services.

Le service que nous qualifions de « clé » dépend du rôle que vous lui avez défini sur le serveur. Le Tableau 19.1 répertorie les services les plus courants dans les systèmes d'exploitation réseau Windows. Cependant, beaucoup de serveurs exigent, outre ceux-ci, des services supplémentaires.

**Tableau 19.1** : Services clés de Windows.

| *Service* | *Description* |
|---|---|
| Explorateur d'ordinateur | Gère la liste des ordinateurs accessibles sur le réseau. Si ce service est désactivé, les ordinateurs ne pourront pas utiliser les services d'exploration, comme les Favoris réseaux ou l'Explorateur de réseau. |
| Client DHCP | Permet à l'ordinateur d'obtenir son adresse IP d'un serveur DHCP. Si ce service est désactivé, les adresses IP des ordinateurs ne seront pas correctement configurées. |
| Client DNS | Permet à l'ordinateur d'accéder au serveur DNS afin de résoudre les noms DNS. Si ce service est désactivé, l'ordinateur n'est plus capable de déchiffrer les noms DNS, notamment ceux des adresses Internet et d'Active Directory. |
| Serveur | Fournit au serveur un service de partage de fichiers et d'imprimantes de base. Si ce service est désactivé, les clients ne pourront pas se connecter au serveur pour accéder aux fichiers ou aux imprimantes. |
| Station de travail | Permet à l'ordinateur d'établir des connexions clients avec d'autres serveurs. Si ce service est désactivé, l'ordinateur ne pourra pas se connecter à d'autres serveurs. |

ATTENTION !

Généralement, les services clés ont une bonne raison de s'arrêter. C'est pourquoi se contenter de redémarrer un service ne résoudra probablement pas le problème de réseau ou pas durablement. Vous devez examiner le journal Système à la recherche de tout message d'erreur qui expliquerait l'arrêt du service.

## Redémarrer un serveur

Si vous pensez que le réseau est à l'origine du problème, vous pouvez redémarrer le serveur pour voir si cela met fin à vos ennuis.

ATTENTION !

Redémarrer un serveur est une solution de dernier recours. Les systèmes d'exploitation réseau sont conçus pour fonctionner des mois ou des années sans jamais redémarrer. Le redémarrage d'un serveur entraîne inévitablement un arrêt temporaire du réseau. Si vous devez vraiment redémarrer un serveur, faites-le si possible pendant les heures creuses.

TRUC

Avant de redémarrer un serveur, vérifiez si un service requis n'est pas en pause ou arrêté. Peut-être suffit-il simplement de redémarrer un service plutôt que la totalité du serveur. Pour en savoir plus, reportez-vous à la section précédente « Redémarrer des services du réseau ».

Voici la démarche à suivre pour redémarrer un serveur :

1. **Assurez-vous que personne n'est connecté au réseau.**

   Le plus sûr est de redémarrer le serveur après les heures de travail, quand tout le monde est parti. Ainsi, vous ne risquez pas de pénaliser quelqu'un qui serait resté sur le réseau.

   Pour vérifier si des utilisateurs sont encore connectés, reportez-vous à la section « On commence par qui ? », plus haut dans ce chapitre.

2. **Une fois que vous êtes certain que plus aucun utilisateur n'est connecté au réseau, mettez le serveur hors tension.**

   Comportez-vous en citoyen responsable et faites les choses proprement. Pour les serveurs Windows, exécutez la commande Arrêt de Windows/Arrêter.

   Windows Server ne vous laissera pas éteindre le serveur sans lui donner une bonne raison de le faire. Quand vous appuyez sur Ctrl+Alt+Suppr, une boîte de dialogue s'affiche et vous demande de fournir une raison.

3. **Redémarrez l'ordinateur serveur ou éteignez-le puis rallumez-le.**

   Observez le serveur quand il redémarre pour vérifier qu'aucun message d'erreur ne s'affiche.

4. **Demandez à tous les utilisateurs de se reconnecter et vérifiez que tous peuvent maintenant accéder au réseau.**

Avant de redémarrer un serveur, souvenez-vous des règles suivantes :

- **Il est bien plus radical de redémarrer un serveur que de redémarrer un ordinateur client**. Vérifiez auparavant que chaque utilisateur a sauvegardé son travail et s'est déconnecté du réseau ! Vous pouvez provoquer de graves problèmes si vous éteignez le serveur tandis que des utilisateurs y sont connectés.
- **Bien sûr, le fait de redémarrer un serveur peut perturber tous les utilisateurs du réseau**. C'est pourquoi il est préférable de le faire en dehors des heures de travail.

# Consulter les journaux d'événements

L'une des techniques les plus efficaces pour diagnostiquer les problèmes de réseau et les dépanner est de consulter les journaux d'événements. Ils contiennent des informations intéressantes concernant tous les dysfonctionnements qui auraient pu se produire, au jour le jour, lors des opérations sur le réseau. Ordinairement, ces journaux travaillent en tâche de fond, consignant tranquillement ce qui se passe sur le réseau. Si quelque chose ne va pas, vous pouvez consulter les journaux pour voir si le problème a généré un événement significatif. Dans bien des cas, les journaux d'événements contiennent une entrée qui met en évidence la cause exacte du problème et suggère une solution.

Pour afficher les journaux d'événements d'un serveur Windows, utilisez l'Observateur d'événements, disponible dans les Outils d'administration. La Figure 19.5 représente l'Observateur d'événements d'un système Windows Server 2012. Le volet de gauche liste les catégories d'événements qui font l'objet d'un suivi : Application, Sécurité, Installation, Système Événements transférés. Sélectionnez l'un de ces journaux afin d'accéder à celui qui vous intéresse. Pour obtenir des détails sur un événement spécifique, double-cliquez sur cet événement. S'ouvre alors une boîte de dialogue contenant des informations détaillées sur l'événement.

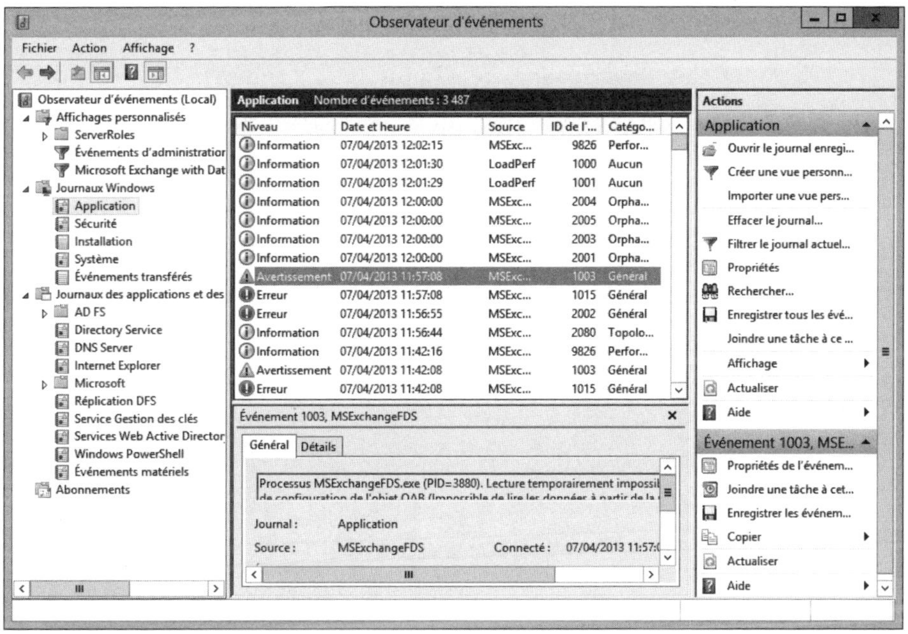


**Figure 19.5 :** L'Observateur d'événements.

# Documenter les interventions sur le réseau

Pour un réseau de grande taille, vous investirez sans doute dans un logiciel de résolution des problèmes de gestion, capable de suivre l'évolution d'un problème, de son signalement initial à sa résolution finale. Pour des réseaux de taille petite ou moyenne, quelques classeurs à spirale et des formulaires seront suffisants. Ou alors vous pouvez consigner les incidents dans un document Word ou une feuille Excel.

Quelle que soit votre manière de gérer les problèmes du réseau, le journal de suivi doit contenir les informations suivantes :

- **Le nom réel et le nom d'utilisateur de la personne qui signale le problème**.
- **La date du premier signalement du problème**.
- **Une évaluation de la gravité du problème**.

  S'agit-il d'un simple inconvénient ou d'un incident qui empêche un utilisateur de travailler ? Existe-t-il une solution provisoire ?
- **Le nom de la personne chargée de résoudre le problème**.
- **Une description du problème**.
- **Une liste des logiciels impliqués, y compris leur version**.
- **Une description des diverses étapes mises en œuvre pour résoudre le problème**.
- **Une description de chacune des étapes intermédiaires, y compris l'annulation de celles qui n'ont servi à rien pour résoudre le problème.**
- **La date à laquelle le problème a été résolu**.

# Chapitre 20

# Sauvegarder les données

***Dans ce chapitre :***

- Sauvegarder les données.
- Choisir l'emplacement de sauvegarde des données.
- Sauvegarder sur bande.
- Logiciels de sauvegarde.
- Types de sauvegarde.
- Sauvegardes locales ou sauvegardes sur le réseau.
- Combien de jeux de sauvegardes faut-il conserver ?
- Un mot sur la fiabilité des bandes.
- Garder l'équipement de sauvegarde propre et fiable.
- Sécurité des sauvegardes.

Si vous êtes administrateur réseau, pas de chance, la sauvegarde des données du réseau vous incombe ! Vous êtes payé pour vous faire un sang d'encre, à ne pas pouvoir en dormir la nuit. Vos données seront-elles toujours là demain ? Sinon, serez-vous en mesure de les récupérer ? Et (plus important) si vous n'y parvenez pas, serez-vous encore là vous-même ?

Ce chapitre traite de la conduite à adopter pour être un bon administrateur réseau, responsable et digne de confiance. Personne ne vous donnera de médaille pour ce travail et c'est dommage.

# Sauvegarder les données

Des sauvegardes effectuées régulièrement sont un rempart efficace contre tout désastre informatique. Sans elles, une simple défaillance du disque dur peut renvoyer votre entreprise des jours ou des semaines en arrière, sans que vous ayez la garantie de pouvoir reconstituer les données manquantes. En fait, sans sauvegarde, l'existence même de votre société est livrée au hasard.

Le principal objectif des sauvegardes est simple : vous assurer que, quoi qu'il puisse se produire, vous ne perdrez jamais plus d'une journée de travail. Même si la Bourse s'effondre, vous ne perdrez jamais plus d'une journée de travail si vous veillez à toujours bien effectuer vos sauvegardes.

Pour cela, il faut bien sûr que les données soient sauvegardées quotidiennement. Sur bon nombre de réseaux, cette opération est effectuée chaque nuit pour chacun des disques durs. Mais, si des sauvegardes nocturnes ne sont pas envisageables, vous adopterez néanmoins des techniques qui garantissent qu'aucune copie de sauvegarde d'un fichier n'ait plus d'un jour.

# Choisir l'emplacement de sauvegarde des données

Vous aurez besoin d'un support si vous projetez de sauvegarder les données stockées sur les disques de votre serveur. Vous pourriez copier les données sur des CD mais il en faudrait 750 pour sauvegarder le contenu d'un disque de 500 Go ; vous pourriez aussi utiliser des DVD, il en faudrait alors une bonne centaine et passer une heure pour chacun d'eux.

En raison de la capacité limitée des CD et des DVD, les administrateurs réseau sauvegardent les données réseau sur un autre type de périphérique de stockage. Les trois options les plus courantes sont :

- **Sauvegarde sur bandes** : Les bandes magnétiques constituent le moyen le plus ancien et le plus couramment utilisé pour les sauvegardes. Un des plus grands avantages des sauvegardes sur bande, c'est que les cartouches sont de petite taille et peuvent donc être facilement transportée vers un emplacement extérieur au site.
- **Network Attached Storage** (NAS) : Le NAS est un dispositif de stockage qui se connecte directement à votre réseau. Les périphériques NAS sont souvent utilisés comme périphériques de sauvegarde, parce qu'ils sont peu coûteux. En outre, ils sont relativement petits et faciles à démonter, ce qui permet de les transporter à l'extérieur du site.

- **Sauvegarde dans les nuages** (Cloud backup) : C'est une option de plus en plus populaire qui consiste à utiliser un service tiers pour la sauvegarde des données à un emplacement distant via Internet. Ce type de sauvegarde a l'avantage d'être déjà à l'extérieur du site.

# Sauvegarder sur bande

La sauvegarde sur bande ne requiert pas la présence de l'administrateur. Elle peut être programmée et s'exécuter automatiquement, en particulier pendant les heures creuses, celles où aucun utilisateur n'est connecté. Pour que les sauvegardes puissent s'exécuter automatiquement, vous devez vous assurer que la capacité des bandes est suffisante et qu'il n'y aura pas besoin de les permuter. Si les données des disques réseau représentent quelques centaines de gigaoctets, elles tiendront sans problème sur une seule bande. Si elles représentent plusieurs téraoctets (1 téraoctet = 1 000 Go), il faudra investir dans un robot de sauvegarde équipé d'un magasin de bandes.

Voici quelques informations supplémentaires sur les sauvegardes sur bande :

- **Lecteurs Travan** : Pour les petits réseaux, les lecteurs Travan sont le type de bandes le plus répandu. Il en existe plusieurs modèles, dont la capacité va de 20 Go à 40 Go. Vous pouvez acheter un lecteur de 20 Go pour environ 200 Euros.
- **DAT, DLT et LTO** : Pour de plus grands réseaux, vous pouvez utiliser un lecteur plus rapide et de plus grande capacité que les lecteurs Travan. Les lecteurs DAT (*Digital Audio Tape*, bande audionumérique) peuvent sauvegarder jusqu'à 80 Go sur une seule bande et les lecteurs DLT (*Digital Linear Tape*, bande linéaire numérique), jusqu'à 800 Go. Les lecteurs LTO stockent, quant à eux, jusqu'à 1,5 To sur une simple bande. Vous trouverez des lecteurs DAT, DLT et LTO à partir de 1 000 Euros.
- **Robots de sauvegarde** : Si vous devez sauvegarder des centaines de gigaoctets, vous pouvez acquérir des robots de sauvegarde qui vont chercher les cartouches dans une bibliothèque et les chargent automatiquement dans le lecteur. Ils vous permettent d'effectuer des sauvegardes complètes sans avoir à manipuler les bandes. Les plus petits, avec une bibliothèque pouvant contenir huit cartouches et une capacité de sauvegarde supérieure à 5 000 Go, sont vendus à partir de 4 000 Euros.

# Logiciels de sauvegarde

Toutes les versions de Windows possèdent un programme de sauvegarde intégré. En outre, la plupart des lecteurs de bandes sont livrés avec des programmes de sauvegarde plus souples que celui de Windows.

Vous pouvez également acheter des programmes de sauvegarde sophistiqués, particulièrement conçus pour les réseaux et les serveurs multiples. Pour un serveur de fichiers sous Windows, vous pouvez utiliser le programme de sauvegarde livré avec Windows Server. Les sauvegardes peuvent être planifiées, après quoi le programme s'occupe de tout.

Les programmes de sauvegarde font bien plus que de copier les données de votre disque dur sur des bandes. Ils utilisent une technique de compression particulière qui permet de stocker davantage de données sur moins de bandes. Des facteurs de compression 2:1 sont courants. Ainsi, vous pouvez stocker 100 Go sur une bande qui ne peut contenir que 50 Go de données non compressées. Les fabricants de lecteurs de bandes tendent à exprimer la capacité de leurs lecteurs compression comprise. Avec un facteur de 2:1, un lecteur de 200 Go a donc une capacité de 100 Go sans la compression.

L'obtention d'un facteur de compactage de 2:1 dépend de la nature des données que vous sauvegardez :

- **Documents** : Si les données à sauvegarder sont essentiellement constituées de documents Office tels que Word et Excel, vous obtiendrez probablement plus qu'un compactage de 2:1.

- **Images et graphiques** : Si les données à sauvegarder sont essentiellement constituées de fichiers images et graphiques, vous n'obtiendrez probablement qu'un très faible compactage. En effet, la plupart des formats images sont déjà compressés et les méthodes de compression des logiciels de sauvegarde n'ont pratiquement aucun effet.

Les programmes de sauvegarde vous aident également à distinguer les données sauvegardées des données non sauvegardées. En outre, ils offrent des options de sauvegarde incrémentielle et différentielle qui peuvent simplifier les procédures. La section suivante vous en dit plus sur le sujet.

Si votre réseau comporte plusieurs serveurs, n'hésitez pas à investir dans un bon logiciel de sauvegarde. Yosemite est l'un des plus populaires. Pour plus d'informations, consultez le site de son fournisseur, BarracudaWare : `www.barracudaware.com`. Outre la sauvegarde de serveurs multiples, la possibilité de sauvegarder les données d'un serveur Microsoft Exchange à chaud (c'est-à-dire sans devoir interrompre le service) est l'un des principaux avantages des logiciels de sauvegarde tels que Yosemite.

# Types de sauvegarde

Il existe cinq types de sauvegarde. Quelques administrateurs exécutent quotidiennement une sauvegarde complète mais, pour certains réseaux, il est plus commode d'adopter une démarche mettant en œuvre plusieurs types de sauvegarde.

La différence entre ces cinq types de sauvegarde repose sur un petit détail technique connu sous le nom de *bit d'archive*. Il indique si un fichier a été modifié depuis la dernière sauvegarde. Le bit d'archive est un petit drapeau stocké avec le nom de fichier, sa date de création, l'entrée de répertoire et d'autres informations. Lorsqu'un programme modifie le fichier, le bit d'archive est mis à 1 (état actif). Le logiciel d'archivage sait ainsi que le fichier a été modifié et qu'il doit être sauvegardé.

La différence entre les divers types de sauvegarde dépend de la manière dont ils exploitent le bit d'archive pour savoir si un fichier doit être sauvegardé et la façon dont ils basculent ensuite le bit à la valeur 0 (état inactif). Ces différences sont récapitulées dans le Tableau 20.1 et expliquées dans les prochaines sections.

TRUC

Un programme de sauvegarde permet de sélectionner n'importe quel agencement de lecteurs et de dossiers à archiver. C'est pourquoi il est possible de personnaliser la sélection des fichiers à prendre en compte. Par exemple, une sauvegarde pourra être paramétrée afin d'archiver tous les dossiers partagés ainsi que le contenu des serveurs de courrier, en omettant les dossiers dont le contenu change rarement (c'est le cas des fichiers du système d'exploitation qui peuvent être sauvegardés moins fréquemment). Les lecteurs et dossiers sélectionnés pour la sauvegarde sont globalement appelés *sélection de sauvegarde*.

**Tableau 20.1 :** Utilisation du bit d'archive selon les types de sauvegarde.

| *Type de sauvegarde* | *Sélection des fichiers en fonction de l'état du bit d'archive ?* | *Désactivation du bit d'archive après la sauvegarde ?* |
|---|---|---|
| Normal | Non | Oui |
| Copie | Non | Non |
| Quotidien | Non* | Non |
| Incrémentiel | Oui | Oui |
| Différentiel | Oui | Non |

*Sélection des fichiers selon la date de la dernière modification.

S'il avait été connu à l'époque, le bit d'archive aurait pu inspirer Laurel et Hardy : « Bien, je veux savoir qui a modifié le bit d'archive – Quoi ? – Qui ? – Non, quoi ? – Attends un peu… Dis-moi juste quel est le type qui a modifié le bit d'archive ! – OK. »

## Sauvegardes normales

Une *sauvegarde normale*, appelée aussi *sauvegarde complète* ou encore *sauvegarde totale,* est le type d'archivage le plus élémentaire. Lors d'une sauvegarde normale, tous les fichiers de la sélection de sauvegarde sont archivés, quel que soit l'état de leur bit d'archive. Autrement dit, les fichiers sont sauvegardés même s'ils n'ont pas été modifiés depuis la dernière sauvegarde. Au cours de l'opération d'archivage, le bit est réinitialisé à zéro (état inactif). Ainsi, toute sauvegarde qui sélectionnerait les fichiers selon l'état du bit d'archivage n'archiverait pas ces fichiers.

À la fin d'une sauvegarde normale, plus aucun des fichiers de la sélection de sauvegarde n'a son bit d'archive à l'état actif. De ce fait, si vous démarrez aussitôt une sauvegarde de type incrémentiel ou différentiel, aucun fichier ne sera pris en compte car leur bit d'archive est inactif.

Ce type de sauvegarde gagne à être planifié chaque nuit. Au besoin, vous pourrez restaurer des fichiers à partir de la ou des bandes. La restauration des fichiers est plus compliquée lorsque d'autres types de sauvegarde sont impliqués.

Par conséquent, je vous recommande de procéder à des sauvegardes normales chaque nuit si la capacité des bandes magnétiques permet de les laisser sans surveillance, c'est-à-dire sans devoir les changer lorsqu'elles sont pleines. Si ce n'est pas possible, faute de capacité de stockage suffisante, vous opterez pour un autre type de sauvegarde, combiné à la sauvegarde normale.

Si une seule bande est insuffisante pour une sauvegarde normale et si vous n'avez pas les moyens de vous offrir un second lecteur de bande, examinez de près les données incluses dans la sélection de sauvegarde. Il m'est récemment arrivé de rencontrer des problèmes pour sauvegarder un réseau sur une seule bande. Après avoir examiné les données, j'ai découvert près de 5 Go de données statiques qui étaient essentiellement des archives en ligne de projets anciens. Ces données étaient indispensables car les utilisateurs du réseau en avaient besoin pour leurs recherches mais elles étaient en lecture seule. Bien qu'elles ne puissent pas être modifiées, elles n'en étaient pas moins sauvegardées chaque nuit, d'où la nécessité de recourir à deux bandes. Après les avoir retirées de la sauvegarde nocturne, une bande s'est avérée suffisante pour l'archivage.

Si vous retirez des données statiques d'une sauvegarde, assurez-vous qu'elles ont été enregistrées sur une autre bande, un CD ou tout autre support.

## Copies de sauvegarde

Une *copie de sauvegarde* est identique à une sauvegarde normale, sauf que le bit d'archive des fichiers n'est pas remis à zéro. Par conséquent, les copies de sauvegarde n'interrompent pas le cycle des sauvegardes normales, incrémentielles ou différentielles.

Les copies de sauvegarde ne sont généralement pas incorporées à des sauvegardes normales planifiées. Elles sont, au contraire, utilisées pour des sauvegardes ponctuelles. Par exemple, si vous êtes sur le point de mettre le système d'exploitation à jour, vous devrez sauvegarder le contenu du serveur. Si vous effectuez une sauvegarde complète, tous les bits d'archives seront remis à zéro et vos sauvegardes habituelles seront faussées. Mais, si vous effectuez une copie de sauvegarde, les bits d'archives des fichiers modifiés restent inchangés. Par la suite, la sauvegarde normale, incrémentielle ou différentielle n'en pâtira pas.

Si vous n'incorporez pas de sauvegarde incrémentielle ou différentielle dans vos routines d'archivage, la différence entre une sauvegarde normale et une copie de sauvegarde est discutable.

## Sauvegardes journalières

Une *sauvegarde journalière* ou *sauvegarde du jour* ne concerne que les fichiers modifiés le jour où la sauvegarde est effectuée. Une sauvegarde du jour examine la date de modification stockée dans l'entrée de répertoire de chaque fichier et en déduit si le fichier doit être sauvegardé ou non. Les sauvegardes du jour ne remettent pas le bit d'archive à zéro.

Je ne suis pas fan de cette option car le risque que des fichiers passent entre les mailles est très faible. Si quelqu'un travaille tard le soir et modifie un fichier après la sauvegarde de la nuit mais avant minuit, ce fichier échappera à la sauvegarde car le lendemain il ne sera plus « du jour ». Les sauvegardes incrémentielles ou différentielles, qui se basent sur l'état du bit d'archive plutôt que sur la date de modification, sont plus fiables.

## Sauvegardes incrémentielles

Une *sauvegarde incrémentielle* n'archive que les fichiers modifiés depuis la dernière sauvegarde. Ce type de sauvegarde est beaucoup plus rapide qu'une sauvegarde complète car les utilisateurs du réseau ne modifient sans doute quotidiennement qu'assez peu de fichiers du serveur. Par conséquent, si une sauvegarde complète exige trois bandes, une sauvegarde incrémentielle parviendra sans doute à faire tenir les sauvegardes de toute la semaine sur une seule bande.

Lors d'une sauvegarde incrémentielle, les bits d'archives des fichiers sont remis à zéro. De cette manière, un fichier n'est sauvegardé avant la prochaine sauvegarde normale que s'il est de nouveau modifié par un utilisateur.

Voici quelques remarques concernant les sauvegardes incrémentielles :

- **Le moyen le plus facile de procéder à des sauvegardes incrémentielles consiste à effectuer** :

  - une sauvegarde *normale* tous les lundis ;

    Si la sauvegarde totale dure plus de 12 heures, vous pouvez la commencer le vendredi de sorte qu'elle puisse déborder sur le week-end.

  - puis des sauvegardes *incrémentielles* le mardi, le mercredi, le jeudi et le vendredi.

- **Quand vous faites des sauvegardes incrémentielles, la sauvegarde complète est constituée de la totalité des bandes auxquelles s'ajoutent les sauvegardes incrémentielles effectuées depuis la sauvegarde complète**.

  Si le disque dur tombe en panne et que vous devez restaurer les données sur un nouveau disque, vous restaurerez d'abord la sauvegarde normale du lundi puis toutes les sauvegardes incrémentielles réalisées depuis.

- **Les sauvegardes incrémentielles compliquent la tâche de restauration de tel ou tel fichier car la copie la plus récente peut se trouver dans la bande de la sauvegarde complète ou dans n'importe quelle sauvegarde incrémentielle**.

  Fort heureusement, les logiciels de sauvegarde savent où se trouve la version la plus récente de chaque fichier, ce qui simplifie les choses.

- **Lors des sauvegardes incrémentielles, vous avez le choix entre** :

  - Le *stockage* de chaque sauvegarde incrémentielle sur sa propre bande.

  - L'*ajout* de chaque sauvegarde à la suite d'une autre.

  Dans bien des cas, une seule bande est suffisante pour la totalité des sauvegardes incrémentielles de la semaine.

## Sauvegardes différentielles

Une *sauvegarde différentielle* est identique à une sauvegarde incrémentielle, sauf qu'elle ne remet pas à zéro le bit d'archive des fichiers sauvegardés. De ce fait, chaque sauvegarde différentielle correspond à la différence entre la dernière sauvegarde normale et l'état courant du disque dur.

Pour procéder à une restauration à partir d'une sauvegarde différentielle, vous devez d'abord restaurer la dernière sauvegarde normale puis la sauvegarde différentielle la plus récente.

Par exemple, supposons que vous effectuiez une sauvegarde normale le lundi et des sauvegardes différentielles le mardi, le mercredi et le jeudi, et que votre disque dur tombe en panne le vendredi matin. Le vendredi après-midi, vous installez le nouveau disque dur. Pour récupérer les données, vous restaurez d'abord la sauvegarde normale du lundi puis la sauvegarde différentielle du jeudi. Celles du mardi et du mercredi ne sont pas nécessaires.

La principale différence entre les sauvegardes incrémentielles et différentielles réside dans le fait que :

- Les **sauvegardes incrémentielles** produisent des sauvegardes moins nombreuses et plus rapides.
- Les **sauvegardes différentielles** sont plus faciles à restaurer.

  TRUC

  Si les utilisateurs vous demandent fréquemment de restaurer des *fichiers isolés*, vous choisirez plutôt la sauvegarde différentielle.

# Sauvegardes locales ou sauvegardes sur le réseau ?

Lorsque vous sauvegardez des données du réseau, le logiciel de sauvegarde vous propose deux choix :

- Une *sauvegarde locale*, au cours de laquelle le logiciel de sauvegarde situé sur le serveur enregistre les données sur une bande reliée au serveur.
- Une *sauvegarde sur le réseau*, au cours de laquelle un des ordinateurs du réseau se charge de sauvegarder les données d'un autre ordinateur. Dans ce cas, les données doivent voyager sur le réseau entre les deux ordinateurs.

Si la sauvegarde est régie par le serveur de fichiers, vous accaparerez le serveur au cours de l'opération. Les utilisateurs se plaindront de la lenteur des accès au serveur. Par ailleurs, si la sauvegarde est faite sur le réseau, d'un ordinateur client ou d'un serveur d'archivage dédié, vous inonderez le réseau avec les gigaoctets de données en train d'être sauvegardés. Là, c'est de la lenteur de tout le réseau que se plaindront les utilisateurs.

Le maintien des performances du réseau justifie les sauvegardes en dehors des heures de travail, lorsque le réseau est peu fréquenté. Autre avantage : les sauvegardes peuvent être plus minutieuses. En effet, lorsqu'une sauvegarde est en cours alors que des utilisateurs accèdent à des fichiers, ces derniers risquent d'être ignorés et donc exclus de l'archivage. Paradoxalement, les fichiers les plus utilisés et modifiés échapperont à la sauvegarde.

Voici quelques remarques supplémentaires au sujet des sauvegardes depuis le serveur :

- **Vous pourriez penser que sauvegarder directement sur le serveur plutôt que depuis un client est plus rapide car les données n'ont pas à circuler sur le réseau**. Ce n'est pas toujours le cas car la plupart des réseaux sont plus rapides que les lecteurs de bandes. Le réseau ne ralentira probablement pas les sauvegardes, à moins que vous ne sauvegardiez à l'heure de pointe, quand des hordes d'utilisateurs déboulent par les portes du réseau.
- **Afin d'accélérer les sauvegardes et de réduire leurs effets sur le reste du réseau, connectez le serveur au client de reprise à l'aide d'un commutateur à 1 000 Mbps plutôt qu'un commutateur à 100 Mbps**. De cette manière, le trafic entre le serveur et le client de reprise ne ralentira pas le réseau.
- **Tout fichier ouvert au moment de la création des sauvegardes ne sera pas sauvegardé**. Cela ne pose généralement pas de problème car les sauvegardes sont effectuées en dehors des heures de travail, lorsque tout le monde a déserté les bureaux. Cependant, si quelqu'un a laissé son ordinateur allumé, avec un document Word ouvert, ce dernier ne sera pas sauvegardé. Pour remédier à cela, il existe une solution : programmer le serveur pour qu'il déconnecte automatiquement tous les utilisateurs du réseau avant l'exécution des sauvegardes.
- **Certains logiciels de sauvegarde sont dotés de fonctions spéciales qui leur permettent de sauvegarder des fichiers ouverts**. Par exemple, Windows Server depuis la version 2003 le fait en créant un instantané du volume au début de la sauvegarde, générant ainsi des copies temporaires de tous les fichiers modifiés pendant la sauvegarde. La sauvegarde archive ces copies temporaires plutôt que les versions modifiées. La sauvegarde terminée, les copies temporaires sont supprimées.

# Combien de jeux de sauvegardes faut-il conserver ?

Ne cherchez pas à faire des économies en achetant une seule bande et en la réutilisant chaque jour. Que se passera-t-il si vous supprimez accidentellement un fichier important un mardi et que vous ne réalisiez votre erreur que le jeudi ? Le fichier n'existant plus le mercredi, il ne sera donc pas présent sur la sauvegarde du mercredi. Vous avez intérêt à être plutôt chanceux si vous ne disposez que d'une bande réutilisée tous les jours.

Il est plus sûr de prendre une nouvelle bande chaque jour et de garder toutes vos vieilles bandes dans une cave. Il se peut que très bientôt votre cave commence à ressembler à l'entrepôt où est stockée l'Arche d'alliance à la fin des *Aventuriers de l'Arche perdue*.

La plupart des administrateurs choisissent une solution intermédiaire : ils se servent de plusieurs bandes et les font tourner. De cette manière, vous pouvez toujours chercher sur plusieurs bandes précédentes au cas où un fichier dont vous auriez besoin ne serait pas disponible sur la sauvegarde la plus récente. Cette technique est nommée *rotation des bandes* et il en existe plusieurs variantes :

- **L'approche la plus simple consiste à acheter trois bandes et à les étiqueter A, B et C**. Vous utilisez ces bandes quotidiennement selon la séquence suivante : A, B, C, A, B, C, et ainsi de suite. Vous aurez chaque jour trois générations de bandes : aujourd'hui, hier et avant-hier. Les experts informatiques aiment appeler ces bandes *grand-père*, *père* et *fils*.

- **Une autre approche triviale consiste à acheter cinq bandes et à en choisir une pour chaque jour de la semaine**.

- **Une variante de cette méthode consiste à acheter huit bandes**. Prenez-en quatre et écrivez *lundi* sur l'une, *mardi* sur une autre, *mercredi* sur la troisième et *jeudi* sur la quatrième. Sur les quatre autres bandes, écrivez *vendredi 1*, *vendredi 2*, *vendredi 3* et *vendredi 4*. Accrochez maintenant un calendrier sur le mur, à côté de l'ordinateur et numérotez tous les vendredis de l'année : 1, 2, 3, 4, 1, 2, 3, 4, et ainsi de suite.

  Du lundi au jeudi, vous vous servez de la bande qui porte le nom du jour. Quand vous devez effectuer la sauvegarde du vendredi, consultez le calendrier pour identifier la bande à utiliser. Vous pourrez ainsi conserver quatre bandes contenant les sauvegardes de quatre vendredis, en plus des bandes de sauvegarde des cinq derniers jours.

- **Si des données comptables figurent sur le réseau, il est conseillé de faire une copie de sauvegarde de tous vos fichiers (ou au moins des fichiers comptables), avant de clore l'exercice mensuel et de conserver ces sauvegardes mensuelles durant toute l'année**. Cela signifie-t-il que vous devez acheter douze autres bandes ? Pas nécessairement. Si vous ne sauvegardez que vos fichiers comptables, vous pourrez sans doute faire tenir les douze mois sur une seule bande. Vérifiez simplement que vous sélectionnez bien l'option « ajouter à la bande » et non « effacer la bande » afin que les données de la dernière version ne soient pas détruites. Cette sauvegarde des données comptables doit être complètement indépendante de votre sauvegarde quotidienne.

Vous devriez aussi conserver au moins la plus récente des sauvegardes à un autre endroit. De cette manière, si votre bureau est victime d'un missile Scud égaré ou d'un astéroïde, vous pourrez récupérer les données de la bande que vous aurez conservée en lieu sûr.

## Un mot sur la fiabilité des bandes

Je parle en connaissance de cause. Bien que les lecteurs de bandes soient très fiables, j'ai remarqué qu'ils perdent parfois la tête, sans vous prévenir. Un lecteur de bandes (et plus particulièrement les lecteurs Travan les moins chers) peut tourner pendant de longues heures sans sauvegarder vos données. Autrement dit, un lecteur de bandes peut vous tromper et vous risquez de découvrir que les bandes sont inutilisables seulement à la suite d'un désastre.

Ne paniquez pas ! Vous n'avez qu'à vous assurer par vous-même que votre lecteur de bandes fonctionne bien. Activez tout simplement l'option Comparer après la sauvegarde de votre logiciel de sauvegarde. Aussitôt que le programme aura fini de sauvegarder vos données, il rembobinera la bande, lira chaque fichier sauvegardé et le comparera avec la version originale sur le disque. Si toutes les comparaisons sont validées, vous saurez que vos sauvegardes sont dignes de confiance.

Voici quelques notes supplémentaires sur la fiabilité des bandes :

- La fonction de comparaison double le temps nécessaire pour effectuer une sauvegarde, ce qui a peu d'incidence si une seule bande vous suffit car vous pouvez simplement laisser tourner le lecteur après les heures de travail. Peu importe que cela prenne une heure ou dix heures, du moment que la sauvegarde est terminée le lendemain matin quand vous revenez au bureau.

- Si vos sauvegardes tiennent sur plusieurs bandes, vous n'activerez peut-être pas l'option de comparaison à chaque fois. Cependant, utilisez-la périodiquement pour vérifier que votre lecteur fonctionne bien.
- Si votre programme de sauvegarde vous signale une erreur, jetez la bande et prenez-en une nouvelle.
- À vrai dire, à propos du dernier point, vous ne devriez même pas attendre que le logiciel de sauvegarde signale une erreur et mettre la bande au rebut bien avant. Selon la plupart des experts, une bande ne devrait être utilisée que vingt fois. Si vous l'utilisez quotidiennement, remplacez-la chaque mois. Si vous avez une bande pour chaque jour de la semaine, remplacez-les deux fois par an. Si vous avez un grand nombre de bandes, essayez de déterminer des cycles de vingt utilisations et pensez aussi à nettoyer les têtes de lecture.

## Garder l'équipement de sauvegarde propre et fiable

Eh oui, la fiabilité des sauvegardes repose aussi sur un bon entretien des lecteurs de bandes. Chaque fois que vous procédez à une sauvegarde, de microscopiques fragments de bande sont attirés par les têtes de lecture et d'écriture. S'ils sont trop nombreux, ils peuvent compromettre la lecture et l'écriture des données.

C'est pourquoi vous devez entretenir régulièrement les têtes. Le meilleur moyen consiste à utiliser une cartouche de nettoyage que vous insérez dans le lecteur. Le lecteur reconnaît qu'il s'agit d'une cartouche de nettoyage et exécute aussitôt une routine spéciale qui fait aller et venir la bande contre des tampons. Le nettoyage terminé, la bande est éjectée. La procédure complète ne dure qu'une trentaine de secondes.

Comme les exigences d'entretien varient d'un équipement à un autre, reportez-vous au manuel pour savoir comment le nettoyer (l'équipement, pas le manuel !). En règle générale, un lecteur doit être nettoyé chaque semaine.

Le seul ennui, avec les cartouches de nettoyage, est leur durée de vie très limitée. Même si la cartouche est encrassée, le lecteur ne refusera jamais de l'utiliser. C'est pourquoi il est recommandé de noter le nombre de fois qu'elle est utilisée puis de la jeter lorsque vous avez dépassé le nombre d'utilisations préconisé par le fabricant.

## Sécurité des sauvegardes

Les sauvegardes soulèvent des problèmes de sécurité qui sont souvent mésestimés. Quel que soit le soin avec lequel vous configurez les comptes utilisateurs et renforcez les conventions de mots de passe, si un utilisateur (y compris un visiteur) est capable d'exécuter une sauvegarde sur le système, il peut aussi exécuter une sauvegarde non autorisée. De plus, les bandes et les lecteurs amovibles sont exposés au vol. Vous devez donc prendre les mesures suivantes :

- **Définissez un compte utilisateur pour les personnes qui effectuent des sauvegardes**. Comme ce compte bénéficiera d'une autorisation de sauvegarde de la totalité du serveur, le mot de passe doit être soigneusement protégé. Car quiconque connaît le nom d'utilisateur et le mot de passe pourra ouvrir une session et outrepasser toutes les restrictions sécuritaires.

- **Vous pouvez contrer les problèmes de sécurité en restreignant l'identifiant (ID) de l'utilisateur qui fait les sauvegardes à un certain ordinateur client et à des moments précis de la journée**. Si vous y tenez, il est même possible de faire en sorte que le seul programme que cet utilisateur puisse exécuter soit le programme de sauvegarde.

- **Cryptez les sauvegardes enregistrées sur les bandes**.

- **Rangez les bandes en lieu sûr, dans un coffre ignifugé par exemple**.

# Chapitre 21

# Sécuriser le réseau

***Dans ce chapitre :***

- Besoin de sécurité ?
- Deux approches de la sécurité.
- Sécurité physique : fermer la porte.
- Sécuriser les comptes utilisateurs.
- Garantir la sécurité des utilisateurs.
- Sécuriser les utilisateurs.

Avant le réseau, la sécurité informatique était une question très simple. Vous n'aviez qu'à fermer votre porte quand vous quittiez le travail en fin de journée. Vous pouviez dormir tranquille, sachant que les malfaiteurs devaient fracturer votre porte pour accéder à votre ordinateur.

Le réseau a tout changé. Maintenant, n'importe qui peut accéder à un ordinateur du réseau et voler *vos* fichiers. Vous devez non seulement fermer votre porte mais également vous assurer que les autres en font autant.

Heureusement, presque tous les systèmes d'exploitation réseau disposent de fonctionnalités de sécurité intégrées. Cette situation rend plus difficile le vol de vos fichiers même si l'on fracture votre porte. Ces mesures de sécurité sont plus qu'appropriées pour tous les utilisateurs, exception faite des paranoïaques.

Quand je dis *plus* qu'appropriées, je veux dire presque trop. Ne sécurisez pas votre système au point que même les personnes autorisées ne puissent plus accéder à leurs travaux !

Si des ordinateurs de votre réseau sont connectés à Internet, vous devrez prendre en considération une nouvelle dimension de la sécurité. Reportez-vous au Chapitre 23 pour plus d'informations sur la sécurité Internet. En outre, si votre réseau comprend du matériel sans fil, vous devez prendre en compte des problèmes spécifiques de sécurité. Pour en savoir plus sur la sécurité des réseaux sans fil, lisez le Chapitre 9.

## Besoin de sécurité ?

La plupart des petits réseaux se trouvent dans de petites structures où tout le monde se connaît et se fait confiance. Personne ne verrouille son bureau pour aller prendre un café et bien que chacun sache où se trouve la caisse, l'argent ne disparaît jamais.

Sécuriser le réseau ne semble pas nécessaire dans une situation aussi idyllique, n'est-ce pas ? Erreur ! Voici pourquoi le réseau doit être configuré en respectant un minimum de sécurité :

- Même dans le plus convivial des environnements de travail, il y a toujours une information qui doit rester confidentielle. Si cette information est stockée sur le réseau, elle doit être placée dans un répertoire auquel seuls les utilisateurs autorisés ont accès.
- Les atteintes à la sécurité ne sont pas toutes malveillantes. Un utilisateur du réseau peut être machinalement en train de passer en revue ses fichiers et tomber sur un fichier dont le nom ne lui est pas familier. Il peut alors rapatrier le fichier sur son disque et découvrir qu'il contient une information personnelle et confidentielle, un gros ragot de bureau ou votre CV. La curiosité, plus que la volonté délibérée de nuire, est souvent à l'origine des atteintes à la sécurité.
- Bien entendu, tous vos collègues de bureau sont aujourd'hui dignes de confiance. Mais que se passe-t-il si quelqu'un est mécontent, « pète les plombs » et décide de détruire les fichiers du réseau avant de donner sa démission ? Et si la même personne décide plutôt d'imprimer plusieurs chèques de 1 000 Euros avant de faire ses bagages pour Tahiti ?
- Pour certaines personnes, la tentation de voler ou de frauder est parfois trop forte pour résister. Donnez accès au fichier des feuilles de paie à tout le monde et il se pourrait que le personnel décide de s'accorder une augmentation quand personne ne regarde.
- Si vous estimez que votre réseau ne contient aucune donnée qui puisse intéresser quelqu'un, pensez-y à deux fois. Vos données personnelles contiennent sans doute suffisamment d'informations pour permettre une usurpation d'identité : votre nom, votre adresse, vos numéros de téléphone, de sécurité sociale, voire celui de votre carte bancaire.

- Les intrus qui pénètrent par effraction dans votre réseau peuvent installer sur le serveur un *cheval de Troie*, qui leur permet ensuite d'en disposer à leur guise. Par exemple, ils pourront utiliser votre serveur pour envoyer par messagerie des milliers, voire des millions de messages. Il sera impossible de faire un lien entre ce spam et les intrus. C'est vous qui endosserez toute la responsabilité.
- Pour finir, rappelez-vous que beaucoup d'utilisateurs n'en savent pas assez long sur le fonctionnement de Windows et du réseau pour qu'il soit raisonnable de leur accorder des accès complets à vos disques réseau. Un clic de souris malheureux peut faire disparaître un répertoire entier du réseau. L'une des meilleures raisons pour activer la sécurité réseau, c'est de protéger les utilisateurs contre des erreurs commises par d'autres utilisateurs qui ne savent pas ce qu'ils font.

# Deux approches de la sécurité

Quand vous envisagez l'implémentation de mesures de sécurité dans votre réseau, vous devez d'abord considérer laquelle de ces deux approches vous adopterez :

- Une sécurité de type **porte ouverte**, dans laquelle, par défaut, tout le monde accède à tout, après quoi vous placez des restrictions aux ressources dont l'accès doit être limité.
- Une sécurité de type **porte fermée** où vous commencez par refuser l'accès à tout, après quoi vous accordez des accès aux ressources au coup par coup, à des utilisateurs spécifiques.

Dans la plupart des cas, le système « porte ouverte » est le plus facile à mettre en œuvre. Classiquement, seule une petite partie des données qui circulent sur le réseau (fiches signalétiques des employés, formule de l'extrait de base du Coca-Cola…) nécessite d'être sécurisée. Les autres informations peuvent circuler au vu et au su de tout le monde.

Si vous choisissez l'approche « porte fermée », vous commencez par faire en sorte qu'aucun utilisateur n'ait accès à quoi que ce soit. Ensuite, au fil des demandes, vous accordez l'accès aux fichiers et aux dossiers dont chacun a besoin.

L'approche « porte fermée » est plus sûre mais les utilisateurs peuvent se plaindre qu'ils n'ont jamais accès aux informations dont ils ont besoin. Vous passerez donc votre temps à distribuer des droits d'accès. N'optez pour cette approche que si le réseau contient énormément d'informations très sensibles et si vous êtes d'accord pour investir beaucoup de votre temps dans l'administration de la sécurité du réseau.

L'approche « porte ouverte » peut être considérée comme un droit acquis, dans lequel vous partez du principe que tout le monde est autorisé à accéder à tous les recoins du réseau, tandis que l'approche « porte fermée », à base de permissions, est fondée sur l'idée que nul ne peut accéder à quoi que ce soit s'il n'y a pas été autorisé.

## Sécurité physique : fermer la porte

Le premier niveau de toute sécurité informatique est la sécurité physique. Je suis toujours étonné de voir que dans le hall de réception d'un cabinet de comptabilité des ordinateurs sont laissés sans surveillance. Trop souvent, le réceptionniste s'est connecté au système puis a quitté son poste un moment, laissant l'ordinateur seul.

La sécurité physique est certes primordiale pour les stations de travail mais elle est vitale pour les serveurs. S'il bénéficie d'un accès physique à un serveur, n'importe quel pirate ou personne malintentionnée peut outrepasser les mesures de sécurité les plus drastiques. Pour protéger un serveur :

- Fermez à clé la pièce où il se trouve.
- Ne confiez la clé qu'à des personnes sûres.
- Notez le nom des personnes qui ont la clé.
- Montez les serveurs dans des boîtiers ou des racks qui peuvent être verrouillés.
- Désactivez le lecteur de disquette et le lecteur de CD-DVD du serveur.

  Une technique de piratage très courante consiste à démarrer le serveur à partir d'une disquette ou d'un CD, ce qui outrepasse les fonctions de sécurité du système d'exploitation réseau.
- Installez un pitbull dressé et affamé à proximité du serveur.

Il y a une grande différence entre une porte fermée à clé et une porte avec une serrure : si la clé n'est pas utilisée, la serrure ne sert à rien.

Les ordinateurs clients doivent aussi être physiquement sécurisés :

- Exigez du personnel qu'il ne laisse jamais un ordinateur sans surveillance lorsqu'il est connecté au réseau.
- Dans les lieux de passage (comme un hall de réception), les ordinateurs doivent pouvoir être verrouillés.
- Les bureaux doivent être fermés à clé lorsque plus personne ne s'y trouve.

ATTENTION !

Voici quelques autres risques dont vous devez vous méfier :

- L'équipe de nettoyage de nuit a très certainement accès à l'installation informatique. Qui vous dit que parmi les personnes chargées de l'entretien ne se trouve pas quelqu'un qui travaille pour la concurrence ou dont le passe-temps favori consiste à pirater des ordinateurs ? Si vous ne connaissez pas personnellement l'équipe, vous devez la considérer comme une menace potentielle.

- Et la corbeille à papier ? Les déchiqueteuses à papier ne sont pas uniquement destinées aux comptables véreux de chez Enron. Une corbeille peut contenir toutes sortes d'informations intéressantes : des rapports d'activité, des journaux de sécurité, des exemplaires imprimés du règlement de sécurité de la société voire des mots de passe griffonnés sur des bouts de papier. Pour plus de sécurité, tout papier qui quitte l'immeuble via la corbeille doit passer par la déchiqueteuse.

- Où stockez-vous les bandes de sauvegarde ? Ne vous contentez pas de les empiler à proximité du serveur. Non seulement elles sont faciles à voler mais ce comportement va aussi à l'encontre d'une des règles élémentaires de la sécurité : la sécurité physique contre des risques comme l'incendie. Si le feu se déclare dans la salle informatique et que les sauvegardes s'y trouvent, votre société ne s'en remettra pas et vous perdrez certainement votre gagne-pain. Stockez les sauvegardes dans un coffre ignifugé et conservez des copies dans un local éloigné.

- J'ai déjà vu des réseaux dont les serveurs se trouvaient dans une salle informatique fermée à clé mais dont les concentrateurs et les commutateurs étaient dans un local non sécurisé. Rappelez-vous que tout concentrateur ou commutateur est une porte d'entrée au réseau. Ces périphériques doivent être en lieu sûr au même titre que les serveurs.

# Sécuriser les comptes utilisateurs

Après la sécurité physique, l'une des principales mesures de sécurité réseau est la création de *comptes utilisateurs* qui ne permettent qu'aux utilisateurs accrédités d'accéder au réseau. Sans compte, l'utilisateur d'un ordinateur ne peut pas se connecter et ne peut donc pas utiliser le réseau. Les sections suivantes proposent quelques conseils que vous pouvez mettre en œuvre pour renforcer la sécurité relative aux comptes utilisateurs.

## Brouiller les noms d'utilisateurs

La plupart des administrateurs réseau affectent des noms d'utilisateurs formés par une combinaison des nom et prénom de chaque utilisateur, comme DupontJ ou jDupont. Un pirate peut cependant facilement découvrir ce genre d'identifiant pour peu qu'il connaisse le nom d'au moins un employé. Une fois qu'il l'a obtenu, il peut se consacrer à la découverte du mot de passe.

Pour ralentir les recherches d'un pirate, utilisez des noms obscurs. Voici quelques suggestions :

- Ajoutez un nombre à trois chiffres après le nom. Exemples : DupontJ320 ou jDupont320.
- Placez des chiffres au milieu du nom. Exemples : Du3pontJ ou jDu2pont5.
- Assurez-vous que les noms d'utilisateurs sont différents de ceux de l'adresse électronique. Par exemple, si l'adresse électronique d'un utilisateur est xMartin@mondomaine.com, n'utilisez pas xMartin comme nom d'utilisateur. Choisissez un nom plus obscur.

ATTENTION !

Ne comptez pas sur le brouillage pour tenir les gens à l'écart du réseau. Il ne procure aucune sécurité. Un pirate déterminé peut découvrir un nom d'utilisateur aussi obscur soit-il. Le brouillage ne sert qu'à ralentir les intrus, pas à les arrêter. En les gênant, vous avez plus de chances de découvrir leurs tentatives de forcer le réseau et de les contrecarrer avant qu'ils y parviennent.

## Utiliser des mots de passe efficaces

Un des aspects essentiels de la sécurité d'un réseau est l'emploi de mots de passe.

N'OUBLIEZ PAS !

Les identifiants ou « ID utilisateurs » ne sont généralement pas tenus secrets. Même s'ils sont obscurs, un pirate moyennement doué parviendra à les deviner.

En revanche, les mots de passe sont secrets. Votre mot de passe réseau est la barrière qui empêche un imposteur de se connecter au réseau avec votre ID utilisateur et donc de se voir conférer les mêmes droits que vous. *Alors, veillez bien sur votre mot de passe !*

Voici quelques conseils pour créer de bons mots de passe :

- Ne prenez pas des mots de passe évidents comme votre prénom, le nom de votre enfant ou celui de votre chien.
- Ne choisissez pas un mot de passe en vous inspirant de vos passe-temps. Un de mes amis est passionné de bateaux. Eh bien, son mot de passe est le nom de son bateau. Qui le connaît peut deviner son mot de passe en quelques essais. Cinq coups de fouet si vous choisissez le nom de votre bateau !

- Gardez votre mot de passe dans votre tête et non sur un papier.

  À éviter : écrire son mot de passe sur un billet autocollant et le coller sur l'écran ou sous le clavier de l'ordinateur.

- La plupart des systèmes d'exploitation réseau vous permettent de fixer la date d'expiration d'un mot de passe. Par exemple, vous pouvez spécifier que les mots de passe doivent changer tous les trente jours. Passé ce délai, l'utilisateur doit modifier son mot de passe. Vos utilisateurs peuvent trouver ce procédé pénible mais il permet de limiter le risque de voir quelqu'un voler un mot de passe puis tenter de s'introduire ultérieurement dans votre système informatique.

- Il est également possible de configurer les comptes utilisateurs de sorte qu'au moment où l'utilisateur change de mot de passe, il ne puisse pas réutiliser un mot de passe *récent*. Par exemple, vous pouvez indiquer qu'un nouveau mot de passe ne peut être identique aux trois derniers choisis par l'utilisateur.

- Vous pouvez également définir une politique de sécurité et faire en sorte que les mots de passe comportent un mélange de lettres majuscules et minuscules, des chiffres et des symboles spéciaux. Ainsi, des mots de passe comme `DIMWIT` ou `DUFUS` seraient interdits tandis que `87dIM@wit` ou `duF39&US` seraient autorisés.

- Certains administrateurs réseau s'opposent à l'utilisation de mots de passe car ils considèrent que la sécurité n'est pas essentielle pour leur réseau. Ou alors ils choisissent des mots de passe évidents, attribuent le même à tous les utilisateurs ou les inscrivent sur de grandes pancartes qu'ils accrochent dans tout le bâtiment. Je pense que, même sur les petits réseaux, les mesures de sécurité élémentaires à base de mots de passe sont importantes. Vous pouvez vous en passer uniquement si votre réseau est très petit (disons deux ou trois ordinateurs), si aucune donnée sensible n'est conservée sur le serveur de fichiers ou si le principal objectif du réseau est de permettre le partage de l'imprimante et non le partage de fichiers. Même sans avoir recours aux mots de passe, il reste possible de mettre en place des mesures de sécurité permettant notamment de limiter l'accès à certains répertoires. Rappelez-vous simplement que sans mot de passe rien ne vous empêche de vous connecter avec l'ID d'un autre utilisateur.

## Générer des mots de passe pour les Nuls

Comment trouver des mots de passe que personne ne pourra deviner mais dont vous vous souviendrez ? La plupart des experts en sécurité disent que les meilleurs mots de passe ne correspondent à aucun mot du langage naturel mais sont des séquences de lettres, de chiffres et de caractères spéciaux. Comment diable pouvez-vous retenir un mot de passe tel que DKS4%DJ2 ? Et plus particulièrement si vous devez le remplacer dans trois semaines par 3PQ&X(D8.

Voici une solution de compromis qui vous permet de créer des mots de passe formés de deux mots de quatre lettres juxtaposés. Prenez votre livre favori (vous venez de gagner une vie si c'est ce livre) et choisissez une page au hasard. Recherchez le premier mot de quatre lettres dans cette page. Supposons que ce soit VOUS. Répétez le processus pour trouver un autre mot de quatre lettres ; supposons que ce soit PLUS. Combinez maintenant les mots pour former votre mot de passe : VOUSPLUS. Je pense que vous serez d'accord sur le fait que VOUSPLUS est plus facile à retenir que 3PQ&X(D8 et qu'il est tout aussi difficile à deviner. Je ne pense pas que les gars des services secrets se servent un jour de cette méthode mais elle est assez fiable pour la plupart d'entre nous.

Voici quelques précisions supplémentaires sur la façon de choisir des mots de passe à partir de votre livre favori :

- Si les mots sélectionnés se trouvent être les mêmes, choisissez un autre mot et prenez des mots dont la combinaison ne semble pas trop commune.

- Variante intéressante : sélectionnez un mot de quatre lettres et un mot de trois lettres puis choisissez au hasard un des caractères spéciaux du clavier (comme *, & ou >) pour séparer ces deux mots. Vous obtiendrez ainsi des mots de passe tels que MOT!PAGE, EST#GARS ou ELLE*VIE.

- Pour semer encore plus le trouble chez vos amis et vos ennemis, préférez des mots médiévaux extraits de *Gargantua*, de Rabelais. Rabelais est une excellente source de mots de passe car il vivait bien avant que ne soient inventés le traitement de texte et la correction automatique. Il écrivait mousches au lieu de mouches, beaulx à la place de beaux, senestre plutôt que gauche. Et surtout, il employait beaucoup de mots de huit lettres pouvant servir de mot de passe : soubdain (soudain), traicter (traiter), boulletz (boulets).

- Ne venez pas vous plaindre si vous utilisez l'un de ces systèmes de génération de mots de passe et que quelqu'un réussit à prendre le contrôle de votre compte. Qui est le feignant qui n'a pas voulu retenir D#SC$H4% ?

- Si vous décidez d'opter pour des mots de passe du genre KdI22UR3xdkL, vous trouverez des générateurs sur Internet. Il suffit d'utiliser un moteur tel que Google (www.google.fr) et de lancer une recherche sur l'expression « générateur de mots de passe ». Vous trouverez des pages Web qui vous permettront de générer des mots de passe aléatoires à partir de critères que vous aurez précisés (longueur, emploi de lettres, chiffres, signes de ponctuation, minuscules, majuscules, etc.).

## Sécuriser le compte administrateur

Il va de soi qu'un utilisateur du réseau doit pouvoir l'utiliser sans aucune des restrictions imposées aux autres. Cet utilisateur est appelé *administrateur*. Il est responsable de la configuration du système de sécurité du réseau. À ce titre, il doit être exempté de toutes les restrictions.

Beaucoup de réseaux créent automatiquement un compte administrateur lorsque vous installez le logiciel de réseau. Le nom d'utilisateur de cet administrateur initial se trouve dans la documentation du réseau et il est le même pour tous les réseaux basés sur le même système d'exploitation. L'une des premières choses à faire, juste après avoir créé le réseau, est de *modifier le mot de passe de ce compte d'administrateur standard*. Sinon, toutes les mesures de sécurité élaborées par la suite, aussi sophistiquées soient-elles, seraient faites en pure perte. Quiconque connaissant le nom d'utilisateur attribué par défaut à l'administrateur pourrait accéder au système avec tous les droits et privilèges, ce qui lui permettrait d'outrepasser toutes les sécurités.

***N'oubliez jamais le mot de passe du compte administrateur !*** Si un utilisateur oublie son mot de passe, vous pouvez vous connecter comme superviseur et changer son mot de passe. Mais si vous oubliez le mot de passe d'administrateur, vous êtes planté !

# Garantir la sécurité des utilisateurs

La sécurité au niveau des utilisateurs est le pilier de l'ensemble de la sécurité informatique. Grâce à des comptes utilisateurs, vous pouvez savoir qui accède au réseau et définir les ressources auxquelles tel ou tel utilisateur peut accéder. Vous pouvez restreindre l'accès à tels ordinateurs et à telle plage horaire. De plus, il vous est possible de verrouiller l'accès au réseau pour les utilisateurs qui n'ont pas ou plus de raison de s'y connecter. Les sections qui suivent décrivent les principes de base de la sécurité du réseau.

## Comptes utilisateurs

Chaque personne accédant au réseau doit avoir un compte utilisateur. Il permet à l'administrateur du réseau de déterminer qui peut accéder au réseau et de quelles ressources il peut disposer. De plus, un compte utilisateur peut être personnalisé afin de fournir diverses commodités comme un menu Démarrer personnalisé ou l'affichage des documents récemment utilisés.

À chaque compte utilisateur est associé un *nom d'utilisateur*, souvent appelé *ID utilisateur*, que l'utilisateur doit entrer lorsqu'il se connecte au réseau. À chaque compte sont aussi liées les informations suivantes :

- **Le mot de passe de l'utilisateur.** Cette information comprend aussi les conventions de mot de passe, notamment la fréquence à laquelle il doit être changé, la complexité du mot de passe, etc.
- **Les coordonnées du contact.** Son nom complet, son numéro de téléphone, son adresse postale et son adresse électronique ainsi que d'autres informations utiles.
- **Les restrictions de compte.** Ce sont notamment les heures auxquelles un utilisateur peut se connecter. Par exemple, il sera impossible à un utilisateur de s'introduire dans le réseau en dehors des heures de travail. Cette fonction est appréciable car elle décourage les heures supplémentaires. Vous pouvez aussi n'autoriser l'accès qu'à certains ordinateurs.
- **L'état du compte.** Un compte utilisateur peut être temporairement désactivé, empêchant l'utilisateur de se connecter.
- **Le répertoire d'accueil.** C'est un dossier partagé dans lequel l'utilisateur peut stocker ses documents.
- **Les autorisations de connexion distante.** Elles permettent à l'utilisateur d'accéder au réseau à distance, via une connexion par modem.
- **L'appartenance à un groupe.** Elle garantit à l'utilisateur certains droits selon le groupe auquel il appartient.

TRUC

Pour plus d'informations, reportez-vous à la section « Thérapie de groupe », plus loin dans ce chapitre.

## Comptes intégrés

La plupart des systèmes d'exploitation sont préconfigurés avec deux comptes : Administrateur et Invité. De plus, certains services, comme les serveurs Web ou de bases de données, créent leurs propres comptes utilisateurs. Voici les caractéristiques des différents comptes :

- **Le compte Administrateur.** Le compte Administrateur est le seigneur et maître du réseau. Il ne connaît aucune des restrictions imposées au commun des mortels. Quand vous êtes connecté en tant qu'administrateur, vous avez tous les pouvoirs. C'est pourquoi ce compte ne doit pas être attribué à n'importe qui. Ne le proposez que si c'est vraiment nécessaire.

Étant donné qu'un compte d'administrateur procure un accès illimité au réseau, il est impératif que vous le sécurisiez immédiatement après son attribution. Lorsque le programme de configuration du système d'exploitation réseau demande le mot de passe du compte Administrateur, choisissez un mélange aléatoire de caractères majuscules et minuscules, de chiffres et de symboles. Ne choisissez pas un mot facile à mémoriser en vous promettant de le changer plus tard. Si vous oubliez de le faire et que quelqu'un l'utilise, rien ne l'empêchera de formater le disque C: du serveur ou de s'approprier des numéros de cartes bancaires.

- **Le compte Invité.** Autre compte communément créé par défaut, le *compte Invité* est configuré avec un mot de passe vide et, le cas échéant, des droits d'accès. Ce compte permet à quiconque de se connecter au réseau, sans qu'il puisse y faire grand-chose. Je n'en vois pas tellement l'intérêt ; c'est pourquoi je vous suggère de le désactiver.

- **Les comptes de service.** Certains utilisateurs du réseau ne sont pas des personnes en chair et en os mais des processus logiciels qui demandent un accès à des ressources sécurisées et qui, de ce fait, nécessitent un compte utilisateur. Ces comptes sont généralement créés automatiquement lorsque vous installez ou configurez un serveur.

  Par exemple, lorsque vous installez le serveur Web de Microsoft (IIS), un compte utilisateur nommé `IUSR` est créé. Le nom complet de ce compte est `IUSR_<nomDuServeur>`. Par conséquent, si un serveur est nommé `WEB1` et son compte `IUSR_WEB1`, ISS se servira de ce compte pour permettre à des utilisateurs Internet anonymes d'accéder aux fichiers présents sur le site Web.

  En règle générale, vous ne devriez pas toucher aux comptes utilisateurs si vous ne savez pas exactement ce que vous faites. Par exemple, si vous supprimez ou renommez le compte IUSR, vous devrez reconfigurer ISS afin qu'il prenne la modification en compte. Sinon ISS refusera l'accès à quiconque tentera d'atteindre votre site. Notez qu'à condition de savoir ce que vous faites, renommer ces comptes peut augmenter la sécurité du réseau mais ne faites rien tant que vous ne connaissez pas ce sujet à fond.

### Droits réseau à étudier pour l'avenir

Les droits réseau accordés par la plupart des systèmes d'exploitation réseau sont plutôt ennuyeux. En voici quelques-uns dont je voudrais bien disposer :

- **Tricher** : Vous permet de voir les cartes des autres joueurs quand vous jouez à la « Dame de pique ».
- **Espionner** : Surveiller clandestinement les accès Internet des utilisateurs afin de connaître les sites Web auxquels ils se connectent.
- **Se plaindre** : Envoi automatique d'un courrier électronique aux autres utilisateurs pour leur expliquer combien vous êtes occupé, fatigué ou énervé.
- **Modifier la feuille de paie** : Vous donne des droits d'accès spéciaux au système de calcul de la paie pour que vous puissiez vous accorder une augmentation.
- **Porter plainte** : Aux États-Unis, chacun a le droit de porter plainte. Ce droit devrait donc être automatiquement donné à tous les utilisateurs.
- **Mettre le feu** : Ne serait-il pas agréable de pouvoir mettre le feu à vos collègues devenus insupportables ?

## Droits d'utilisateurs

Les comptes utilisateurs et les mots de passe ne constituent que la première ligne de défense du réseau. Une fois qu'un utilisateur a réussi à accéder au réseau en tapant son ID et son mot de passe, une seconde ligne de défense entre en jeu : les *droits*.

Dans la dure réalité de la vie du réseau, tous les utilisateurs sont égaux mais certains le sont plus que d'autres. Le préambule de la Déclaration d'indépendance du réseau stipule que « nous tenons les vérités suivantes pour évidentes : *quelques* utilisateurs sont dotés par l'administrateur réseau de certains droits inaliénables… »

Les droits spécifiques que vous pouvez accorder aux utilisateurs dépendent de votre système d'exploitation réseau. Voici une liste partielle des droits disponibles sous Windows Server :

- **Se connecter localement** : L'utilisateur peut se connecter directement à l'ordinateur serveur depuis le clavier de ce dernier.
- **Changer l'heure système** : L'utilisateur peut changer l'heure et la date que gère le serveur.

- **Arrêter le système** : L'utilisateur peut purement et simplement arrêter le serveur.
- **Sauvegarder des fichiers et des répertoires** : L'utilisateur peut effectuer la sauvegarde des fichiers et répertoires du serveur.
- **Récupérer des fichiers et des répertoires** : L'utilisateur peut restaurer des fichiers sauvegardés.
- **Devenir propriétaire de fichiers et autres objets** : L'utilisateur peut prendre le contrôle de fichiers et de ressources réseau qui appartiennent à d'autres utilisateurs.

NetWare propose plus ou moins les mêmes droits d'utilisateurs.

## Droits du système de fichiers (qui peut faire quoi)

Les droits utilisateurs déterminent ce que ces derniers peuvent faire sur l'ensemble du réseau. Les droits du système de fichiers vous permettent d'affiner votre sécurité réseau en contrôlant certaines opérations de fichiers spécifiques pour des utilisateurs donnés. Par exemple, vous pouvez configurer les droits du système de fichiers de sorte que les utilisateurs du service comptabilité puissent accéder aux fichiers stockés dans le répertoire `\COMPT`. Ces droits peuvent aussi autoriser des utilisateurs à lire des fichiers précis sans toutefois pouvoir les modifier ou les supprimer.

Chaque système d'exploitation réseau gère les droits du système de fichiers selon des principes qui lui sont propres. Mais, dans tous les cas, il en résulte que vous pouvez donner à chaque utilisateur la permission d'accéder de diverses manières à certains fichiers, dossiers ou lecteurs. Par exemple, vous pouvez attribuer à un utilisateur un accès total à quelques fichiers et lui allouer uniquement un accès en lecture seule à d'autres fichiers.

TRUC

Tous les droits du système de fichiers que vous octroyez à un dossier s'appliquent automatiquement à tous ses sous-dossiers, à moins que vous n'ayez explicitement accordé des droits différents pour ces sous-dossiers.

NOTE TECHNIQUE

Vous ne pouvez appliquer les autorisations de Windows qu'aux fichiers et dossiers créés sur des lecteurs formatés en NTFS. Si le système de fichiers des lecteurs partagés est au format FAT ou FAT32, vous ne pourrez pas protéger tel ou tel de leurs fichiers ou dossiers. C'est une des raisons principales qui justifient l'utilisation du format NTFS sur les serveurs Windows.

# Thérapie de groupe

Un *compte de groupe* est un compte qui ne représente pas un utilisateur individuel mais un ensemble d'utilisateurs qui utilisent le réseau de la même manière. Au lieu d'octroyer des droits à chacun d'eux séparément, vous pouvez les octroyer au groupe et affecter également des utilisateurs individuels à ce groupe. Dans ce cas, le nouveau venu hérite des droits spécifiques au groupe.

Supposons, par exemple, que vous ayez créé un groupe nommé Comptabilité pour le service comptable et que vous autorisiez tous les membres de ce groupe à accéder aux fichiers et applications de la comptabilité. Au lieu d'octroyer ces droits à chacun des employés du service, vous faites de chacun d'eux un membre du groupe Comptabilité.

Voici quelques détails supplémentaires concernant les groupes :

- Les groupes facilitent considérablement la gestion du réseau. Vous devriez éviter autant que possible de gérer individuellement les utilisateurs du réseau. Intégrez-les plutôt à des groupes. Quand cinquante utilisateurs du service Comptabilité doivent pouvoir accéder à un nouveau dossier partagé, il est plus rapide de mettre un groupe à jour que chacun des cinquante comptables.

- Un utilisateur peut faire partie de plusieurs groupes. Il hérite alors des droits de chacun de ces groupes. Par exemple, si vous avez configuré des groupes nommés Comptabilité, Ventes, Marketing et Finances, un utilisateur qui doit accéder aux données comptables et financières deviendra membre des groupes Comptabilité et Finances. De même, un utilisateur qui doit accéder aux données des ventes et du marketing fera partie des groupes Ventes et Marketing.

- Vous pouvez octroyer des droits spécifiques à tel ou tel utilisateur ou restreindre ses droits. Par exemple, vous pourriez attribuer quelques autorisations spéciales au directeur du service comptable et imposer des restrictions à certains utilisateurs.

# Profils d'utilisateurs

Les *profils d'utilisateurs* sont une fonctionnalité Windows conservant la trace des préférences individuelles des utilisateurs en ce qui concerne la configuration de Windows. Les profils d'utilisateurs permettent à deux utilisateurs (ou plus) d'employer un même ordinateur quand ce dernier n'est pas relié au réseau, chaque utilisateur spécifiant ses propres paramètres de Bureau dont l'arrière-plan, les couleurs, les options du menu Démarrer, etc.

Le véritable intérêt des profils d'utilisateurs ne se révèle que sur un réseau. Le profil d'un utilisateur peut être stocké sur l'ordinateur serveur et utilisé dès que cet utilisateur se connecte au réseau depuis n'importe quel ordinateur Windows du réseau.

Voici quelques-unes des fonctionnalités de Windows contrôlées par les paramètres d'un profil d'utilisateur :

- Les paramètres du Bureau de la boîte de dialogue Propriétés d'affichage, dont l'arrière-plan, les économiseurs d'écran et les couleurs.
- Les programmes du menu Démarrer et les options de la barre d'outils de Windows.
- Les favoris, qui permettent d'accéder facilement aux fichiers et aux dossiers fréquemment utilisés.
- Les paramètres du réseau dont les lecteurs associés à des disques réseau, les imprimantes réseau et les emplacements du réseau récemment visités.
- Les paramètres d'applications comme ceux de Microsoft Word.
- Le dossier Mes documents.

# Scripts d'ouverture de session

Un *script d'ouverture de session* est un fichier de traitement par lots qui est automatiquement démarré lorsqu'un utilisateur ouvre une session sur le réseau. Un script d'ouverture de session peut effectuer plusieurs tâches importantes comme mapper des lecteurs réseau, démarrer des applications, synchroniser les horloges des ordinateurs clients, etc. Les scripts d'ouverture de session résident sur le serveur. Chaque compte utilisateur peut spécifier si un script d'ouverture de session doit être démarré et si oui lequel.

Voici un exemple de script d'ouverture de session qui mappe quelques lecteurs réseau et les synchronise :

```
net use m: \\MONSERVEUR\Compta
net use n: \\MONSERVEUR\Admin
net use o: \\MONSERVEUR\R&D
net time \\MONSERVEUR /set /yes
```

Les scripts d'ouverture de session sont quelque peu tombés en désuétude car la plupart de leurs actions peuvent être effectuées par des profils d'utilisateurs. Cependant, beaucoup d'administrateurs apprécient la simplicité des scripts d'ouverture de session, de sorte qu'ils sont encore utilisés, même sous Windows Server 2003.

# Sécuriser les utilisateurs

Les techniques de sécurisation (comme la sécurité physique, la sécurité des comptes utilisateurs et des serveurs, le verrouillage de l'accès aux serveurs) sont un jeu d'enfant par rapport à la tâche la plus ardue qui vous attend : la sensibilisation des utilisateurs du réseau à la sécurité. Vos mesures de sécurité les plus élaborées seront vaines si les utilisateurs laissent traîner leur mot de passe sur un Post-It collé sur l'ordinateur.

La règle de base de toute sécurité au niveau de l'utilisateur consiste à imprimer un règlement de sécurité affiché au vu et au su de tout le monde. Organisez une réunion afin de vous assurer que chacun a bien pris conscience des enjeux et compris le règlement. N'hésitez pas à prévoir des sanctions dissuasives en cas de manquement.

Voici quelques règles qui pourraient figurer dans le règlement sur la sécurité informatique :

- N'écrivez jamais votre mot de passe sur papier et ne le communiquez à personne.
- Ne partagez pas vos comptes. N'utilisez jamais le compte de quelqu'un d'autre pour accéder à des ressources qui vous sont interdites. Si ces ressources vous sont indispensables, vous devez en demander officiellement l'accès sous votre propre compte.
- De même, ne communiquez jamais vos informations de compte à un collègue désireux d'accéder à des ressources auxquelles il n'a pas droit. Ce collègue doit demander un accès à ces ressources sous son propre compte.
- N'installez aucun logiciel ou matériel sans avoir préalablement obtenu l'autorisation. Ceci concerne notamment les périphériques d'accès sans fil ou les modems.
- N'activez jamais le partage de fichiers et d'imprimantes sur une station de travail sans en avoir obtenu l'autorisation.
- Ne tentez jamais de désactiver ou d'outrepasser les fonctions de sécurité du réseau.

# Chapitre 22

# Renforcer la sécurité du réseau

***Dans ce chapitre :***

- Pare-feu.
- Types de pare-feu.
- Pare-feu intégré de Windows.
- Se protéger contre les virus.
- Installer des correctifs.

Si votre réseau est connecté à Internet, vous êtes confronté à une foule de problèmes de sécurité. Vous avez sans doute établi cette connexion afin que les utilisateurs du réseau bénéficient d'une fenêtre ouverte sur le monde extérieur. Malheureusement, c'est aussi par cette fenêtre qu'entrent les malfaiteurs.

Ceux qui agissent sur Internet ne s'en priveront pas. Le cyberespace est peuplé de pirates à la recherche de réseaux dans lesquels s'introduire. Ce n'est parfois que pour le plaisir de fureter dans vos affaires mais parfois aussi pour dérober des numéros de cartes bancaires ou inonder votre serveur de messagerie de milliers de courriers non sollicités. Quelles que soient les motivations, soyez assuré que votre réseau sera visité si vous ne le protégez pas.

Ce chapitre présente une vue d'ensemble de trois techniques de base pour renforcer la sécurité de votre réseau vis-à-vis d'Internet : contrôle d'accès par l'intermédiaire d'un pare-feu, détection des virus avec un logiciel antivirus et correction des failles de sécurité avec les mises à niveau de sécurité.

# Pare-feu

Un *pare-feu* est un routeur sécurisé interposé entre Internet et votre réseau. Sa seule tâche est de filtrer tout ce qui entre et sort. C'est une sorte de vigile entre Internet et le réseau. Tout le trafic transite par le pare-feu qui autorise ou interdit les accès.

Un pare-feu est absolument obligatoire dès lors que votre réseau accède à Internet, que ce soit par une connexion à haut débit (DSL ou modem câble), ligne T1 ou toute autre connexion haut débit. Sans pare-feu, les pirates découvriront tôt ou tard l'existence de votre réseau non protégé, le signaleront à leurs collègues et il en subira les conséquences en quelques heures.

Un pare-feu peut être installé de deux manières. La plus simple consiste à acheter un équipement pare-feu, qui est en réalité un routeur offrant des fonctionnalités de pare-feu. La plupart sont équipés d'une interface de type Web permettant de les connecter directement depuis l'un des ordinateurs du réseau à l'aide d'un navigateur. Vous les configurez ensuite selon vos besoins.

Autre solution : vous pouvez configurer un ordinateur serveur afin qu'il fasse office d'ordinateur pare-feu. Le serveur peut fonctionner sous n'importe quel système d'exploitation réseau. Les plus efficaces tournent cependant sous Linux.

Que vous optiez pour l'équipement pare-feu ou l'ordinateur pare-feu, ce matériel doit être placé entre le réseau et Internet, comme le montre la Figure 22.1. Le pare-feu est connecté d'une part au commutateur, qui est lui-même connecté aux autres ordinateurs du réseau, et d'autre part à Internet. Tout le trafic échangé entre le réseau et Internet doit obligatoirement transiter par le pare-feu.

Le terme *périmètre* est parfois utilisé pour décrire l'emplacement du pare-feu sur le réseau. Un pare-feu est en effet une sorte de périmètre de sécurité qui entoure votre propriété et oblige les visiteurs à s'annoncer à la porte d'entrée.

Sur les réseaux de grande taille, il est parfois difficile de savoir où se trouve le périmètre. Si le réseau bénéficie de plusieurs connexions WAN (*Wide Area Network*, réseau étendu), vérifiez que chacune d'elles est protégée par un pare-feu et n'est pas directement reliée à Internet. Cette sécurité est assurée par un pare-feu pour chaque connexion WAN ou par un seul pare-feu équipé de plusieurs ports WAN.

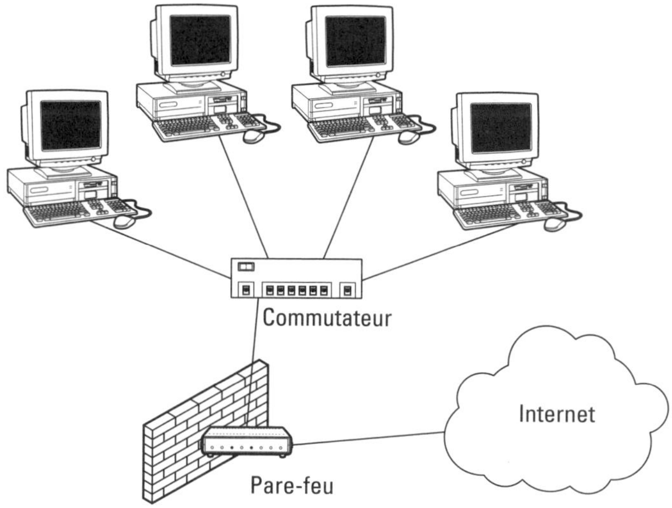


**Figure 22.1 :** Un routeur pare-feu sécurise le trafic entre le réseau et Internet.

# Types de pare-feu

Les pare-feu utilisent quatre techniques de base pour protéger les réseaux. Elles sont décrites dans les sections suivantes.

## Filtrer les paquets

Un pare-feu utilisant le *filtrage de paquets* examine chaque paquet qui transite par le pare-feu et le teste selon un ensemble de règles qui ont été définies. Si le paquet subit un test positif, il peut passer. Si le test est négatif, il est rejeté.

Les pare-feu utilisant le filtrage de paquets sont les moins chers. Par conséquent, ils sont très courants. Cependant, le filtrage de paquets conserve un certain nombre d'imperfections que les pirates bien informés peuvent exploiter. En fait, les pare-feu par filtrage de paquets ne sont pas les plus puissants.

Le filtrage de paquets consiste à examiner les adresses IP des sources et des destinations et les numéros de ports contenus dans chaque paquet TCP/IP. Les *ports TCP/IP* sont des nombres assignés aux services spécifiques qui aident à identifier à quel service chaque paquet est destiné. Par exemple, le numéro de port du protocole HTTP est 80. Ainsi, tous les paquets entrants destinés à un serveur HTTP spécifieront le port 80 comme port de destination.

Les numéros de ports sont souvent spécifiés avec des doubles points après l'adresse IP. Par exemple, le service HTTP sur un serveur dont l'adresse IP est 192.168.10.133 sera 192.168.10.133:80.

Des milliers de ports sont utilisés. Le Tableau 22.1 présente quelques-uns des ports les plus connus.

**Tableau 22.1 :** Ports TCP/IP les plus utilisés.

| *Port* | *Description* |
|---|---|
| 20 | File Transfer Protocol (FTP) |
| 21 | File Transfer Protocol (FTP) |
| 22 | Secure Shell Protocol (SSH) |
| 23 | Telnet |
| 25 | Simple Mail Transfer Protocol (SMTP) |
| 53 | Domain Name Server (DNS) |
| 80 | World Wide Web (HTTP) |
| 110 | Post Office Protocol (POP3) |
| 119 | Network News Transfer Protocol (NNTP) |
| 137 | Service de noms NetBIOS |
| 138 | Service de datagramme NetBIOS |
| 139 | Service de session NetBIOS |
| 143 | Protocole de messagerie IMAP (IMAP) |
| 161 | Simple Network Management Protocol (SNMP) |
| 194 | Internet Relay Chat (IRC) |
| 389 | Protocole LDAP (LDAP) |
| 396 | NetWare sur IP |
| 443 | HTTP sur TLS/SSL (HTTPS) |

Les règles que vous définissez pour le filtrage des paquets autorisent ou bloquent ces derniers en fonction de l'adresse IP ou du numéro de port. Par exemple, vous pouvez laisser passer les paquets qui sont destinés à votre serveur de messagerie ou à votre serveur Web et refuser tous les autres.

Vous pouvez aussi configurer une règle qui refuse spécifiquement tous les paquets qui sont destinés aux ports NetBIOS. Cette règle empêche des intrus d'Internet d'accéder à des ressources NetBIOS telles que des fichiers ou des imprimantes.

Une des plus grandes faiblesses du filtrage de paquets est qu'il considère que les adresses d'origine et les adresses de destination des paquets sont vraies. Les pirates exploitent cette faiblesse en utilisant la technique d'*usurpation d'adresse IP* (*IP spoofing*), dans laquelle ils spécifient des adresses IP d'origine fausses dans les paquets qu'ils envoient sur votre réseau.

Une autre faiblesse importante du filtrage de paquets est l'examen isolé de chaque paquet, sans tenir compte des paquets précédents et suivants. En d'autres termes, le filtrage des paquets est *sans état*. Soyez sûr que les pirates savent comment exploiter la nature sans état du filtrage de paquets pour tromper les pare-feu.

Malgré ces faiblesses, les pare-feu par filtrage de paquets présentent plusieurs avantages qui expliquent pourquoi ils sont si souvent utilisés :

- **Les filtres de paquets sont très efficaces.** Ils ne mettent que quelques millisecondes pour analyser dans les paquets la destination, les ports et les adresses de la source. Les adresses d'origine, de destination et les numéros de ports sont déterminés, les règles sont appliquées et, en fonction du résultat, le paquet est transmis ou rejeté. La plupart des autres techniques de filtrage requièrent un temps de traitement plus important.
- **Les filtres de paquets sont pratiquement transparents pour les utilisateurs.** Le seul cas où un utilisateur se rend compte qu'un pare-feu avec filtrage de paquets est utilisé, c'est lorsque les paquets sont rejetés. Les autres techniques de pare-feu exigent que les clients et/ou les serveurs soient spécialement configurés pour pouvoir travailler.
- **Le filtrage de paquets est très bon marché.** La plupart des routeurs proposent le filtrage de paquets intégré.

## Inspection dynamique des paquets (SPI)

L'*inspection dynamique des paquets*, également connue sous le nom de *SPI*, est une évolution du filtrage de paquets. Un pare-feu avec inspection dynamique des paquets traite des groupes de paquets plutôt que des paquets individuels. Il maintient les paquets dans le pare-feu, ce qui permet la détection des accès non autorisés. Dans certains cas, le pare-feu bloque les paquets jusqu'à ce qu'il ait recueilli suffisamment d'informations pour décider s'ils doivent être transmis ou rejetés.

Jusqu'à présent, l'inspection dynamique des paquets ne se trouvait que sur les routeurs haut de gamme et les routeurs utilisés dans les entreprises. À présent, les pare-feu avec inspection dynamique des paquets sont plus abordables et on les utilise fréquemment dans les réseaux de petite taille ou de taille moyenne.

## Passerelle de niveau circuit (circuit-level gateway)

Une *passerelle de niveau circuit* contrôle les connexions entre les clients et les serveurs en se basant sur les adresses TCP/IP et les numéros de ports. Une fois que la connexion a été établie, la passerelle de niveau circuit n'interfère pas sur les paquets qui circulent entre les systèmes.

Par exemple, vous pouvez utiliser une telle passerelle pour permettre les connexions Telnet (port 23) à un serveur particulier et pour interdire tout autre type de connexion à ce serveur. Une fois que la connexion est établie, la passerelle laisse les paquets circuler librement entre les machines connectées. Par conséquent, la passerelle de niveau circuit ne peut pas empêcher un utilisateur Telnet de lancer des programmes spécifiques ou d'utiliser des commandes spécifiques.

## Passerelle applicative

Une *passerelle applicative* est un système de pare-feu qui est plus intelligent qu'un filtrage de paquets, une inspection dynamique des paquets ou une passerelle de niveau circuit. Les filtrages de paquets traitent tous les paquets TCP/IP de la même manière tandis que les passerelles applicatives sont informées sur la nature des paquets en fonction des applications auxquelles ils sont destinés ou desquelles ils proviennent. Par exemple, une passerelle applicative Web a une connaissance détaillée des paquets HTTP. Ainsi, elle peut analyser plus que la source, les adresses et les ports de destination pour déterminer si les paquets sont autorisés à traverser le pare-feu.

Par ailleurs, les passerelles applicatives fonctionnent comme *serveurs mandataires* ou *proxy*. Un *serveur mandataire* est un serveur interposé entre l'ordinateur client et le serveur réel. Il intercepte les paquets destinés au serveur et les traite. Il peut ensuite décider de les transmettre au serveur ou de les rejeter. Le serveur mandataire peut aussi répondre lui-même à un client sans impliquer le serveur.

Par exemple, les serveurs mandataires enregistrent en mémoire des copies des pages Web au fur et à mesure de leur consultation sur le serveur. Ensuite, lorsqu'un client souhaite accéder à une page Web du serveur, le serveur mandataire intercepte la demande et s'il possède une copie de la page en mémoire, il la transmet directement au client ; sinon, il transfère la requête au serveur.

Les passerelles applicatives analysent en détail la manière dont les serveurs manipulent les séquences de paquets TCP/IP. Elles peuvent ainsi décider si un paquet entrant est légitime ou s'il constitue une attaque. Pour cette raison, les passerelles applicatives sont beaucoup plus sûres que les pare-feu utilisant le filtrage de paquets qui ne peuvent traiter qu'un seul paquet à la fois.

Cependant, le niveau de sécurité apporté par les passerelles applicatives a un prix. Ces dernières sont beaucoup plus chères que les systèmes à filtres de paquets, en termes de prix d'achat et de coûts de configuration et de maintenance. De plus, les passerelles applicatives diminuent les performances du réseau parce qu'elles contrôlent de manière plus détaillée les paquets avant de leur permettre de passer.

# Pare-feu intégré de Windows

Depuis Windows XP, toutes les versions de Windows possèdent un pare-feu par filtrage de paquets intégré. Si vous ne possédez pas de pare-feu sur votre routeur, vous pouvez activer celui de Windows. Il procure une protection de base en filtrant les données. Reportez-vous au Chapitre 8 pour savoir comment configurer le pare-feu Windows.

*N'activez pas le pare-feu* de Windows si vous utilisez un routeur qui assure déjà cette fonction. Comme les autres ordinateurs du réseau sont connectés directement au routeur et non à l'ordinateur, le pare-feu de Windows ne protégerait pas le reste du réseau. Autre effet secondaire : le reste du réseau ne pourrait plus accéder à votre ordinateur.

# Se protéger contre les virus

De nos jours, les virus sont l'un des phénomènes informatiques les moins bien compris. Qu'est-ce qu'un virus ? Comment fonctionne-t-il ? Comment se répand-il d'ordinateur en ordinateur ? Je suis heureux que vous posiez la question.

## Qu'est-ce qu'un virus ?

Ne vous méprenez pas, les virus sont bien réels. Avec l'explosion du nombre d'internautes, les virus prolifèrent. Chaque utilisateur d'un ordinateur peut être victime d'un virus informatique et l'utilisation d'un réseau ne fait qu'augmenter cette vulnérabilité car il court le risque d'être infecté par un virus qui réside sur la machine d'un autre utilisateur du réseau.

Les virus n'apparaissent pas spontanément de nulle part. Ce sont des programmes informatiques créés par des programmeurs détraqués et malintentionnés qui devraient être internés.

Un virus se caractérise par sa capacité à se reproduire afin de se répandre sur les autres ordinateurs. Ces copies font à leur tour encore plus de copies qui se répandent sur d'autres ordinateurs et ainsi de suite, à l'infini.

Ensuite, le virus attend patiemment d'être activé, quand vous taperez une commande particulière, appuierez sur une touche précise ou lorsqu'une date donnée sera atteinte, selon le but que s'est fixé le créateur du virus. Alors, le virus frappe de différentes manières, toujours en fonction de l'objectif de son géniteur, quelquefois en affichant un message inoffensif comme « je vous ai bien eu » ou bien en détruisant toutes les données de votre disque dur.

Il y a quelques années, les virus se déplaçaient d'ordinateur en ordinateur, accrochés à des disquettes. Si vous empruntiez une disquette à un copain, vous risquiez de contaminer votre ordinateur à cause d'un virus embarqué clandestinement sur ce support.

Aujourd'hui, les créateurs de virus ont constaté que le courrier électronique était un vecteur bien plus efficace. Généralement, le virus se fait passer pour une pièce jointe très intéressante : instructions pour gagner une fortune sans rien faire, photos de célébrités nues ou message de votre amour perdu pour la Saint-Valentin. Lorsqu'un utilisateur curieux mais pas méfiant double-clique sur le fichier joint, le virus sort de sa coquille, se copie sur l'ordinateur de la victime puis, parfois, envoie son clone à toutes les personnes figurant dans le carnet d'adresses de l'utilisateur.

Une fois que le virus a pénétré dans un ordinateur du réseau, il peut ensuite attaquer tous les ordinateurs du réseau.

Voici quelques informations précieuses sur la façon de protéger un réseau contre des attaques de virus :

- Le terme *virus* est souvent employé pour désigner non seulement de vrais programmes virus (qui sont capables de se reproduire) mais aussi un autre type de programme conçu pour faire des dégâts sur votre ordinateur. Le cheval de Troie est l'un de ces programmes qui ressemblent généralement à des jeux mais sont en fait des formateurs de disques durs.

- Un *ver* ressemble à un virus, à la différence qu'il n'infecte pas les autres fichiers. En fait, il se contente de se copier dans tous les ordinateurs du réseau. Ensuite, il peut faire n'importe quoi. Par exemple, un ver peut analyser le contenu de votre disque dur à la recherche d'informations intéressantes, comme un mot de passe ou des numéros de cartes bancaires et les transmettre à son créateur par courrier électronique.

- Les experts en virus informatiques ont identifié plusieurs milliers de « variétés » de virus. La plupart d'entre eux ont des noms hauts en couleur tels que I Love You, Stoned et Michelangelo.
- Les programmes antivirus peuvent identifier les virus connus et les supprimer de votre système. Ils sont également capables de détecter les signes révélateurs de la présence de virus inconnus. Malheureusement, les imbéciles qui écrivent les virus ne sont pas des idiots (au sens intellectuel du terme), si bien qu'ils développent sans cesse de nouvelles techniques pour tromper les programmes antivirus. De nouveaux virus sont fréquemment découverts et les programmes antivirus sont donc régulièrement mis à jour pour les détecter et les supprimer.

## Programmes antivirus

Le meilleur moyen de protéger votre réseau contre l'attaque de virus est d'avoir recours à un programme antivirus. Ces programmes recensent des milliers de virus connus qu'ils peuvent détecter et supprimer. De plus, ils peuvent repérer les modifications que les virus apportent aux fichiers de votre ordinateur, augmentant la probabilité de débusquer des virus inconnus.

Il serait agréable que Windows soit livré avec des fonctions antivirus mais ce n'est hélas pas le cas. Vous devez donc acheter un logiciel antivirus à part. Les plus connus sont Norton AntiVirus, Webroot SecureAnywhere Antivirus et Kapersky Antivirus.

Les éditeurs de programmes antivirus proposent, sur leur site Web, des mises à jour qui permettent aux programmes de détecter les virus récemment découverts. Consultez la documentation livrée avec votre programme antivirus pour savoir comment obtenir ces mises à jour.

Voici quelques conseils pour protéger votre réseau contre les virus :

- Installez un logiciel antivirus sur chacun des ordinateurs du réseau. Cette technique n'est efficace que si vous avez la certitude que chaque utilisateur effectuera régulièrement les mises à jour (le téléchargement des nouvelles définitions de virus est souvent automatisé). En cas de doute, il existe des solutions plus sûres.
- Configurez un service antivirus qui place des logiciels antivirus sur chaque ordinateur client du réseau, la mise à jour étant assurée par le serveur.

- Les antivirus serveur protègent les serveurs du réseau contre les virus. Par exemple, vous pouvez en installer un dans le serveur de messagerie afin qu'il analyse tous les courriers entrants et supprime les virus s'il en trouve, sans même que les utilisateurs s'en aperçoivent.
- Certains pare-feu sont équipés de fonctions antivirus qui interdisent aux utilisateurs d'accéder à Internet si leur logiciel antivirus n'est pas à jour. Ce type de pare-feu fournit la protection la plus efficace contre les virus.

## Travailler en toute sécurité

En dehors de l'utilisation d'un programme antivirus, il existe quelques précautions à prendre pour éviter les infections « virales ». Si vous n'avez pas enseigné à vos enfants les précautions à prendre en matière de sécurité informatique, il est temps de le faire.

- Sauvegardez régulièrement vos données. Si vous êtes frappé par un virus, vous aurez peut-être besoin de récupérer des données. Assurez-vous que votre sauvegarde date d'avant l'attaque !
- Si vous achetez un logiciel et si vous découvrez que l'emballage a déjà été ouvert, rapportez le logiciel. N'essayez surtout pas de l'installer sur votre ordinateur. Il se peut qu'il ne corresponde pas à la version d'origine et qu'il contienne un virus.
- Utilisez votre programme antivirus pour vérifier si votre disque n'est pas infecté lors d'une éventuelle réparation dans un magasin ou dans le cas où un consultant l'aurait manipulé. Ces personnes ne vous veulent pas de mal mais ils répandent parfois des virus accidentellement, tout simplement parce qu'ils sont amenés à travailler sur des ordinateurs parfois étranges.
- N'ouvrez pas les pièces jointes envoyées pas des inconnus ou celles que vous n'attendiez pas.
- Utilisez votre antivirus pour scanner un CD ou une clé USB qui ne vous appartient pas avant d'ouvrir les fichiers qu'il/elle contient.

# Installer des correctifs

L'installation de correctifs (*patches*, en anglais) sur le système d'exploitation ou les autres logiciels du réseau est l'une des opérations pénibles auxquelles tout administrateur réseau est confronté. Un *correctif* est une mise à jour mineure de logiciel destinée à résoudre les petits pépins qui surviennent de temps à autre comme des baisses de performances ou des problèmes de sécurité. Ces pépins ne sont pas assez sérieux pour entraîner la sortie d'une nouvelle version du logiciel, tout en méritant d'être résolus. La plupart des correctifs remédient aux failles de sécurité dans lesquelles les pirates informatiques (*hackers*, en anglais) se sont récemment engouffrés, avec la volonté de prouver qu'ils sont plus calés que les programmeurs de Microsoft ou Novell.

Périodiquement, tous les correctifs récemment sortis sont regroupés dans des *service packs*. Les administrateurs réseau consciencieux installent les correctifs dès leur sortie mais nombreux sont ceux qui attendent les *service packs*.

- Pour toutes les versions de Windows, vous pouvez aller sur le site Windows Update afin de mettre à jour votre système d'exploitation et vos logiciels Microsoft à l'aide de ces correctifs. Windows Update scanne votre disque automatiquement, repère les logiciels installés sur votre ordinateur et crée une liste de correctifs et d'autres composants que vous pouvez ensuite télécharger puis installer.

  Windows Update peut également être configuré de façon à vous avertir automatiquement de l'existence de nouvelles mises à jour. Ainsi, vous n'avez pas besoin d'aller vérifier vous-même.

- Vous pouvez vous abonner à un service de notification par courrier électronique qui vous informe automatiquement des nouveaux correctifs et mises à jour disponibles.

Maintenir à jour un grand réseau peut être l'un des défis majeurs de l'administrateur réseau. Si vous avez quelques douzaines d'ordinateurs sur votre réseau, investissez dans un logiciel de mise à jour comme Lumension (`www.lumension.com`). C'est un programme qui rassemble les correctifs logiciels d'une série de constructeurs et vous permet de créer les distributions qui sont automatiquement attribuées aux ordinateurs clients. Avec un logiciel comme Lumension, vous n'aurez plus à vous appuyer sur les utilisateurs pour télécharger et installer les mises à jour et vous n'aurez plus à vous connecter sur chaque ordinateur pour les installer.

# Chapitre 23

# Optimiser les performances du réseau

***Dans ce chapitre :***

- Pourquoi les administrateurs ont horreur des problèmes de performances.
- Qu'est-ce qu'un goulet d'étranglement ?.
- Les cinq goulets d'étranglement les plus courants.
- Améliorer les performances du réseau : la méthode maniaque.
- Surveiller les performances du réseau.
- Quelques conseils supplémentaires.

Le terme *performances du réseau* se rapporte à l'efficacité avec laquelle le réseau répond aux besoins de l'utilisateur. Il va sans dire que tout accès à des ressources s'effectuant au travers du réseau sera plus lent que ce même accès n'impliquant pas le réseau. Par exemple, il sera plus long d'ouvrir un document Word situé quelque part sur le réseau que de l'ouvrir depuis le disque dur d'un ordinateur. La différence est *minime,* mais si elle est gênante, c'est à cause d'un problème de performances du réseau.

Ce chapitre est une introduction aux techniques d'amélioration du réseau afin qu'il fonctionne aussi efficacement que possible. Gardez à l'esprit le fait que de nombreux conseils d'optimisation sont dispersés dans ce livre. Dans ce chapitre, vous découvrirez des techniques d'analyse des performances du réseau, avec les actions à entreprendre en cas de problème et la manière de garder une trace de vos améliorations.

# Pourquoi les administrateurs ont horreur des problèmes de performances

Les problèmes de performances du réseau sont parmi les plus difficiles à détecter et à résoudre. Si un utilisateur ne parvient pas à se connecter, l'administrateur ne met pas longtemps avant de trouver l'origine du problème : un câble rompu, le dysfonctionnement d'un commutateur ou d'une carte réseau, une autorisation qu'il n'a pas, etc. Après quelques recherches, le problème est rapidement identifié et corrigé et vous pouvez passer au suivant.

Il n'en va malheureusement pas de même avec les problèmes de performances, qui sont plus délicats. Voici quelques raisons pour lesquelles les administrateurs réseau en ont horreur :

- **Les problèmes de performances sont difficiles à quantifier.** Dans quelle mesure le réseau est-il plus lent qu'une semaine auparavant, un mois auparavant, voire un an auparavant ? Parfois, le réseau donne l'impression d'être lent mais il est impossible de savoir pourquoi.
- **Les problèmes de performances se développent généralement progressivement.** Il arrive qu'un réseau ralentisse soudain beaucoup. Mais le plus souvent, le ralentissement est progressif, un peu plus chaque jour, jusqu'au moment où l'utilisateur s'en rend compte.
- **Les problèmes de performances ne sont souvent pas signalés.** Ils alimentent les discussions oiseuses autour de la machine à café mais personne ne vient vous dire que le réseau semble 10 % plus lent que d'habitude. Tant que les utilisateurs parviennent à accéder au réseau, ils pensent que le problème n'est que temporaire ou que c'est subjectif.
- **Beaucoup de problèmes de performances sont intermittents.** Parfois, un utilisateur se plaint que certaines opérations traînent et, quand vous allez voir sur place ce qu'il en est, la même opération s'exécute instantanément. Il arrive parfois de découvrir un indice : le ralentissement se produit plutôt le matin que l'après-midi ou alors au moment de la sauvegarde ou quand une imprimante fonctionne. Mais parfois, vous ne trouvez rien : parfois ça rame, parfois pas.
- **La recherche des performances n'est pas une science exacte.** Elle est souvent très empirique, basée sur des suppositions. La segmentation du réseau améliorera-t-elle les performances ? Peut-être… L'augmentation du débit, le passage de 100 Mbps à 1 Gbps supprimera-t-elle les goulets d'étranglement ? Une augmentation de 4 Go pour la mémoire du serveur le fera-t-elle travailler plus vite ? Allez savoir…

- **La solution à un problème de performances est parfois difficile à faire passer.** Si l'utilisateur ne parvient pas à se connecter au réseau à cause du dysfonctionnement d'un composant, la question ne se pose pas : il faut remplacer l'élément défectueux. Mais si vous pensez que la seule solution au ralentissement du réseau consiste à répartir la charge de travail sur deux serveurs au lieu d'un, vous aurez du mal à convaincre la direction de la nécessité d'acheter un second serveur.

# Qu'est-ce qu'un goulet d'étranglement ?

Le terme *goulet d'étranglement* ne se réfère pas au physique d'un fou d'informatique (même si je pense que ce pourrait parfois être le cas). En fait, l'expression a été utilisée pour la première fois par des mordus d'informatique quand ils ont découvert que la forme de la bouteille de Coca limitait la vitesse à laquelle ils pouvaient absorber le breuvage. « Eh ! dit un jour un fondu d'informatique, l'étroitesse de ce goulet limite la vitesse à laquelle je peux consommer ce breuvage goûteux et caféiné contenu dans cette bouteille. Cela me conduit à faire une analogie évidente avec les effets qu'un seul élément d'un système informatique peut avoir sur les performances du système. »

« Fascinant », répondirent les autres fondus d'informatique qui avaient la chance d'être présents en cet instant historique.

L'expression est restée et permet aujourd'hui d'attirer l'attention sur le simple fait qu'un système informatique n'est jamais plus rapide que le plus lent de ses éléments. C'est l'équivalent informatique d'un vieux truisme qui veut qu'une chaîne ne soit jamais plus solide que le plus faible de ses anneaux.

Pour une simple démonstration de ce concept, voyons ce qui se passe quand vous imprimez un document sur une imprimante très lente. Votre traitement de texte lit les données du disque et les envoie à l'imprimante. Vous vous asseyez et attendez que le document soit imprimé.

Le document ne s'imprimerait-il pas plus vite si vous achetiez un processeur plus rapide ou ajoutiez de la mémoire ? Non. Le processeur est déjà plus rapide que l'imprimante et votre ordinateur dispose déjà de plus de mémoire qu'il n'en faut pour imprimer le document. L'imprimante est le goulet d'étranglement. Le seul moyen d'imprimer le document plus vite est donc de remplacer votre imprimante par une autre plus rapide ou d'augmenter sa mémoire.

Voici quelques autres notions sur les goulets d'étranglement :

- **Un système informatique présente toujours un goulet d'étranglement.** Prenons un exemple : vous avez découvert que sur votre serveur le goulet d'étranglement est un disque SCSI à 10000 TPM (tours par minute) particulièrement lent. Vous décidez donc de le remplacer par un disque à 15000 TPM. Dorénavant, le disque n'est plus le goulet d'étranglement, il traite les informations plus rapidement que la carte contrôleur à laquelle il est relié. Cela ne signifie pas que vous avez réglé le problème, c'est la carte contrôleur qui est devenue le goulet d'étranglement à la place du disque. Quoi que vous fassiez, l'ordinateur aura toujours un élément qui ralentira l'ensemble du système.
- **Un moyen de limiter les effets d'un goulet d'étranglement est d'éviter d'attendre qu'il se présente.** Par exemple, le spooling d'impression vous permet de ne pas attendre pendant l'impression. Le spooling ne rend pas l'imprimante plus rapide mais il vous donne la possibilité de vous libérer pour un autre travail pendant que l'imprimante bosse. Dans le même ordre d'idée, la mise en mémoire cache sur disque vous évite d'attendre si vous disposez d'un disque dur lent.

# Les cinq goulets d'étranglement les plus courants

Vous trouverez ici les cinq types de goulets d'étranglement qui peuvent pénaliser le réseau.

## Le matériel intégré dans les serveurs

Les serveurs doivent être des ordinateurs puissants, capables de prendre en charge toutes les tâches que le réseau leur confie. Ne comptez pas sur un ordinateur bas de gamme acheté au supermarché du coin.

Voici les quatre éléments les plus importants d'un serveur :

- **Le processeur.** Il doit être puissant. Un processeur soldé à quelques centaines d'euros à la boutique d'à côté ne fera pas l'affaire. Autrement dit, évitez les processeurs destinés aux ordinateurs résidentiels.
- **La mémoire.** Il n'y en a jamais trop. Son prix ayant baissé, ne lésinez pas ; un serveur ne saurait avoir moins de 8 Go de RAM.
- **Le ou les disques durs.** Pas question d'installer des disques durs IDE bon marché. Pour obtenir des performances respectables, il vous faut des disques durs SCSI ou SAS (Serial Attached SCSI, c'est l'utilisation du SCSI et du SATA pour améliorer les performances). Rien de moins.

- **La carte réseau.** Les cartes réseau bon marché, à une dizaine d'euros, sont parfaites pour un réseau résidentiel. En revanche, n'espérez pas les utiliser efficacement sur un serveur de fichiers desservant deux cents utilisateurs. Rappelez-vous que le serveur utilise le réseau bien plus que n'importe lequel des ordinateurs clients. C'est pourquoi il doit être équipé d'une bonne carte. En fait, pour de bonnes performances, vous devrez installer plusieurs cartes réseau.

## Les options de configuration du serveur

Tous les systèmes d'exploitation réseau sont équipés d'options permettant de les configurer. Certaines suffisent pour faire la différence entre un réseau qui se traîne et un réseau ultra rapide. Il n'existe malheureusement pas de règle établie pour configurer ces options. D'ailleurs, si elles existaient, on n'aurait pas besoin d'options.

Voici les principales :

- **Les options de mémoire virtuelle.** La *mémoire virtuelle* est définie par un fichier de pagination créé temporairement sur le disque dur, que le serveur utilise lorsqu'il ne dispose plus de suffisamment de mémoire vive (RAM). Comme peu de serveurs possèdent suffisamment de mémoire vive, la mémoire virtuelle joue un rôle important. Il est possible de spécifier la taille et l'emplacement du fichier de pagination utilisé comme mémoire virtuelle.

  TRUC

  Pour de meilleures performances, la taille du fichier doit être d'au moins 1,5 fois la quantité de mémoire vive. Par exemple, si l'ordinateur est équipé de 16 Go de RAM, il faudra lui allouer au moins 16 à 24 Go de mémoire virtuelle. Au besoin, il sera possible de l'augmenter par la suite.

- **La répartition sur plusieurs disques.** Utilisez le défragmenteur pour optimiser le stockage des données sur le disque dur du serveur.

  TRUC

  Si le serveur est équipé de plusieurs disques durs, vous pouvez créer des volumes entrelacés qui permettront aux opérations d'entrée/sortie de s'exécuter simultanément sur chacun des disques.

- **Les protocoles réseau.** Assurez-vous que les protocoles réseau sont configurés correctement et supprimez tous ceux qui ne sont pas nécessaires.

- **L'espace disque libre sur les serveurs.** Il doit toujours rester beaucoup de place sur le disque dur des serveurs.

  ATTENTION !

  Si cette place se réduit considérablement, le serveur est pénalisé et les opérations de lecture/écriture sur les disques commencent à s'éterniser. Quelques gigaoctets libres offrent une bonne marge de manœuvre.

## Les serveurs surmenés

Une des raisons classiques de la baisse des performances d'un serveur est la surcharge des tâches. Le fait que les systèmes d'exploitation réseau modernes soient livrés avec des dizaines de services différents ne signifie pas que vous deviez les activer tous et les utiliser en même temps sur le même serveur. Si un serveur fonctionnant seul rame parce que la charge de travail est trop élevée, ajoutez-en un second qui délestera le premier de certaines corvées. Rappelez-vous du vieil adage : « Plus on est nombreux, plus ça va vite. »

Par exemple, si le réseau a besoin de plus d'espace disque, envisagez l'ajout d'un second serveur de fichiers plutôt que d'ajouter un disque dur à un serveur qui en a déjà quatre, tous bien remplis. Ou mieux, achetez un ordinateur dont la seule tâche sera de servir des fichiers.

Le bénéfice secondaire de la répartition des tâches sur plusieurs serveurs est un réseau plus facile à administrer et plus fiable. Par exemple, si un seul serveur fait office de serveur de fichiers et de serveur de messagerie, vous perdrez momentanément ces deux services s'il tombe en panne ou si vous devez le mettre à niveau. Si chacune de ces tâches est prise en charge par un serveur dédié, un seul service sera interrompu en cas d'incident.

## L'infrastructure du réseau

L'*infrastructure* est composée de tous les câbles, concentrateurs, commutateurs, routeurs et autres composants qui se trouvent entre les serveurs et les clients.

Les éléments d'infrastructure suivants peuvent ralentir le réseau :

- **Les concentrateurs.** Les commutateurs étant devenus très bon marché, vous résoudrez beaucoup de problèmes de performances en remplaçant vos vieux concentrateurs démodés par des commutateurs qui réduiront la charge globale sur le réseau.
- **La taille des segments.** Faites en sorte que sur chacun des segments du réseau le nombre d'ordinateurs et autres périphériques reste dans les limites du raisonnable, c'est-à-dire une vingtaine. Notez qu'en remplaçant les concentrateurs par des commutateurs, vous réduisez instantanément la taille de chaque segment car chaque port d'un commutateur est un segment à lui seul.
- **La vitesse du réseau.** Si votre réseau est ancien, vous découvrirez probablement que beaucoup d'utilisateurs, voire tous, sont encore connectés à 10 Mbps. La mise à niveau à 100 Mbps augmentera considérablement la vitesse du réseau, et si vous passez au gigabit (1 Gbps), ce sera encore plus rapide.

- **La vitesse de la dorsale.** Si les segments du réseau sont reliés à une dorsale, envisagez la mise à niveau de cette dernière à 1 Gbps.

TRUC

Le plus difficile lors d'une recherche d'amélioration des performances du réseau est de découvrir l'emplacement des goulets d'étranglement. Avec du matériel de test sophistiqué et des années d'expérience, les spécialistes des réseaux parviennent à les localiser par déduction. Même sans équipement ni expérience, vous pouvez vous aussi vous en sortir.

## Les dysfonctionnements matériels

Une carte réseau ou un autre composant qui fonctionne mal peut ralentir le réseau. Par exemple, un commutateur peut mal fonctionner par intermittence : il laisse passer des paquets de temps en temps mais en perd suffisamment pour que le réseau ralentisse. Après avoir identifié le composant fautif, son remplacement restaurera les performances du réseau.

# Améliorer les performances du réseau : la méthode maniaque

Vous avez deux moyens d'améliorer les performances de votre réseau. Le premier consiste à réfléchir un peu, à penser à ce qui pourrait améliorer les performances, à faire des tests et à vérifier si le réseau fonctionne plus vite. C'est l'approche choisie par la plupart.

Il y a ensuite la méthode maniaque, idéale pour les personnes qui trient leurs chaussettes par couleur et rangent leurs placards par catégories d'aliments ou par ordre alphabétique. Cette approche ressemble à celle qui suit :

1. **Élaborez une méthode pour tester objectivement les performances d'un des aspects du réseau.**

   Il s'agit de la méthode du *banc d'essai*. Par exemple, si vous voulez améliorer les performances de l'impression en réseau, ayez recours à un chronomètre pour mesurer le temps que prend l'impression de documents volumineux.

2. **Changez une variable de la configuration de votre réseau et procédez de nouveau au test.**

   Par exemple, si vous pensez qu'augmenter la taille de la mémoire cache du disque peut améliorer les performances, modifiez-la, relancez le serveur et lancez la mesure des performances. Notez si les performances s'améliorent, restent les mêmes ou se détériorent.

3. **Répétez l'étape 2 pour chacune des variables que vous voulez tester.**

Voici quelques points importants qu'il convient de garder à l'esprit si vous voulez améliorer les performances de votre réseau avec cette méthode :

- **Si possible, testez chaque variable séparément.** Autrement dit, revenez à la configuration d'origine avant le test de la variable suivante.
- **Écrivez le résultat de chaque test de sorte que vous disposiez d'un enregistrement précis de l'impact de chaque modification sur les performances du réseau.**
- **Veillez à ne modifier qu'une option de la configuration à chaque fois que vous démarrez le banc d'essai.** Si vous effectuez plusieurs modifications, vous ne saurez pas laquelle a influencé les performances. Il se peut aussi qu'une modification ait entraîné une amélioration des performances mais qu'une autre ait eu l'effet inverse, si bien que les modifications s'annulent entre elles (comme au football, lorsque l'arbitre siffle une faute).
- **Réalisez vos tests pendant les heures de travail, quand le réseau est soumis à sa charge habituelle.**
- **Pour mesurer les performances, exécutez votre banc d'essai deux ou trois fois afin d'être sûr que les résultats obtenus sont constants.**

# Surveiller les performances du réseau

Chronométrer la durée nécessaire pour accomplir une tâche sur le réseau comme ouvrir un document ou imprimer un rapport est une manière de surveiller les performances du réseau.

Une approche plus technique consiste à utiliser un programme de surveillance qui collecte en permanence des statistiques sur le fonctionnement du réseau. Tapi dans l'ordinateur, il espionne discrètement l'activité sur le réseau et enregistre tout ce qui s'y passe dans un journal des performances. Vous pouvez à tout moment consulter ce journal pour savoir comment se porte le réseau.

Si le réseau est de grande taille, vous pouvez utiliser un programme de surveillance sophistiqué qui tourne sur son propre serveur dédié. Pour des réseaux petits à moyens, vous aurez plutôt recours à un utilitaire livré avec le système d'exploitation. La Figure 23.1 représente l'analyseur de performances fourni avec Windows Server. D'autres systèmes d'exploitation sont équipés du même genre d'utilitaire.

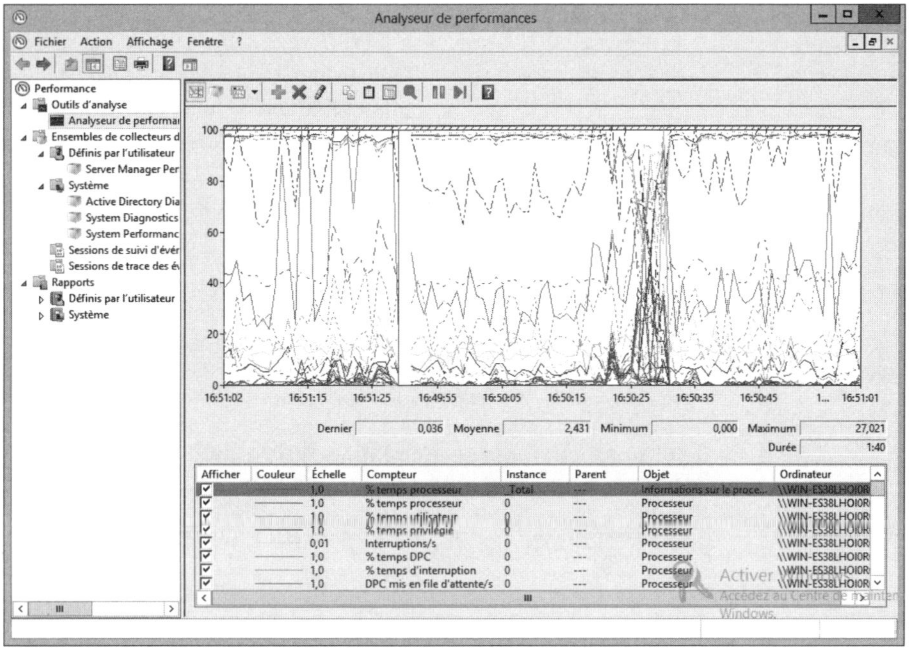


**Figure 23.1 :** L'analyseur de performances sous Windows Server.

Le moniteur de fiabilité et de performances de Windows permet de surveiller différents paramètres en même temps. Chacun de ces paramètres est défini par un compteur. Le Tableau 23.1 montre les plus communément utilisés mais il en existe des dizaines. Notez que chaque compteur se réfère à un objet du serveur comme le disque physique, la mémoire ou le processeur.

**Tableau 23.1 :** Compteurs de performances communément utilisés.

| *Objet* | *Compteur* | *Description* |
|---|---|---|
| Disque physique | % espace libre | Pourcentage d'espace libre sur les disques physiques du serveur. Doit être d'au moins 15 %. |
| Disque physique | Longueur moyenne de la file d'attente | Nombre d'opérations disque en attente pendant que le disque est occupé à effectuer d'autres opérations disque. Doit être de 2 au maximum. |
| Mémoire | Pages par seconde | Nombre de pages extraites chaque seconde du fichier de pagination de la mémoire virtuelle. Le seuil moyen se situe à environ à 2 500 pages par seconde. |

| Objet | Compteur | Description |
|---|---|---|
| Processeur | % temps processeur | Indique le pourcentage du temps pendant lequel le processeur est occupé à des tâches au lieu d'être en attente. Doit être de 85 % au maximum. |

Voici quelques autres points à prendre en considération lors du suivi des performances :

- **Le moniteur de fiabilité et de performances permet de surveiller les données en temps réel ou de voir celles qui ont été enregistrées dans un fichier du journal.** Les données en temps réel donnent un aperçu de ce qui se passe sur le réseau à un moment donné. Les informations les plus utiles sont toutefois celles consignées dans le journal.
- **Il est possible de planifier l'inscription dans le journal afin qu'elle démarre à une certaine heure, pendant un intervalle donné.** Par exemple, des données seront inscrites dans le journal toutes les quinze secondes de 9h à 9h30 puis de 15h à 15h30.
- **Même si vous n'avez pas de problème de performances, il est recommandé de consigner les performances dans le fichier journal et ce pendant quelques semaines afin de collecter des données de fonctionnement normal.** Si des problèmes surgissent par la suite, ces données vous seront extrêmement précieuses.

  **Ne configurez pas la journalisation non-stop.** La collecte des données de performances ralentit le serveur. Consultez-les de temps en temps pour obtenir des données de base ou si vous décelez un problème au niveau des performances.

# Quelques conseils supplémentaires

Voici quelques conseils de dernière minute concernant les performances :

- **Il suffit parfois d'observer les concentrateurs ou les commutateurs pendant quelques minutes pour déceler la source d'un ralentissement.** Ils sont équipés de témoins vert et rouge. Le témoin vert clignote dès que des données sont transmises. Le témoin rouge clignote à chaque fois qu'une collision de données se produit. Il est normal que la lumière rouge clignote de temps en temps mais si elle le fait tout le temps, la carte réseau est sans doute défectueuse.

- **Vérifiez les tâches planifiées comme les sauvegardes, les mises à jour de données par lots ou les rapports de tâches.** Si c'est possible, planifiez-les pour qu'elles se déroulent en dehors des heures de travail, la nuit par exemple, quand les bureaux sont déserts. Ces tâches tendent à ralentir le réseau à cause des nombreux accès aux disques durs du serveur.

- **Il arrive parfois qu'une application dégrade les performances.** Par exemple, certains logiciels produisent ce que l'on appelle de la *mémoire non allouée* : ils utilisent de la mémoire mais oublient de la libérer une fois qu'ils sont fermés. Les programmes qui quittent sans libérer la mémoire peuvent accaparer une bonne partie de la mémoire vive du serveur, qui finit par ramer lamentablement et même se bloquer. Si vous soupçonnez un programme de ne pas libérer la mémoire, contactez l'éditeur pour voir s'il n'existe pas un correctif.

- **Un *spyware* peut contribuer à ralentir le système.** Il s'agit d'un programme qui s'installe subrepticement dans l'ordinateur, surveille ce que vous faites et transmet périodiquement un rapport de vos activités à un autre ordinateur connecté à Internet. Heureusement, il existe de nombreux outils gratuits ou peu chers qui suppriment les spyware. Pour plus d'informations, utilisez Google ou un autre moteur de recherche pour trouver un tel outil.

# Sixième partie

# Au-delà de Windows

« Le comble, c'est qu'il est sorti pour rechercher un "hotspot". »

## Dans cette partie :

- Le concept de virtualisation et comment il peut rendre votre réseau plus efficace et plus rentable
- L'apprentissage de Linux, une alternative au système d'exploitation Windows Server, performant et couramment utilisée
- La connexion au réseau avec un ordinateur Apple

# Chapitre 24

# Virtualisation

***Dans ce chapitre***

- Les principes de base de la virtualisation.
- Les avantages de la virtualisation.
- Mise en œuvre de la virtualisation avec VMware Player.
- Créer une machine virtuelle.

La virtualisation est aujourd'hui l'un des sujets les plus importants dans le monde des serveurs et des réseaux. Selon certains experts de l'industrie, la virtualisation est la meilleure chose qui soit arrivée aux ordinateurs depuis l'invention du transistor. Si vous n'avez pas déjà commencé à virtualiser vos serveurs, c'est que vous êtes debout sur le quai à regarder le train partir !

Ce chapitre est une brève introduction à la virtualisation ; il met l'accent sur la manière de tirer parti du matériel afin d'augmenter le nombre de serveurs en utilisant moins de matériel. En complément des concepts généraux de virtualisation, vous expérimenterez la virtualisation à l'aide du produit de virtualisation gratuit, VMware Player.

TRUC

La maîtrise d'un environnement de virtualisation requiert un livre consacré exclusivement à ce sujet. Vous pouvez consulter les ouvrages suivants pour plus d'informations *Virtualization For Dummies* de Bernard Golden et *VMware Infrastructure 3 For Dummies* de William Lowe.

# Les principes de base de la virtualisation

L'idée de base de la virtualisation consiste à utiliser un logiciel pour simuler l'existence de matériel. Ce concept puissant permet d'exécuter plusieurs systèmes informatiques indépendants sur un serveur physique unique. Supposons que votre organisation nécessite douze serveurs pour répondre à ses besoins. Vous pouvez installer douze serveurs sur douze ordinateurs distincts ou bien vous pouvez utiliser la virtualisation pour répartir l'exécution de ces douze serveurs sur seulement deux machines ; en effet, chacun de ces deux ordinateurs simulerait six systèmes informatiques distincts.

Chacun des systèmes simulés est une machine virtuelle. Chaque machine virtuelle apparaît comme un système complet, ordinateur autonome avec ses propres processeurs, sa mémoire, ses disques durs, ses lecteurs de CD-ROM/DVD, son clavier, sa souris, son moniteur, ses interfaces réseau, ses ports USB, etc.

Comme un véritable ordinateur, chaque machine virtuelle nécessite son système d'exploitation. Dans un environnement de serveur de réseau typique, chaque machine virtuelle exécute sa propre copie de Windows Server 2012 (ou une version antérieure). Le système d'exploitation ne fait aucune différence entre une machine virtuelle et une machine réelle.

Voici quelques termes que vous devez connaître si vous souhaitez discuter de manière intelligente de virtualisation:

- **Hôte** : L'ordinateur physique réel sur lequel une ou plusieurs machines virtuelles sont exécutées.
- **Bare metal** (métal nu) : Un autre terme pour l'ordinateur hôte qui exécute une ou plusieurs machines virtuelles.
- **Invité** : Une machine virtuelle fonctionnant sur un hôte.
- **Système d'exploitation invité** : Un système d'exploitation qui s'exécute sur une machine virtuelle. En soi, un invité est uniquement une machine, il nécessite un système d'exploitation pour fonctionner ; le système d'exploitation invité est ce qui amène le client à vie.

  ATTENTION !

  En ce qui concerne les licences, Microsoft traite chaque machine virtuelle comme un ordinateur distinct. Ainsi, si vous exécutez six instances sur un hôte unique, et si chaque invité exécute Windows Server 2012, vous êtes redevable de six licences Windows Server 2012.
- **Hyperviseur** : Le système d'exploitation de virtualisation qui crée et exécute les machines virtuelles.

Les deux types de base d'un hyperviseur sont le Type 1 et le Type 2. *Un hyperviseur de Type 1*, ou natif, est un hyperviseur qui s'exécute directement sur l'hôte. *Un hyperviseur de Type 2* est un hyperviseur qui s'exécute dans un système d'exploitation, qui s'exécute à son tour sur l'hôte.

Pour une utilisation en production, vous devriez toujours utiliser les hyperviseurs de Type 1, car ils sont beaucoup plus efficaces que les hyperviseurs de Type 2. Cependant, les hyperviseurs de Type 1 sont beaucoup plus chers que les hyperviseurs de Type 2. En conséquence, de nombreuses personnes utilisent des hyperviseurs de virtualisation Type 2, peu coûteux ou gratuit, pour expérimenter leur modèle avant de s'engager et d'acheter un hyperviseur de Type 1.

## La longue marche de la virtualisation

De nos jours les jeunes informaticiens pensent qu'ils ont tout inventé, y compris la virtualisation

Ils ne savent pas !

La virtualisation a été développée pour les ordinateurs PC dans les années 1990, à l'époque où le capitaine Picard était aux commandes de l'Enterprise dans Star Trek : La Nouvelle Génération.

Mais l'idée est encore plus ancienne que cela.

Les premiers serveurs virtualisés datent des années 70. En 1972, IBM a publié un système d'exploitation appelé simplement VM, qui avait presque toutes les caractéristiques de base que l'on retrouve dans les produits de virtualisation d'aujourd'hui.

VM a permis aux administrateurs d'ordinateurs IBM mainframe System/370 de faire tourner sur un même système plusieurs machines virtuelles indépendantes ; chacune était appelée (vous l'aurez deviné) une machine virtuelle, ou VM. Cette terminologie est encore en usage aujourd'hui.

Chaque machine virtuelle pouvait exécuter un système d'exploitation invité compatible avec le System/370 avec ses propres cœurs de processeur, sa mémoire virtuelle, ses partitions de disque et ses dispositifs d'entrée/sortie.

Le cœur du système VM lui-même a été appelé l'hyperviseur ; un autre terme qui persiste à ce jour.

Le produit VM qu'IBM a publié en 1972 était en fait basé sur un produit expérimental expérimenté sur une base limitée en 1967.

## Les avantages de la virtualisation

Vous pourriez penser que la virtualisation est inefficace, car un véritable ordinateur est intrinsèquement plus rapide qu'un ordinateur simulé. Même s'il est vrai que les ordinateurs réels sont plus rapides que les ordinateurs simulés, la technologie de virtualisation est devenue tellement performante que la différence entre une machine virtualisée et une véritable machine physique est seulement de quelques pour cent.

La petite différence imposée par la virtualisation est généralement plus que compensé par le simple fait que même les serveurs les plus sollicités passent le plus clair de leur temps à se tourner leurs pouces numériques, en attente de quelque chose à faire. En fait, de nombreux serveurs passent presque tout leur temps à ne rien faire. Comme les ordinateurs deviennent de plus en plus rapides, ils passent de plus en plus de temps à ne rien faire.

La virtualisation est une excellente façon d'utiliser toute cette puissance de traitement inemployée.

La virtualisation présente plusieurs avantages décisifs :

- **Coût du matériel** : En général, vous pouvez économiser beaucoup d'argent en réduisant les coûts du matériel lorsque vous utilisez la virtualisation. Supposons que vous remplaciez dix serveurs qui coûtent 4 000 Euros chacun par un serveur hôte. Certes, vous devrez probablement dépenser plus de 4 000 Euros pour ce serveur, car il doit être équipé de multiprocesseurs avec de nombreux cœur, une quantité de mémoire importante, des interfaces réseau, etc. Donc, vous dépenserez probablement 15 000 à 20 000 Euros pour le serveur hôte, 5 000 Euros pour le logiciel hyperviseur. Mais c'est beaucoup moins que les 40 000 Euros que vous auriez dépensé pour les dix ordinateurs distincts à 4 000 Euros chacun.

- **Les coûts d'énergie** : De nombreuses entreprises ont constaté que la virtualisation a permis de réduire leur consommation globale d'électricité de 80 pour cent pour les serveurs. Cette économie est le résultat direct de la réduction du nombre de machines ; un ordinateur hôte exécutant dix serveurs virtuels utilise environ un dixième de l'énergie qui serait utilisée si chacun des dix serveurs était exécuté sur un matériel distinct.

- **La recouvrabilité** : Un des plus grands avantages de la virtualisation n'est pas l'économie de coûts, mais la capacité à récupérer rapidement les défaillances matérielles. Supposons que votre entreprise dispose de dix serveurs, chacun fonctionnant sur un matériel distinct. Si l'un de ces serveurs tombe en panne à la suite d'une défaillance matérielle, par exemple une carte mère défaillante, ce serveur restera arrêté jusqu'à ce que vous ayez réparé l'ordinateur. Si ces dix serveurs sont des machines virtuelles qui tournent sur deux hôtes différents, si l'un des hôtes tombe en panne, les machines virtuelles affectées à l'hôte défaillant pourront être dupliquées sur l'autre hôte en quelques minutes.

Certes, les serveurs seront exécutés de manière moins efficace sur un seul hôte plutôt que sur les deux hôtes, mais cette légère dégradation ne durera que le temps de la réparation.

Avec les hyperviseurs les plus avancées, le transfert d'un hôte à un autre hôte peut être réalisé automatiquement et instantanément, ce qui évite toute interruption de service.

- **La reprise après sinistre** : Lors de défaillances matérielles la virtualisation est particulièrement intéressante pour la reprise après sinistre. Supposons que l'infrastructure serveur de votre organisation se compose de vingt serveurs distincts. Dans le cas d'une catastrophe dévastatrice, comme un incendie dans la salle des serveurs qui détruit tout le matériel, combien de temps vous faudrait-il pour remettre les vingt serveurs en service avec un nouveau matériel ? Le temps de récupération serait très probablement mesuré en semaines.

  En revanche, pour des machines virtuelles qui sont en fait rien de plus que des fichiers qui peuvent être sauvegardés sur bande, il suffirait de reconstruire un seul ordinateur hôte, de réinstaller le logiciel hyperviseur, de restaurer les sauvegardes des machines virtuelles à partir des bandes, puis de redémarrer les machines virtuelles. Tout cela au maximum en quelques heures au lieu de quelques semaines.

# Mise en œuvre de la virtualisation avec VMware Player

La virtualisation est un sujet complexe et la maîtrise des tenants et des aboutissants du travail avec un système de virtualisation comme VMware est un sujet qui dépasse la portée de ce livre. Cependant, vous avoir une idée de ce qu'est la virtualisation, , en téléchargeant et en expérimentant le produit de virtualisation gratuit, VMware Player. Vous pouvez le télécharger à l'adresse `www.vmware.com/fr`.

La Figure 24.1 montre l'écran de démarrage de VMware Player. Depuis cet écran, vous pouvez créer une nouvelle machine virtuelle ou exécuter l'une des machines virtuelles que vous aurez déjà créées. Comme vous pouvez le voir sur la figure, une machine virtuelle a été créée, elle exécute Windows Server 2012.

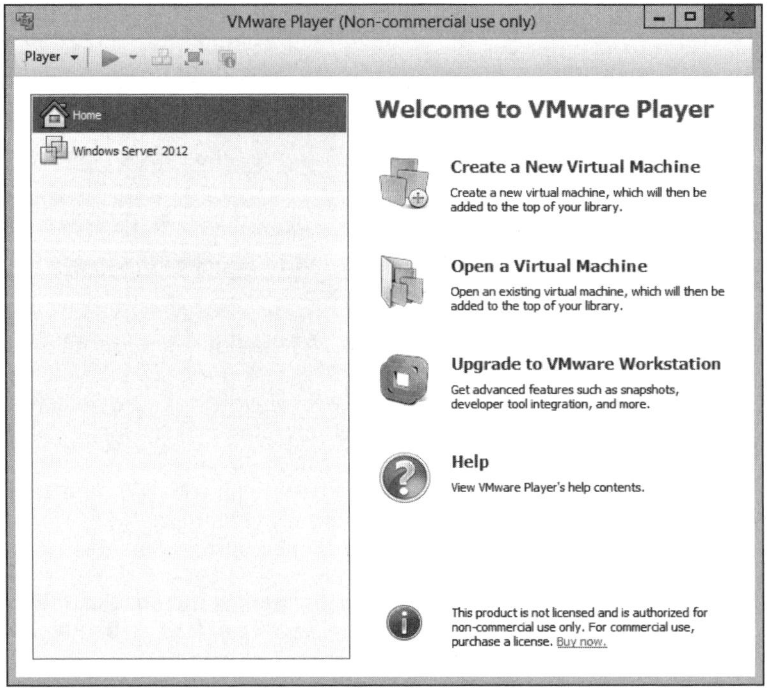


**Figure 24.1:** L'écran de démarrage de VMware Player.

Vous pouvez exécuter une machine virtuelle en la sélectionnant et en cliquant sur la commande Open a Virtual Machine. La machine virtuelle s'ouvre dans une nouvelle fenêtre, comme le montre la Figure 24.2. Lorsque vous démarrez une machine virtuelle, celle-ci se comporte exactement comme un ordinateur réel ; elle initialise ses périphériques matériels, puis elle charge le système d'exploitation invité qui a été installé dans la machine virtuelle. Dans la Figure 24.2, Windows Server 2012 a démarré et attend que vous appuyiez sur les touches Ctrl + Alt + Suppr pour ouvrir une session.

Comme le montre la Figure 24.2, le système vous invite à appuyer sur les touches Ctrl + Alt + Suppr pour démarrer une session sur la machine virtuelle ; dans ce cas, Windows Server 2012. Cependant, que se passe-t-il lorsque vous appuyez sur Ctrl + Alt + Del ; qui répond, l'ordinateur hôte ou la machine virtuelle ?

C'est le système d'exploitation hôte qui répond à l'activation des touches, de sorte que le système d'exploitation invité ne réagit pas.

Pour contourner cette limitation, VMware propose le raccourci clavier spécifique Ctrl + Alt + Fin pour envoyer la séquence Ctrl + Alt + Del au système d'exploitation invité. Par ailleurs, vous pouvez cliquer sur l'icône représentant trois écrans regroupés dans la barre de menus de VMware pour envoyer la séquence de touches Ctrl + Alt + Suppr à la machine virtuelle.

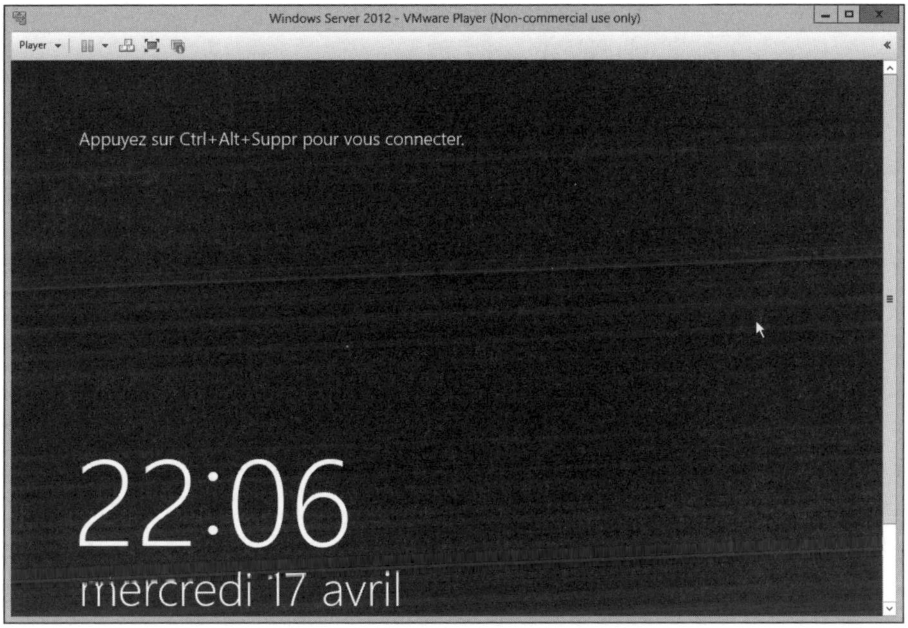


**Figure 24.2:** Une machine virtuelle exécutant Windows Server 2012.

Lorsque vous travaillez avec une machine virtuelle, vous devez savoir que dès que vous cliquez dans sa fenêtre, la machine virtuelle « capture » la souris et le clavier, pour rediriger vos actions vers la machine virtuelle plutôt que l'ordinateur hôte. Si vous voulez briser ces liens et revenir à l'ordinateur hôte, appuyez simultanément sur les touches Ctrl et Alt.

# Créer une machine virtuelle

La création d'une nouvelle machine virtuelle dans VMware Player est relativement facile. En fait, la partie la plus difficile consiste à mettre la main sur le disque d'installation du système d'exploitation ! Rappelez-vous qu'une machine virtuelle n'est rien sans un système d'exploitation invité.

Si vous voulez uniquement tester la virtualisation, vous n'aurez pas besoin de vous acquitter d'une licence supplémentaire. Il suffit de télécharger une copie d'évaluation de Windows Server à l'adresse `www.microsoft.com/france/serveur-cloud/windows-server/2012/default.aspx`. La période d'évaluation est de six mois, ce qui devrait vous laisser assez de temps pour tester le produit.

La version d'essai téléchargeable de Windows Server se présente sous la forme d'un fichier ISO, qui est une image d'un fichier DVD que vous pouvez monter dans votre machine virtuelle comme s'il s'agissait d'un disque réel.

Dès que le fichier ISO ou le disque d'installation est accessible, vous pouvez créer la nouvelle machine virtuelle ; pour ce faire, procédez de la manière suivante :

1. **Cliquez sur Create a New Virtual Machine à partir de l'écran d'accueil VMware Player (voir la Figure 24.1).**

   Cela ouvre l'assistant New Virtual Machine Wizard, comme le montre la Figure 24.3.

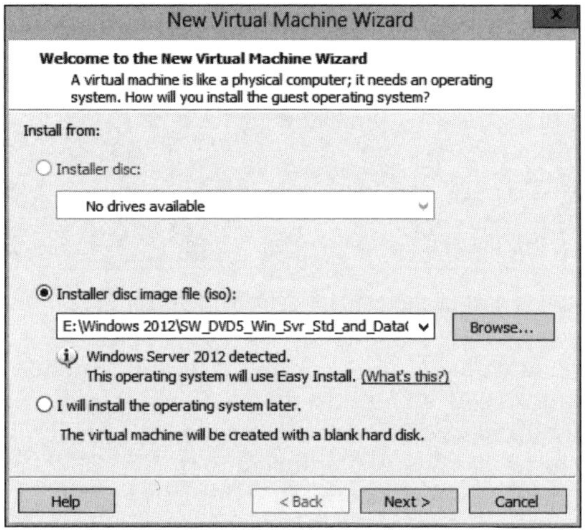


**Figure 24.3:** L'assistant New Virtual Machine Wizard.

2. **Choisissez l'option d'installation que vous souhaitez utiliser.**

   Vous avez trois choix:

   • *Installer disc (disque d'installation)* : Sélectionnez cette option puis choisissez dans la liste déroulante le disque (CD ou d'un DVD) d'installation.

   • *Installer disc image file (ISO Installer un fichier image)* : Sélectionnez cette option, cliquez sur le bouton Browse recherchez le fichier ISO qui contient l'image d'installation.

   • *I will install the operating system later (Je vais installer le système d'exploitation plus tard)* : Sélectionnez cette option si vous voulez créer la machine virtuelle, mais installer le système d'exploitation ultérieurement.

Les étapes restantes de cette procédure supposent que vous sélectionnez un fichier ISO pour l'installation de Windows Server 2012.

3. **Cliquez sur Next.**

   L'écran de la Figure 24.4 apparaît. Vous pouvez entrer la clé de produit ou sauter ignorer cette étape si vous souhaitez seulement tester le produit.

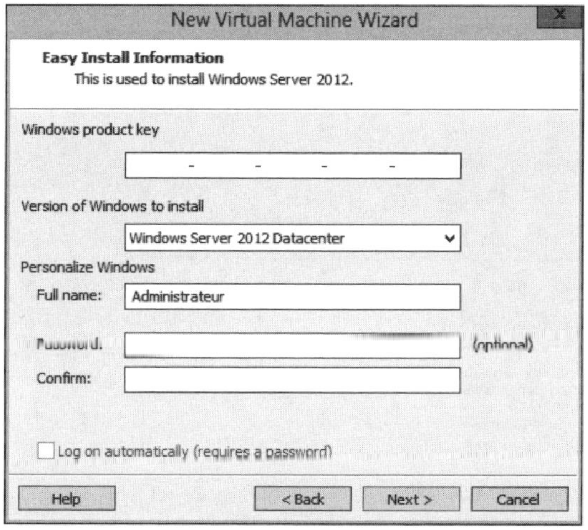


**Figure 24.4:** L'Assistant Nouvelle machine virtuelle vous demande votre clé de produit.

4. **Si vous avez la clé Windows, entrez-la et cliquez sur Next, sinon, cliquez sur Next.**

   Vous pourrez entrer la clé plus tard. L'écran illustré par la Figure 24.5 apparaît.

5. **Entrez un nom pour la machine virtuelle.**

6. **Indiquez l'emplacement de la machine virtuelle.**

   Si vous le souhaitez, vous pouvez cliquer sur le bouton Browse et naviguer jusqu'au dossier où vous souhaitez créer le fichier.

7. **Cliquez sur Next.**

   L'assistant vous demande la taille du disque pour créer la machine virtuelle, comme le montre la Figure 24.6.

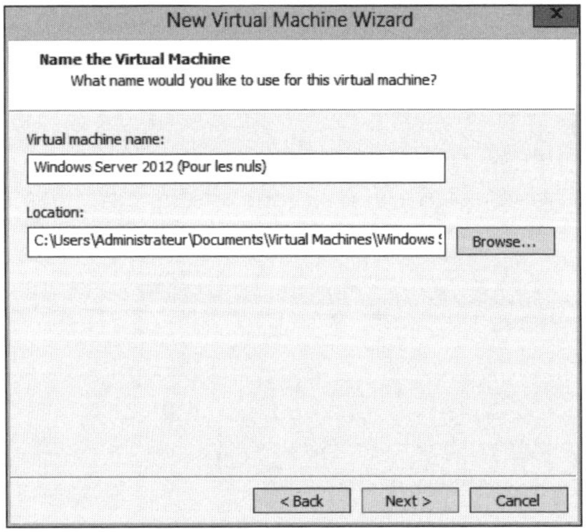


**Figure 24.5:** Spécifiez un nom et indiquez l'emplacement où créer la machine virtuelle.

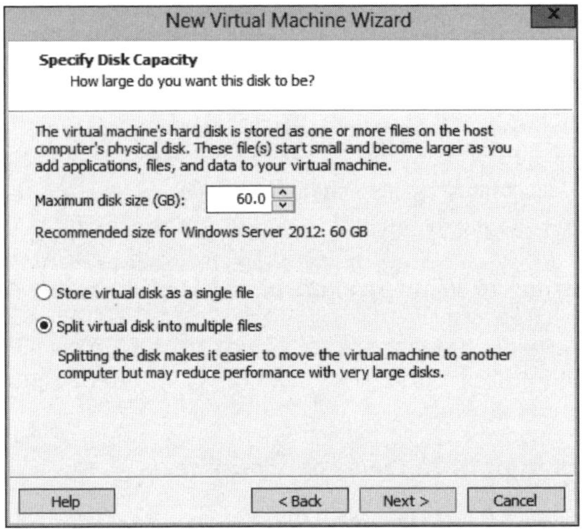


**Figure 24.6:** Indiquez la taille du disque virtuel.

8. **Définissez la taille du disque dur de la machine virtuelle.**

   Le réglage par défaut est de 60 Go, mais vous pouvez le modifier en fonction de vos besoins. Notez que vous devez avoir suffisamment d'espace disponible sur le disque dur de l'ordinateur hôte.

9. **Cliquez sur Next.**

   L'Assistant affiche une page de confirmation finale, comme le montre la Figure 24.7.

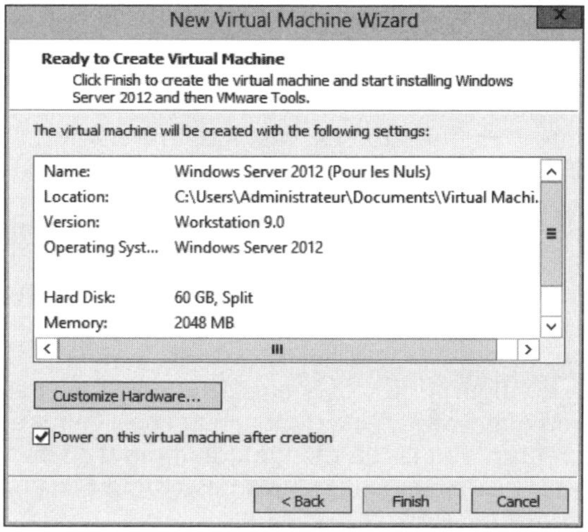


**Figure 24.7:** VMware est prêt à créer la machine virtuelle.

10. **Cliquez sur Finish.**

    L'assistant crée la machine virtuelle et démarre l'installation à partir du DVD ou de l'image ISO la Figure 24.8 montre le déroulement de l'installation.

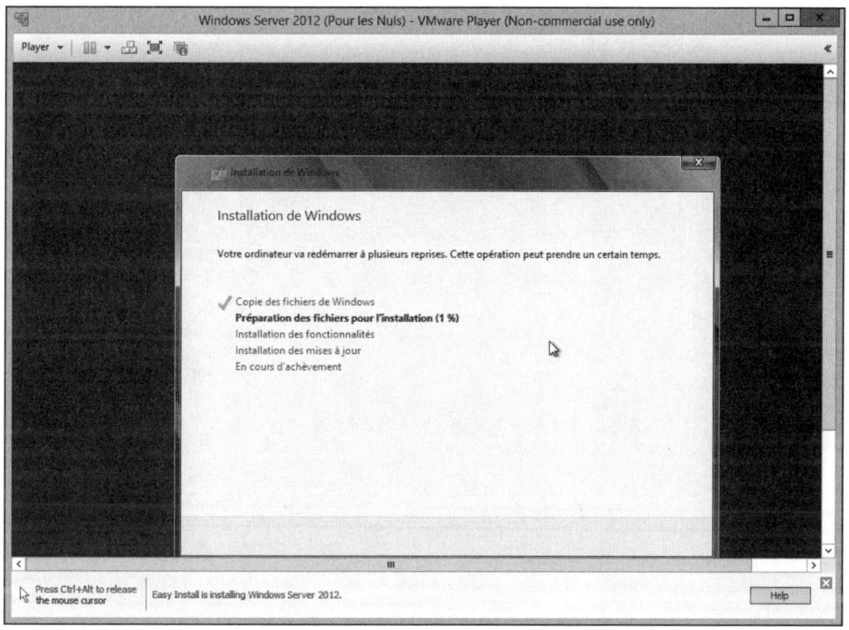


**Figure 24.8:** Installation de Windows Server dans une machine virtuelle.

L'installation d'un système d'exploitation sur une machine virtuelle est identique à une installation sur un ordinateur physique, l'affichage des écrans d'installation dans une fenêtre de machine virtuelle est la seule différence.

Lorsque le système d'exploitation est installé, tout est terminé ; vous pouvez commencer à utiliser la machine virtuelle.

Vous pouvez régler la configuration matérielle d'une machine virtuelle en exécutant la commande Player/Manage/Virtual Machine Settings à partir de la barre de menu, lorsque la machine virtuelle est en cours d'exécution. Cette commande ouvre la boîte de dialogue Virtual Machine Settings, comme le montre la Figure 24.9. A partir de cette boîte de dialogue, vous pouvez ajuster la configuration matérielle de la machine virtuelle, changer la quantité de RAM affectée à la machine, augmenter le nombre de cœurs du processeur, augmenter la taille du disque dur, ajouter un lecteur de CD ou de DVD, configurer des cartes réseau, définir des connexions USB, régler le son et l'affichage, etc.

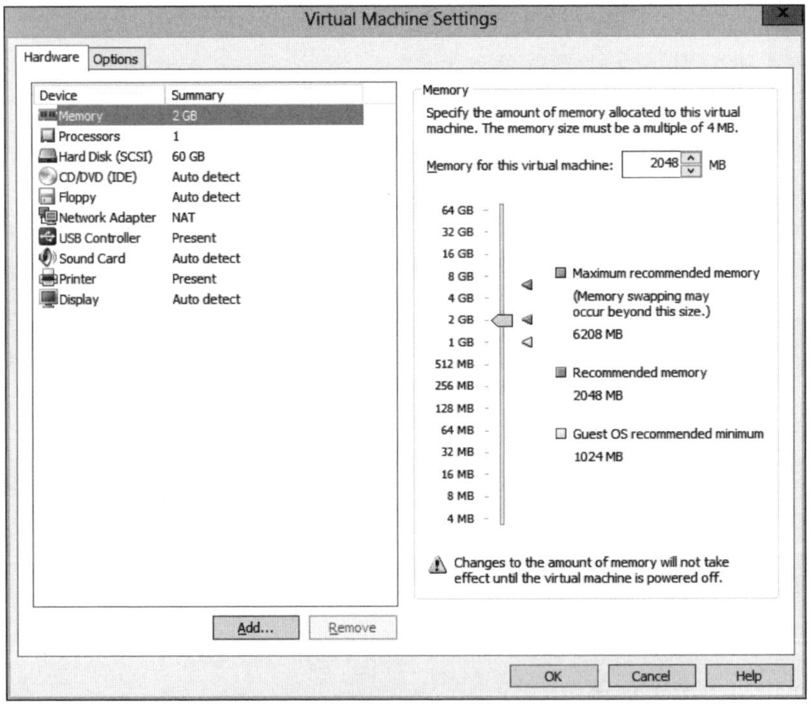


**Figure 24.9:** Configuration des paramètres de machine virtuelle.

## Chapitre 25

# Mettre en œuvre un serveur Linux

***Dans ce chapitre :***

- Linux versus Windows.
- Choisir une distribution de Linux.
- Installer Linux.
- Ouvrir et fermer une session.
- Utiliser GNOME.
- Utiliser l'interpréteur de commandes.
- Gérer les comptes utilisateurs.
- Configurer le réseau.
- Danser la samba.

Linux, le système d'exploitation gratuit basé sur UNIX, est une alternative très appréciée à Windows Server, notamment pour des applications spécifiques telles que des serveurs Web ou de messagerie. Linux s'utilise aussi comme pare-feu ou comme serveur de fichiers et d'impression sur votre réseau local.

C'est en 1991 que Linus Torvalds, alors étudiant en licence à l'université d'Helsinki, a commencé à concevoir Linux. Il venait d'acheter un PC et pensait qu'il serait amusant de construire entièrement son système d'exploitation, à partir d'UNIX. Dix ans après, Linux était devenu un système d'exploitation très complet, rapide, fiable et performant.

Dans ce chapitre, vous apprendrez à installer un serveur Linux sur votre réseau et à l'employer comme serveur de fichiers, serveur Web pour Internet ou un intranet, serveur de messagerie, ou comme routeur et pare-feu pour vous aider à connecter votre réseau à Internet.

TRUC

Linux est un système d'exploitation complexe. Apprendre à s'en servir peut s'avérer assez décourageant, surtout si votre expérience en informatique se limite au seul Windows. Par chance, il existe plusieurs livres sur Linux aux éditions First Interactive qui faciliteront votre apprentissage : *Linux pour les Nuls*, *Linux Poche pour les Nuls*.

## Linux versus Windows

Si vos connaissances en informatique ne concernent que Windows, la découverte de Linux s'apparentera pour vous à une longue et difficile ascension. Linux et Windows sont radicalement différents sur certains points. Voici les divergences les plus flagrantes :

- **Linux est un système d'exploitation multiutilisateur.** Cela signifie que plusieurs utilisateurs peuvent se connecter et se servir d'un ordinateur sous Linux en même temps :

  - Deux utilisateurs ou plus peuvent se connecter à partir du même clavier et moniteur grâce à des consoles virtuelles qui permettent de passer d'une session à une autre grâce à une simple combinaison de touches.

  - Les utilisateurs peuvent également se connecter à un ordinateur sous Linux à partir d'une fenêtre terminale ouverte sur une autre machine du réseau.

  NOTE TECHNIQUE

  En revanche, la plupart des versions Windows sont mono-utilisateurs. Seul un utilisateur peut se connecter à un ordinateur sous Windows et exécuter des commandes. Il est possible de configurer Windows Server en multiutilisateur avec des services de terminaux.

- **Contrairement à Windows, Linux ne possède pas d'interface utilisateur graphique intégrée (*GUI*, en anglais).** À la place, Linux dispose d'un composant optionnel, *X Window System*. Vous pouvez utiliser Linux sans X Window, auquel cas vous communiquez avec le système d'exploitation en tapant des commandes. Si vous préférez une GUI, vous devez installer et exécuter X Window.

  X Window est divisé en deux parties :

  - Un composant serveur, *serveur X*, en charge des principales corvées de gestion multifenêtre, qui s'occupe de tout ce qui est graphique pour les applications.

  - Une interface utilisateur, le *gestionnaire de fenêtres*, qui fournit menus, boutons, barres d'outils, barre des tâches, etc.

Il existe plusieurs gestionnaires de fenêtres ayant chacun leur cachet. Sous Windows, vous êtes obligé d'utiliser l'interface conçue par Microsoft alors qu'avec Linux vous avez le choix entre plusieurs interfaces.

- **Linux ne permet pas d'exécuter des programmes Windows.** Cela signifie que vous ne pourrez pas utiliser Office sur un système Linux et devrez donc trouver un logiciel spécialement conçu pour Linux. Linux est souvent livré avec une suite bureautique nommée *LibreOffic* qui propose un tableur, des programmes de traitement de texte, de présentation, de bases de données, de messagerie et de gestion d'agendas. Des milliers d'autres logiciels fonctionnent sous Linux.

  TRUC

  Libre Office permet aussi l'import et l'export de documents aux formats Microsoft Office (Word, Excel, PowerPoint, etc.) afin de permettre l'échange de documents avec les utilisateurs ne disposant pas d'une suite bureautique compatible OpenDocument. D'autre part, LibreOffice permet aussi le traitement des fichiers Portable Document Format (PDF), il est possible non seulement d'exporter un document en format PDF, mais aussi de le modifier.

  NOTE TECHNIQUE

  Il existe des émulateurs Windows, dont le plus connu est Wine, qui permettent d'employer certains programmes Windows sous Linux. Mais tous les logiciels Windows ne sont pas concernés et tournent plus lentement sous Linux que sous Windows.

- **Contrairement à Windows, Linux ne gère pas le plug-and-play.** Bien que Linux soit souvent distribué avec des programmes qui détectent et configurent automatiquement les matériels les plus courants, il ne dispose pas d'un support intégré permettant la gestion des périphériques plug-and-play. Vous risquez donc de rencontrer plus de problèmes de configuration avec Linux qu'avec Windows.

- **Le système de fichiers Linux est différent de celui de Windows.** Pour découvrir le fonctionnement du système de fichiers de Linux, reportez-vous à l'encadré « Où est passé mon disque C ? »

- **Linux fonctionne mieux sur les vieux ordinateurs que les différentes versions de Windows.** Linux est le système d'exploitation idéal pour un vieux Pentium doté d'au moins 32 Mo de RAM et d'un disque dur de 2 Go.

  NOTE TECHNIQUE

  Avec un brin d'astuce, vous pouvez même parvenir à faire tourner Linux sur un 486, modestement équipé de 4 Mo de RAM et de quelques centaines de Mo d'espace disque.

## Où est passé mon disque C ?

Linux et Windows gèrent d'une manière totalement différente les disques et partitions. Les utilisateurs expérimentés de Windows peuvent éprouver pas mal de difficultés à s'habituer au système employé par Linux.

Windows se sert d'une lettre différente pour chaque disque et partition. Par exemple, si vous disposez d'un seul disque dur comprenant trois partitions, Windows considère celles-ci comme les disques C, D et E. Chacun de ces disques a son propre répertoire `racine`, qui peut lui aussi contenir des répertoires. Pour Windows, C, D et E sont des disques indépendants, même s'il s'agit en fait de trois partitions d'un seul disque.

Linux n'a pas recours à des lettres pour les disques. Tous les disques et partitions sont regroupés dans un seul répertoire. Une des partitions est considérée comme la partition `racine` (*root*). La `racine` correspond en gros au disque C sous Windows. Ensuite, les autres partitions sont montées sur la `racine` et considérées comme des répertoires. Par exemple, vous pouvez désigner la première partition comme la partition `racine`, nommer la deuxième `/utilisateur` puis la troisième `/var`. Ainsi, les fichiers stockés dans le répertoire `/utilisateur` seront en fait placés dans la deuxième partition et ceux du répertoire `/var` dans la troisième.

Le répertoire vers lequel le disque monte s'appelle le *point de montage* (*mount point*).

Notez que Linux utilise des barres obliques (/) pour séparer les noms dans les répertoires alors que Windows emploie des barres obliques inversées (\). Les personnes qui découvrent Linux font souvent l'erreur de taper des \ à la place des /.

Dans le même domaine, Linux fonctionne avec une convention de nommage de fichiers différente de celle de Windows. Sous Windows, les noms de fichiers se terminent par une extension de trois lettres, séparée du corps du nom par un point. Cette extension sert à indiquer le type de fichier. Par exemple, les fichiers se terminant par `.exe` sont des programmes et les `.doc` des documents de traitement de texte.

Linux n'utilise pas d'extension mais des points pour séparer les différentes parties, la dernière indiquant la plupart du temps le type de fichier. Par exemple, `ldap.conf` et `pine.conf` sont tous deux des fichiers de configuration.

# Choisir une distribution de Linux

Le noyau (c'est-à-dire les fonctions de base) du système d'exploitation Linux étant libre, plusieurs sociétés ont créé leurs propres *distributions* Linux, qui comprennent le système d'exploitation Linux et tout un tas d'accessoires tels que des outils d'administration, des serveurs Web et d'autres utilitaires précieux ainsi que de la documentation papier. Ces distributions sont bon marché, entre 25 et 100 Euros et d'un excellent rapport qualité/prix.

Voici les distributions Linux les plus connues :

- **Fedora** est de loin la distribution Linux qui a le plus de succès. Auparavant, Fedora était une distribution proposée par Red Hat. Depuis quelques années, la société a changé sa stratégie de distribution, en faisant de cette distribution un projet de communauté. La distribution Fedora peut être téléchargée gratuitement à l'adresse `www.fedora-fr.org`. Vous pouvez également vous la procurer en achetant un livre contenant la distribution Fedora sur DVD ou sur CD-ROM.

  Tous les exemples de ce livre sont basés sur Fedora 18.

- **Ubuntu**, un projet Linux réparti à travers le monde ; il est conçu pour de nombreuses langues. Consultez le site `www.ubuntu-fr.org` pour plus d'informations.
- **Linux Mandriva**, autre distribution populaire de Linux, est souvent conseillée aux débutants pour sa facilité d'installation. Consultez le site `www.mandriva.com/fr/` pour plus d'informations
- **SuSE** comprend plus de 1 500 programmes et utilitaires Linux pour monter un réseau, un serveur Web, une messagerie ou un serveur de commerce électronique. Pour plus de précisions, visitez le site `www.suse.com/fr-fr/`.
- **Slackware**, l'une des distributions Linux les plus anciennes, a encore du succès, surtout auprès des utilisateurs Linux de la première heure. L'installation complète de Slackware vous permet de disposer des outils nécessaires pour monter un serveur réseau ou Internet. Pour plus d'informations, consultez le site `www.slackware.com`.

Toutes les distributions de Linux comprennent les mêmes composants de base : le noyau Linux, un serveur X, des gestionnaires de fenêtres très connus tels que GNOME et KDE, des compilateurs, des logiciels Internet tels qu'Apache, Sendmail, etc. Cependant, toutes les distributions ne sont pas équivalentes. Chaque fabricant crée ses propres programmes d'installation et de configuration de Linux.

Le programme d'installation est le juge de paix de toutes les distributions. Celles évoquées dans cette section ont chacune des programmes d'installation faciles d'emploi qui détectent automatiquement le matériel de votre ordinateur et configurent Linux en fonction de ce matériel, vous évitant ainsi pratiquement toutes les corvées d'une configuration manuelle. Le programme d'installation vous laisse également le choix des outils et vous permet de configurer un ou plusieurs comptes utilisateurs en plus du compte `root` (le compte d'administration).

# Installer Linux

Toutes les distributions décrites dans la section « Choisir une distribution Linux » contiennent un programme d'installation qui vous simplifie la vie. Ce dernier vous pose une série de questions sur votre matériel, les composants Linux que vous souhaitez installer et la configuration retenue pour certaines fonctionnalités. Puis, il copie les fichiers nécessaires sur votre disque dur et configure Linux.

Si l'idée d'installer Linux vous effraie, vous pouvez acheter un ordinateur avec Linux préinstallé, bien que cela soit plus difficile à trouver qu'un ordinateur avec Windows.

Pour débuter avec Linux vous pouvez l'installer sur une machine virtuelle, en utilisant une plate-forme virtuelle gratuite telle que VMware Player ou VirtualBox d'Oracle

Voici les étapes de planification à réaliser avant de démarrer l'installation :

- **Matériel** : Dressez une liste des *composants matériels* de votre ordinateur et de leur *configuration*.

  Soyez le plus précis possible : inscrivez pour chaque composant le nom du fabricant, le numéro de série ainsi que, le cas échéant, les données sur leur configuration, les IRQ et l'adresse d'E/S par exemple.

- **Partitionnement** :Définissez les partitions à créer sur votre disque dur.

  Alors que Windows s'installe généralement sur une seule partition, Linux requiert pour sa part au minimum *trois* partitions :

  - *Une partition d'amorçage.* Elle doit être petite ; 16 Mo conseillés. Elle contient le noyau du système d'exploitation et sert à démarrer Linux correctement sur certaines machines.
  - *Une partition de swap.* Sa taille doit être équivalente au double de la quantité de RAM dont dispose votre ordinateur. Par exemple, si l'ordinateur est doté de 2 Go de RAM, 4 Go doivent être réservés à la partition de swap. Linux utilise cette partition comme de la RAM supplémentaire.
  - *Une partition racine* (`root`). Elle occupe généralement l'espace disque libre restant. La partition racine contient tous les fichiers et données employés par Linux.

  Vous pouvez créer d'autres partitions si vous le souhaitez. Le programme d'installation comprend une fonctionnalité de partitionnement de disques qui vous permet de définir les partitions et de fixer le point de montage pour chacune d'elles. Pour plus d'informations sur les partitions, lisez l'encadré « Où est passé mon disque C ? » plus haut dans ce chapitre.

- **Paquetages :** Vous devrez également choisir les *options Linux* à installer avec le noyau Linux :
  - Si vous disposez de suffisamment d'espace disque, installez l'intégralité des outils fournis dans votre distribution. De cette manière, si plus tard vous avez besoin d'un de ces produits, vous n'aurez pas à chercher comment l'installer en dehors du programme d'installation.
  - Si vous manquez d'espace disque, veillez à installer au moins les produits réseau et Internet qui comprennent Apache, Sendmail, FTP et Samba.
- **Mot de passe :** Définissez le mot de passe du compte `root`.
- **Comptes utilisateurs** : Dans la plupart des distributions, vous aurez à décider de créer ou non un ou plusieurs *comptes utilisateurs*.

TRUC

Créez au moins un compte utilisateur pendant l'installation pour que vous puissiez vous connecter à Linux en tant qu'utilisateur plutôt qu'à partir du compte `root`. Ainsi, vous pouvez vous entraîner à taper des commandes Linux sans craindre de supprimer ou d'endommager un fichier système important.

# Ouvrir et fermer une session

Tout utilisateur qui accède à un système Linux, que ce soit localement ou sur un réseau, doit être authentifié par un compte utilisateur valide. Les sections qui suivent expliquent le pourquoi du comment de l'ouverture et de la fermeture d'une session Linux et la façon d'arrêter le système.

N'OUBLIEZ PAS !

Se connecter et se déconnecter équivaut respectivement à ouvrir et fermer une session. Les termes sont équivalents et vous pouvez les utiliser indifféremment.

## Ouvrir une session

Au démarrage, Linux affiche une série de messages vous informant de l'activation des divers services du système d'exploitation. Si vous avez opté pour X Server lors de l'installation de Linux, vous serez probablement salué par un écran d'ouverture de session, représenté dans la Figure 25.1. Pour vous connecter à Linux, entrez votre ID d'utilisateur, saisissez votre mot de passe quand vous y êtes invité et appuyez sur Entrée.

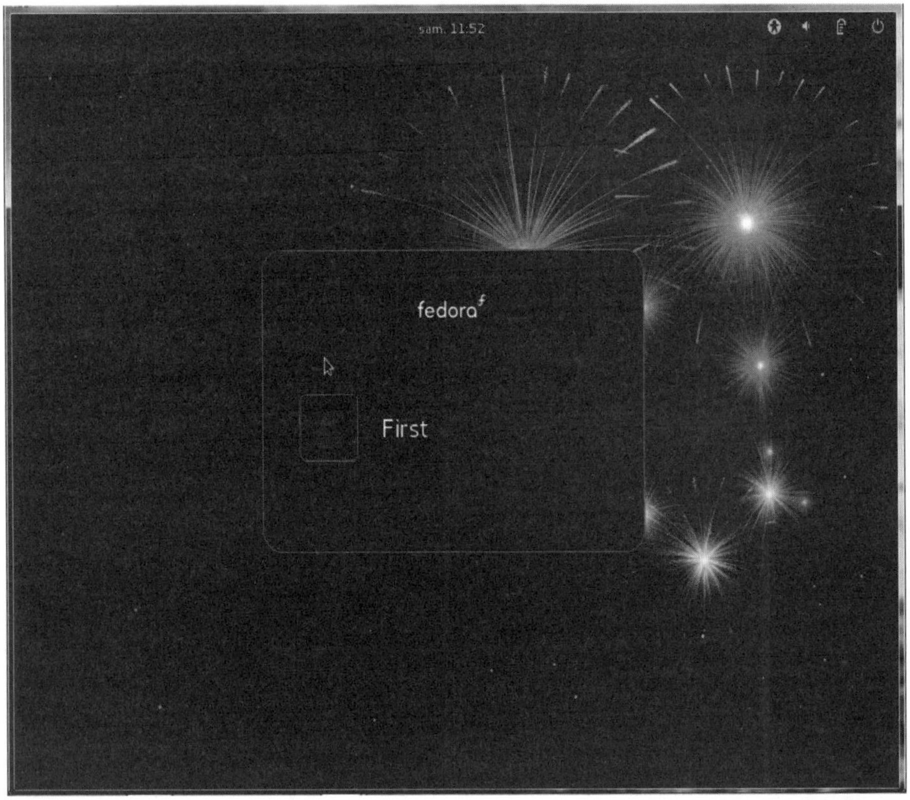


**Figure 25.1 :** Connexion à Linux.

TRUC

Au cours du processus d'installation, un agent de configuration a créé un compte utilisateur qui vous est destiné. Chaque fois que c'est possible, vous devez utiliser ce compte plutôt que le compte utilisateur `root`. N'utilisez ce dernier que si vous modifiez considérablement la configuration du système. Si vous effectuez un travail de routine, ouvrez une session en tant qu'utilisateur ordinaire pour éviter de corrompre le système.

Quand vous ouvrez une session, Linux mouline un moment puis il affiche le bureau GNOME décrit ultérieurement dans ce chapitre.

## Fermer la session

Une fois que vous avez ouvert une session, il faut savoir comment la fermer ! Si vous vous êtes connecté sous GNOME, cliquez sur votre nom en haut à droite de l'écran et exécutez la commande Verrouiller.

## Éteindre

Comme pour tout système d'exploitation, vous ne devez jamais éteindre un serveur Linux sans l'avoir d'abord quitté proprement. Un système Linux peut être fermé de deux manières :

- Appuyez sur Ctrl+Alt+Suppr.
- Cliquez sur votre nom en haut à droite de l'écran et exécutez la commande Éteindre. À l'affichage de la boîte de dialogue de confirmation, optez pour Éteindre ou Redémarrer.

# Utiliser GNOME

La Figure 25.2 représente un bureau GNOME type après activation de la commande Montrer les applications. Comme vous le constatez, le bureau GNOME ressemble beaucoup à celui de Microsoft Windows. En fait, bon nombre des manipulations de Windows comme le déplacement et le redimensionnement des fenêtres, leur réduction ou leur agrandissement et le glisser-déposer des éléments d'une fenêtre à une autre, sont identiques dans GNOME. Vous ne devriez pas être dépaysé.

**Figure 25.2 :** Bureau GNOME type.

Voici quelques-unes des fonctionnalités importantes du bureau GNOME :

- **Activités** : Le menu activités fournit un point d'accès unique pour toutes les applications GNOME. Il offre un accès rapide aux fonctions courantes, telles que la navigation sur Internet, la messagerie, la gestion de fichiers, ainsi que l'accès à d'autres applications de bureau. Vous pouvez activer le menu Activités en appuyant sur la touche Windows du clavier ou en cliquant Activités dans l'angle supérieur gauche de l'écran.
- **La Boîte de recherche** : La boîte de recherche dans la partie centrale en haut de l'écran est l'outil le plus simple pour accéder à une application de GNOME. Par exemple, si vous voulez exécuter le programme gedit pour éditer un fichier texte, entrez « gedit » dans la zone de saisie ; si vous souhaitez consulter les paramètres réseau, entrez « réseau ».
- **Paramètres** : Pour accéder aux Paramètres système ou aux paramètres utilisateur, cliquez sur votre nom en haut à droite de l'écran ; cela affiche un menu avec des options pour de nombreux paramètres.

# Utiliser l'interpréteur de commandes

Si vous devez exécuter directement des commandes dans Linux, sachez qu'il existe deux manières d'accéder à l'*interpréteur de commandes*, le programme dans lequel vous tapez vos lignes de commandes.

La première consiste à appuyer sur Ctrl+Alt+Fx (une des touches de fonction) pour afficher l'une des consoles virtuelles. Vous pouvez ensuite ouvrir une session et exécuter toutes les commandes que vous voulez. Appuyez sur Ctrl+Alt+F7 pour revenir dans l'environnement graphique de GNOME.

Vous pouvez aussi ouvrir l'interpréteur de commandes directement dans GNOME en choisissant Activités/Applications/Outils système/Terminal. Cette action ouvre l'interpréteur de commandes. Il apparaît dans une fenêtre située sur le bureau GNOME, comme le montre la Figure 25.3. Comme l'interpréteur fonctionne à l'intérieur du compte utilisateur, vous n'avez pas à ouvrir de session. Vous pouvez aussitôt taper vos commandes. Pour fermer la fenêtre, tapez **Exit**.

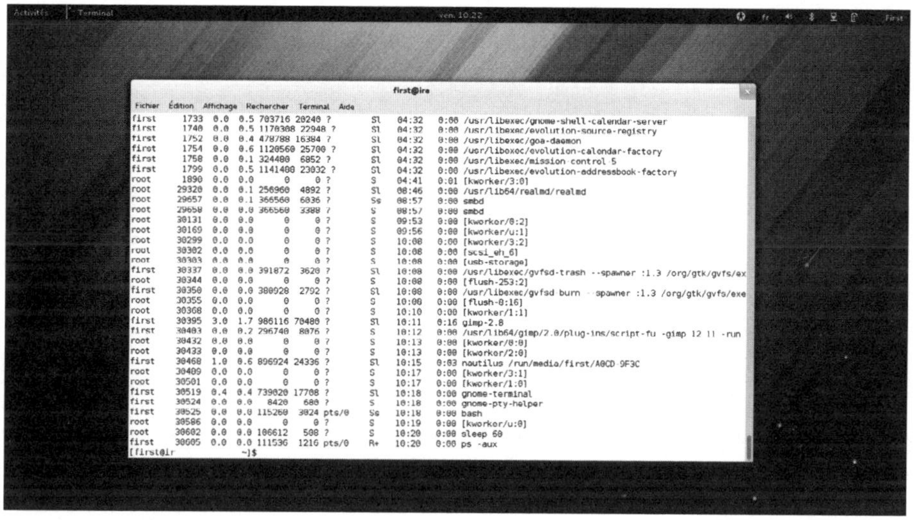


**Figure 25.3 :** Utilisation d'une fenêtre Terminal pour exécuter des commandes Linux.

# Gérer les comptes utilisateurs

L'une des principales tâches d'un administrateur réseau est la création des comptes utilisateurs. Le programme d'installation en a créé un pour vous d'office mais vous devrez probablement en définir d'autres. Chaque compte utilisateur Linux contient les informations suivantes :

- **Nom d'utilisateur.** Le nom que l'utilisateur saisit pour se connecter au système Linux.
- **Nom complet.** Le nom complet de l'utilisateur.
- **Répertoire personnel.** Le répertoire dans lequel l'utilisateur est placé lorsqu'il se connecte. Dans Fedora Linux, le répertoire par défaut est `/home/nom`. Par exemple, si le nom de l'utilisateur est Dupont, le répertoire d'accueil sera `/home/dupont`.
- **Shell de connexion.** Le programme qui traite les commandes Linux. Il existe plusieurs programmes Shell. Dans la plupart des distributions, le shell par défaut est `/bin/bash`.
- **ID utilisateur.** L'identifiant interne de l'utilisateur.
- **Groupe.** Vous pouvez créer des comptes de groupes, ce qui permet d'accorder facilement les mêmes droits à des groupes d'utilisateurs.

La commande useradd permet d'ajouter de nouveaux utilisateurs. Par exemple, pour créer un compte utilisateur nommé coq et lui attribuer les valeurs par défaut pour les autres informations du compte, ouvrez une fenêtre Terminal (ou basculez dans une console virtuelle) et tapez la commande suivante :

```
# useradd coq
```

La commande useradd comprend de nombreux paramètres facultatifs qui servent à définir des informations sur le compte, comme le répertoire home et le shell de l'utilisateur.

Heureusement, la plupart des distributions comprennent des programmes spéciaux qui simplifient les tâches courantes d'administration du système. La distribution Fedora ne fait pas exception ; elle est livrée avec un programme nommé Gestionnaire d'utilisateurs, illustré par la Figure 25.4. Pour démarrer ce programme, exécutez la commande Activités/Applications/Autre/Utilisateurs et groupes.

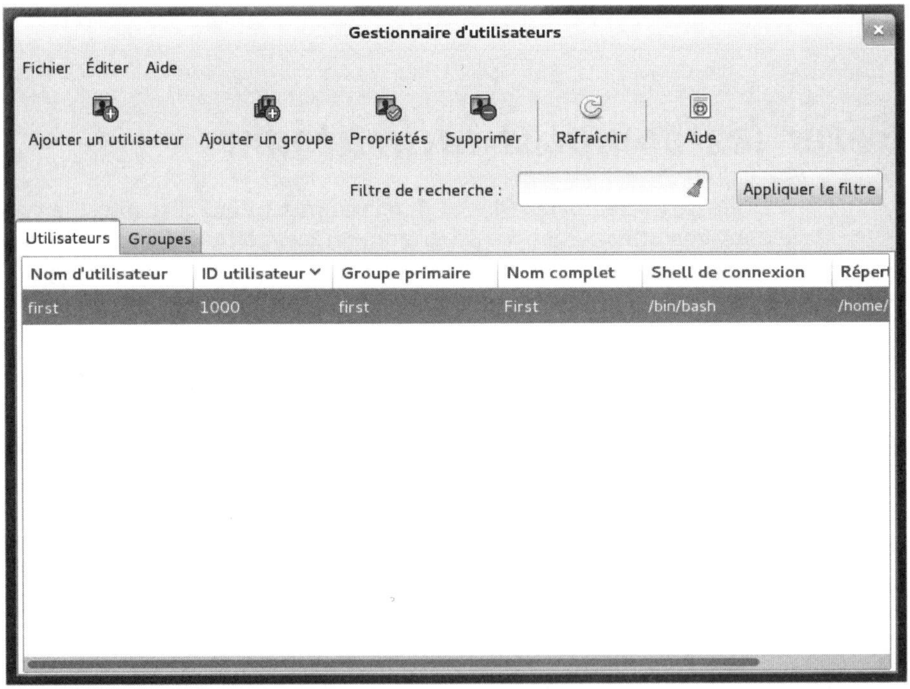


**Figure 25.4 :** Gestionnaire d'utilisateurs.

Pour créer un compte utilisateur avec le Gestionnaire d'utilisateurs, cliquez sur le bouton Ajouter un utilisateur. Cette action affiche une boîte de dialogue qui demande le nom de l'utilisateur, le mot de passe et d'autres informations. Remplissez les champs puis cliquez sur Valider.

Le Gestionnaire d'utilisateurs permet aussi de créer des groupes. Vous vous simplifierez les tâches d'administration en accordant des autorisations à des groupes plutôt qu'à des utilisateurs isolés. Ensuite, si un utilisateur a besoin d'accéder à une ressource, vous l'ajouterez au groupe y ayant accès.

Pour créer un groupe, cliquez sur le bouton Ajouter un groupe. Une boîte de dialogue demande de le nommer ; entrez le nom que vous voulez puis cliquez sur Valider.

Pour ajouter un utilisateur à un groupe, ouvrez l'onglet Groupes, dans le Gestionnaire d'utilisateurs. Double-cliquez ensuite sur le nom du groupe auquel vous désirez ajouter des utilisateurs. La boîte de dialogue Propriétés du groupe apparaît. Cliquez sur l'onglet Utilisateurs du groupe puis cochez les utilisateurs qui doivent en faire partie.

# Configurer le réseau

Le plus souvent, la configuration d'un serveur Linux pour la mise en réseau s'effectue sans problème. Lorsque vous installez Linux, le programme d'installation détecte automatiquement les adaptateurs réseau et installe les pilotes appropriés. Il vous est ensuite demandé d'entrer les informations de base comme l'adresse IP de l'ordinateur, son nom d'hôte, etc.

Il vous arrivera parfois de devoir modifier manuellement les paramètres de réseau après l'installation. Ou bien vous devrez configurer des fonctions de réseau avancées qui ne l'avaient pas été au cours de l'installation. Dans les sections qui suivent, vous découvrirez les procédures de base pour la configuration des services de réseau Linux.

## Utiliser le programme de configuration réseau

Avant de pouvoir utiliser une interface de réseau, vous devez configurer ses options TCP/IP de base comme l'adresse IP, le nom d'hôte, les serveurs DNS, etc. Dans cette section, nous verrons comment le faire avec l'outil de configuration réseau Fedora. Pour y accéder, cliquez sur l'icône réseau en haut à droite de votre écran et exécutez la commande Paramètres du réseau.

TRUC

La plupart des distributions Linux proposent un programme similaire.

Le programme Réseau vous permet de configurer les paramètres TCP/IP basiques pour une interface réseau. La Figure 25.5 représente le programme en action.

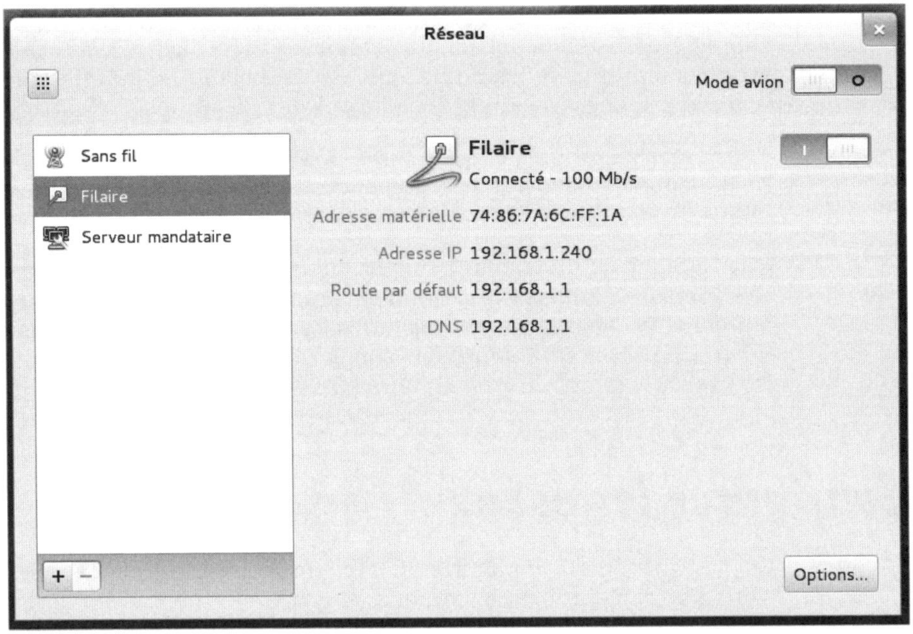


**Figure 25.5 :** Programme de configuration réseau.

La fenêtre principale du programme Réseau affiche toutes les interfaces réseau installées dans l'ordinateur. Vous pouvez sélectionner n'importe laquelle et cliquer sur Options pour ouvrir une boîte de dialogue semblable à celle de la Figure 25.6. C'est là que vous définissez les options de configuration pour l'interface réseau comme l'adresse IP et d'autres informations TCP/IP.

# Redémarrer le réseau

Dès que vous modifiez la configuration du réseau, vous devez redémarrer les services de réseau de Linux afin que les changements soient appliqués. Cette obligation vous paraîtra peut-être ennuyeuse mais estimez-vous heureux de ne pas avoir à redémarrer l'ordinateur. Il suffit simplement de redémarrer les services du réseau.

Les services de réseau peuvent être redémarrés à partir de l'interpréteur de commandes ; tapez les touches Ctrl + Alt + Fn (Fn étant une touche comprise entre F2 et F6), puis entrez la commande :

```
service network restart
```

Le message suivant indique que le service a correctement été redémarré :

```
Restarting network (via systemctl): [ OK ]
```

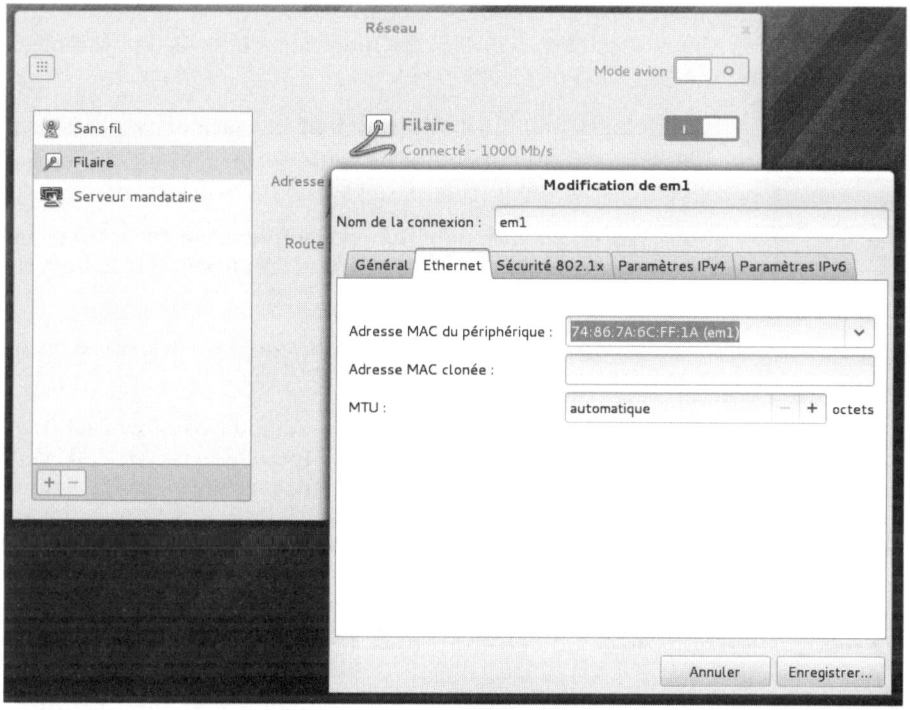


**Figure 25.6 :** La boîte de dialogue Modification réseau vous invite à configurer les paramètres TCP/IP de base.

# Danser la samba

Jusqu'à présent, vous pensiez sans doute que la samba était une danse brésilienne faite de rythmes joyeux et de pas complexes. Dans l'univers Linux, *Samba* est un programme de partage de fichiers et d'imprimantes qui permet à Linux d'imiter un serveur de fichiers et d'impression afin que des ordinateurs sous Windows puissent avoir accès à des répertoires Linux et des imprimantes. Pour utiliser Linux en tant que serveur de fichiers ou d'impression sur un réseau Windows, vous devrez apprendre à danser la samba.

## Comprendre Samba

Les systèmes de fichiers de Linux et de Windows étant très différents, il n'est pas possible de créer un serveur de fichiers Linux en vous contentant d'accorder aux utilisateurs sous Windows un accès aux répertoires Linux. Les ordinateurs clients Windows ne parviendraient pas à accéder aux fichiers des répertoires Linux car les différences entre les deux systèmes sont trop importantes. En voici quelques-unes :

- **Les fichiers de Linux différencient la casse** mais pas ceux de Windows. Par exemple, sous Windows, `Fichier1.txt` et `fichier1.txt`, c'est pareil. Sous Linux, ce sont deux fichiers différents.
- **Sous Linux, les noms de fichiers peuvent contenir un point**. Sous Windows, un seul point est autorisé (pour séparer le nom de son extension).
- **Windows propose des attributs comme Lecture seule ou Archive. Ils n'existent pas sous Linux**.

Plus fondamentalement, la mise en réseau sous Windows est fondée sur un protocole *SMB* (*Server Message Block*, bloc de message de serveur) qui gère les échanges des données de fichiers entre les serveurs de fichiers et les clients. Linux n'est pas doté d'un support SMB. C'est pourquoi Samba est requis. *Samba* est un programme qui simule le comportement d'un serveur basé sur Windows en implémentant le protocole SMB. Par conséquent, lorsque vous faites tourner Samba sur un serveur Linux, les ordinateurs sous Windows, au sein du réseau, considèrent le serveur Linux comme un serveur Windows.

À l'instar d'un serveur Windows, Samba crée et désigne des répertoires en tant que partages. Un *partage* est simplement un répertoire rendu accessible aux autres utilisateurs via le réseau. Chaque partage présente les éléments suivants :

- **Un nom de partage.** C'est le nom sous lequel le partage est connu sur le réseau. Il doit, autant que possible, ne pas dépasser huit caractères.
- **Un chemin.** C'est le chemin vers le répertoire qui est partagé sur l'ordinateur Linux. Exemple : `\Users\Doug`.
- **Une description.** C'est un texte bref qui décrit le partage.
- **Un accès.** C'est une liste d'utilisateurs ou de groupes auxquels un accès au partage a été accordé.

TRUC

Samba propose aussi un programme client qui permet aux ordinateurs sous Linux d'accéder à des serveurs de fichiers Windows.

NOTE TECHNIQUE

Pourquoi les concepteurs de *Samba* ont-ils choisi ce nom pour leur programme ? Simplement parce que le protocole de communication des serveurs de fichiers et d'impression sous Windows s'appelle *SMB* (*Server Message Block*). Il suffit d'ajouter deux voyelles à SMB pour obtenir Samba.

## Installer Samba

Si vous n'avez pas installé Samba lors de l'installation de Linux, vous devrez le faire maintenant. Exécutez les étapes suivantes :

1. **Cliquez Activités/Applications/Outils système/Logiciels.**

   La fenêtre Ajout/Suppression de logiciels apparaît.

2. **Entrez Samba dans la zone de recherche et cliquez sur la loupe à droite de la zone de saisie.**

   Une liste des paquets Samba apparaît dans la zone principale de la fenêtre.

3. **Sélectionnez le paquet logiciel serveur et client pour machines Windows.**

   C'est le paquet de base Samba.

4. **Sélectionnez aussi l'outil de configuration du serveur Samba.**

   Ce paquet fournit une interface conviviale pour configurer Samba.

5. **Cliquez sur Valider.**

   Les paquets sélectionnés sont installés.

6. **Fermez la fenêtre Logiciels.**

   Samba est maintenant installé.

Samba sera *inutilisable* si vous activez les paramètres par défaut du pare-feu de Linux sur l'ordinateur qui exécute Samba. Le pare-feu Linux a été conçu pour empêcher les utilisateurs d'accéder à des services de réseau comme Samba. Il est prévu pour s'interposer entre Internet et votre réseau local et non entre Samba et le réseau local. Bien qu'il soit possible de configurer le pare-feu pour n'autoriser l'accès à Samba qu'au réseau interne, il est recommandé d'utiliser le pare-feu sur un ordinateur séparé. En procédant ainsi, l'ordinateur équipé du pare-feu peut se concentrer sur sa tâche de filtrage, le serveur de fichiers se concentrant sur ses tâches de serveur.

## Démarrer et arrêter Samba

Avant de pouvoir utiliser Samba, vous devez démarrer ses deux « daemon » (un *daemon* est un processus qui s'exécute en arrière-plan) : `smbd` et `nmbd`. Tous deux peuvent être activés simultanément en démarrant le service `smb`. Utilisez cette commande dans l'interpréteur :

```
service smb start
```

Dès que vous modifiez la configuration (ajout d'un nouveau partage, création d'un nouvel utilisateur Samba...), vous devez arrêter et redémarrer le service avec cette commande :

```
service smb restart
```

Si vous préférez, vous pouvez arrêter et démarrer le service avec deux commandes distinctes :

```
service smb stop
service smb start
```

Si vous n'êtes pas certain que Samba est en cours d'exécution, entrez cette commande :

```
service smb status
```

Un message vous indiquera si les *daemon* `smbd` et `nmbd` sont en cours d'exécution.

Pour que Samba soit activé automatiquement au démarrage de Linux, utilisez cette commande :

```
chkconfig -level 35 smb on
```

Pour vous assurer que la commande `chkconfig` a bien fonctionné, entrez cette commande :

```
chkconfig -list smb
```

Vous devriez obtenir une sortie semblable à celle-ci :

```
Smb        0:off  1:off  2:off  3:on   4:off  5:on   6:off
```

N'OUBLIEZ PAS !

Les services peuvent être configurés séparément pour démarrer automatiquement à chacun des six *niveaux de démarrage* de Linux. Le *niveau de démarrage 3* est l'opération classique sans un serveur X, le *niveau 5* est l'opération normale avec un serveur X. Ainsi, configurer `smb` pour démarrer aux niveaux 3 et 5 rend `smb` disponible, que vous utilisiez ou non une interface graphique.

## Utiliser l'outil de configuration du serveur Samba

La distribution Fedora est dotée d'un outil très pratique, basé sur GNOME, qui simplifie la configuration de Samba. Pour le démarrer, exécutez la commande Activités/Applications/Autre/Samba. La boîte de dialogue

Configuration du serveur Samba apparaît, comme le montre la Figure 25.7. Cet utilitaire permet de configurer les paramètres de base du serveur et de gérer les partages.

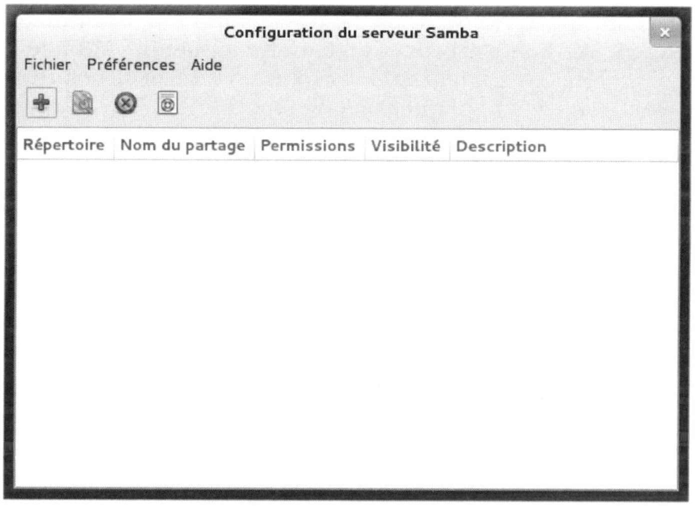


**Figure 25.7 :** Utilisation de l'outil de configuration du serveur Samba.

Pour rendre le serveur Samba visible sur le réseau, choisissez Préférences/Paramètres du serveur. Vous accédez à une boîte de dialogue permettant de définir le nom du groupe de travail (qui doit correspondre à celui du groupe de travail ou du domaine auquel le serveur Samba doit appartenir) et d'entrer une description du serveur. Vous pouvez aussi spécifier quelques paramètres de sécurité de base qui contrôlent la manière dont les utilisateurs accèdent au serveur Samba.

Quatre types d'authentification peuvent être définis pour le serveur Samba :

- **Domaine.** Ce mode configure le serveur Samba pour qu'il puisse utiliser un contrôleur de domaine Windows pour vérifier l'identité de l'utilisateur. Si vous spécifiez cette option, vous devez :
  - Fournir le nom du contrôleur de domaine dans le champ Serveur d'authentification.
  - Spécifier Oui pour le champ Crypter les mots de passe.
- **Serveur.** Ce mode configure Samba pour utiliser un autre serveur Samba pour authentifier les utilisateurs.

  TRUC

  Si vous gérez plusieurs serveurs Samba, cette fonction permet de définir des comptes utilisateurs sur un seul d'entre eux. Ensuite, indiquez dans le champ Serveur d'authentification le nom du serveur Samba chargé des authentifications.

- **Partage.** Ce mode accorde des autorisations distinctes aux utilisateurs, pour chaque partage auquel ils tentent d'accéder.
- **Utilisateur.** Il exige des utilisateurs qu'ils fournissent un nom d'utilisateur valide ainsi que leur mot de passe lorsqu'ils se connectent pour la première fois à un serveur Samba. Cette authentification leur accorde l'accès à tous les partages du serveur, sous réserve des restrictions qui peuvent avoir été appliquées à un compte.

NOTE TECHNIQUE

Le mode Utilisateur est le mode par défaut.

Pour chaque utilisateur du réseau qui doit accéder au serveur Samba, vous devez :

1. **Créer un compte utilisateur Linux.**
2. **Créer un compte utilisateur Samba spécifique.**

NOTE TECHNIQUE

Le compte utilisateur Samba est associé au compte utilisateur Linux existant. Aussi le compte Linux doit-il être créé en premier.

Pour créer un compte utilisateur Samba, exécutez la commande Préférence/Utilisateurs Samba dans la fenêtre de configuration du serveur Samba. La boîte de dialogue Utilisateurs Samba apparaît, comme le montre la Figure 25.8. C'est là que vous pouvez créer, modifier ou supprimer des utilisateurs.

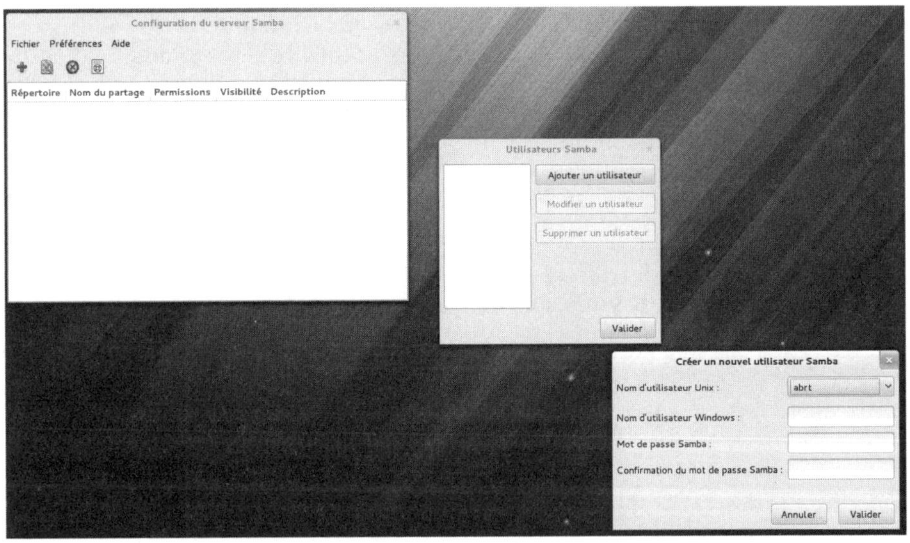


**Figure 25.8 :** La boîte de dialogue Utilisateurs Samba présente une liste des utilisateurs Samba.

Pour être utile, un serveur de fichiers doit proposer plusieurs *ressources partagées*, configurées pour être accessibles via le réseau. Là encore, vous utiliserez le programme Configuration du serveur Samba pour gérer les partages. Pour ajouter un partage, cliquez sur le bouton Ajouter un nouveau partage Samba. La boîte de dialogue Créer un partage Samba s'ouvre (Figure 25.9). Vous pouvez :

- Entrer le chemin du répertoire à partager.
- Saisir une description du partage.
- Choisir l'accès en lecture seule ou en lecture-écriture.
- Ouvrir l'onglet Accès si vous souhaitez imposer des restrictions, par exemple, à des utilisateurs spécifiques.

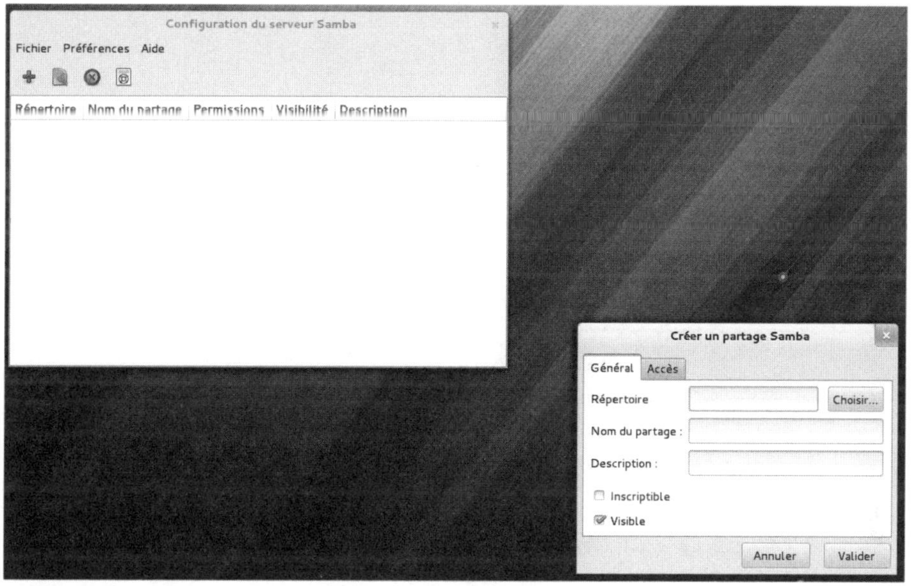


**Figure 25.9 :** Boîte de dialogue Créer un partage Samba.

TRUC

Lorsque vous créez un nouveau partage avec le programme Configuration du serveur Samba, le partage doit être immédiatement visible par les autres utilisateurs du réseau. Si ce n'est pas le cas, essayez de redémarrer le serveur Samba, comme je l'ai décrit dans la section « Démarrer et arrêter Samba », précédemment dans ce chapitre.

# Chapitre 26

# Créer un réseau Macintosh

***Dans ce chapitre :***

- Mettre en place un réseau Macintosh.
- Utiliser un réseau Macintosh.
- Mélanger des PC et des Mac.

Jusqu'à présent, ce livre n'a traité que de la mise en réseau de PC, comme si Microsoft était le seul concepteur de systèmes d'exploitation. Pour être politiquement correct, il fallait au moins parler de l'existence d'une espèce d'ordinateurs totalement différente : le Macintosh d'Apple.

Tout Macintosh, depuis le premier construit en 1984, dispose d'une fonctionnalité réseau. Bien entendu, les nouveaux Mac proposent des fonctionnalités réseau intégrées bien meilleures que celles des anciens modèles. Les derniers-nés d'Apple possèdent des cartes Ethernet gigabits intégrées et des fonctions réseau évoluées qui font partie du système d'exploitation réseau et sont semblables à celles de Windows. Ce qu'il y a de formidable avec les réseaux Macintosh, c'est que les cartes réseau sont intégrées : pas besoin de s'embêter à installer et configurer le réseau.

Ce chapitre vous montre comment créer un réseau Macintosh et mélanger des Mac et des PC sur un même réseau. Il ne s'agit pas d'une étude approfondie sur le sujet mais cela constitue une bonne base pour démarrer.

# Tout ce qu'il faut savoir pour monter un réseau Macintosh

La plupart des paramètres réseau sur OS X sont définis automatiquement. Si vous le souhaitez, vous pouvez les consulter et modifier leurs valeurs par défaut en procédant comme suit :

1. **Activez la commande Préférences Système/Réseau.**

   La page des préférences réseau apparaît, comme le montre la Figure 26.1.

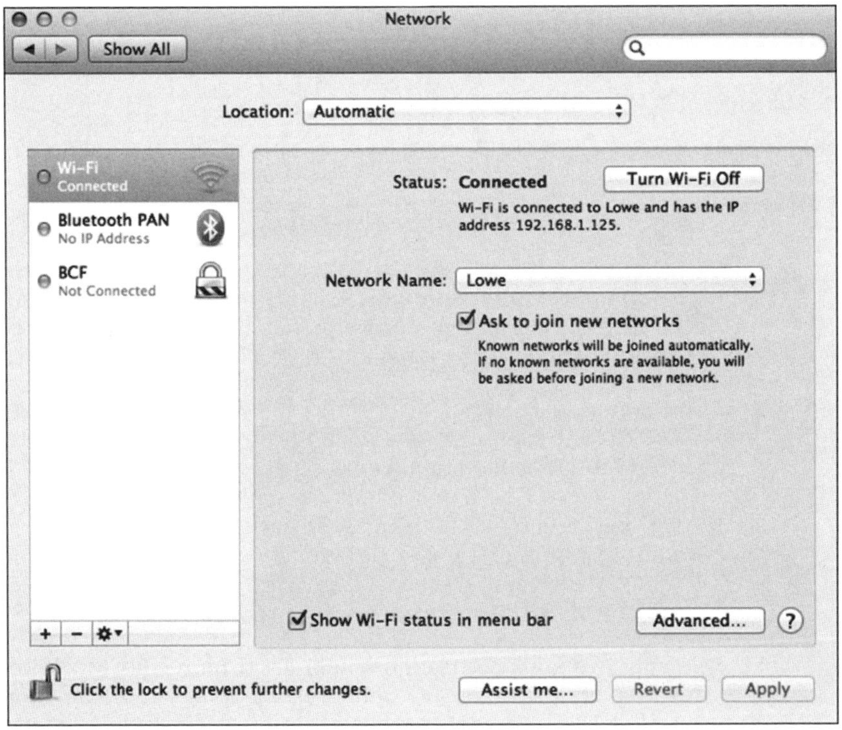


**Figure 26.1** : Préférences réseau.

2. **Cliquez sur Avancé.**

   Les paramètres réseau avancés sont affichés, comme illustré à la Figure 26.2.

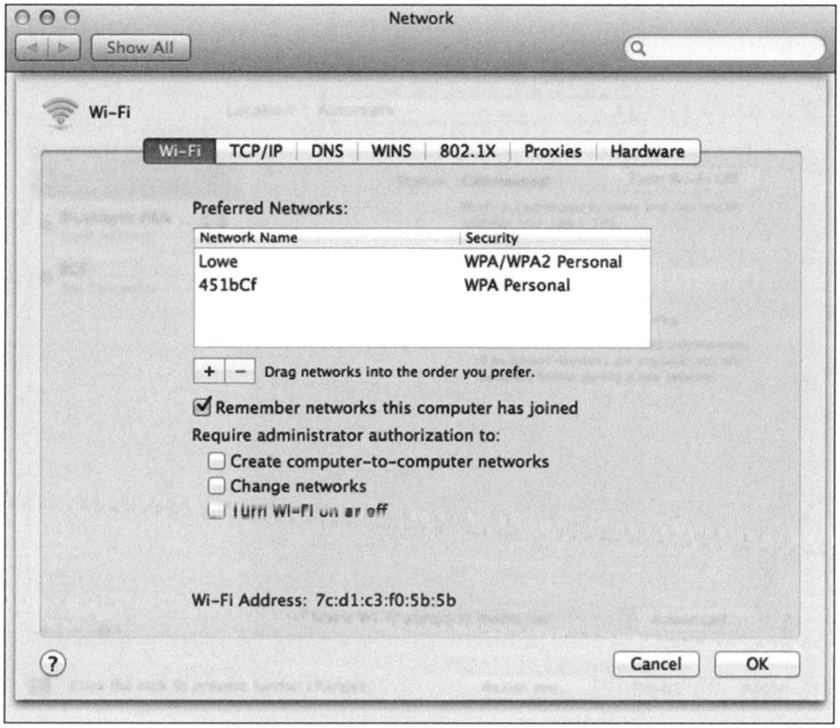


**Figure 26.2 :** Paramètres réseau avancés.

3. **Cliquez sur l'onglet TCP/IP pour afficher ou modifier les paramètres TCP/IP.**

   Cela entraîne l'affichage des paramètres TCP/IP, comme le montre la Figure 26.3. L'adresse IP a été affectée à l'ordinateur par le serveur DHCP. Si vous le souhaitez, vous pouvez lui attribuer une adresse IP statique ; pour ce faire, cliquez sur les flèches de la rubrique Configure IPv4 et choisissez Manuellement  dans la liste déroulante. Ensuite, saisissez l'adresse IP, le masque de sous-réseau et l'adresse du routeur. Pour plus d'informations sur les adresses IP, reportez-vous au Chapitre 5.

4. **Cliquez sur l'onglet DNS pour afficher ou modifier les paramètres DNS.**

   Les paramètres DNS sont affichés, comme le montre la Figure 26.4. Les adresses IP des serveurs DNS apparaissent ; si besoin, vous pouvez ajouter des serveurs DNS supplémentaires.

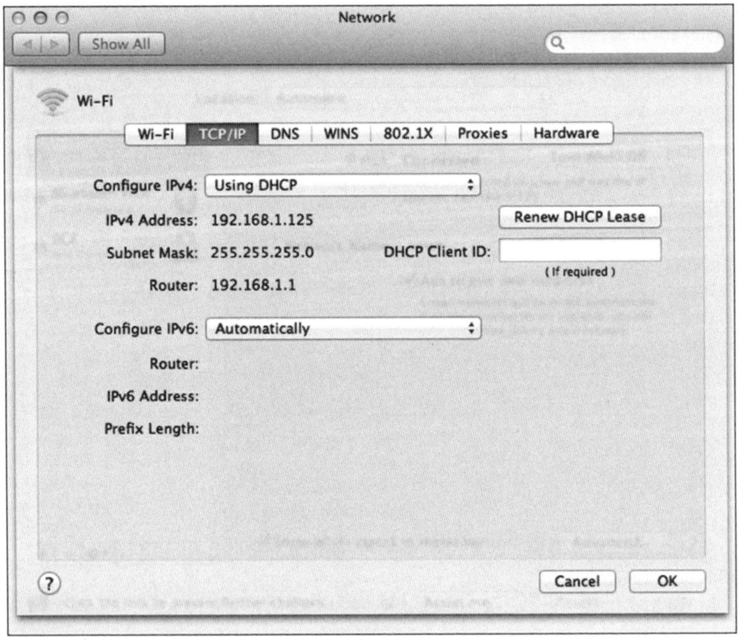


**Figure 26.3 :** Paramètres TCP/IP de la machine.

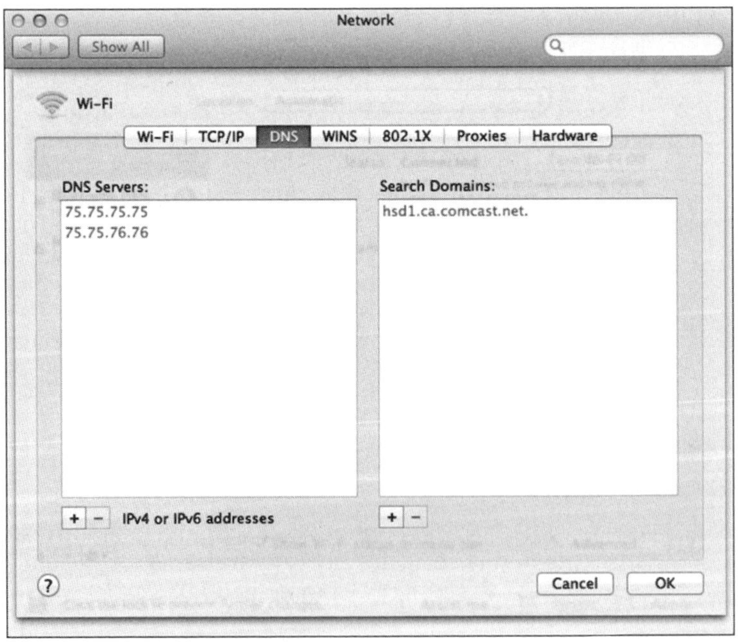


**Figure 26.4 :** Paramètres DNS.

5. **Cliquez sur l'onglet Matériel (Hardware) pour voir les informations matérielles.**

   La Figure 26.5 montre les paramètres matériel ; le plus important est l'adresse MAC, elle est parfois nécessaire pour configurer les accès aux réseaux sans fil. Pour plus d'informations, consultez le Chapitre 9.

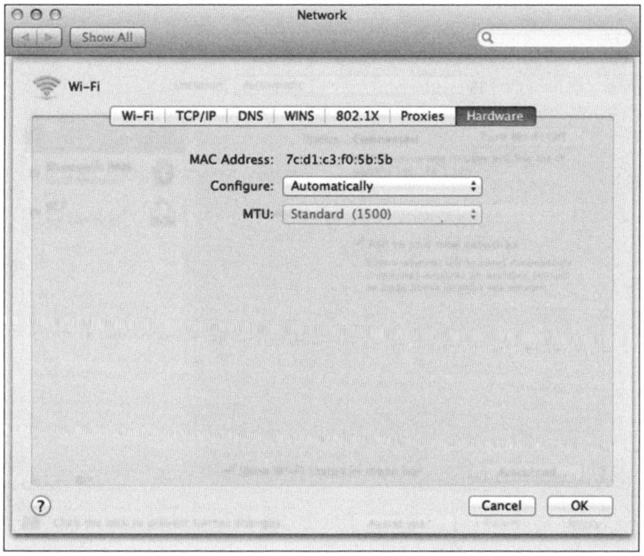


**Figure 26.5 :** Paramètres matériel.

## Qu'en est-il du système OS X Server ?

À une certaine époque, Apple a proposé le système Mac OS X Server dédié l''exploitation réseau (NOS). Puis en 2011, les systèmes d'exploitation Mac OS X Server et le système d'exploitation de bureau ont été fusionnés pour constituer un composant additionnel peu coûteux et disponible sur le Mac App Store. La dernière version de Mac OS X (10.8, sortie en Juillet 2012), peut être enrichie par OS X Server pour 17,99 €

OS X Server ajoute les fonctionnalités suivantes :

- **Apache**, le serveur Web, qui fonctionne également sur les systèmes Windows et Linux.
- **MySQL**, également disponible pour les plate-formes Windows et Linux.
- **Wiki Server**, pour configurer des wiki, des blogs et des agendas de sites.
- **NetBoot**, une fonctionnalité qui simplifie la tâche de gestion des ordinateurs clients du réseau.
- **Spotlight Server**, pour rechercher du contenu sur les serveurs de fichiers distants.
- **Podcast Producer**, pour créer et distribuer des programmes multimédias.

# Rejoindre un domaine

Si vous utilisez un Mac dans un environnement de domaine Windows, vous pouvez rejoindre le domaine en suivant ces étapes :

1. **Choisissez Paramètres/Utilisateurs et groupes (voir la Figure 26.6).**

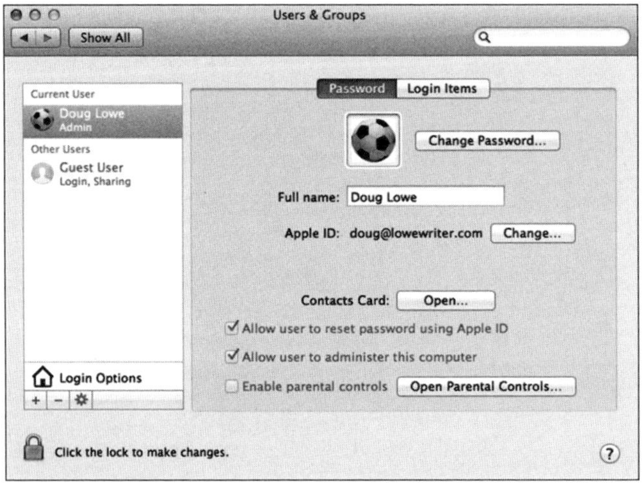


**Figure 26.6 :** Utilisateurs et groupes.

2. **Sélectionnez le compte d'utilisateur qui doit rejoindre le domaine, puis cliquez sur Options de connexion (voir la Figure 26.7).**

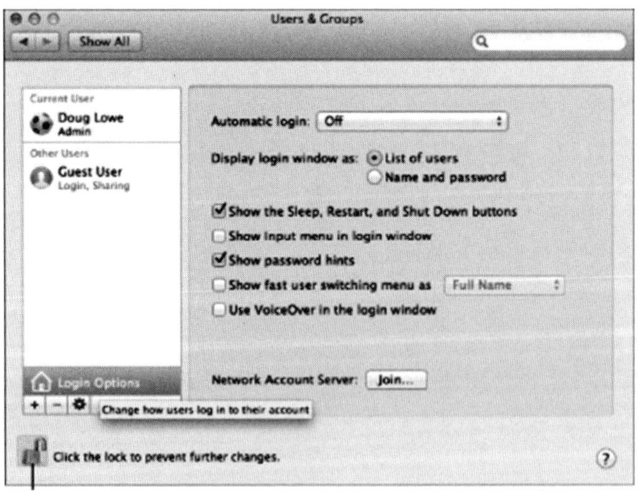


**Figure 26.7 :** Options de connexion.

3. **Si l'icône représentant un cadenas en bas à gauche de la page est verrouillée, cliquez-la et entrez votre mot de passe lorsque vous y êtes invité.**

   Par défaut, les options de connexion de l'utilisateur sont verrouillées pour empêcher les modifications non autorisées.

4. **Cliquez sur le bouton Joindre.**

   Vous êtes invité à saisir le nom du domaine que vous souhaitez rejoindre, comme le montre la Figure 26.8.

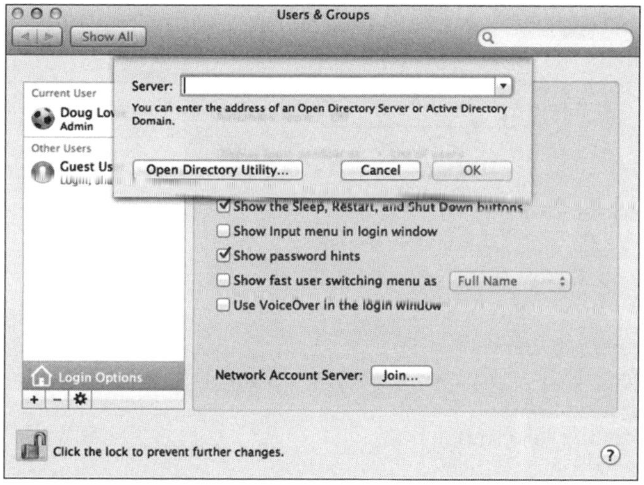


**Figure 26.8 :** Rejoindre un domaine.

5. **Entrez le nom du domaine que vous souhaitez rejoindre.**

   Lorsque vous entrez le nom du domaine, la boîte de dialogue est modifiée pour vous permettre d'entrer les informations d'identification du domaine, comme le montre la Figure 26.9.

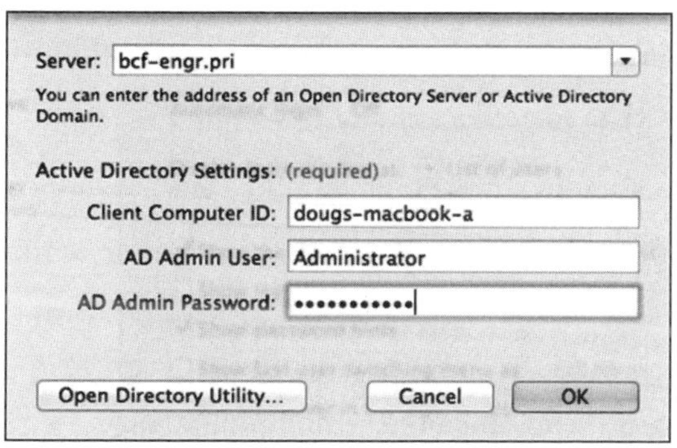


**Figure 26.9 :** Authentification sur le domaine.

6. **Entrez le nom et le mot de passe d'un compte d'administrateur du domaine, puis cliquez sur OK.**

   Vous revenez à la page d'options de connexion sur laquelle il est indiqué que vous avez rejoint avec succès le domaine (voir la Figure 26.10).

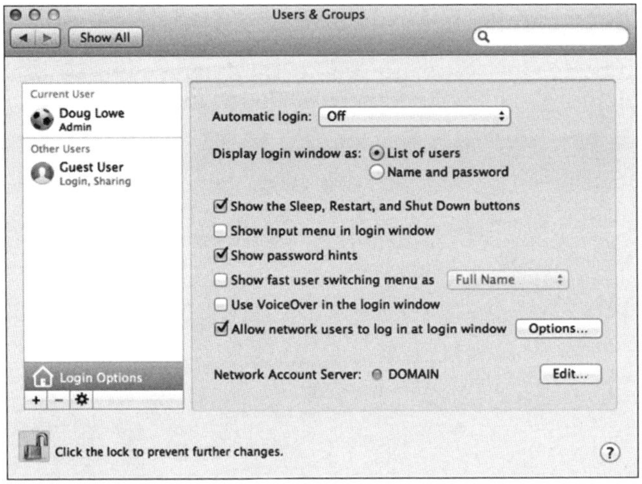


**Figure 26.10 :** Félicitations! Vous avez maintenant rejoint le domaine.

7. **Fermez la fenêtre.**

# Connexion à un partage

Après avoir rejoint un domaine, vous pouvez accéder à ses partages réseau via le Finder. Pour ce faire, exécutez les étapes suivantes :

1. **Cliquez sur le Finder.**
2. **Choisissez Aller/Se connecter au serveur.**

   La boîte de dialogue Connexion au serveur s'affiche.

3. **Indiquez le chemin du partage auquel vous souhaitez vous connecter.**

   Pour entrer un chemin d'accès réseau, utilisez la syntaxe suivante :

```
smb://nom_du_serveur/nom_du_partage
```

   Remplacez `nom_du_serveur` par le nom du serveur qui contient le partage et `nom_du_partage` par le nom du partage.

4. **Cliquez sur Connecter.**

   Vous êtes alors invité à entrer les informations de connexion.

5. **Entrez votre nom d'utilisateur pour le domaine et votre mot de passe puis cliquez sur OK.**

   Précéder le nom d'utilisateur avec le nom de domaine, séparés par une barre oblique inverse. Par exemple, si le nom de domaine est `domainefirst` et le nom d'utilisateur `jbrecat`, entrez `domainefirst\jbrecat` comme nom d'utilisateur.

   Dès que la connexion est établie, les fichiers et dossiers du partage apparaissent dans la fenêtre du Finder. Vous pouvez ensuite ouvrir des fichiers directement à partir du partage (à condition d'avoir le logiciel qui correspond au type de fichier, comme Microsoft Office, pour lire les fichiers .docx). Vous pouvez également faire glisser/déposer des fichiers entre le Mac et les partages.

# Septième partie

# Les dix commandements

« Franchement, je vous avoue que l'idée d'un avenir 100 % sans fil m'angoisse terriblement. »

## Dans cette partie :

- Les règles tacites de mise en réseau : les Dix Commandements réseau.
- Les plus courantes erreurs réseau que vous devriez éviter.
- La liste de dix objets de réseautage que vous devriez garder à portée de main dans votre placard.

# Chapitre 27

# Les dix commandements du réseau

« Béni soit l'administrateur réseau qui n'est pas guidé par l'ignorance, ne marche pas dans la voie de l'oubli, ne règne pas sur le royaume des blancs-becs mais encense la divine loi du Réseau, objet de sa méditation permanente. »

*Réseau 1,1*

Et vint donc le temps où ces dix commandements du réseau furent transmis de génération en génération pour être inscrits sur le front des experts informatiques et placardés sur leurs portes. Obéissez à ces dix commandements et votre destin, celui de vos enfants et celui des enfants de vos enfants, sera clément.

## I. Tu sauvegarderas ton disque dur religieusement

La prière est une bonne chose mais quand il est question de sauvegarder les données de votre réseau, rien ne vaut un bon vieux calendrier de sauvegarde respecté religieusement. Si c'était une véritable Bible réseau, vous trouveriez ici même une note vous invitant à lire les versets du Chapitre 21.

## II. Tu protégeras ton réseau contre les infidèles

Vous souvenez-vous du colonel Flagg dans le film *M.A.S.H*, qui se cachait dans des poubelles à la recherche de Commies ? Vous ne voulez pas devenir comme lui mais, d'un autre côté, vous ne voulez pas non plus ignorer le risque d'être détruit par un virus, ni celui que votre réseau soit envahi par des pirates informatiques. Vérifiez que votre connexion Internet est sécurisée par un pare-feu et interdisez tout accès à Internet qui ne respecterait pas les règles de sécurité.

Pour contrer les menaces virales, installez un programme antivirus sur chaque ordinateur du réseau et expliquez aux utilisateurs comment s'en servir. En outre, faites en sorte que les utilisateurs soient bien conscients du danger de propagation des virus via les pièces jointes de courriers électroniques.

## III. Tu préserveras la pureté de ton disque réseau et le débarrasseras des vieux fichiers

N'attendez pas qu'il ne reste plus que 1 Go d'espace libre sur votre disque de 3 To pour penser à y mettre de l'ordre. Programmez régulièrement des séances de nettoyage : parcourez les fichiers et les répertoires du disque réseau et supprimez tout ce qui n'est plus utilisé.

## IV. Tu ne bidouilleras point les fichiers de configuration du réseau, à moins que tu ne saches ce que tu fais

Les réseaux sont fragiles. Une fois le vôtre installé et opérationnel, n'y touchez plus à moins de maîtriser les événements. Faites tout particulièrement attention si vous avez l'impression de savoir ce que vous faites. Ce sont ceux qui pensent savoir ce qu'ils font qui se retrouvent souvent dans la panade !

## V. Tu ne convoiteras point le réseau d'autrui

La convoitise est une maladie courante chez les administrateurs réseau. Si votre réseau fonctionne bien avec un débit de 100 Mbps, ne convoitez pas le réseau du voisin qui est à 1 000 Mbps ; à quoi bon l'envier ? Si vos utilisateurs sont heureux avec Windows 7, résistez à l'envie de les faire migrer vers Windows 8, à moins que vous n'ayez une très bonne raison. Et si vous disposez de Windows Server 2008, sachez que fantasmer sur Windows Server 2012 est un péché capital.

L'envie vous guette surtout si vous êtes amateur de gadgets. Il y a toujours un meilleur commutateur à acheter ou quelque protocole réseau à convoiter. Ne cédez pas à ces bas instincts !

## VI. Tu préviendras tes utilisateurs avant d'intervenir sur le réseau

Par courtoisie, essayez d'avertir plusieurs fois vos utilisateurs avant de couper le réseau pour effectuer des tâches de maintenance. Évidemment, vous ne pouvez pas prévoir les problèmes à l'avance. Mais, si vous envisagez d'ajouter un nouvel ordinateur au réseau le jeudi matin, il est préférable de prévenir tout le monde deux jours avant plutôt que deux minutes avant.

## VII. Tu conserveras un stock raisonnable de matériel de rechange

Il n'est pas normal que votre réseau reste inutilisable durant deux jours parce qu'un câble s'est cassé. Vérifiez toujours que vous disposez d'un stock minimal de pièces de rechange pour le réseau. Par chance, le Chapitre 29 donne la liste des dix éléments que vous devez conserver dans votre placard.

## VIII. Tu ne voleras point le programme d'autrui sans licence

Que diriez-vous si l'inspecteur Clouseau débarquait dans votre bureau, regardait par-dessus votre épaule pendant que vous exécutez Excel depuis un serveur et vous demandait : « Avez-vous une *cilence* ? »

« Une *cilence* ? » répondriez-vous, intrigué.

« Oui, une *cilence*. La loi du *cilence* vous interdit formellement d'avoir recours à un programme informatique sur le réseau sans *cilence*. »

Vous ne voulez pas enfreindre la loi, n'est-ce pas ? Alors assurez-vous d'avoir les licences appropriées pour les applications que vous exécutez sur votre réseau.

## IX. Tu formeras tes utilisateurs sur l'art d'utiliser le réseau

Ne blâmez pas les utilisateurs parce qu'ils ne savent pas comment utiliser le réseau. Ils n'y sont pour rien. Si vous êtes administrateur réseau, votre travail consiste à former les utilisateurs pour qu'ils sachent comment se servir du réseau.

## X. Tu graveras la configuration du réseau sur des tables de pierre

Au cas où vous traverseriez le Jourdain, qui d'autre pourrait connaître quelque chose de votre réseau si vous ne laissez aucune trace écrite ? Un morceau de nappe ne fera pas l'affaire. Notez tout dans un carnet officiel, nommé *Bible du réseau,* et protégez-le comme s'il était sacré.

Dans deux mille ans, quand les archéologues exploreront les grottes de votre région, ils trouveront votre documentation réseau cachée dans une jarre et s'émerveilleront de la méticulosité avec laquelle les hommes de notre temps archivaient leur configuration réseau.

Ils en tireront probablement des conclusions ridicules : que nous apportions, par exemple, à une divinité nommée TCP/IP des offrandes sous la forme de paquets de données brûlés, mais c'est d'autant plus drôle.

## Chapitre 28

# Plus de dix grosses erreurs réseau

À peine avez-vous enfin appris à ne pas commettre les erreurs les plus énormes en informatique, comme vous servir du tiroir de votre lecteur de disque en guise de porte-gobelet, que le réseau a atterri sur votre bureau. Vous pouvez maintenant faire plein de bêtises qui feront mourir de rire un fondu d'informatique tant elles lui sembleront élémentaires. Bon d'accord, personne n'a eu à lui dire de ne pas rayer les disques, il est né avec un gène supplémentaire qui lui a donné une connaissance instinctive de ces choses-là.

Voici la liste des erreurs les plus fréquemment commises par les novices en matière de réseau. Ne tombez pas dans le panneau et votre geek préféré n'aura pas le plaisir de se moquer de vous.

## Économiser sur le câble

Si votre réseau compte de nombreux ordinateurs ou si les machines sont situées dans des pièces différentes, vous feriez bien d'opter pour un câblage de qualité professionnelle, comprenant des prises murales, un panneau de jacks et des commutateurs d'excellente qualité. Il est bien sûr tentant de réduire les coûts en achetant des concentrateurs bon marché et en tirant directement du câble au rabais des concentrateurs vers chaque ordinateur du réseau. Mais, à terme, ce principe s'avérera bien plus coûteux qu'un investissement initial dans un câblage de qualité.

Voici quelques-unes des raisons pour lesquelles il ne faut pas négliger le câblage :

- Un bon câblage dure bien plus longtemps que tous les ordinateurs qu'il relie, comptez dix ou quinze ans. À cet âge, les ordinateurs de votre réseau seront dans un musée de l'informatique depuis belle lurette.
- Le câblage est un travail difficile. Personne n'aime vraiment aller dans les greniers, passer la tête dans les faux plafonds, aller à la pêche aux câbles à travers les murs. Si vous vous en chargez vous-même, faites-le dans les règles de l'art, sinon vous devrez recommencer dans quelques années. Bâtissez quelque chose de durable.
- Aujourd'hui, les utilisateurs de votre réseau sont peut-être tout à fait satisfaits du réseau à 100 Mbps mais, dans quelques années, ils vous réclameront un débit atteignant le gigahertz. Si vous faites des économies en utilisant du câble de catégorie 5 à la place du 6 plus onéreux, vous risquez de devoir le remplacer dans quelque temps.
- Vous pouvez être tenté de tirer les câbles à travers les murs, après avoir simplement percé un trou, directement vers les ordinateurs ou vers un commutateur, au lieu d'opter pour des prises murales modulaires et des cordons de connexion. C'est un mauvais calcul car les fils d'un câble sont pleins et conçus pour durer longtemps, uniquement s'ils ne sont pas trop souvent manipulés. Si vous tirez un câble à fils pleins directement vers un ordinateur, les fils seront soumis à des tensions dès que quelqu'un débranchera le câble. Rien que le fait d'ôter la poussière à l'arrière de la machine peut malmener le câble et, tôt ou tard, l'un des fils du câble cassera. Les cordons de connexion sont constitués de fils torsadés et non pleins et peuvent donc être manipulés sans risque de rupture. Et, en cas de défaillance d'un cordon de connexion, vous pouvez le remplacer vous-même pour quelques Euros.

Le Chapitre 5 explique comment câbler comme un professionnel.

## Éteindre ou redémarrer un serveur alors que des utilisateurs sont connectés

La manière la plus simple d'envoyer les utilisateurs de votre réseau au diable consiste tout simplement à éteindre le serveur pendant qu'ils sont connectés. Le redémarrer en appuyant sur le bouton de réinitialisation peut avoir des effets désastreux.

Si votre réseau comporte un serveur de fichiers dédié, il ne vous prendra probablement pas l'envie de l'éteindre ou de le redémarrer. Mais si votre réseau est configuré en pair-à-pair, où chaque station de travail (dont la vôtre) se double d'un ordinateur serveur, réfrénez ces pulsions qui vous poussent à éteindre ou redémarrer votre ordinateur. Quelqu'un pourrait être en train d'accéder à un fichier ou à une imprimante au même moment.

Avant d'éteindre ou de redémarrer un serveur, vérifiez si quelqu'un est connecté. Si c'est le cas, demandez-lui poliment de se déconnecter.

Rappelez-vous aussi que la plupart des problèmes de serveur n'exigent pas un redémarrage. Il suffit souvent de redémarrer un service défaillant pour tout remettre en ordre.

## Supprimer des fichiers importants sur le serveur

Sans réseau, vous pouvez faire tout ce que vous voulez sur votre ordinateur, vous serez la seule personne qui en pâtira. Un peu comme un « crime sans victime ». Mettez votre ordinateur en réseau et vous avez une certaine responsabilité sur les épaules. Vous devez apprendre à agir comme un membre responsable de la communauté réseau.

Cela signifie que vous ne pouvez pas supprimer des fichiers sur le serveur du réseau au gré de vos caprices, simplement parce que vous n'en avez pas besoin. Ils peuvent ne pas vous appartenir. Vous ne voudriez pas que quelqu'un supprime vos fichiers, n'est-ce pas ?

Faites tout particulièrement attention aux fichiers dont le serveur a besoin pour fonctionner. Par exemple, certaines versions de Windows utilisent un dossier nommé `wgpo0000` pour recevoir le courrier électronique. Si vous supprimez ce dossier, votre messagerie disparaît.

La première fois que vous tenterez accidentellement de supprimer un fichier important d'un partage réseau, vous serez surpris de découvrir que la corbeille ne fonctionne pas pour les fichiers du réseau. La corbeille conserve une copie des fichiers que vous supprimez du disque dur de votre ordinateur mais pas des fichiers supprimés des partages réseau. Par conséquent, vous ne pouvez pas récupérer un fichier accidentellement supprimé du réseau.

## Copier un fichier du serveur, le modifier et le recopier sur le serveur

Il est parfois plus facile de travailler sur un fichier du réseau si vous le copiez d'abord sur votre disque local. Vous pouvez alors y accéder plus efficacement depuis votre application car vous n'avez pas à avoir recours au réseau.

C'est particulièrement vrai pour les grosses bases de données qui doivent être triées ou dont il faut extraire des états.

Vous allez droit dans le mur si vous copiez le fichier sur le disque local de votre PC, le modifiez, puis en recopiez une version mise à jour sur le serveur. Pourquoi ? Parce que quelqu'un d'autre fait peut-être la même chose au même instant. Dans ce cas, les mises à jour de l'un d'entre vous (celui qui recopie en premier le fichier sur le serveur) seront perdues.

Copier un fichier sur un disque local ne pose pas de problème, tant que vous ne projetez pas de le modifier ou de le recopier sur le serveur.

## Relancer une impression parce que l'imprimante ne réagit pas

Que faites-vous si vous avez envoyé quelque chose à l'imprimante et que rien ne se passe ?

- **Bonne réponse** : Je cherche pourquoi rien ne s'est passé et je résous le problème.
- **Mauvaise réponse** : Je relance l'impression en espérant que ça fonctionne.

Certains utilisateurs continuent d'envoyer des données encore et encore, en espérant qu'un de ces jours, elles seront imprimées. Le résultat est plutôt gênant quand quelqu'un résout finalement le problème de bourrage papier et que trente exemplaires de la même lettre sont imprimés sous son nez ou que trente exemplaires de votre document sont imprimés sur une autre imprimante parce que vous avez sélectionné la mauvaise.

## Supposer que le contenu du serveur est toujours correctement sauvegardé

Certains utilisateurs partent malheureusement du principe que le réseau est une forme de bureaucratie efficace et organisée, entièrement digne de confiance. En réalité, c'est loin d'être vrai. Ne croyez jamais que les fadas chargés d'effectuer des sauvegardes quotidiennes du réseau accomplissent leur devoir correctement. Gardez un œil sur eux. Effectuez une inspection surprise : déboulez dans la salle des machines en gants blancs et demandez à voir les bandes de sauvegarde. Vérifiez la rotation des bandes pour vous assurer que les sauvegardes de plusieurs jours de travail sont disponibles.

Si les procédures de sauvegarde ne vous semblent pas très fiables, faites en sorte de ne jamais perdre de données. Sauvegardez fréquemment vos fichiers les plus précieux sur des clés USB ou mieux sur un disque USB.

## Se connecter à Internet sans se soucier de la sécurité

Si vous connectez à Internet un ordinateur non relié à un réseau, seule cette machine subira les conséquences d'une infection virale ou d'une intrusion malveillante. En revanche, s'il s'agit d'un ordinateur en réseau, vous exposez l'ensemble du réseau.

ATTENTION !

***Attention*** : ne connectez jamais une machine à Internet sans prendre des mesures de sécurité.

- Comment vous protéger et préserver le réseau des virus ?
- Comment être certain que les documents figurant sur votre serveur de fichiers ne seront pas tout à coup accessibles au monde entier ?
- Comment éviter que des pirates informatiques pénètrent sur votre réseau pour voler votre fichier clientèle et vendre les numéros des cartes de crédit de vos clients au marché noir ?

TRUC

Ces questions et le thème de la sécurité Internet sont traités dans le Chapitre 23.

## Installer un point d'accès sans fil sans autorisation

Brancher n'importe quel appareil sur le réseau sans demander la permission à l'administrateur réseau, ça ne se fait pas. Mais les points d'accès sans fil (WAP) sont insidieux. Nombreux sont les utilisateurs à se laisser prendre au discours marketing : les réseaux sans fil sont d'une simplicité enfantine, il suffit de brancher un point d'accès pour que votre assistant personnel ou appareil de poche soit immédiatement connecté.

Le problème, c'est que tout le monde peut en faire autant dans un rayon de trois cents mètres autour de votre point d'accès sans fil. Il faut donc mettre en place des mesures de sécurité supplémentaires pour être sûr qu'aucun pirate, équipé d'un ordinateur sans fil et installé sur votre parking ou de l'autre côté de la rue, ne va pénétrer sur votre réseau.

Si vous pensez que c'est très peu probable, réfléchissez-y à deux fois. Il existe plusieurs sites Internet clandestins qui divulguent des cartes répertoriant les réseaux sans fil non sécurisés dans les grandes villes. Pour de plus amples informations sur la sécurité des réseaux sans fil, lisez le Chapitre 9.

## Penser qu'il est impossible de travailler quand le réseau ne fonctionne pas

Il y a quelques années, j'ai réalisé que je ne pouvais pas travailler sans électricité. Victime d'une panne de courant, je ne pourrais même pas allumer une bougie et travailler avec un papier et un crayon car le seul taille-crayon que je possède est électrique.

Certains adoptent la même attitude à l'égard des réseaux : ils s'imaginent que si le réseau ne fonctionne pas, ils n'ont plus qu'à rentrer chez eux. Pas toujours ! Ce n'est pas parce que votre ordinateur est connecté à un réseau qu'il ne fonctionne pas si ce dernier plante. Il est vrai que si le réseau essuie une grosse tempête, vous ne pourrez pas accéder à ses périphériques : impossible de récupérer des fichiers stockés sur les disques réseau et d'utiliser les imprimantes réseau. Mais vous pouvez toujours vous servir de votre ordinateur en local donc accéder aux fichiers et aux programmes stockés sur votre disque dur et utiliser votre imprimante locale (si vous avez la chance d'en avoir une).

## Manquer d'espace sur un serveur

Le manque d'espace disque sur un serveur du réseau est l'erreur la plus désastreuse qui puisse vous arriver. Lorsque vous achetez un nouveau serveur avec des centaines de gigaoctets d'espace disque, vous pensez que jamais vous ne manquerez de place. Cependant, il est étonnant de constater la vitesse à laquelle les utilisateurs arrivent à remplir des centaines de gigaoctets d'espace disque.

Les problèmes commencent lorsque la capacité disque descend à quelques gigaoctets d'espace libre. Windows a du mal à s'exécuter et les temps de réponse du serveur s'allongent. Des erreurs apparaissent et dès qu'il n'y a plus d'espace libre, les utilisateurs viennent faire le siège de votre bureau et vous imposent de régler le problème immédiatement.

- La méthode pour éviter cette situation malheureuse est de surveiller quotidiennement l'espace disque libre sur vos serveurs. Vous pouvez aussi suivre l'évolution de l'occupation des disques chaque semaine et prendre en compte les tendances des projets. Par exemple, s'il reste 100 Go sur votre serveur de fichiers et si vos utilisateurs augmentent leur espace disque de 5 Go par semaine, vous savez que vous manquerez très probablement d'espace disque dans 20 semaines. Avec ces renseignements, vous n'aurez aucune difficulté à anticiper.
- Ajouter des disques supplémentaires à vos serveurs n'est pas toujours la meilleure solution. Avant d'acheter plus de disques, vous devriez :
  - Rechercher les anciens fichiers devenus inutiles et les supprimer du disque après les avoir éventuellement archivés.
  - Appliquer des quotas aux utilisateurs pour leur imposer des limites à la taille disque disponible sur le réseau.

## Accuser systématiquement le réseau

Certains utilisateurs prennent toujours le réseau pour l'idiot du village responsable de tous les incidents. Les réseaux posent des problèmes mais ils ne sont pas à l'origine de tous les maux :

- Si votre moniteur affiche seulement des lettres en capitales, c'est probablement parce que vous avez appuyé sur la touche Verr.Num.

  N'accusez pas le réseau.
- Si vous avez renversé du café sur votre clavier, c'est de votre faute.

  N'accusez pas le réseau.
- Si votre lecteur de DVD est bourré de pâte à modeler, il faut bien que les enfants s'amusent.

  N'accusez pas le réseau.

Vous avez saisi ?

# Chapitre 29

# Dix choses à conserver dans son placard

La première fois que vous mettez en réseau les ordinateurs de votre bureau, vous devez choisir un placard où stocker des trésors pour le réseau. Si vous n'avez pas de placard, contentez-vous d'une étagère, d'un tiroir ou au moins d'une boîte en carton.

Voici la liste de tout ce qu'il faut conserver à portée de main.

## Ruban adhésif

Il a permis à l'équipage d'Apollo 13 de revenir sain et sauf de son expédition lunaire mouvementée. Il ne servira pas souvent à la gestion de votre réseau mais cette anecdote est symbolique : lorsque vous vous rendez compte que les choses vous échappent, il est parfois nécessaire d'improviser pour assurer le bon fonctionnement de votre réseau.

Si vous n'aimez pas le ruban adhésif, fil de fer et chewing-gum feront l'affaire.

## Outils

Vérifiez que vous disposez d'un minimum d'outillage informatique, comme l'un de ces kits à 15 Euros que vous pouvez trouver dans n'importe quel magasin de bricolage. Vous devez aussi disposer de pinces coupantes, de pinces à dénuder et de pinces à sertir convenant au type de câble équipant sur votre réseau.

## Câbles de rechange

Quand vous achetez du câble réseau, ne prenez jamais la longueur exacte dont vous avez besoin. Il est en effet judicieux de doubler la longueur nécessaire car cela vous permet de mettre de côté le surplus en vue d'une utilisation ultérieure. Vous en aurez certainement besoin un jour : un problème de câble se produira ou vous devrez ajouter un ou deux ordinateurs au réseau et donc tirer des câbles.

Si vous montez votre réseau avec du câble de différentes couleurs, essayez de garder sous la main au minimum des segments de dix mètres dans chacune des couleurs.

Je vous conseille d'acheter vos câbles en ligne. Vous bénéficierez de prix très avantageux !

## Connecteurs supplémentaires

Ne soyez pas non plus à court de connecteurs. Si vous employez du câble à paires torsadées, vous vous apercevrez que les connecteurs s'usent très vite. Achetez les connecteurs par lots de vingt-cinq, cinquante ou cent pour avoir des réserves.

## Barres chocolatées

Emballées dans leur petit emballage individuel, les barres chocolatées se conservent pendant des années. En fait, elles dureront probablement plus longtemps que le réseau lui-même. Vous pourrez ainsi les offrir aux prochains geeks et garantir un support technique réseau aux générations futures.

## Cartes réseau supplémentaires

Idéalement, tous vos ordinateurs disposent d'une carte réseau intégrée dans la carte mère. Cependant, il arrive qu'une carte réseau fonctionne mal. Plutôt que de remplacer la carte mère, vous pouvez résoudre le problème en ajoutant une carte réseau peu onéreuse (moins de 20 Euros) à utiliser en remplacement de la carte intégrée.

# Commutateurs réseau bon marché

Conservez deux ou trois commutateurs réseau bon marché (environ 20 Euros) de quatre ou huit ports. Même si vous ne les utilisez pas pour le réseau principal, ils seront utiles lorsque vous ajouterez un ordinateur ou une imprimante dans un bureau et qu'il n'y aura plus de prise disponible. Par exemple, si l'un de vos utilisateurs a besoin très rapidement d'un second ordinateur et qu'il n'y a qu'une prise réseau dans le bureau, plutôt que de tirer un nouveau câble jusqu'au bureau de l'utilisateur, branchez un commutateur sur la prise réseau et connectez les deux ordinateurs au commutateur.

# Documentation complète du réseau, gravée sur des tables de pierre

J'ai insisté plusieurs fois dans cet ouvrage sur l'importance de documenter le réseau. Ne passez pas des heures à rédiger la documentation de votre réseau si c'est pour la stocker sous une pile de vieux magazines derrière votre bureau. Mettez le carnet dans le placard avec les autres fournitures réseau pour que tout le monde sache où il se trouve. Et conservez des sauvegardes des fichiers Word, Excel ou autres ayant servi à constituer le carnet dans un coffre ignifugé ou sur un autre site.

Ne vous avisez pas de noter les mots de passe dans le carnet ! Honte à vous, rien que d'y avoir pensé !

Si vous décidez de graver la documentation du réseau sur des tables de pierre, pensez au grès. C'est joli, ça ne coûte pas cher et c'est très facile à mettre à jour (il suffit de frotter l'ancienne information puis de graver la nouvelle à la place). Gardez cependant à l'esprit que le Coca Light attaque le grès, n'en renversez pas dessus. Surtout, n'oubliez pas de stocker les tables sur une étagère renforcée.

# Manuels et disques du réseau

Les manuels ne méritent sans doute pas le prix Goncourt mais ce n'est pas une raison pour les jeter. Mettez-les dans le placard, avec tous les outils et objets liés au réseau.

Conservez les manuels et les CD/DVD de tous les logiciels et applications installés sur le serveur avec tout ce qui concerne le réseau.

## Dix exemplaires de ce livre

Évidemment, vous tiendrez à conserver sous la main assez d'exemplaires de ce livre pour en donner à chacun de vos utilisateurs. Plus ils en sauront, moins ils viendront vous importuner.

Hum… dix exemplaires ne suffiront pas ! Vingt devraient faire l'affaire.

# Index

## D



## E



## F



## G

## R

## J



## K



## L



## M

## S



## T

# Notes

# Notes

# Notes

# Notes

# Notes

# Notes

# Notes

# Notes

# Notes